近世新義真言宗史の研究

宇高 良哲 著

青史出版

目次

目次

第一章　近世初期の智積院と長谷寺

――後継能化選出問題を中心に――

はじめに

本章では近世初期の新義真言宗の両本山である智積院と長谷寺の後継能化の選出過程で、江戸幕府の将軍徳川家康がどのようにこの問題に係わっていたかということを通して、近世初期の両本山の実情と、徳川家康の寺社行政の一端を窺ってみたい。紙数の関係上、後継能化選出問題以外は簡略に記すことをお許しいただきたい。

本章で引用する基本史料は、徳川家康の支配下で寺社行政の実務を担当した京都相国寺の禅僧西笑承兌の『西笑和尚文案』[1]と京都南禅寺金地院の禅僧以心崇伝の『本光国師日記』[2]に所収されている両者の発給文書の控である。これらの史料は原文書が残っていないものが多いが、当時の寺社行政の実務を担当した当事者の記録であるので非常に信頼できるものである。これらの史料を中心に寺院側に残されている史料を併せながらこの問題を考察してみたい。史料そのものはほとんど既刊の著書や論文[3]の中に引用されているが、研究領域を異にするものが多く、このような問題意識のもとに体系づけられた論文はないようである。一部、本書の第二章「近世初期の新義真言宗教団」と内容が重複しているので、全体的な流れはそちらも参照していただければ幸いである。なお、本章で引用した『西笑和尚文案』の史料は華頂大学の伊藤真昭氏のご教示によるものである。厚く感謝する次第である。相国寺所蔵の『西笑和尚文案』の原本は修理中のため閲覧できなかったので、伊藤氏と同様に東大史料編纂所の謄写本によった。一部正確に謄写されていない箇所があるが、後日原本が閲覧できる機会があれば再検討してみたい。また謄写本閲覧に際して、史料編纂所の厚谷和雄氏から種々ご高配をいただいた。厚く感謝する次第である。

次に本章で問題となる徳川家康在世中の両本山智積院と長谷寺の能化の交替を年次順に整理すると次の通りである。

一　慶長九年五月五日　長谷寺小池坊能化専誉入寂、頼心房性盛後継能化となる。
二　慶長十年十月四日　京都智積院能化玄宥入寂、一時期頼音房恵伝後継能化となるが、幕命により、長善房祐宜後継能化となる。
三　慶長十四年七月十六日　長谷寺小池坊能化性盛入寂、空鏡房栄範後継能化となる。
四　慶長十七年四月二十六日　長谷寺小池坊能化空鏡、幕命により失脚、玄音房宥義、脇能化から後継能化となる。
五　慶長十七年十一月十一日　京都智積院能化祐宜入寂、幕命により正純房日誉、脇能化から後継能化となる。
六　元和元年閏六月十五日　長谷寺小池坊能化宥義、幕命により改易、京識房秀算、脇能化から後継能化となる。

一　長谷寺専誉から性盛へ

慶長九年五月五日、長谷寺小池坊能化専誉が入寂すると、頼心房性盛が次の長谷寺小池坊能化となっている。性盛の小池坊能化就任に対して、長谷寺の所化衆は快く思っていなかったようである。『西笑和尚文案』にこの時の一連の史料が所収されている。

①
泊瀬寺所化衆之儀、貴寺ニ御拘之由候、如何様之子細候哉、将軍様(徳川家康)御意ニも入申間敷存候間、御異見帰寺候者可然候、但、御存分候ハハ可承候、恐惶頓首、
(慶長九年)十月四日　元佶(円光寺)　承兌(豊光寺西笑)
智積院(玄宥)　教座下

②

先日者御出本望之至候、仍泊瀬寺退散之所化衆、従頼心（性盛）存分訴訟候間、将軍様御上洛次第、左右方承届可得上意候、年内無程儀候間、其以前論議出仕等、不可有御許容候、為其令啓候、

十月十二日　　元佶　承兌

智積院

③

泊瀬寺各御退散之由笑止ニ候、従頼心も訴訟候、衆中之存之分不承候間、様体可蒙仰候、将軍様御上洛次第可得　上意候、

（月日欠く）

泊瀬寺所化衆

これらの書状の年号はないが、『西笑和尚文案』は徳川家康のことを年代によって「将軍」と「大御所」に書き分けており、この書状は「将軍」とあるので、徳川家康が徳川秀忠に将軍職を譲る慶長十年四月以前のものである。更に②に長谷寺を退散した所化衆が智積院に止宿していることを長谷寺の頼心房性盛が訴えるといっているので、前能化専誉が入寂した慶長九年五月以降のものである。以上の考証に誤りがなければ、これらの一連の書状は慶長九年のものと断定できる。

これらの書状をみると、慶長九年十月頃、専誉入寂後、長谷寺では性盛の能化就任を快く思わなかった専誉の弟子の所化達は長谷寺を離れ、智積院玄宥の許に止宿していた。そこで長谷寺能化性盛は徳川家康の支配下で畿内の寺社行政を担当した西笑承兌等に、所化達が長谷寺に戻るように訴えていることがわかる。西笑承兌等は性盛の要請にもとづき、智積院玄宥に長谷寺の所化達を帰寺させるように伝達している。

性盛入寺直後の長谷寺の状況について櫛田良洪博士は『専誉の研究』「専誉と性盛」の項で、英岳の「長谷寺古今雑記」の記事を参照しながら次のように解説されている。

ただ性盛が長谷寺へ急遽入住したため多方面に影響が甚大であったらしい。まず入山するに当って、多くの学徒を引き連れて蓮台寺から入寺したため、小池坊在来の学徒との間に少なからぬ軋轢が生れた。専誉は根来山以来の風習で、常客両様の区別をはっきりして、他山の学徒を区別してきた。ところが性盛が引き連れてきた蓮台寺入住の学徒の年限を長谷寺入住の年限と同一に認めて修学させた。これをみて旧専誉以来の学徒達は納得せず、なかなか融和しなかった。宥義・日誉・元寿など、専誉の教えうけて育った多くの学徒達はついに性盛に背き長谷寺をさって帰国や、四散するという出来事が起った。

櫛田博士は性盛が蓮台寺から入寺したとされているが、東寺宝菩提院所蔵の「易壇事」の奥書には、

慶長八年五月二日於京師因幡堂平楽寺清浄金剛院五坊頼心房性盛

とある。慶長八年五月頃、性盛は京都五条因幡堂にいたようであり、後述するように性盛が蓮台寺や清閑寺と密接な関係をもっていたことは事実であるが、蓮台寺からか、因幡堂からか、どちらから長谷寺に入寺したかは、今後再検討が必要であろう。

『智山学匠著書目録』所収の慶長十一年冬の智積院報恩講の差定をみると次の如くである。

智積院　八講請定事

問者　毎日可被捜短冊

証義者　権僧正　祐宜奉

唄師

宝算法師奉　宥教法印奉　信舜法師奉　宥政法印奉

散花

権大僧都快意奉　権大僧都盛能奉　宥鏤法師奉　宥賢法印奉

初座講師　秀応法印奉　問者　権大僧都快重奉

第二座講師　俊光法印奉　問者　秀算法印奉

第三座講師　元寿法印奉　問者　宥恵僧都奉

第四座講師　盛俊法印奉　問者　宥秀僧都奉

読師

権大僧都宥信奉　海弁法印　賢栄法印奉　権大僧都宥恵奉

右従十一日巳具定迄同十二日、於智積院各無懈怠可被参勤之状如件、

慶長十一年丙午十二月　日

これをみると専誉の弟子の秀算や元寿などは依然として智積院に止宿して報恩講に参加しており、性盛の長谷寺復帰要請は成功しなかったようである。本来、智積院玄宥と長谷寺性盛の関係は悪くなかったはずである。『義演准后日記』慶長五年十一月七日の条をみると、

根来寺再興ノ事、智積院（玄宥）・五坊（性盛）其外衆、内府（徳川家康）へ訴訟云々、

とあり、かつて智積院玄宥と五坊性盛とは共同で徳川家康に根来寺の再興を願い出ていた。

『西笑和尚文案』所収の十一月一日付の西笑承兌書状案には、

其後者無音候、仍今度之儀蓮台寺　大御所様（徳川家康）江戸へ御下向之刻、得　上意候処、従前々妻帯之所ニ候間、其分可中付之由仰ニ候間可有其御心得候、為御案内一筆令啓候、恐惶頓首、

十一月一日　承兌

一　長谷寺専誉から性盛へ

頼心法印(長谷寺性盛)御房　教座下

とある。この書状は徳川家康を「大御所」と記しているので、慶長十年四月以降のものである。西笑承兌は慶長十二年十二月に入寂しているので、慶長十・十一・十二年のものであろう。内容は蓮台寺の石蔵坊の後継住職について性盛が徳川家康の意向を打診しているものである。石蔵坊の場合は徳川家康の寺社行政としては珍しく妻帯のままで後継住職が認められていた。さらに長谷寺所蔵の慶長十四年六月九日付の性盛書状写には、

已上

上品蓮台寺住持職異見之儀、此前板倉伊賀守(京都所司代・勝重)殿於御前申定候、其段円光寺(元佶)・豊光寺(承兌)御両人茂御存知候き、雖然普賢堂貴院ニ譲与儀未申述候、今度予就煩譲所実証也、此旨伊賀守江被得御意、以来無退転住持職相続候様、御心遣可為専要候、仍(為脱カ)後日状如件、

慶長十四年六月九日　　中性院頼心法印　性盛判

正意房　参

とある。性盛は亡くなる直前に徳川家康の承認を得て蓮台寺そのものの後継能化は清僧の正意房盛円を任命している。このように性盛が蓮台寺と密接な関係にあったことは事実である。

すでに櫛田博士が解説されているように、根来寺五坊の法流相承の正嫡としての性盛が専誉入寂後の長谷寺後継者として、もっとも実力的にもふさわしかったと思われる。これらの一連の経緯をみると、性盛の長谷寺後継能化就任は幕命ではなかったようであるが、寺内の紛争で徳川家康の裁許を仰いでおり、結果的にこれ以降長谷寺は幕府の干渉をうけることになる。

二　智積院玄宥から祐宜へ

慶長十年十月四日智積院玄宥は入寂するが、その前後から智積院の後継能化をめぐって、玄宥の指命した頼音房恵伝と所化衆の押す長善房祐宜との間で対立が起っている。この問題は有名であり、これまで宗門関係者によって多くの研究がなされている。(4) 近年の代表的な論文に坂本正仁氏の「頼音房恵伝について—近世初期の新義真言宗の能化—」(『佐藤隆賢博士古稀記念論文集』所収、一九九八年五月刊)がある。この論文の中で恵伝を中心にこの問題について詳細な研究がなされている。一方、宗門外では畿内の徳川家康の寺社行政を専門に研究されている伊藤真昭氏は「慶長期における徳川家康と畿内寺社—『西笑和尚文案』の分析を通して—」(『待兼山論叢』二八、一九九四年刊)の中で、この問題を論じられている。残念ながら伊藤氏の研究は宗門研究者の目にとまっていないようなので、ここでは伊藤氏の論文の紹介をかねて所要の部分を引用し、さらに宗門関係者の業績を参考にしながら再度この問題を整理してみたい。

伊藤氏がこの問題について『西笑和尚文案』から引用されている史料は次の四点である。

①

雖不寄思食〔候〕御儀候、一筆令啓候、智積院大事之煩〔期〕ニ候、就其兼日〔而〕ハ下野国持明院(長善房祐宜)を能化ニと被申定候、学志やうの儀ニ候間、志よけ衆も其段祝着ニ被存候処、頼音房(恵伝)と申仁ニ智積院譲り可被申候由候者〔ナシ〕、志よけ衆同心不申候へハ、のうけ難成〔之〕候由候、根来寺之のうけハ学者次第之由候、頼音房御礼ニ被罷下候由候間、同者御礼無之様ニと各被申候、但、左右方之口御聞取候て〔度〕、御異見可然存候、為其令啓候、

(慶長十年)九月廿四日　承兌　元佶

本多上野介(正純)殿

②

智積院(頼音房恵伝)へ寺家之儀、無理被押入之儀無勿体候、殊従御所様御預之寺ニ候処、所々被打破候儀、強々仕立沙汰限存候、如此御案内申上、尚以理不尽儀候ハヽ、御上洛次第具ニ可申上候、公事厳ニ可成儀候、能々可有御分別候、

二　智積院玄宥から祐宜へ

恐々頓首、

十一月廿七日　元佶　承兌

持明院并所化中

諸道具於紛失者可為盗賊同前候、能々可有糺明候、

③

貴札拝見候、智積院所化衆理不尽之働不相届候、強々之儀不可然之由以折紙申候、殊御預之寺家被打破之由、沙門ニ不似合儀ニ候、従貴殿も持明院并所化衆へ御折紙被遣、御異見可然候哉、委曲期拝顔候、恐々頓首、

十一月廿七日　元佶　承兌

板倉伊賀守殿（京都所司代・勝重）

④

智積院之儀弐ヶ寺在之内、下之坊へ持明院所化衆打入、于今居住ニ付、頼音坊彼所化衆被出候様ニ、可申付訴訟候、長袖之申分ハ中々無同心候、其上公儀難渡候間、御上洛已前之儀何レ共分別無御座候、以御異見相済候様ニハ成間敷候哉、可得貴意之由ニ而一筆令啓候、委曲頼音坊可有演説候、恐々謹言、

十二月四日　元佶　承兌

板倉伊賀守殿

一部、伊藤氏の読みと異なる箇所がある。①の〔　〕内が伊藤氏の読みである。謄写本が不明確であるので、後日原本で再検討する予定である。これらの史料について伊藤氏の解説は次の通りである。

祐宜の智積院入院については、智積院七世運敞が編纂し、天和三年（一六八三）に完成した、智積院の歴代能化の伝記である『結網集』には「慶長乙巳冬、宥僧正（智積院第一世堯性房玄宥―筆者注）入寂、遺命迎越陽滝谷恵伝和

尚補位、海衆多慕師、不肯伝公（頼音房恵伝―筆者注）、遂有東西二党、互相議揣、東党邀師、即与使同到、時伝公先入智積、東党乃抜取下寺、是時智積有二区号上寺・下寺更番衛護於師、（中略）、於是両党各訴　於東照太（大）神君、神君公断曰、理須選天下多帰者為主、何用テ党為ン、乃審輿議、以命師焉、越ニオイテ慶長十一年夏五月進院」とあるし、寛永八年四月に智積院三世日誉が著した「日誉後住申渡状」の第六条には「堯性房遷化之後、頼音房・長善房（祐宜―筆者注）後住之及鋒鏑、然処ニ家康公依尊命、長善房令入院」とあり、第十四条にも「玄宥死後、頼音・長善住持論之砌、所化衆多分長善就存寄ニ、得上意、長善房令住持」とある。

従来これらの史料より、祐宜は智積院入院に恵伝とその地位を争ったと考えられていたが、『結網集』にしても「日誉後住申渡状」にしても、慶長十、十一年当時の一次史料ではないし、後者に関しては宇高良哲氏が指摘されているように、その内容には明らかな誤りも含まれていて、にわかに信じることはできないが、この『文案』によると、この所伝を一層裏付けることができる。『文案』中の前掲①の文書は、慶長十年の一次史料であること、第三者による客観的視点によるものであること、そして記主の承兌が、当時、寺社からの訴訟の取次役であったことなどを考えあわせると、彼の文案にみえる内容は事実を最も的確に伝えるものと考えられる。

そこで前掲の四通の文書を検討していく。先ずこれらの文書の年代比定である。これらは書状の常として年紀を欠くが、いずれも家康の信任を受けて智積院を京都東山の地に再興した第一世堯性房玄宥の「智積院大事之期」に臨んで、後任能化の選出をめぐる争いのことを報じたものである。玄宥は慶長十年十月四日に示寂しているので、①～④まではその直前直後の書状と考えてよいだろう。したがって、これらは慶長十年の文書である。

それでは順番に検討していく。①の文中にある「下野国持明院」とは玄宥の跡を継ぐ長善房祐宜のことである。これは玄宥もかつて入院修学した下野真言の古刹で、祐宜が玄宥に後任能化に定められて智積院に入るまで住していた持明院よりきている。また「頼音房」とは祐宜と智積院能化職をめぐって争った恵伝のことである。

この争いのそもそもの発端は、玄宥は兼ねてより能化職の法嗣に祐宜と定め、所化衆も彼の碩学を支持していたが、「大事之期」に臨んで遺命として前言を翻して恵伝を後任能化に定めたことに始まる。智積院の能化は元々紀州根来寺の両能化の一方を継ぐものであり、「根来寺之のうけハ学者次第」とあるように、宗学研鑽の泰斗でなければならなかった。所化衆は恵伝を不適格者と見なし、彼を支持せず、それ故「のうけ難成」かったが、それでも恵伝は玄宥の遺言に従って入院を強行しようとして、その時江戸にいた家康に入院の挨拶に赴かんとした。それで承兌は、家康の側近、本多正純に、恵伝が所化衆の同心を得られない現状と、智積院能化たる資質は「学者次第」であることを報じ、恵伝が江戸に下向しても家康への拝謁は無用であること、また正純からも「異見」してほしいという旨を①で知らせているのである。また本書状での日付が「九月廿四日」であることは、智積院第一世能化玄宥はその示寂の慶長十年十月四日直前に至って、後任能化の指名を祐宜から恵伝に変更し、玄宥生前より第二世能化職をめぐって、所化衆を巻き込んだ祐宜と恵伝の争いが始まっていたことになる。

そして、この争いは能化就任を強行しようとする恵伝側に対して、ついに祐宜一党が実力行使するにまで至ったのである。つまり、当時智積院では家康より賜った寺地三区を二寺として、上寺、下寺と号していたが、祐宜一党が、この内下寺の方を占拠してしまったのである。これを『結網集』では「東党乃抜取下寺」と記し、これを裏付ける④では「智積院之儀弐ケ寺在之内、下之坊へ持明院所化衆打入、于今居住」と記しているのである。そのため、所化衆の同心を得られないために、まだ正式には能化職に就いてはいないが、玄宥の遺命という大義名分を有し、自分こそが智積院能化であると自負する恵伝は、このことを承兌に訴え、彼らの退去を求めたのである。これに対する承兌の処置についてみると、②より、祐宜一党に対して、このまま下寺を不法占拠するならば、家康が上洛するとすぐに上聞に達すると警告し、さらに最後には、この行為は「盗賊同前」であるとして非難しているのである。また③をみると、承兌は祐宜一党に警告を出す一方で、②と同日に、下寺不法占拠についての問い合わせのあった京都所司代板倉勝重に、書状を出して状況を説明して応援を求めている。おそらくこの時点では勝重も承兌が独力で解決できるだろうと思って傍観していたのだろう。しかし七日を経ても一向に事態は進展しないので、承兌は④で再度勝重に応援を依頼しているのであり、しかも今度は恵伝を直接勝重の許へ事情を説明しに行かせている。しかし勝重がこの問題にどのように関与したのかは、そのことを示す史料が『文案』中にも他の史料にも見受けられないので詳らかではない。

このように、承兌は祐宜一党に対しては強硬な態度を示して、勝重の協力も得て、十二月四日以降、家康の上洛までの約四ヵ月の間に何とかこの問題を「相済候様ニ」したかったのであるが、ついにそれは叶わなかった。承兌はこの問題を翌十一年四月六日に伏見城に入った家康に上申し、そして五月に家康の裁決により正式に祐宜の能化たるべきことが決定し、この問題は結末をみたのである。その結果、祐宜と能化職を争い、敗れた頼音房恵伝は智積院を去って山科妙智院に退かねばならなくなった。

この伊藤氏の解説で要は尽されているが、宗門側の史料を若干補足しておく。長谷寺所蔵の浅野幸長書状には、

猶々、御札忝候、已上、

当月御祈禱之御札被懸御意過分之至候、弥御祈精奉頼候、随而根来中性院先師(玄宥)死去ニ付、跡々之出入御座候由、如何無御心許候、委細御使僧へ得御意候、恐惶謹言、

浅野紀伊守幸長(花押)

十月四日

智積院(頼音房恵伝)　御報

とあり、和歌山城主浅野幸長は、智積院恵伝に対して、玄宥没後の智積院の跡目争いを心配してこのような書状を送っている。すでに坂本氏も伊藤氏もその存在を指摘されているが、福井滝谷寺所蔵の慶長十年十二月二日付の智積院頼音房恵伝書状には、「智積院恵伝」と署名しており、玄宥没後、恵伝が智積院の能化であったことは間違いない。

さらに『西笑和尚文案』所収の卯月二十五日付の承兌・元佶連署書状案には、

智積院先度従長谷川法眼八木五百石御渡、先僧正御拘之院家幷能化的伝之聖教、寺々之常住物等、畳席以下被取退候儀於在之者、太不可然候、達　上聞候ハ御越度ニ可罷成候、貴老之御外聞仁体(ママ)事、堅可被仰付候、

(慶長十一年)卯月廿五日　承兌　元佶

(智積院恵伝)頼音房　教座下

とある。玄宥は慶長十年十月に亡くなっているので、卯月という日付からみて、この書状は慶長十一年以後のものである。これをみると少なくとも慶長十一年四月まで対外的には頼音房恵伝が智積院の能化であったことがわかる。すでに坂本氏が指摘されているように、これ以前から祐宜が論義の「明」を勧め、寺内では所化の指導にあたっていたようであるが、この書状案をみると慶長十一年四月までは恵伝が智積院の能化であった。そして同年五月に上京した徳川家康の裁許により恵伝が追放され、智積院新能化に祐宜が就任したのである。

祐宜は慶長十年の三月三日付の栃木持明院所蔵の大覚寺門跡坊官井関性慶奉書をみると、

(花押)

下野国皆川庄持明院祐宜　大覚寺御門跡為御末寺之由就御懇望、則達奏聞依　勅定被召加直末寺、当住祐宜被任権僧正、然者則代々住持門徒分者以御寺為本寺、密教修行自宗之法度、於御門跡者世出世之相応之御奉公可被申者也、

(慶長十年)三月三日　井関宮内法眼　性慶(花押)

持明院祐宜僧正　御房

とあり、持明院は嵯峨大覚寺の直末寺となり、祐宜は門跡空性法親王の推挙により権僧正に任ぜられていることがわかる。このように祐宜は玄宥と同じ持明院の出身で関東を代表する学僧であり、本来玄宥の後継者と目された僧であ

り、所化達の信頼を集めていたのであろう。『結網集』が慶長十一年に祐宜が「夏五月進院」と記しているのは『西笑和尚文案』の前述の記述と一致する。そして前述したように祐宜は慶長十一年十二月に智積院で行われた法華八講には祐宜は証義者を勤めている。このように智積院玄宥没後の後継者争いは、玄宥の意向とは関係なく、所化達の支持をうけた学僧祐宜が徳川家康の指名により智積院第二世となったことがわかる。京都豊国智積院はその草創から玄宥が徳川家康の保護をうけていた寺であるが、(5)『西笑和尚文案』の一連の史料をみると、後継能化選出では玄宥の指名よりも、徳川家康の裁許が優先し、所化達の支持を集めた祐宜が新能化となったことがわかる。

三　長谷寺性盛から空鏡へ

慶長十四年七月十六日長谷寺小池坊性盛が入寂した。その後長谷寺では性盛の附属を得たと称する空鏡房栄範と西蔵院印雅との間で後継能化争いが起っている。

『本光国師日記』所収の慶長十七年十月二十日付の金地院崇伝書状案には、

一筆令啓候、長谷小池坊能化職、従空鏡、玄音へ被相渡候、然者中性院之法流、近来小池坊相続之所ニ、先年空鏡与西蔵院申分之時、従空鏡、貴院へ被渡置候由、其通候哉、如前々、小池坊へ被相渡尤ニ存候、(後略)

(慶長十七年)十月廿日　金地院――

(長善房祐宜)智積院僧正　教座下

とある。これは慶長十七年十月に長谷寺小池坊の能化が空鏡房栄範から玄音房宥義に交替したことを、徳川家康の寺社行政を担当した金地院崇伝が智積院祐宜に伝達している書状案である。この中で根来寺の中性院の法流を長谷寺小池坊が相続してきたところ、先年空鏡房栄範と西蔵院印雅が後継の能化を争った際に空鏡から智積院に持ち出されてしまったと記されている。先年というのは『本光国師日記』所収の慶長十五年九月四日付の亀屋栄任書状案には、急度申入候、長谷寺北坊、従往古律院ニて候処ニ、今度貴老新義ニ被追放、迷惑之由ニて御訴訟ニ被罷下候、右之坊之儀、貴老此地ニて、円光寺江被仰上候ハ、あき坊之由候間、従先々律院本主有之所を被仰掠候段、不審千万候、可達上聞之由候へ共、先様子可承届と申入候、自古律院義候ハハ、如有来尤存候、従御報可得上意之由候、非分被仰懸候者、御為不可然候、御分別ニハ過間敷候、北坊此地ニ相詰被申候、尚追而可申入候、恐惶謹言、

（慶長十五年）
九月四日　栄任

中性院空鏡

とある。慶長十五年九月には空鏡は長谷寺小池坊の中性院空鏡と記されている。また長谷寺六坊の一つ北坊の支配をしているので、当時すでに空鏡が長谷寺小池坊の能化となっていたことがわかる。慶長十五年九月には空鏡が長谷寺能化となっているので、空鏡と西蔵院の争いは性盛没後の慶長十四・五年の出来事であることがわかる。この争いは根来以来の中性院の法流相続が両者の間で問題になっている。櫛田博士は前掲著書の中で、次のように説明されている。

こうした法流の授与を示す「中性院面授帳」をみると、性盛は慶長十年卯月廿八日に長谷寺で自ら中性院流の「正受者」と認めていた長谷寺六坊衆の西蔵院印雅に法流を印可している。ここにいろいろの問題が起って来た。性盛は中性院流の後継者として西蔵院印雅を定めて置いたのに、小池坊の後住は空鏡房栄範となって勢力を扶植したから性盛没後に紛擾が起ったのではあるまいか。専誉は性盛に小池坊と中性院流を一緒にして両方を不即不離の姿で渡して来たのに、性盛が中性院流だけを小池坊と切り離して授与していることが紛争を起す一つの原因であったのであろう。

前述の九月四日付の亀屋栄任書状案の中で、空鏡は長谷寺北坊住職を律院ではないとして追放したことを難詰されている。そして九月十三日付の円光寺元佶書状案をみると、元佶等は北坊は律院であると判定して、中性院空鏡は敗

訴している。しかし、同年十一月十四日付の金地院崇伝書状案をみると、

十一月三日付之御状、同十四日於江戸披見候、先度駿府へ御下向候ハヽ、北坊律院ニて貴老進退来候之由堅被仰候ニ、日々玄音坊と御入魂候、然処ニ六坊一同ニ不律院由、以連判訴訟候由候、前後相違之事不届ニ候、万一貴老右ニ御申候通、少しも虚言候者、以来申通間敷候、尽蔵司も可為義絶候、御分別専用候、恐々謹言、

（慶長十五年）十一月十四日　　　　　　　　　　──

北坊　貴報

とあり、一度北坊の理運となったが、これに対して長谷寺六坊は連判して、北坊は律院ではないとして再度金地院崇伝に訴えている。北坊は六坊の一つであるが、この時点では住職は交替していたのであろう。このように六坊衆は空鏡の立場を支持している。かつての北坊は玄音坊宥義と密接であったようである。いずれにしても慶長十五年頃空鏡が長谷寺小池坊の能化であったことは事実である。

なお、本論から少しはずれるが、空鏡と印雅の後住争いについていささか私見を述べてみたい。印雅の経歴については明白でないが、「中性院面授帳」の慶長十年四月二十八日の条によれば、印雅は性盛から正受者として中性院の法流を印可されている。正受者とは法流相続者の代表ということであり、当時は印雅が性盛の後継者たるべき地位にいたものと思われる。更に彼が西蔵院に住していたということは、西蔵院は長谷寺の運営にあたる六坊衆の一つであり、ここの住持は長谷寺育ちの常住方の学侶がなる慣例からみて、印雅はおそらく常住方の学侶であったものと思われる。

これに対して空鏡は性盛からいつ法流の伝授をうけたか明白でない。少なくとも面授帳には法流相続の事実はない。しかし面授帳をみると慶長十五年には空鏡が能化として中性院の法流を伝授している。おそらく確証はないが、空鏡は専誉から法流を相承していたものと思われる。空鏡は東寺宝菩提院聖教の「報恩院問条々私」の奥書をみると、天

正十七年頃、高野山で同書を書写しており、印雅より早くから活躍している。またそこに土佐空鏡坊と署名していること、更に日誉が空鏡を土佐常通寺と呼んでいるところをみると、彼は土佐出身の僧であり、長谷寺においては客僧方に所属し、客僧方の長老であったものと思われる。長谷寺内部においては常に常住方と客僧方が対立しており、しかも性盛の長谷寺入山を快く思っていなかった専誉の弟子達が、性盛没後、性盛の押す印雅に反対して空鏡をたてたのではなかろうか。これは推測であり、事実は明確ではないが、両者による後住争いがあったこと、更に空鏡が勝ち長谷寺小池坊第三代能化になったことは事実である。空鏡は増上寺観智国師存応・金地院崇伝・亀屋栄任といった中央の有力者と交流をもっており、これらの助力を背景に印雅を押さえたのであろう。なお、現在伝えられている長谷寺歴代は空鏡の能化就任を認めず、専誉―性盛―有義と相承しているが、中性院法流の黒皮籠相承の事実云々に関係なく空鏡を性盛の次の歴代に補足すべきである。この空鏡の長谷寺能化就任にあたっても幕府の意向が強く働いていたことがよくわかる。

四　長谷寺空鏡から宥義へ

慶長十七年卯月二十六日付の金地院崇伝書状案には、

（中略）

一、空鏡之義、理を被仰上候処ニ、可追出之由、上意之由候、玄音被参候者、可被仰渡由、一段御尤ニ存候、

（後略）

（慶長十七年）卯月廿六日　――

拝上　円光（元佶）堂上大和尚

とあり、慶長十七年四月、これをみると長谷寺空鏡は前述の北坊律院一件で弁明したが聞き入れられず、徳川家康の

上意によって長谷寺を追放されることになった。この処置が崇伝から玄音房宥義に伝達されているところをみると、最初から宥義の後援をうけた北坊側が有利であったのであろう。『本光国師日記』所収の同年二月十八日付の元佶・崇伝連署書状案をみると、

一筆致啓上候、彼玄音坊と申候者、佐竹衆ニ而御座候、学問者ニ而候間、去々年ゟ初瀬之脇能化ニ、以上意被相居候、別而御所様御懇ニ御座候、将軍様へ未御礼申上候条、御目見仕度由被申候而下向候、御前可然様ニ、御取成候て可被遣候、猶玄音坊可被申上候条不能具候、恐惶謹言、

（慶長十七年）二月十八日　　円光寺――
　　　　　　　　　　　　　金地院――

本多佐渡守（正信）殿人々御中

とあり、元佶・崇伝は江戸にいる本多正信に対して、玄音房宥義は学問者で慶長十五年から徳川家康の命令で長谷寺の脇能化となったと紹介しており、前述の慶長十五年九月十三日付の元佶書状案の中で「如被迎合、能化職御請取以後、頓而北坊之儀、律院へ可被相渡候、」とあり、宥義は徳川家康の命令で脇能化就任と同時に次期能化就任が約束されていたことがわかる。どうも北坊律院一件は単なるきっかけであり、最初から空鏡の長谷寺追放は既成の事実であったようである。そして前述の慶長十七年十月二十日付の崇伝書状案にみられたように、慶長十七年十月二十日までに小池坊能化職は空鏡から玄音房宥義に交替している。これに対して同じく『本光国師日記』所収の同年十月三日付の増上寺観智国師源誉存応書状案や十月二十七日付の金地院崇伝書状案をみると次の如くである。

其以来者無音之至、頬故以一書不申、背本意候、仍　空鏡之儀、愚僧懇切申故候而、種々御取成之段辱候、已来も御前御取成頼入候、委細彼方口上申含候間、不能具候、恐々謹言、

（慶長十七年）十月三日　　増上寺　観智国師源誉

伝長老

一、従国師尊書拝見申候、貴老之儀、懇ニ被仰越候、相応之御用疎意存間敷候、能化退居以後も、被執法幢候事、
先例於有之者尤候、但、申分出来無之様ニ御分別専用ニ候、恐々謹言、

十月廿七日　——

空鏡坊法座下

とあり、空鏡は徳川家康の信任厚い増上寺観智国師源誉存応を頼って種々復帰運動をしたようであるが、宥義の長谷寺小池坊能化就任は動かなかった。

五　智積院祐宜から日誉へ

『本光国師日記』所収の慶長十七年八月六日付の金地院崇伝書状案には、

七月廿一日之尊書、同廿九日令拝見候、江州摠(惣)持寺之正純(日誉)御坊、貴院之脇能化ニ被相定、後住之義被仰合候由、御書中幷御使僧口上之趣、具ニ令披露候、一段ト御尤ニ被　思召候由被　仰出候、則正純坊御礼被仰上、次而ニ御使僧も　御目見候、直ニ御感之通被　仰渡候間、可被得其意候、猶期後音候、恐惶謹言、

(慶長十七年)八月六日　金地院——

(祐宜)智積院僧正　尊答

(追而書省略)

とあり、この時に近江長浜の惣持寺の正純房日誉が徳川家康の推薦により智積院の脇能化となり、宥義の場合と同じように後継能化も約束されていることがわかる。さらに智積院所蔵の慶長十七年と思われる霜月二十七日付の京都所

司代板倉勝重書状には、

先師（祐宜）僧正遷化之由、速ニ申承候処、寔無是非次第ニ候、然者貴坊御移之由尤存候、仍為御音信、蜜柑一折贈賜候、賞翫此事候、能々御使僧へ申候、恐々謹言、

（慶長十七年）霜月廿七日　　板　伊賀守　勝重（花押）

正純御坊　玉床下

とあり、先師僧正祐宜死後、約束通り正純房日誉が智積院の能化となっていることがわかる。なお、日誉が徳川家康に登用された経緯については、第二章の近世初期の新義真言宗教団を参照していただきたい。

六　長谷寺宥義から秀算へ

『本光国師日記』所収の慶長十八年八月八日付の金地院崇伝・本多正純連署書状案をみると、

急度令啓達候、常陸国佐竹八幡社務ト神主申分出来ニ付而、可被成　御尋儀候間、長谷玄音、早々可有参府旨被仰出候条、無油断不日ニ参上候様ニ可被仰渡候、為其以次飛脚申入候、恐惶謹言、

（慶長十八年）八月八日　　金地院　――
本多上野介　――

板倉伊賀守殿　人々御中

とあり、長谷寺小池坊能化玄音房宥義は郷里の佐竹八幡宮の社務光明院と神主の訴訟に際して、社務方の関係者として出府を命じられている。宥義は佐竹八幡宮別当光明院の出身であり、社務方の前任者である。さらに同年九月八日の条には、

常陸国水戸八幡公事於　御前相済、社務方玄音被負、神主、本寺宝鏡院利運ニ被　仰出、但、社務を者水戸之代

官芦沢伊賀ニ被為預也、去年玄音房ニ被遣候　御朱印取返し　御前へ上ル、慶長七年之　御朱印、神主もとのことくとりて退出する也、

とある。これをみると社務方、すなわち宥義方は敗訴となり、慶長七年の朱印は没収されている。『本光国師日記』所収の慶長十九年六月晦日付の金地院崇伝書状案をみると、

（前略）

大仏智積院も江戸仕合能上府候而、未是ニ逗留候、是も細々論議被申上候、一段と御意ニ入申候、長谷小池坊者未逗留候へ共、御礼不成候、先年佐武（マヽ）水戸社務之出入、小池坊無調法之儀、事外御気色悪敷候、今度又小池社務無科様ニ、義宣（佐竹）折紙なと調、小池坊方人之坊主、浅間ニ而目安上候、是又弥曲事ニ被仰出、猶々小池坊仕合不可然体候、

（後略）

六月晦日　　金地院——

板伊州様　人々御中

とある。これをみると、ここでも宥義は水戸八幡宮の訴訟で無調法をして、徳川家康の機嫌をそこねていた。さらに水戸城主佐竹義宣を通じて無実の工作をしたり、小池坊の坊主が駿府の浅間で、無理に目安を提出するなどしたため宥義の立場は非常に悪くなっていたようである。『義演准后日記』の元和元年閏六月十五日の条には、

泊瀬玄音（宥義）異上意、仍御改易云々、就其頼音（恵伝）望申了、即金地院申遣、御前御次候者、疎意有間敷由返答、

とあり、ついに宥義は長谷寺能化を改易されている。智積院で玄宥没後、性盛と後継能化を争った頼音房恵伝がここでも義演を通じて長谷寺の後継能化を願い出ている。しかし恵伝の願いはその後他の史料に全く見えずうまくいかなかったようである。『本光国師日記』所収の元和二年十二月二十五日の条には、

泊瀬玄音、京識（秀算）極月廿二日之状来、能化職を京識請取由之書中也、右之二通之折紙、札を付、目安箱ニ入置也、
知足院之文も有、同入置也、則玄音、京職へ目出度由返書遣ス、

とあり、元和二年十二月二十二日に長谷寺の能化は玄音房宥義から京識房秀算に交替したことがわかる。長谷寺所蔵の「中性院面授帳」の元和元年の面授者京識房の下に「脇能化」とあり、前述の宥義が改易されたときに、京識房秀算は徳川家康の意向で脇能化として長谷寺に入っていたことがわかる。そして秀算は宥義から中性院の法流を伝授された後に、元和二年十二月をもって秀算が能化就任となったのである。この頃になると長谷寺宥義、智積院日誉の場合のように、両本山では徳川家康の推薦をうけたものが脇能化から能化へ晋むという形式が確立したようである。但、日誉・秀算などは長谷寺・智積院の両本山で修学して、御前論議などを通じて、徳川家康からその学識を認められた学僧である。これらの僧侶が自由に両本山の能化に任命されているところをみると、中性院流の黒皮籠をめぐる紛争はあったが、依然この頃の両本山の交流は密接であったようである。

まとめ

近世初期の長谷寺と智積院の能化となるためには学山の伝統に従い、所化衆の支持を得て、しかも学問者であることが条件であった。両方の条件を兼備した僧は少なく、長谷寺の専誉没後、智積院の玄宥没後、長谷寺の性盛没後などは後継能化就任をめぐって抗争が起ったようである。しかもこのときに西笑承兌などの畿内の寺社行政担当者は内済を勧めたようであるが、両本山の寺内では決着がつかず、徳川家康の裁許を仰ぐことが多かった。その後の宥義の長谷寺能化就任、日誉の智積院能化就任、秀算の長谷寺能化就任などの場合をみると、徳川家康の眼鏡にかなった学僧が脇能化から能化に晋むという一定の形式が確立したようである。特に徳川家康は日誉・秀算など御前論議で自分の眼鏡にかなった学僧を強く本山能化に推薦している。徳川家康は従来自分と接点の薄かった上方寺院の本山の内部

抗争の解決や寺領安堵という形で、伝統的な有力本山を自己の支配下に置き、次第に本山の伝統的な権威を否定して、清僧で、しかも学問者を本山の能化に据え、所化達を厳しく指導して、学問に専念するように仕向けたのである。長谷寺・智積院は共に根来寺から分かれた新義真言宗の両本山であり、中性院の法流相承という特殊な問題はあったが、おおむね近世初期の両本山は次第に徳川家康の寺社行政の枠の中に組み入れられていった経緯が後継能化選出過程によく表われている。

（1）　伊藤真昭稿「慶長期における徳川家康と畿内寺社―『西笑和尚文案』を通して―」（『待兼山論叢』二八、一九九四年刊）参照。同稿「大和の寺社と西笑承兌―関ケ原の戦い後における―」（『仏教史学研究』四二―二、二〇〇〇年刊）参照。
（2）　杣田善雄稿「近世前期の寺社行政」（『日本史研究』二二三、一九八一年刊）参照。
（3）（4）　櫛田良洪著『専誉の研究』（一九七六年、山喜房仏書林刊）。村山正栄編『智積院史』（一九三四年、弘法大師遠忌事務局刊）。
（5）　坂本正仁稿「洛東智積院創立の一考察」（『印度学仏教学研究』二三―一、一九七四年刊）参照。

第二章　近世初期の新義真言宗教団
――特に正純房日誉を中心として――

はじめに

私は近世初期の仏教教団の動向を徳川家康の宗教政策に視点を定めながら研究を進めている。今回は新義真言宗教団を取り上げ、特に智積院三世正純房日誉を中心として、同教団の展開を述べてみたい。

新義真言宗教団は覚鑁・頼瑜以降、根来寺を中心にして発展したが、天正十三年（一五八五）に豊臣秀吉から根来一山焼打ちにあったために根来寺を離れ、玄宥を中心とするグループが京都智積院を、専誉を中心とするグループが大和長谷寺を拠点にして、それぞれ教団の再興を図っている。日誉は玄宥、祐宜の跡をうけて智積院三世となった僧である。

日誉に関する先行論文としては、村山正栄編『智積院史』第六章「日誉僧正と智積院基礎の確立」や、櫛田良洪博士著『真言密教成立過程の研究』第三編第一章第三節「新義教学と宮賢本記」等が代表的なものであるが、いずれも日誉の履歴を簡単に述べているだけであり、近世初期の仏教教団の動向の中での日誉の位置付けは充分でない(1)。従来近世初期の仏教教団の研究は、辻善之助博士の『日本仏教史』「近世編之二」以来、徳川家康の宗教政策を論ずる場合、常に金地院崇伝や南光坊天海・観智国師存応等が中心であるが、私は日誉と家康の関係も非常に密接であり、日誉の動向も無視することができないと思う。

一　日誉の前半生

日誉の前半生の経歴についてはあまり明白でない。およそ人物の歴史を考える場合、高貴な出身者等の一部の例外を除けば、その人物が世間的な評価をうけるまでの経歴については明白でないのが普通である。しかし高僧の履歴を調べる場合、不明のままでは周囲の要求に答えられないために、僧伝作成の過程において様々な形で前半生の履歴が作り上げられてくる。日誉の場合も同様であり、彼が慶長十六年(一六一一)五十五歳の時、長浜惣持寺住持として末寺小谷寺の公事を裁許したことが、幕府に登用されるきっかけになったのであり、これ以前の日誉の活動については明白でない。ただ日誉の場合、彼に主体性はないが、師匠である長谷寺の宮賢房専誉の関係史料の中に、日誉の前半生の行動の一部を散見することができる。櫛田博士は前掲著書の「専誉僧正伝の基礎的研究」の中で、天正十七年、文禄元・二年、慶長五年にそれぞれ日誉が長谷寺で師専誉の書籍を書写したことを指摘されている。更に「専誉僧正の学風」や「新義学山の成立とその発展」の中で、櫛田博士は『義演准后日記』六や慶長六年二月十六日付の義演の伝法許可印信(『三宝院文書』所収)を引用されて、慶長六年二月、義演は長谷寺において伝法灌頂を執行して、専誉と客僧十一人、六坊衆三人に印可を授けていることを紹介されている。その時の客僧方の入壇印可衆交名によると、

法印権大僧都専誉　小池也、今日印信書テ与之、鈍色・小ケサ著用、予香付衣・五帖ケサ、

慶　存　慶源房　根来寺五坊弟子　　法印日祐　正純房　武州西光院

権少僧都宥政　文鏡房　日州庄内聖慈寺弟子　　法印宥順　円音房　常州観音寺

頼　興　舜覚房　薩州坊津一乗院弟子　　海　俊　文説房　日州黒貫寺弟子

勢　瑜　良元房　肥後求磨願成寺弟子　　快　意　甚鏡房　肥前平戸談義所弟子

淳　海　堯叶房　武州足立持明院弟子　　尊　雄　憲淳房　野州那須金剛寿院弟子

真　海　晩舜房 越後府中妙観院弟子　已上十一人　客　僧

とあり、第二行目下段に「法印日祐正純房 武州西光院」とある。日誉は長浜惣持寺文書中にも「日養」と記されており、房号などから考えても、この日祐は日誉と同一人物であると思われる。これをみると日誉は武蔵百間西光院出身の僧として、長谷寺において専誉の許で客僧方に属して修学していたことがわかる。日誉は客僧十一人衆の一人として専誉と共に義演から印可をうけているところをみると、この頃彼は一山内でもかなり学僧としての評価をうけていたものと思われる。少なくとも日誉は前述の専誉関係の書籍の奥書から考えても十年以上専誉の許で修学していたことがわかる。また長谷寺に現存する「中性院面授帳」によれば、慶長十四年十二月十六日、日誉は長谷寺第三代能化空鏡から中性院の法流を印可されている。中性院の法流は本来能化に伝えられるべきものであり、これは日誉の長谷寺内部における地位の高さと学僧振りを示すものであろう。これらが日誉に関する散見する良質の史料である。

次に史料価値は少し劣るが、「西光院奉願書」（『智積院史』五十頁所収）には、

中興開山日雄上人弟子、祐長・日誉と申両人有之、右両僧共乍恐　東照神君様御帰依僧にて、兄弟子祐長は其時の新義一派触頭職、武州足立郡倉田村明星院住職被為仰付、弟々子日誉は別て　御帰依被為遊、泉州堺御厄難の砌は御祈禱被為仰付、西光院住職中は御願成就の御祈禱被為仰付、於弥陀堂長日敬愛護摩供奉修候、（後略）

とあり、日誉が武蔵百間西光院出身の僧であり、武蔵倉田明星院祐長と親密な関係にあったことが記されている。

更に一応、伝記類に見られる日誉の前半生について紹介してみたい。私は伝記類はあまり信用できる史料とは考えていないが、それぞれの伝記の製作者が日誉をどのように見ていたかがうかがわれて興味深い。

智積院七世運敞が編纂した『結網集』所収「日誉僧正伝」には、

師名日誉、一名日祐、正純其字也、武州望族小野寺氏之子、幼入百間西光院日雄僧都室、剪落肄業、好学惜寸陰、至廃寝食忘寒暑、而立歳腰包上根山、游刃於論場、侍日秀・頼玄二老之函丈、爇(ママ)柴継晷、飽沐玄提、遭天正

（十三）乙酉兵乱、逃跡高野山、嘉声藉藉、遠覃郷関、百間檀信相邀、董西光席、初建法幢、接誘包笠、未幾退席、遊長谷寺、随専誉僧正、得其底蘊、去謁智積玄宥僧正、日益深造、慶長丙午（十二）秋、受請補江北総持寺、（後略）

とある。日誉は百間西光院の日雄の許で剪髪した。その後根来に上り、日秀・頼玄両師の許で修学したが、天正十三年、秀吉の根来焼打ちにあい、高野山に逃れた。しかし郷里百間西光院の檀徒の請いにより、西光院に帰り、同院で初めて法幢を建てた。その後程なく長谷寺に行って専誉の許で修学した。更に専誉の許を去って智積院玄宥の許でも修学したが、懇請され慶長十一年秋、長浜惣持寺の住持になったと記している。一方『結網集』よりも年代は下るが、長谷寺十七世隆慶の編纂にかかる『豊山伝通記』所収「第二世性盛和尚伝」の日誉の経歴をみると、

先是日誉和尚、親炙専誉僧正、飽蒙提耳、研覈事教、業成帰百間西光院、是慶長十乙巳秋也、同十一丙午年、請江北良秀譲、董総持寺席、然尚入室請益、師之行業徳儀、為他所帰重、以是可視也、或謂、日誉遊長谷寺、随専誉（宮賢房）僧正、得其底蘊、去謁智積玄宥僧正、日益深造、慶長丙午秋、受請補江北総持寺、而今参差記之者奈何、答曰、日誉前不去長谷謁宥僧正、慶長十七壬子秋、承　東照神君鈞命、初至智積者、其証非一、日誉曾在根嶺、師事宮賢和尚、（中略）復日誉隠棲記云、吾学成挑灯者、偏依宮賢提撕矣、

とある。「或謂」として具体的な典拠は明示していないが、『結網集』の一節「日誉遊長谷寺……受請補江北総持寺」を引用して、日誉は長谷寺の専誉の許でずっと修学しており智積院の玄宥の許へは行っていないと反論している。更に日誉隠棲記の一節をも引用して、日誉の学問は全て専誉の指導の賜であるといっている。確かに現存する日誉の関係史料や、慶長十七年の日誉の智積院入寺の経過などから見て、それ以前から日誉が智積院と関係があったようには思われない。しかしだからといって『豊山伝通記』の主張を全面的に認めることもできない。というのは日誉が伝記類の中で、智積院で修学したかしないかが問題にされてくるのは、運敞以降、智山・豊山の対抗意識が芽生えて、智積院と長谷寺の両本山の優越性が争われるようになってからである。日誉が特に新義真言宗教団の中興者であるだけ

に、その修学した場所が重要になってくるのである。日誉在世当時の智積院と長谷寺の関係は中性院の法流相承にからむ多少の紛争があったようであるが、おおむね両寺は親密な関係にあり人物交流は頻繁である。まだ智山・豊山の対抗意識は芽生えておらず、日誉が専誉の許で修学したことは事実であろうが、日誉がどちらで修学しようとさほど重要な問題ではなかったはずである。

諸記録を参照しながら、日誉の前半生について見てきたが、彼は武蔵百間西光院出身の僧として、天正末期から慶長初期にかけて長谷寺専誉の許で修学し、一山内で客僧方に属する学僧として、中性院の法流を印可されるだけの資格を持った僧であったことがわかる。

二　長浜惣持寺時代の日誉

惣持寺は永享五年(一四三三)に近在の神照寺学頭実済によって創設された寺院であり、それ以降、中世を通して神照寺と共に同地方の有力寺院であった。現在惣持寺には法流の伝授を示す多数の印信が残っており、根来寺や遠く九州日向の黒貫寺等と交流があったことがうかがわれる。しかし惣持寺は戦国時代に入ると、従来の保護者浅井氏の没落に伴い、織田信長・豊臣秀吉等の新しい為政者により所領を没収され手痛い打撃を受けたようである。しかし江戸幕府成立以後、惣持寺は日誉の時代になると目覚しい復興を遂げている。彼は慶長十一年に武蔵百間の西光院から惣持寺に入り、寺の復興に尽力している。

『本光国師日記』(以後、出典を明示しなければ『本光国師日記』である)所収の慶長十六年六月十七日の小谷寺訴状案には、

乍恐言上

江州北浅井郡之内小谷寺御寺物五拾石被成御付候、坊数九ツ、此寺ニ能化無御座候ニ付而、いたつらの坊主二三人御座候、真言之法度置目をやぶり、我がままのはたらき曲事之様子数条御座候、同者花王坊、宝蔵坊、円城坊

被召上御糺明候て、寺を被成追出、右之寺領本坊ニ被成御付、能化御すへ被成候ハヽ、相残坊中末代こんりう寺之かたまり、同田舎真言之本寺惣持寺御門家中各忝可奉存候、以上、

慶長十六年

六月吉日

小谷寺

平等坊　在判

千手坊　同

福寿院　同

円徳坊　同

福円坊　同

板伊賀

伝長老

円光寺

御奉行様

右目安上候、此返答仕、早々公事ニ可罷上也、

亥六月十七日

花王坊

宝蔵坊

円城坊

とある。これは小谷寺から幕府の奉行衆に宛てた訴状と、その返書の案文である。小谷寺はかつて戦国大名浅井氏の菩提寺として勢力を誇っていたが、当時の小谷寺には能化がおらず、若僧と老僧達の間で内紛が起り公事になっていた。この中で注意を要することは惣持寺を田舎真言の本寺といっていることである。この公事について、同年七月十

日付の金地院崇伝書状案には、

尊書拝見仕候、江州北之郡出家衆申分双方罷出候間、今晩可被成御聞旨尤候、夕涼ミに可参由得其意候、必以参可申承候、被入御念御使札忝存候、万々奉期面上候、恐惶謹言、

（慶長十六年）
七月十日　（崇伝）

板伊州様尊報

とあり、小谷寺の若僧と老僧達の内紛は、七月十日双方が京都所司代板倉勝重の許に出かけて裁許をうけることになった。裁許の結果は、翌七月十一日付の板倉勝重・金地院崇伝連署書状案をみると、

急度申入候、江州浅井郡之内小谷寺老僧若僧乱行在之由ニ付而、双方罷上、雖及対決候、互ニ無証拠様相聞候、然者彼小谷寺ハ貴寺御門下之由申候間、様子御尋候て其内乱行ニ相極仁可有追放候、猶彼所代官地頭百姓等淵底可存候条、可被成御心得候、恐々謹言、

（慶長十六年）
七月十一日　板伊賀
金地院

江州
物持寺

とある。これをみると双方を対決させたが、共に主張の証拠が明白でなく、差戻しとなり、小谷寺の本寺である長浜惣持寺の住持日誉が再調査の上、是非を究明するようにと命ぜられている。七月二十六日付の日誉書状案をみると、

小谷寺坊主衆之就出入、御状拝見仕候、愚僧之門下之儀候間、乱行之実否相究可申上処、若僧共未罷帰候、乍去彼所之百姓等相尋申候処、老僧宝蔵坊乱行之儀者、一円不存由申候、若僧平等坊之儀者、乱行之様世上取沙汰御座候由申候、罷帰候者、相究可申上候、委細之儀者、日下部善介殿、肥田与左衛門殿へ御尋可被成候、将亦小谷

寺之御朱印、於若僧共隠取候而罷出候、以御意返申候様奉憑候、恐惶謹言、
（慶長十六年）
七月廿六日　物持寺　日誉　在判
板倉伊賀守殿
金　地　院　貴酬

とあり、日誉は調査の結果、小谷寺の内紛は平等坊等の若僧方に乱行があった旨、板倉勝重・金地院崇伝に報告している。これに対して九月七日付の崇伝書状案をみると、

昨六日、江州北浅井郡小谷寺之若キ衆方、訴状を持来候、直奏可申なとゝ悪口共申候、互ニ乱行之儀申ニ付而、無案内儀候条、本寺惣持寺へ、貴様、拙老連判を以、実否御究候様ニと申遣候、其様子共、御前御次而候か、又ハ脇ゟ御耳ニ立候て、御尋候ハヽ、具ニ可申上と存候、昨晩円光寺へハ懇ニ語申候、（後略）
（慶長十六年）
九月七日　（崇伝）
板伊州様　人々御中

とあり、小谷寺の公事は日誉の報告により、一旦若僧方の敗北となったが、若僧方は承知せず、駿府に行き家康に直訴を企てようとしていた。そのため再度惣持寺日誉に調査が命ぜられている。これらの様子を崇伝は板倉勝重を通して、ついでの時か、脇から家康に報告してもらいたいといっている。これが家康に報告されたかどうかは明確ではないが、当時惣持寺日誉の存在が何らかの形で家康に認識されたものと思われる。霜月朔日付の日誉書状案には、

先度申上候、小谷寺之若僧共、去七月、公事御裁許之後駿府へ罷下、御訖言可仕由申候へ共、不罷成、此中罷上、在所ニ隠候て在之由承候間、盗取候御朱印　御代官衆憑入、取返申候、彼小谷寺ハ御祈禱所候へ共、一乱以後、能化坊退転申、無学之者計にて候間、企公事徒者候間、若僧共、被成御追放、以其知行能化坊を可被仰付候、脇坊六口、本坊共ニ七坊ニ被成候て可被下候、昔ハ能化坊明王院と申候、今度中興開山仕度候、畢竟尊意奉仰候、

将亦乱行被申懸候若僧、去七月ノ事候へ共、此中迄申開度之由不申候、此等之趣、愚僧罷登可得御意候へ共、煩
申候間、以使僧申上候、委細ハ可被成御尋候、恐惶謹言、

(慶長十六年)
霜月朔日　　　　　　　　　　　　　　　　惣持寺　日誉

板倉伊賀守殿

金　地　院　人々御中

とあり、日誉は再度若僧方の非分を確認している。そして日誉は小谷寺の能化坊明王院が姉川の合戦以後、中絶しているので、追放した若僧達の知行地をもって明王院を再興したい旨、使僧を通して板倉勝重・崇伝に了解を求めている。日誉は無学のものばかりのために小谷寺の公事が起ったのであり、能化坊明王院を再興することによって一山内部の学問興隆をはかりたいといっている。事実は分明ではないが、当時としては当を得た回答である。これに対して、十一月三日付の板倉勝重書状案には、

来札令拝見候、江州小谷寺能化坊之儀被仰越候、可然衆被成居住尤奉存候、雖然法中方之儀候間、円光寺・金地
院へ被仰入、両和尚異見次第肝要存候、尚御使僧へ申達候間不能詳候、恐惶謹言、

(慶長十六年)
十一月三日　　　　　　　　板倉伊賀守――

惣持寺　回章

とあり、板倉勝重は日誉の小谷寺能化坊明王院再興の申入れを承認すると共に、法中の儀は円光寺元佶・崇伝の指示をうけるようにといっている。この小谷寺の公事一件は近江国の事件であり、京都所司代板倉勝重の管轄であるが、この頃、寺社のことは元佶や崇伝がかなり任されていたことがわかる。板倉勝重の指示に従い、惣持寺日誉は十一月二十八日付で金地院崇伝に再度明王院の再興を願い出ている。十二月七日付の元佶・崇伝連署書状案には、

芳墨披閲得其意候、仍、小谷寺能化坊之儀承候、貴老御□候て、可然衆被成御居候、以来申分無御座様ニ可被

仰付候、乍去向後六ケ敷儀可致出来と思召候ハヽ、重而様体可承候、其節可得　上意候、恐惶謹言、
(二脱カ)
拾月七日　　　円光寺――
(慶長十六年)
　　　　　　　金地院――
惣持寺　芳酬

とある。元佶・崇伝共に日誉の申入れを承認し、日誉が適当と思う人物を能化に任命するようにといっている。このように小谷寺の公事については悉く日誉の申入れが幕府の年寄衆に受け入れられている。若僧方と老僧方の是非の基準は明確ではなかったようであるが、日誉の一貫した老僧方の支持と、能化坊明王院再興策が功を収めている。これは本末統制強化と学問の興隆を目指す幕府の方針と一致したためであろう。

この事件が日誉が幕府と交渉をもつきっかけになったように思われる。後世の編纂物である『結網集』や「西光院願書」等をみるとこれ以前から幕府は日誉の高僧振りに注目していたかのように書かれているが、管見ではこれ以前に日誉が幕府と交渉があったことを示す史料は見当らない。おそらく日誉が本寺住持として末寺の公事を手際よく捌いた手腕が板倉勝重や金地院崇伝等の幕府の宗教行政担当者の好感をよんだのであろう。家康の耳にも彼等を通して日誉の手腕は報告されていたものと思われる。これ以降、日誉は幕府に次第に登用されてくる。

三　智積院脇能化と後住

日誉の智積院脇能化就任と後住の約束について、慶長十七年八月六日付の崇伝書状(本文は第一章五の一八頁所収)をみると七月二十一日以前に惣持寺の正純房日誉は智積院祐宜の推薦によって、智積院の脇能化になり、後住の地位も約束されていたことがわかる。文中、脇能化と後住を書き分けているところをみると、脇能化、即後住という関係ではなかったようである。脇能化は所化の指導役であり、住職補佐ではなかったのであろう。しかしこの頃になると、後

述するが、宥義・秀算の場合も脇能化から住持になっているので、ある程度脇能化即後住が慣例化していたようである。それはともかく、日誉は祐宜の書状を持って駿府に下り、家康から智積院脇能化就任を承認され、目見得を許されている。このように日誉の脇能化就任は一応現住の祐宜の推薦という形式をとっているが、実際には家康の内意が強く働いていたように思われる。それは日誉の脇能化就任の承認手続きが非常に順調で事前に予期していたかの観がある。特に八月二十日付の崇伝書状案には、

当月十三日之尊書、同廿日令披見候、去春南禅寺へ飛脚被指越候由候、此地ニ罷在故不存候而、背本意存候、六月下旬ニ哉、南禅迄被指越候芳札、則此地へ差下、小池坊へ被成御移住候様子、御書中之通承届、達　上聞候、一段　御機嫌能御座候、御心安可被思召候、次ニ江州惣持寺之正順（純）坊、去比此地へ下向候、智積院脇能化ニ相定候者、従僧正被仰越、則御取成申上、御目見候而仕合能上洛之事候、其節貴老御噂被仰出候、此地へ御礼下向之事、何時成共其方次第ニ候、於御下向者、御取成之事、疎意存間敷候、猶期後音候、不能詳候、恐惶謹言、

（慶長十七年）八月廿日　金地院——

長谷寺

玄音坊尊老　尊報

とある。当時崇伝は駿府におり、長谷寺の玄音房宥義に宛てて当地の様子を伝えているが、これをみると日誉が駿府に下ったとき、幕府から智積院脇能化に任命されており、彼の脇能化就任は事前に決っていて、祐宜は幕府に伝達をしただけのように思われる。祐宜と日誉の関係は、日誉の後住申渡状に記されているような葛藤がこれ以前にあったかどうかは明確ではないが、少なくとも特別な交流は見られず、祐宜が自分の立場を危うくするような脇能化や後住に日誉を推薦するような義理はなかったはずである。また慶長十七年二月十八日付の元佶・崇伝連署書状案をみると、

一書致啓上候、彼玄音坊と申候者、佐竹衆ニ而御座候、学問者ニ而候間、去々年ゟ初瀬之脇能化ニ以　上意被相

居候、別而　御所様御懇ニ御座候、将軍様へ未御礼申上候条、御目見仕度由被申候而下向候、御前可然様ニ御取成候て可被遣候、猶玄音坊可被申上候条、不能具候、恐惶謹言、

（慶長十七年）
二月十八日　　　　　　　円光寺 ――
　　　　　　　　　　　　金地院 ――

本多佐渡守　人々御中

とあり、玄音坊宥義が長谷寺の脇能化になったのは家康の上意によるものであることがわかる。特に宥義の脇能化就任は長谷寺空鏡の意向を無視して家康が強引に任命したものである。このような周囲の状況から考えて、日誉の智積院脇能化就任も家康の意向によって任命されたものと考えて間違いないものと思われる。

日誉が駿府において家康から智積院脇能化に任命された理由は明白でないが、日誉は前述の如く、永年長谷寺において修学しており、学僧としての評価を得ていたことや、惣持寺時代に末寺小谷寺の公事を手際よく捌いた手腕が認められたためであろう。しかしこれだけでは決定的な理由としては薄弱である。良質の史料の裏付けが得られないので、私の推測の域を出ないが、日誉がこの時に智積院脇能化に任命されたのは次のような理由によるものではなかろうかと考えている。

慶長十七年七月の日誉の駿府下向について、智積院所蔵の日誉後住申渡状によると、

于時慶長十七壬子和睦相調令上洛処ニ、七月盆後　大御所家康公三川（河）之鳳来寺滝本坊為御使、駿府へ召之間、令下着　御前へ出仕之上、智積院ト不会之由相聞、令和睦可為後住由仰出之間、右之旨趣致言上、御請申令上洛処、常客脇能化ト定ム、

とあり、日誉は家康の使僧、鳳来寺滝本坊の招きによって駿府に行き、その際、智積院脇能化に任命されたといっている。日誉後住申渡状は、寛永八年（一六三一）に日誉が智積院を隠退するに際して、後住長存房元寿のために智積院と新義真言宗教学の由来について説明した置文である。「日誉の晩年」の項で詳述するつもりであるが、私はこの日

誉後住申渡状は内容的に不可解な箇所が多く無批判に信用することは危険な史料であると考えている。そのため本章では日誉後住申渡状の記述を単独で典拠とすることは一切避けた。この箇所も無批判に引用することは危険であるが、同年八月六日付の三宝院文書所収の関東八州真言宗留書には、

「(端書)関東八刕真言宗連判留書　滝本差上ル」

急度申達候、仍、去年秋中ゟ、本山与当山御公事ニ付而、上方当山先達衆、駿府江集会御座候刻関東本山之山伏衆、真言宗ゟ役銭取申候儀迄被申上候、就其、去好候而、此方へ先達衆飛脚越被申候、各江御談合申迄ハ、遅々申候間、爰元ゟ、二三ケ寺罷登候へハ、役銭相済間敷由、御所様堅仰出ニ候、此儀為不動院初、本山之山伏衆精与存候、山伏衆如何様ニ謀略申廻候共、御許用(容)有間敷候、此状尅付を以、寺続ニ早々御廻可被成候、廻状之落着者、添状仕候方へ可被下候、恐惶謹言、

(追而書略)

慶長十七子八月六日

吉祥院(以下二百五十七カ寺連署名略)

とあり、慶長十七年四月に一応決着のついた本山派と当山派の修験の公事が、当時再度復活していたことがわかる。そして三河鳳来寺滝本坊が取次ぎをしている。前述の八月六日付の崇伝書状や、『本光国師日記』同年七月二十九日の条をみると、日誉が七月下旬に駿府に下向をしていることは確実であり、日誉がこの時家康の招きによって駿府に行ったとする後住申渡状の記述は肯定されそうである。日誉の駿府下向は修験の公事の取次ぎをしている滝本坊を仲介として家康に招かれて行ったのであるとすれば、この頃駿府で問題になっていた修験の公事となにか関係があったのではなかろうか。日誉は前述の如く武蔵百間西光院出身の僧であり、この修験の公事で関東の当山派真言系寺院を代表して活躍する武蔵倉田明星院の祐長とは西光院時代の兄弟弟子である。更にこの公事を担当していた幕府側の板

倉勝重や崇伝とは、前述の如く、惣持寺時代に面識がある。このような背景の中で日誉は修験の公事の参考人として駿府に呼ばれたのではなかろうか。慶長十七年七月に日誉が突然家康から駿府に呼ばれて智積院の脇能化就任と後住の地位を約束されるのは、当時智積院祐宜が健在であることから考えても不自然であり、滝本坊が使者になっていることから考えても、惣持寺時代の手腕を買われて修験の公事の参考人として出頭した日誉が家康の眼鏡にかない、以後登用されることになったのではなかろうか。

日誉と修験の公事の関係は良質の史料の裏付けがないので、私の推測の域を出ないが、家康が僧侶を登用する場合、必ず自分で人物鑑定をして、眼鏡にかなったものを大寺の住持に任命している。日誉の場合も偶然家康に登用されたのではなく、それなりの理由があったはずである。

四　智積院能化

智積院脇能化になった日誉は慶長十七年十月二十一日の条をみると、

小堀之正純ゟ九月廿八日之状来ル、智積院脇能化ニ移住之由申来也、

とあり、九月末に惣持寺から智積院に移住している。これは時期的に見て脇能化として、十月からはじまる智積院の冬報恩講の所化の指導にあたるために移ったものと思われる。ところが同年霜月二十七日付の板倉勝重書状（本文は第一章五の一九頁所収）をみると日誉が智積院入寺後まもなく智積院能化祐宜が亡くなり、約束通り脇能化である日誉が後住になっていることがわかる。『結網集』所収「祐宜僧正伝」によれば、祐宜は十一月十一日、智積院の浴槽の中で亡くなり、七十七歳の生涯を終えたとある。更に十二月九日付の片桐貞隆書状（「智積院文書」所収）には、

猶以、爰元へ御礼遅候共不苦候、何時にても御越之剋、馳走可申候、以上、

御状令拝見候、先日智積院僧正遷化ニ付而、貴僧入院之由、先以可然存候、就其、爰元御礼之儀承候、駿府之御

礼被仰上、其已後可然候、此地へ御越之時分、不可有疎意候、次一束一本、被懸御意候、過分至候、恐惶謹言、

（慶長十七年）
十二月九日　　片　主膳正　貞隆（花押）

智積院　御報

とある。当時智積院の保護者であった豊臣秀頼も日誉の智積院後住就任を承認している。そして当方はさておき、早速家康のいる駿府に行き、継目御礼に参上するようにといっている。後述する慶長十八年卯月二十三日付の崇伝書状案をみると、崇伝は片桐且元に無事に継目御礼が終ったことを秀頼に伝えてほしいといっていることからみても、当時の智積院が豊臣秀頼と密接な関係にあったことは確かである。

『本光国師日記』慶長十八年三月十四・十五日の条には、

同十四日、智積院下府、伊賀殿三月三日之状来、智積院　御朱印之事申来、
三月十五日、豊国神竜院、智積院、江州惣持寺、北浅井郡之小谷寺御礼相済、

とある。日誉は翌年春早速板倉勝重の添状をもって駿府に下り、神竜院・惣持寺・小谷寺等の自己の関係寺社と共に家康に継目の御礼に参上している。そして三月二十二日付の崇伝書状案には、

幸便候条一書令啓上候、当月十二日以書状申上候、相届可申候、弥此地相替儀無御座候、大御所様一段と御息災ニ　御機嫌能被成御座候、御心安可被思召候、日々面へ被成出　御、御咄共御座候、南光坊于今在府候、高野衆・南都喜多院・豊国智積院・神竜院なと、未逗留ニ而御座候、真言新議（ママ）之衆ニ論議可被　仰付旨、御諚ニ候、

（後略）

（慶長十八年）
三月廿二日　　金地院――

板伊州様　人々御中

とある。日誉はその後もしばらく駿府に滞在し、家康から新義真言の御前論議を命ぜられていることがわかる。この

御前論議について『時慶卿記』同年四月四日の条には、

四日、天陰、雨ハ止、登城、真言宗論義(議)卅八人也、

とある。また『梵舜日記』には、

四月四日、陰、於御前、真言宗之論義(議)在之、予罷出、聴聞申了、智積院之所化衆、関東衆所化同意也、
廿日、天晴、於御城、智積院真言宗之論義(議)在之、

とある。これに対して『駿府記』には、

四月八日、於殿中、新儀之論議有之、大仏智積院、関東明星院導師、此外所化四十余輩、題地水火風空之五体離レテ成仏歟否歟云々、
廿日、真言新儀論議、題自力他力、智積院、和州長谷玄翁(音)、関東明星院云々、

とある。これらの日記をみると、日誉が四月四日と二十日に新義真言の御前論議を行ったことは確実であるが、『駿府記』にある四月八日に行われたかどうか問題が残る。問題がある史料ではあるが、日誉後住申渡状によれば、日誉はこの時、御前論議を三座勤めたと述懐しているので、これを認めれば四月八日にも行われたことになる。しかし日誉と非常に密接な関係にあり、当時駿府にいて日誉の御前論議を聴聞している神竜院梵舜が自分の日記に四月八日の御前論議を記していないことや、『駿府記』の筆者は「云々」という日記の書き方からみて、この論議には出席していなかったと思われる。更に『駿府記』は確実に行われた四月四日の御前論議を記していないことなどから考えて、『駿府記』だけにより四月八日に御前論議があったと断定することは危険である。

それからこの時の御前論議の職衆、及び構成であるが、徳永隆宣氏から提供された山形県長井市の遍照寺所蔵の「新義真言宗御前論議職衆座配図」(次頁参照)を参考にして考えてみたい。

この史料が遍照寺に伝わる経緯は明白でないが、この図は新義真言の御前論議の職衆の座配を示しているものであ

図1　新義真言宗御前論議職衆座配図（山形県長井市　遍照寺文書）

下総
　純音房
同
　常州真壁
　玄音房
同
已上智積院衆十五人

同
宗順房
下総
同
玄性房
同
同
敬尊房
常州佐竹
同
善誉房
同
同
良音房
房州
同
空純房
奥州岩城
同
深覚房
日向伊満福寺
同
頼善房
奥州岩城
同
重純房
日向飫肥
同
頼円房
常州
同
専良房
房州府中
同
顕良房
常州
日向黒貫寺神宗房
智積院衆一乗院
常州建穂寺
駿府明星院
武州

行春房
玉蔵院衆
純正房
同
定印房
同
正音房
明星院衆
憲宗房
玉蔵院衆
善純房
明星院衆
春能房
建穂寺衆

已上関東諸家衆
□州□
　迎摂寺
伊豆三島
　愛染院
遠州かまた
　金剛院
羽生
　千手院
中野
　法泉寺

明星院衆
定見房
玉蔵院衆
純能房
明星院衆
正吽房
玉蔵院衆
京純房
明星院衆
円清房
玉蔵院衆
善長房
建穂寺衆
春意房

武州西あらい
惣持寺
遠州
法多寺
かまくら
皆光院
駿州
富士山別当
武州うらハ
玉蔵院
すがや
観蔵院
下総下妻
観音寺
井草
金乗院
江州さわ山
石上寺
武州しょうぶ
吉祥院
山城千本
蓮台寺
遠州□
西楽寺
同
法鏡院
佐竹
小松寺
上野佐野
金胎寺
駿府
久能寺

智積院

る。この図は年代が記されていないが、職衆の中に「智積院衆　日向黒貫寺　神宗房」とあることにより、神宗房実延が長浜惣持寺に入るのが、慶長十八年五月であるから、それ以前のものであることがわかる。このことはまた慶長十九年以降必ず智積院日誉に随伴して出席する俊賀・元寿・秀算等の所化衆の名が全く見られないことからも裏付けられる。慶長十八年五月以前に行われた新義真言の御前論議は、慶長十七年五月十四日に祐宜が高野山衆と共に行ったものと、慶長十八年四月に日誉が行ったものだけである。祐宜の場合、判者は高野山の宝性院であり、しかも高野山衆と一緒であるが、この図は智積院が判者であり、高野山衆は見られない。そのためこれは慶長十八年四月のときのものであると思われる。その中で四月四日・八日・二十日の三座のどれであるかが問題であるが、二十日の論議には長谷寺玄音房宥義が参加しているが、この図には見られないので、二十日ではない。『本光国師日記』の同年四月七日の条に、

常陸三（水）戸小松寺玄音御礼相済、伊豆三嶋相染院長音御礼相済、常陸三戸吉田山一乗院朝興御礼相済、長谷之玄音之弟子分之坊主也、常陸三戸宝鏡院御礼相済、千本正意御礼相済、

とあり、水戸小松寺・三嶋愛染院・水戸一乗院・水戸宝鏡院・千本蓮台寺等が駿府で御礼を済している。これらの名前がいずれもこの図の中に見られることから考えて四月四日か八日の可能性が強い。前述の諸記録によれば四日は職衆が三十八人で智積院所化と関東衆所化とで行われたとある。四月八日は職衆四十余人で智積院と明星院の導師で行われたとある。この図の職衆は五十二人であり、人数上ではどちらにも該当しない。しかしこの図の判者が智積院一人であることと、内側の職衆を除いた智積院衆と関東諸家衆の合計は三十八人であり、この図は慶長十八年四月四日の駿府における日誉の御前論議の座配と見なすことができる。

次に『本光国師日記』同年四月二十一日の条に、

智積院法度

一、為学問之住山之所化不満廿年者、不可執法幢事、
一、所化衆不用能化之命、非法於在之者、可追放寺中事、
一、所化衆中結徒党企公事者、統領人可追放之、若統領不知時者、上座一人可擯出之事、
一、当院領者、豊国領之内弐百石也、全令院納、如有来、可為能化之進止事、
一、寺屋敷上下幷所化屋敷両所、如先規不可有相違事、
右堅可守此旨也、
慶長十八年四月十日　御朱印
当院　能化坊

当寺領江州坂田郡之内百弐拾石事、任先規全可寺納、幷寺屋敷竹木等令用捨者也、仍如件、
慶長拾八年四月十日　御朱印
総持寺

当寺領江州浅井郡小谷之内四拾四石余、如先規全可寺納者也、仍如件、
慶長十八年四月十日　御朱印
小谷寺

近江国浅井郡早崎浦之内参百石之事、如先規全可収納者也、仍如件、
慶長十八年四月十日　御朱印
竹生嶋

右之御朱印四通、智積院依被申上相調遣之、慶長十八年卯月廿一日ニ渡之也、

とある。日誉は御前論議の席で家康から智積院法度を制定され、同時に惣持寺・小谷寺・竹生嶋の朱印状をもらって

いる。これらはいずれも日誉の政治的手腕を物語るものである。同年卯月二十三日付の崇伝書状案には、

一書令啓候、智積院為続目御礼下府候処ニ、上様一段と御懇ニ被成　御諚、今度於　御前、論議度々被仰付、御感不斜候、御服米以下被遣、別而御懇之　上意ニ候、諸法度并諸末寺迄、御朱印被遣、仕合無残所上洛被申候、秀頼様へも御取成被仰上可被遣候、然者智積院修理時分ニ成候由被申候条、左様之儀も被成御馳走被遣尤ニ存候、猶智積院可被得御意候、恐惶謹言、

(慶長十八年)卯月廿三日　金地院――

片市正様　人々御中

とあり、日誉の新義真言の御前論議は大変好評を博して、家康の気に入るところとなり、法度や末寺の朱印が許可されたことがわかる。この御前論議で日誉が家康の信任を得たことにより、以後、真言宗内で日誉が重要な地位を占めることになるのである。また家康の御前論議は一種の人物テストの性格をもっていたことがわかる。

五　智積院法度

智積院法度について村山正栄氏は『智積院史』第五章第一節の智積院法度の項で、『古事類苑』宗教部三「柳営禁令式」所収の智積院法度を紹介されている。同法度には、

智積院法度

一、為学問住山之所化、不満二十年者、不可執法幢事、
一、所化衆不用能化之命非法於有之、可追放寺中事、
一、所化衆中結徒党企公事者、統領人可追放之、若統領不知者、上座一人可擯出事、
右堅可守此旨也、

慶長八年四月十日　家康御朱印

とある。また『東照宮御実紀』慶長八年四月十日の条を典拠として、第一回の智積院法度は慶長八年四月十日に出された。この時玄宥僧正に出された智積院法度と寺領朱印は後住論争のため、日誉当時には早くも紛失してしまっていたと述べられている。私はこの村山説には賛成できない。前述のように『本光国師日記』慶長十八年四月二十一日の条に、同年四月十日付で「柳営禁令式」所収の智積院法度と全く同文の三カ条と智積院の所領に関する二カ条とを合せて五カ条からなる法度が出されていたことがわかる。『御当家令条』や『寺社厳印集』所収の慶長十八年四月十日付の智積院法度をみると、後半の二カ条は省略されており、崇伝の智積院法度の草案は五カ条からなっていたが、実際には前半の三カ条だけが幕府から発令されたようであり、公式の智積院法度の本文は慶長八年のものと全く同様であることになる。一方、崇伝の日記の記載から見て、これ以前に全く同文の法度があったようには思われない。しかも慶長十八年の法度は駿府の家康の許で行われた日誉の新義真言の御前論議が好評を博して特別に法度と末寺の朱印状が与えられたものである。後述するが、慶長十七年十月四日付で出された長谷寺法度も、空鏡と有義の後住争いを、家康が裁許して、宥義を長谷寺後住として入寺させるに際して家康が制定したものである。家康のこの外の法度の制定過程をみると、一山内部の公事裁許か、新住持決定に際して制定しているものが多く、漠然とした理由で出されているものはない。

慶長八年四月十日頃の智積院と家康の関係であるが、両者の結び付きを示すもっとも早い史料は坂本正仁氏が「洛東智積院創立の一考察」と題して昭和四十九年度の印度学仏教学会で発表されているように(2)『舜旧記』慶長七年七月二十四日の条に、

廿四日、雨降、予少煩付、豊国ヨリ令帰寺、次御修理料之内友岡村、根来寺之内智積院へ、為祈禱料内府(徳川家康)ヨリ被遣也、二位殿へ三人奉行、折紙案文、

能(態カ)中入候、去年豊国御神領壱万石被進候、修理料千石余之内弐百石、智積院江為御祈禱被遣之間、可有御渡、
為其申入候、恐々謹言、

慶長七
七月廿三日　片(片桐)市正且元
加(加藤)喜左正次
板(板倉)四郎右勝重

吉田二位殿
令(ママ)御中

次智積院方へ三人折紙文、

今度豊国寺中一切置留守間、幷御祈禱料、旁以友岡村之内弐百石被遣候、併去年豊国神領ニ壱万石吉田二位殿
へ相渡之条、被御心得候而、可有御奉納候、恐々謹言、

七月廿三日　片　市正
加　喜左
板　四郎右

智積院
御同宿中

とあるように、慶長七年七月二十三日、家康は寺領二百石を寄進していることがわかる。この日は朝廷が諸社寺に命じて家康の生母水野氏の病気平癒の祈禱をさせており、家康も祈禱料として二百石の寺領を智積院に寄進したのであろう。このように慶長八年以前から家康と智積院の交渉があったことは事実であるが、当時の智積院は前述したように豊臣氏と親密な関係にある寺であり、慶長八年四月頃、家康が他の寺院に先がけて法度を制定するほどの間柄でもないし、特別な事件もない。また慶長八年に寺領安堵の朱印を出された形跡はない。少し余談となるが、『御当家令条』所収の長谷寺法度は、慶長七年十月十四日付となっている。これは長谷寺文書や『本光国師日記』の記載から見て、慶長十七年十月四日を誤写したものである。このように幕府の公式編纂物だからといって盲目的に信用すること

は危険である。

私は前述の理由により、慶長八年四月という早い時期に家康から智積院法度が出されるのは不自然であり、「柳営禁令式」が転写の際、慶長十八年の十を脱落させたのであり、実際には慶長八年には出されていないと思う。もし実際に出されていたのなら、日誉在世当時、本紙はなくとも必ず案文があったはずであり、日誉以前に慶長八年の智積院法度が紛失していたために、日誉が知らなかったとする村山説には賛成できない。

六　修験道法度と関東新義真言宗法度

慶長十八年五月二十一日付の修験道法度案には、

本山之山伏、対真言宗、不謂役儀令停止畢、但、真言宗立寄、非仏法祈令執行輩有之者、役儀可相掛、自今以後、堅守此旨、可有下知者也、

慶長拾八年五月廿一日　御判

聖護院

本山之山伏、対真言宗、不謂役儀令停止畢、但、真言宗立寄、非仏法祈令執行輩有之者、可抜其衆、自今以後、堅守此旨、可有下知者也、

慶長拾八年五月廿一日　御判

三宝院

修験道之事、従先規如有来、諸国之山伏、任筋目可致入峯、当山本山各別之儀候条、諸役等、互不可有混乱、自今以後、堅守此旨、無諍論様可有下知者也、

慶長拾八年五月廿一日　御判

修験道之事、従先規如有来、諸国之山伏、任筋目可致入峯、当山本山各別之儀候条、諸役等、互不可有混乱、自今以後、堅守此旨、無諍論様可有下知者也、

聖護院

慶長拾八年五月廿一日　御判

三宝院

とある。当時の修験は天台宗聖護院門跡の配下にある本山派と、真言宗三宝院門跡の配下にある当山派があり、両者が度々紛争を起していた。前述したように、家康は慶長十七年四月、駿府において両者の公事を裁許した。しかし修験者の役銭納付のことや大峯入峯のことなどについて、再び紛争が起ったので、家康は慶長十八年五月、聖護院門跡興意法親王と三宝院門跡義演准后を駿府に呼び、これを裁決して両門跡にこのような法度を下したのである。即ち前半の二週は本山派の山伏が真言宗寺院から役銭を徴集することを停止したものである。後半の二通は本山・当山派の山伏の大峯入峯についての紛争を停止するために下したものである。従来本山派は熊野より大峯に入るのを順路とし、当山派ではこの逆に吉野から大峯に入るのを順路とした。更にその時期や山上の法式等についても区別があったが、これが度々紛争の原因となるので、家康は両派に対して、改めて各々古来の筋目に任せて入峯を遂ぐべきことを定めたものである。

この修験道法度は大変有名なものであり、和歌森太郎著『修験道史研究』所収の「江戸幕政下の修験道」や辻善之助博士の『日本仏教史』近世編二所収の「修験道法度」など、優れた研究がある。そのため本章では修験道法度そのものの考察はさておき、修験道法度と関東新義真言宗法度の関係と、この両法度の制定過程において智積院日誉や明星院祐長がどのように関係していたかを調べてみたい。

この慶長十八年五月の修験の公事の原因は、慶長十七年十二月二十日の条に、

(前略)当山先達真言衆役之儀も、得　上意候へハ、シメハライノ役ノ事ハ、北条家分国ニカキリ是アルハ私ノ法度也、不謂由　御諚也、　御朱印望申由、中上候へハ、尚も被　聞召届、其上にて可被遣候、照高院、三宝院可被申之由、御諚也、惣別当山本山申分も有之由申候へハ、是も両門跡慥ニ穿鑿可有之之御　諚也、

とある。このことについてはすでに和歌森氏が、「七五三祓という神明奉仕の呪術的作法は、当時山臥一般が檀那に対し行うべき一重職であったけれども、それがその性質上熊野根拠の山臥によって、すなわち本山派山臥によって正当に伝承さるべきものとされてきたから、他派の山臥も、七五三祓の役儀料を本山派に納入すべく規定されたところがある。北条氏の分国法に従って、関東の真言系山臥などはそれを守って来たのである。しかし分国法は私の法度であるからそのままでは新しい政治社会に認容され得ぬとされたのであった」と指摘されている通り、関東の真言系当山派の山伏は北条氏の分国法に従い七五三祓役を天台系本山派の山伏に納めることに不満を持ち、家康に解除を求めたのであろう。そして翌年三月十二日付の崇伝書状案には、

幸便候条、一書令啓上候、一、従照高院殿為御使、佐々木少弐下向候刻、二月廿四日之尊書、三月四日、令拝見候、忝存候、一、上様へ、従照高院殿年頭之御礼、本上州へ申談、御披露申上候、照高院殿御下向有度由之儀、可得　上意と存候処ニ、彼しめはらい之儀ニ付而、些　御機嫌悪、其上山伏当山・本山下々ニ而、むさと出入有之由被　仰出候、明星院なと在府候而、訴状被申候、然者山伏召寄、急度可相尋由被　仰出候、左様之時分、門跡御下向なと被得　御意候事、如何と存知、先令遠慮候、其様子少弐ニ申聞、山伏衆早々参府候様ニ、被申越候へと申渡候事ニ候、先日も書中ニ如申候、大穿鑿ニ可罷成と、一段と咲止ニ存候、しめはらい役之儀者、兎角可被成御停止旨、御内意ニ候、(後略)

(慶長十八年)三月十二日

板　伊州様　人々御中

とあり、山伏の七五三祓役の公事が家康の耳に入り機嫌が悪かった。末端では両派の紛争が多発しており、興意法親王の下向もままならなかったようである。また当山派の倉田明星院祐長等はこの時関東の当山派を代表して七五三祓役解除のため駿府にいたことがわかる。前述のように三月十四日に智積院日誉は継目御礼のため駿府に着いており、日誉も当然祐長などと共に七五三祓役解除に尽力したものと思われる。そしてこの書状をみると、家康自身、七五三祓役解除の意向をもっていたようである。『義演准后日記』同年五月二日の条に、

二日、雨、午剋属晴、御対面、先勅使、次照門、次予、進物太刀・折紙、銀十枚・奈良サラシ廿疋也、親王、准后御礼次第事、予為准后上者可為最初段、勿論也、雖然令用捨、先照門御礼也、御対面已前、一儀於御前評義之由、金地被申候、明星院来申云、只今御前へ参、一儀被仰出、尺（釈）迦ノ時代ヨリ、妻帯ノ山伏トシテ、真言宗江役義（儀）取付タル歟否可相尋由、金地院へ被仰出云々、

とある。この日修験の公事のため呼ばれた義演や興意は駿府に着き、家康に対面している。この対面以前に明星院祐長は御前評議に参加して、「釈迦の時から妻帯の山伏が真言宗に七五三祓役を取っていたかどうか」について諮問されている。そしてこの修験の公事は五月五日駿府城御広間にて裁決されている。『本光国師日記』の同日の条には、

五日、於　御城御広間、山伏公事有之、照高院殿、三宝院殿も出仕、日光院、千勝坊ハ、照高院殿ニ付テ出ル、法隆寺先達、内山之先達、三宝院殿ニ付テ出ル、互ニ山伏本当之由緒ヲ申上ル、其後、本山ノ山伏不動院・玉滝以下被召出テ、山伏筋有対決、本山ノ筋ノ山伏ハ、如往古本山へ、当山ノ筋ノ山伏ハ当山へ、可入峯、下ニテヲサへ候事無用ト御諚也、次注連祓役之事、是も本山ノ山伏計ノ役ヲ、本山ノ年行事可取之、真言ヨリ役取事、曲事ト御諚也、真言宗ニモ、仏法ノ注連祓ヲハ可行、山伏ノスルヨリマシナト行事無用ト御諚也、富士、日光参詣ノ袈裟役ヲモ、山伏へ取事曲事也、袈裟ハ真言ニ聖宝ヨリユイ袈裟也、如此治定候也、板伊賀、本上野、各年寄衆伺候、公家衆モ縁ニ伺候候也、

とあり、両派対決の結果、家康は大峯入峯については両派の古来の筋目を遵守すること、七五三祓役は本山派の年行事が真言宗寺院から取ることを停止している。前述の五月二十一日付で出された修験道法度の内容はこの時決っていたのである。しかし度々修験の公事が起るので他宗同様、法度として成文化したものであろう。また『義演准后日記』の同日の条には、

（前略）彼方ヨリハ三井寺・日光院・千勝院・不動院・玉滝・勝仙院・小先、此外一両人罷出畢、此方ニハ真言ニハ明星院・玉蔵院・常州一乗院・小松寺・観音寺・連覚（蓮台）寺、山伏ニハ法隆寺前官・内山先達・三輪霊山寺・梅本世義寺先官等也、（後略）

とあり、この時当山派の真言宗寺院を代表して出席したのは、前述の四月四日付の新義真言の御前論議に出席した武蔵倉田明星院・同浦和玉蔵院・常陸水戸小松寺・同一乗院・下総下妻観音寺・山城蓮台寺などであった。法隆寺前官や内山先達なども参加したが、これは大峯入峯についてであり、七五三祓役については山城蓮台寺はともかく、関東の新義真言寺院が中心であったことがわかる。寛永十年二月に作成された『関東真言宗古義本末帳』をみると、関東地方に多くの古義派の寺院があったことは確かであるが、七五三祓役の公事では新義真言寺院が中心であった。『本光国師日記』の同年五月二十日の条に、

廿日、本山当山之山伏出入落着之　御朱印、照高院殿へ二通、三宝院殿へ二通、幷明星院中上ル新義真言法度一通、以上五通、下書ヲ以得上意、板伊州・本上州へ申談、御右筆庄与三ニ下書ヲ渡ス、清書せられ候へと申渡也、

とある。七五三祓役の公事で勝利を収めた関東の真言宗寺院は、修験道法度の制定と同時に明星院祐長の申請によって、関東新義真言宗法度が制定されている。この法度の内容は修験の公事とは直接関係はないが、この公事で勝利を収めたことが、この法度が制定された原因であろう。明星院所蔵の関東新義真言宗法度には、

関東新義真言宗法度

一、為学問住山之所化、不満廿年者、不可執法幢事、
一、入学問室後、欠座之輩有之者、永可抜衆事、
一、座位可為学問階臈次第、付、不遂住山、不可着香衣事、
一、諸末寺之僧衆、不可背本寺之命、語俗縁権門企非法事、付、不可奪取他寺之門徒事、
一、不伺本寺不可居住末寺事、
　右堅可守此旨者也、
　慶長拾八年五月廿一日（徳川家康）（黒印）
　　　　関東新義真言　諸本寺

とある。関東新義真言宗法度は長谷寺や智積院に出された本山法度と比較すると、能化の資格分限や学問奨励は共通しているが、両本山法度にくらべて、後半の二カ条に見られるように本末統制が強く打ち出されている。本山法度が本山内部の規定を定めているのに対して、末寺の監督を明確にしている。この理由は明白でないが、この頃からすでに家康は上方の本山から関東の諸本寺に寺社行政を担当させる意図があったのではなかろうか。それはともかく、この法度の宛所は諸本寺となっているが、実際は倉田明星院祐長に出されている。祐長は前述のようにこの修験の公事で七五三祓役について関東の真言宗寺院を代表して活躍した僧である。しかも四月に行われた新義真言の御前論議で日誉と共に導師を勤めたり、五月二日には七五三祓役について御前評議で諮問されるなど非常に家康に取り入った僧である。また日誉と祐長が活躍した新義真言の御前論議はこの修験の公事と時期を同じくしており、少なからず公事の結果を有利に導いたと思われる。御前論議と修験法度の直接的な結び付きを断定することは危険であるが、御前論議で好評を博したことが家康の宗教政策から考えて真言系の当山派に有利に作用したことは間違いない。

　当時の明星院は同寺所蔵の天正十九年六月六日付の伊奈忠次手形をみると、

今度閼(伽脱カ)井坊屋敷へ我等移候ニ付而無相違相渡、倉田明星院へ被移候之間、御公方よりハ少も付不申候へ共為堪忍分、

一、屋敷廻西ニ而縄之上畠参町出置事、

此外閼(伽脱カ)井坊屋敷縄入参候上、明星院ニ而なわ入参候ほと、明星院近辺にて出置事、但、是ハ畠三町之外也、

一、小針宮山幷春日立野之事、

但、田ニ発何程候共進候、

一、門前共ニ不入之事、

右之分、為我等知行内者、永令寄進之間、子共(供)之代迄も不可相違、但、是ハ明星院へハ付不申候、閼(伽脱カ)井坊ニ出置者也、仍如件、

天正十九年辛卯年六月六日

伊奈熊蔵

忠次(花押)(印)

無量寺

閼(伽脱カ)井坊

とある。これをみると後北条氏時代からの有力寺院である武蔵小室閼伽井坊は、天正十九年関東郡代伊奈忠次の屋敷地として接収されていることがわかる。そのため無量寺閼伽井坊は近在の倉田明星院と合併している。天正十九年十一月に両寺に出された朱印状をみても閼伽井坊は六十石、明星院は十石であり、合併以前の明星院の力はたいしたものではなく、これ以降、急激に発展した寺である。このように、さして由緒のない明星院に関東新義真言宗法度が出されたのは、明星院の寺格というよりは、日誉と祐長の人間関係によって家康の力を背景にして出されたものであろう。そのためか明星院が関東の新義真言を代表する触頭的な役割を果したのは、祐長在任中の短期間である。祐長在任中でさえ慶長十九年二月二十一日付の崇伝書状案をみると、

二月十三日之芳札、同十六日、於駿府令披見候、先度者於江戸遂拝顔本望ニ存候、明星院之儀承候、其元之様子無案内ニ候間、慥之御訴訟於有之者、各参府候而可被仰上候、其刻御披露可申候、猶期後音不能詳候、恐々謹言、

(慶長十九年)
二月廿一日　金地院――

玉蔵院
宝泉寺
惣持寺

とあり、浦和玉蔵院・中野宝泉寺・西新井惣持寺といった関東の有力寺院が明星院になにか不満を持っていたらしく連署して駿府の崇伝の許に訴えていた。崇伝はこの書状と全く同趣旨のものを知足院にも出しており、理由は明白でないが、新興の明星院祐長の強引なやり方に対して、在来の関東の有力寺院が不満をもったのであろう。後述する真福寺・知足院・円福寺・弥勒寺の江戸四箇寺の触頭の成立との関係であるが、慶長十八・九年頃、明星院が触頭的な役割を果しており、しかも浦和玉蔵院・中野宝泉寺・西新井惣持寺等の在来の有力寺院が明星院と対立しているところをみると、まだ江戸四箇寺による触頭の制度は成立していなかったものと思われる。

七　御前論議と教学興隆

慶長十八年四月智積院の継目御礼のため駿府に下向した日誉は家康の命で新義真言の御前論議を三座も勤め大変好評を博したことは前述した。慶長十八年七月十八日付の崇伝書状案には、

一書令啓候、円福寺今度当地へ参著候処ニ、宝性院能折節下府、於　御前参会候、為学文(問)高野ニ住山候而、被受宝性院之指南候様ニと被　仰出候、就其従是直ニ被罷登候、被得其意、古儀新儀兼学候様ニ、御指南尤ニ存候、猶円福寺可被得御意候、恐惶頓首、

七月十八日　　　　　　　　　　　　金地院──

智積院　法座下

とある。これをみると常陸下妻円福寺の円精房俊賀が家康の命によって高野に派遣され、宝性院政遍について古義・新義教学を兼学するようにと命ぜられている。智積院日誉も俊賀の指導にあたるように要請されている。俊賀が日誉の許に派遣されたのは、『本光国師日記』の同年七月九日の条に、

明星院六月廿九日之状来、常陸下妻円福寺持来、円福寺所化名は円精也

とあり、これをみると俊賀は明星院祐長の紹介によって駿府に派遣され、家康の意をうけて上方に派遣されたようである。更に九月八日の条をみると、幕府は俊賀に学問料として銀子十枚を与えている。

『駿府記』慶長十八年霜月四日の条に、

四日、御鷹野、今日酉刻、於忍御殿、新儀論議、題五字能造論議、精義弘善院、講師長久寺、息障院、玉蔵院、無量寺、長存坊、吉祥院、明星院、観音寺、鏡識坊云々、

とあり、家康は鷹野の途中、忍城において新義真言の御前論議を行っている。この御前論議に参加したのは忍城周辺の関東の新義真言宗寺院である。この時の諸家衆の中に、後に新義真言の御前論議で活躍する長存房元寿と鏡(京)識房秀算が初めて参加している。『本光国師日記』の同年十二月十二日の条をみると、

（前略）明星院十二月四日之状来、是ハ上野ノ京識、結城ノ長存持来由也、此両人ハ為　上意、智積院へ上ル由也、（後略）

とあり、上野の松井田不動寺京識房秀算と結城釈迦堂長存房元寿が家康の命によって智積院日誉の許に派遣されている。明星院祐長の書状を持って秀算・元寿が崇伝のところへ来ているところを見ると、この両者の上方派遣も祐長の推薦によるものと思われる。後に日誉門下の三傑と称される俊賀・秀算・元寿の三人はいずれも明星院祐長の紹介に

よって家康の推挙を得て上方に派遣されている。これをみても祐長と日誉の親密さが裏付けられると共に、関東の新義真言宗内における祐長の勢力の大きさがうかがえる。

慶長十九年三月七日付の崇伝書状案には、

急度令啓達候、貴老御噂被　仰出候条、当春も可被罷下由申上候、最前学文(問)被差上候円福寺、上野京識、結城長存三人、其外可然所化衆十人(院カ)計被召伴、早々御参府尤候、右三人之衆入念得　上意候、被罷下候(様脱カ)ニと　御諚ニ候条、其由可被仰渡候、次貴老修理之義(儀)、片市殿ゟ来年可申付由被申越候、可有其御心得候、猶下府之刻可申伸候、

恐惶謹言、

(慶長十九年)三月七日　(崇伝)

智積院　法座下

とあり、智積院日誉は家康の命によって再度駿府に下向することになった。その時、去年上方に派遣した俊賀・元寿・秀算の三人をはじめ、適当な所化衆十人ばかりを随伴して来るようにといわれている。御前論議に備えたものと思われるが、俊賀等三人を連れてくるように特に念を押しているところをみると、家康は彼等三人に期待するところが大きかったのであろう。そして四月十一日付の崇伝書状案には、

(前略)一、智積院八日ニ著府候、九日ニ御礼被申上候、今日十一日、於　御城、御論議被　仰付候、(後略)

(慶長十九年)卯月十一日

板伊州様　人々御中

とあり、日誉は四月八日に駿府に着き、九日に御礼に参上し、十一日に御前論議を行っている。更に『駿府記』の同年四月の条には、

十一日、新儀法問、智積院、明星院、建穂寺学頭、近江摠持寺、菖蒲吉祥院、上野鏡識坊、結城之長存坊、下総

円福寺、題無為戒、講師円福寺云々、
十三日、真言新儀論議、精義智積院、人数同前、題発心即到、(後略)
十六日、新儀論議、智積院、題業識能所、講師鏡識坊云々、
廿日、(前略)次に新儀論議、同高野衆聴聞、題法身説法、智積院、明星院、摠持寺、建穂寺学頭、菖蒲吉祥院、
鏡識坊、長存坊、講師円福寺、(後略)
廿三日、新儀論議、題心法色形、講師長存、智積院、此外諸化衆《(所)》御暇被下、江戸幕下参云々、(後略)
とあり、日誉は祐長・秀算・元寿・俊賀・実延等と共に、四月十一日・十三日・十六日・二十日・二十三日の五回御前論議を勤めている。特に秀算・元寿・俊賀の三人が講師として活躍している。そして同年四月二十四日付の崇伝・本多正純連署書状案には、
一書令啓達候、智積院所化同心ニ下府候而、御論議被申上候、公方様へ為御礼、従是参上被申候、可然様ニ御取成被仰上可被遣候、為其書状相添申候、恐惶謹言、
卯月廿四日　　金地院 ――
本多上野介 ――
本多佐渡守様
酒井雅楽頭様
土井大炊助様
安藤対馬守様　人々御中
とあり、首尾よく駿府の御前論議を済した智積院の所化衆が将軍秀忠に御礼のため江戸に向かっている。そして『駿府記』の同年六月の条をみると、
十七日、天台論議、(中略)今日智積院、幷鏡識坊、長存坊、円福寺、従江戸参上、出御前、頃日在江戸、於幕下

御前論議三度有之由云々、

廿日、真言新儀論議、題、随劣根気仏の方便に、悪を願ふ者には悪をつくしと教示する歟否、講師長存坊、精義智積院、建穂寺学頭、蓮台寺、円福寺、

廿四日、真言新儀論議、題、生死無明無始有終歟、有始有終歟、講師鏡識坊、精義智積院、人数同前、

廿六日、真言新儀論議、題、於現世成仏歟、前世善根宿善にて成仏歟、人数廿四日同、講師円福寺、精義智積院云々、

廿九日、真言新儀論議、題、三密双修、人数先日同、講師忠音、

とあり、日誉達は六月十七日に駿府に帰っている。彼等は江戸において秀忠の前で御前論議三座を勤めた。駿府に戻った日誉達は六月二十日・二十四日・二十六日・二十九日に家康の前で御前論議を勤めている。更に七月の条には、

朔日、新儀論議、題、即事而真、人数先日同、講師空純、

四日、新儀論議、人数同前、講師頼円、新儀僧衆賜御暇上洛、智積院銀三十枚御帷子、長存銀十枚、鏡識銀十枚御服御帷子等賜之、其外四人同之賜御暇云々、

とある。このように日誉達は駿府に計六座の御前論議を勤めている。今回は祐長や菖蒲吉祥院の関東衆の名は見られないが、相変らず秀算・元寿・俊賀の三人が活躍している。そして家康はこの御前論議を高く評価し、七月四日駿府を離れるに際して日誉に銀三十枚、元寿・秀算にそれぞれ銀十枚を与えている。俊賀の名が見られないところを見ると、元寿・秀算の銀十枚は前述の学問料と同じ意味をもつものであろうか。慶長二十年二月四日付の崇伝書状案には、

智積院之所化京織(ママ)・長存・円精三人、為学問其地へ被罷越候、此三人者、従　大御所様学文(問)料被遣、御懇之儀ニ候間、被成其御心得、不混自余御指南尤存候、此由可有御披露候、恐々謹言、

二月四日　　金地院――

一門様御内

中沼左京殿

右之文言にて、喜多院、清涼院へも折紙遣ス、

とあり、秀算・元寿・俊賀の三人が家康から学問料をもらい南都に派遣されている。浄土宗でも慶長十八年十月十日、当時家康からもっとも信用されていた廓山が南都に派遣されており、家康のこれら三人に対する期待の大きかったことがわかる。

『本光国師日記』慶長十八年九月五日の条には、

同日、江州いかごの郡菅山寺の蜜（密）厳院来、一切経之目録持参、彦九兵ゟ使者被添、

菅山寺一切経覚

一、経数五千四百三十五巻

一、箱数二百八十三

一、目録十六巻

一、音儀二十巻

已上五千四百七十一巻

昔輪蔵御座候時者、三百廿四箱、先年地振（震）之時、四十箱程損申候、其御経右之箱納置候、

右之書付見せられ候間写置也、彦坂九兵披露ニ而、九月五日ニ目録・経二巻懸御目也、明日我等へ見せらるべき旨　御諚之由也、

とある。また同九月十日付の崇伝書状案には、

芳札令披見候、所化屋敷出入之儀承候、片市正殿下府候へ共、何共不承候、御書中之趣も、合点不参候、兎角申

分ニ不成様ニ御分別専要ニ存候、貴院修理之儀可有之由、珍重ニ存候、次菅山寺一切経之事被仰越候、可然御次而ニ御取成可申上候、当月末可令上洛候、其節期拝顔候、恐惶謹言、

九月十日　　　　　　　　　　　　　　金地院――

智積院　貴報

とある。日誉はかつて自分が住持した長浜惣持寺の末寺である菅山寺の一切経目録を、菅山寺能化密厳院に持たせて駿府に提出している。当時、家康は完成後間もない徳川家の菩提寺である芝増上寺の経蔵に収める一切経を全国に求めていた。すでに慶長十四年に大和円成寺の高麗版一切経を、同十五年には伊豆修禅寺の元版一切経を、家康は増上寺に寄進している。なお従来、増上寺経蔵の完成は『三縁山志』により慶長十年とされていたが、幕府の大工頭中井家文書所収の慶長十八年九月二十五日付の廓山書状には、「遠路預飛札候、如来意経蔵之儀、被入御念被仰付候故、結構ニ出来申候由、被仰候而国師一段被成祝着候」とあり、増上寺経蔵は慶長十八年に完成したものである。このような背景の中で日誉が菅山寺の一切経目録を幕府に提出したのは、幕府からの要請があったものと思われるが、崇伝の書面をみると、家康に取り入るために日誉の方から積極的に提出したもののように思われる。さっそく菅山寺の宋版一切経は増上寺に寄進され、菅山寺は幕府より慶長十八年から五十石の寺領が与えられている。これは日誉の機を見るに敏な手腕であろう。

菅山寺一切経の増上寺寄進といい、御前論議の好評といい、弟子達の教学研修派遣といい、いずれも学問興隆を目的としていた家康の宗教政策を、日誉が巧みに察知して、上手に対応していた証拠であろう。その結果、日誉は家康の信任を得て、その力を背景として智積院の興隆をはかると共に、教団を飛躍的に発展させている。

八　真言宗法度

慶長十九年四月、日誉達が駿府で御前論議を勤めたことは前述した。その頃、駿府では家康の意向をうけて各宗共に寺院法度の案文の作成中であった。同年四月七日付の崇伝書状案には、

三月廿六日之尊書、当月三日令拝見候、

一、当地弥相替儀無御座、大御所様御息災御機嫌能被成御座候、御心安可被思召候、

一、昨六日、越前少将様御礼被仰上候、

一、大御所様、当秋可被成　御上洛旨被　仰出候、摂家中諸公家、諸門跡、并諸寺社為永代、御法度共可被仰定御内意ニ候、（後略）

（慶長十九年）
卯月七日　（崇伝）
――

板伊州様　人々御中

とあり、家康は秋の上洛にそなえて、公家諸法度や寺院諸法度の準備をしていたことがわかる。寺院諸法度は各宗ごとに法度を制定したが、浄土宗の場合は観智国師存応と廓山、天台宗の場合は天海、臨済宗の場合は崇伝というような各宗を代表する人物が案文の起草にあたっている。真言宗の場合は新義派と古義派があり、宗内事情は複雑であるが、三宝院門跡の義演が中心であったようである。しかし日誉の駿府の御前論議も法度の案文作成と密接な関係にあったようである。日誉達は七月四日に御前論議を終え駿府を出発しているが、翌五日付の崇伝書状案には、

智積院被罷上候間、一書令啓上候、真言新儀之衆諸末寺方衣体法度以下、近年相紛候由被　聞召、如先規可被仰定御内証候、内々智積院可被得御意候条、旧記共被成御考、重而　御尋之刻被仰上尤存候、猶智積院可被申上候、此由可有御披露候、恐々謹言、

（慶長十九年）
七月五日　金地院――

三門様御内

大蔵卿殿

とある。当時家康は新義真言の衣体の制度が乱れたので、先例を守るように法度を制定する意向をもっていた。家康はこのことを三宝院義演に伝えており、この法度の案文起草者は義演のようであるが、日誉はこの法度について事前に家康の内意をうけていたのである。そのため家康は義演に日誉とよく相談して法度を制定するように伝えている。おそらく御前論議の席で家康の内意が日誉に伝えられたものであろう。

また同年七月二十二日付の崇伝書状案には、

当月十八日之飛札、同廿二日令披見候、大仏供養ニ付而、各御出仕、高野衆之次ニ新儀之御衆座位在之度旨、御室御門跡御同心之所ニ、三宝院御門跡御異乱之由候歟、先規之集会法度も可有之儀候、能々被仰理、申分無之様専要候、随而人数之儀者、旦那請用次第可被相定候、右座位之儀、得　上意候様ニと承候へ共、相手之存分不承、片口を以申上候事如何と存知、板伊賀殿、市正殿へ内状進候、於其地御入魂専要候、恐々謹言、

（慶長十九年）
七月廿二日　金地院――

智積院　貴報

とある。これをみると、日誉は方広寺大仏供養の際、真言方の座位について、新義衆を高野衆の次にしてくれといっていた。この日誉の主張に仁和寺門跡覚深は同意したが、義演は反対であったようである。また同日付で崇伝が板倉勝重と片桐且元に宛てた書状案には、

一書令啓候、従智積院飛脚被指越、今度大仏供養出仕ニ付而、高野衆之次ニ座位有度候間、可得　上意由被申越候、片口ニ申上候儀者如何と存知、御両所へ内状進候、智積院者所化衆大勢被相拘、於　御前も度々御論議被申上、御懇之儀ニ候、其上根来寺新儀之所化頭ニ候条、能々被成御分別、申分無之様ニ被仰渡可然存候、猶智積院可被申上候、恐惶謹言、

金地院―――

（慶長十九年）七月廿二日

板倉伊賀守殿

片桐市正殿　人々御中

とあり、崇伝は大仏供養の当事者である両者に対して智積院は所化も多く、御前論議を度々勤めている家康と懇意な寺であり、しかも新義の発生地根来寺の所化頭を勤める寺でもあるので、是非、日誉の言い分を認めてやってほしいと口添えしている。結局、方広寺大仏供養が無期延期になってしまったため結果は明白ではないが、家康は日誉に肩入れしていたようである。

なお、私が最近東寺宝菩提院聖教を整理中に発見した「智積院人衆之事」と題する巻物には、

智積院　法印権大僧都日誉
西蔵院　法印権大僧都印雅
惣持寺　法印権大僧都実延
密厳院　権大僧都宥雅　泉良房
文殊院　権大僧都宥寿　重純房
長伝院　権大僧都頼重　深覚房
金剛定院　権大僧都祐善　頼善房
蓮花院　権大僧都堯辰　良純房
宝珠院　権大僧都性心　良雲房
惣持院　権大僧都祐源　長識房
円蔵院　権大僧都宗舜　良音房

阿弥陀院　権大僧都宥識　玄性房
密蔵院　権大僧都聖与　円真房
教照院　権大僧都宥証　双順房
徳音寺　権大僧都宗慶　双叶房
千手院　権大僧都来辰　舜性房
普門院　権大僧都頼弁　秀印房
宝寿院　権大僧都覚宝　円池房
大宝寺　権大僧都頼善　玄音房
持明院　権大僧都宗快　堯印房
法泉寺　権大僧都祐鏤　深智房
玉蔵院　権大僧都秀盛　宗仁房
西楽寺　権大僧都宥真　真雪房
不断院　権大僧都宥善　舜善房
昇覚院　権大僧都興広　玄識房
真蔵院　権大僧都光盛　玄清房
愛照寺　権大僧都賢弘　堯甚房
大聖院　権大僧都慶義　憲能房
明王院　権大僧都勢伝　純識房
千手院　権大僧都快覚　堯識房

明星院　権大僧都快真　舜智房
遍照院　権大僧都祐延　善智房
円福寺　権大僧都宥憲　宗識房
長福寺　権大僧都俊範　憲音房
恵光院　権大僧都賢盛　紹玄房
花園院　権大僧都暹誉　円純房
善照寺　権大僧都来仁　良甚房
妙蔵寺　権大僧都宥精　舜性房
息障院　権大僧都秀賢　専識房
観音寺　権大僧都宥信　舜識房
勝福寺　権大僧都俊雄　智円房
成就院　権大僧都盛雅　専応房
新行寺　権大僧都央鏡　見也房
無量寿院　権大僧都元辰　甚鏡房
印山寺　権大僧都全海　甚清房
宝聚院　権大僧都祐真　舜良房
常福寺　権律師　実秀　正音房
円融寺　権大僧都宥円　鏡善房
西光寺　権大僧都照誉　頼吽房

不動院　権大僧都宥宗　俊宗房
密蔵院　権大僧都宥円　良存房
寿光院　権大僧都慶祐　音袋房
阿弥陀寺　権大僧都祐宗　頼音房
光照寺　権大僧都宥弘　俊空房
舎那院　権大僧都宥範
石上寺　権大僧都尊恵
東福寺　権大僧都亮光　顕良房
東光院　法印権大僧都光雅
大聖寺　権大僧都秀算　教識房
釈迦堂　権大僧都元寿　長存房
普門寺　権大僧都良範　頼円房
円福寺　権大僧都俊賀　円精房
宝徳寺　権大僧都宥光　空純房
西禅寺　権大僧都順堯　玄専房
楽邦寺　権大僧都宥弘　文良房
文殊院　権大僧都宥順　純説房
西福寺　権大僧都堯雅　仲音房
興生寺　権大僧都秀応　長吽房

東光寺　権大僧都鏡伝　堯円房
金剛院　権大僧都尊慶　頼真房
大法師　杲運　正印房
大法師　貞義　深秀房
大法師　盛宥　宗順房
大法師　頼弁　良秀房
大法師　道盛　良識房

とある。この連署案文に年号は記されていないが、前述したように神宗房実延が長浜惣持寺に入っていることからみて慶長十八年五月以降であり、更に秀算・元寿が智積院衆に入っているところをみると、両者が明星院祐長の紹介により日誉の許に派遣された慶長十八年十二月以降のものであることがわかる。一方秀算は長谷寺所蔵の「中性院面授帳」によれば元和元年(一六一五)九月以前に長谷寺の脇能化になっているので、これ以前のものである。慶長十九年・元和元年の二年間でこのように智積院衆が連署する必要があったのは、慶長十九年四月の駿府の御前論議か、慶長十九年七月の大仏供養の職衆のときくらいであろう。宗内的には報恩講の場合も可能性があるが、この連署案文一点だけが東寺聖教中から発見されており、公式のときのものの写しと思われる。総計七十二人であるが、御前論議にこのような多数で参加した例はない。更にこの連署案文が東寺に残っていることからみても大仏供養の可能性が強い。しかし『三宝院文書』所収の同年七月二十日付の「大仏供養記」の大仏供養出仕人数をみると、智積院は高野山二百五十人に次いで人数が多い四十五人とある。前述した七月二十二日付の崇伝の添状によれば、人数のことは「旦那請用次第可被相定候」とあり、増員は可能であったようであるが、七十二人は少し多すぎるので、これが大仏供養の智積院職衆であると断定することはできない。しかしこれらの人々が当時の智積院日誉を中心とした新義真言の有力者であったことは確かである。なおこの連署中に見られる智積院日誉・西蔵院印雅・惣持寺実延・密厳院宥雅・長伝院頼重・宝珠院性心・大聖寺秀算等は「中性院面授帳」をみると、長谷寺において中性院の法流を伝授されており、日誉の頃は長谷寺と智積院の間の交流は盛んであったようである。

元和元年正月二十一日付の崇伝書状案には、

同日、三宝院殿ゟ関東新儀之真言宗へ、香衣著用停止之御法度之折紙案文見せニ給候へ共、文言以下も不可然体ニ候条、能々御吟味候へと返書遣ス、案左ニ有之、

御書忝存候、関東新儀之真言宗へ御触状之儀、智積院へ能々被仰談、其上案文　大御所様へ被懸御目、被仰触可然かと存候、拙老見申候而、善悪難申入候、仰出之所を御門跡之内御奉行執達書も如何ニ候哉、能々御吟味専要ニ候、此由可被仰上候、恐々謹言、

(元和元年)正月廿一日　金地院──

三門様御内

大蔵卿殿

とある。崇伝は義演に対して関東新義真言宗宛の香衣法度は、智積院日誉とよく相談した上で案文を作成し、それを家康に披露して、許可を得た後に触状を出すのが筋であり、しかも触状の形式も門跡奉行執達書も遺憾であるといって義演の独走を注意している。崇伝は自分の日記の箇条書の中では「文言以下も不可然体ニ候条」といって、義演からの法度を強く否定している。しかしこの頃の『義演准后日記』をみると、

正月十二日、(中略)関東真言宗香衣改事、伝長老へ一昨日直談了、玉蔵院モ、去三日、大御所御礼申入処ニ、香衣事被仰由相語云々、今朝智積院樽折三合遣、明星院、玉蔵院於彼所使対談申云々、

十六日、陰、今度大御所真言宗香衣着用可改易由上意、智積院同宿副テ来申入了、奉書案遣之、

二月十六日晴、関東真言宗香衣自由着用改易事、

十八日、(中略)去十六日、高野宝性院・無量寿院香衣ノ儀、可仰聞為ニ可上洛由、侍従書出、文殊院ヨリ早々可
遣返仰付了、同智積院へも、昨今仰遣候、来廿日来可得御意由申候、

廿日、智積院来、香衣出入種々申入畢、東寺観智院樽二荷両種持参、盃賜之、同香衣之儀仰聞申上畢、

とあり、法度作成の前後に義演は日誉・祐長や玉蔵院宥恵と相談している。しかし彼等の賛成を得られなかったようである。そして『本光国師日記』同年三月二十日の条には、

就関東真言宗衣体、依　上意　寺例粗令注進条々、

一、本寺僧徒有識者、白色衣著之、至法印等者、墨染衣著之、於香衣者一向不用之事、

一、同徒法印以下、五帖袈裟、或精好、或織物、或練絹著之、色香衣除之、余色用之、金襴一向不用之、但、七帖衲袈裟者、依為糞掃衣、金襴著用之、為流例事、

一、関東真言宗、若著香衣輩有之者、可背本寺法事、

右宜令披露給也、

(元和元年)三月二日　在判(義演)

金地院

とあり、義演は再度関東真言宗衣体法度の事例を崇伝に提出している。義演はなんとかして香衣法度を制定しようと努力をしている。これに対して三月二十一日付の崇伝書状案には、

一書令啓候、十九日ニ令下著、今度諸家　勅答之御書物共、何も不残披露仕候、逐一被成御覧、御機嫌能御座候、重而御上洛之刻、各御直談ニ御法度可被仰定旨御内証候、随而真言宗衣体御法度之儀、御黒印御頂戴之心得可被仰触旨御内証之由を申上候へ者、不斜御機嫌ニ而御座候、いまた彼下書不懸　御目候、今日懸御目可申候、可御

心安候、尚後音可申上候、此由御披露所仰候、恐々謹言、

（元和元年）
三月廿一日　　金地院――

三門様御内

大蔵卿殿

とあり、崇伝は義演に、家康は再度上洛の上、直談して法度を制定する意向であり、真言宗衣体法度も心得てはいるが、しばらく待つようにと伝えている。この衣体法度は家康の命で制定の準備が進められていたのであるが、大変難航し結局制定されなかったようである。この法度と同年七月に寺院諸法度の一環として出された真言宗法度との内容的な関連が明白でないが、どうも衣体法度そのものは廃案になってしまったようである。

家康は再度上洛して同年四月十八日、二条城に入り、その後一時、大坂に出かけるが、五月八日よりしばらく二条城に滞在する。『義演准后日記』の同年六月の条には、

六月五日、伝長老江、二条殿同道罷向、条々上意被申渡了、第一関東真言宗法度之事等也、

とあり、約束通り関東真言宗法度のことについて、義演は二条城に出かけている。同七日・十一日・十三日・十六日の条には、

七日、晴、関東香衣ノ儀、智積院へ為談合案文遣之、

十一日、今朝成身院ヲ伝長老へ法度書為談合遣之、多聞院・智積院同心、少々長老添削、直神泉苑へ成身院持参、於彼一見了、

十三日、雨、多聞院・智積院へ条数書遣之、

十六日、法度書、仰松橋僧正認之、多聞院・智積院へ遣之、

とあり、関東香衣法度の問題は継続していたようであるが、この時は真言宗法度の案文作成が中心であり、この中に

組み入れられてしまった。しかし法度の案文について依然義演と日誉の間で度々談合されていることがわかる。その後高野・東寺・仁和寺といった古義系の寺院とも相談している。そして七月二十六日、二十七日、二十八日には、

廿六日、真言法度、今日可被出候、早々当寺ヨリ可来由、高野多聞院状東寺へ申送、東寺ヨリ未明状来、成身院俄指遣了、

廿七日、大雨、自宗法度明日拝領、東寺衆未拝見、仍観智院申請、今日可進上由也、

廿八日、法度朱印、東寺ヨリ今日進上、即良家(ママ)中、幷山都山下寺家見遣了、

とあり、七月二十六日真言宗法度が制定され、二十八日義演の手許に届いていることがわかる。

それはともかく、『駿府記』の元和元年七月六日の条に、

六日、真言新儀論議、

とある。このように日誉達は法度制定の最中に二条城で御前論議を行っている。家康の諸法度制定の過程から見て、この御前論議も真言宗法度と関係があるものであろう。更に『駿府記』同年七月十九日の条には、

十九日、卯刻、将軍家関東御下向、今晩江州長原御止宿云々、仰曰、智積院遷于照高院(祥雲寺)屋敷、妙法院可被護大仏云々、仍寺領三百石有御加増云々、

とあり、この時、日誉は上ノ寺、下ノ寺から祥雲寺に移り、寺領三百石を加増され、五百石になっている。すでに坂本氏が指摘されているように、従来智積院は三カ所に分れて不便であったので、智積院屋敷に隣接する祥雲寺を拝領して一カ所にまとめたものであろう。そしてこれが現在の智積院の場所である。これらはいずれも幕府と日誉の結び付きの強さをものがたるものであろう。

『三宝院文書』所収の真言宗法度には、

真言宗諸法度

一、従四度加行、至授職灌頂師資授法儀式、幷衣体色浅深、可為如先規寺法事、
一、事相教相習学観心、尤可為専要事、
一、修法者護国利民之基也、仍、密宗之建立、以之為肝心、弥可抽四海安寧之丹誠事、
一、破戒無慙之比丘可令衆抜事、
一、諸末寺相守本寺之法度、若有法流中絶儀者、不求他流、可糺自門濫觴、自由之企於在之者、寺領可改易事、
一、新義之僧、積廿箇年学問之功、遂住山三ヶ年、其後帰国法談可為一会、但、数年住山之仁、有教道器量之誉（者脱カ）、任能化之許、可令常法談執行事、
一、於論席、徒謗能化企公事、妨学業事、甚以悪道也、速可令擯出於其張本事、
一、於紫衣者、殊規模之事也、無勅許僧侶、叨不可着用之事、
一、延喜御宇所贈賜野山大師之御衣、号檜皮色、或染香衣、或調紫衣、用赤色、然間於香衣者、非密家之棟梁有智之高僧公達者、曽不可着之事、
一、在国之僧、近年猥申下上人号、着用香衣、甚以無其謂、自今以後令停止訖、但、有智者之誉輩者、各別之事、
右可相守此旨、若違背之僧徒於有之者、可所配流者也、仍如件、
　元和元年乙卯七月日　御朱印

とある。このように前述の香衣法度は真言宗法度の中に組み込まれている。真言宗法度そのものについては先学の研究が多いので本論では省略するが、前述のように日誉はこの法度作成に単なる新義真言を代表する僧侶というだけでなく、家康の意向をうけて案文起草の全般に亘って関与している。この真言宗法度は諸宗寺院法度の一環として家康から出されたものであり、特別なものではないが、日誉が家康から非常に信用が厚かったことがわかる。更に『義演准后日記』同年九月朔日・二日・三日の条をみると、

九月朔日、真言諸法度朱印、関東へ写テ可相触ニ付、智積院へ先日相談、近日慥便宜在之、可被遣由申来、
二日、晴、真言法度朱印三通、光台院ニ仰写之、明日関東中触ニ可下用也、予裏判加之、明星院・玉蔵院・真福寺三ヶ所へ遣之、成身院副状也、智積院へ渡之、
三日、晴、智積院へ朱印写遣之、真福寺ハ御無用之由申来了、

とあり、この法度を関東の真言宗寺院に伝達する方法を義演は日誉に相談している。そしてこの法度の写は義演が裏判をして、日誉経由で倉田明星院・浦和玉蔵院・江戸真福寺の三カ寺に出されることになった。しかし日誉の申入れにより真福寺は取止めになった。これをみると依然明星院や玉蔵院が当時の関東の新義真言宗寺院の代表であったようである。詳細は後述するが、少なくともこの頃は、まだ知足院・真福寺・弥勒寺・円福寺の江戸四箇寺による触頭的な機構は存在しなかったものと思われる。

九　長谷寺と智積院

長谷寺と智積院については、櫛田博士が『真言密教成立過程の研究』第二編第二章「新義学山の成立とその発展」の中で詳細に述べられているので、私が今更述べる必要がないかもしれないが、二、三新しい史料もあるので、本章の論述の都合上、徳川家康と両寺の関係を日誉に視点を定めながら述べてみたい。

家康と長谷寺の関係について、従来は慶長十五年九月の長谷寺能化空鏡の公事一件からと考えられていた。しかし最近私が調査した京都長香寺所蔵の幕府大工頭中井家の「書状留」所収の二月十五日付の大久保長安書状に、

猶々、御むつかしく候とも慥成衆を被遣、材木能木をかい候やうニ頼入候、自然木なと替り候へは如何候間、貴所もの我等ものにこくい（刻印）（ん脱カ）を打候様ニ被仰付可給候、江戸御殿守之儀も貴所へ被仰付候ハん由、大御所様被成御意候、貴所父子上手之由申上候、和州長谷寺なともわるき所を立なをし尤之由　御意候間、左様之儀も

御談合可申候、又内裏之御材木もそろ〳〵ととらせんと御意候由、左様之入元木共も書立儀頼入候、以上、

急度申入候、仍駿州御普請御材木之儀ニ付、貴所ゟも壱人御遣候而給候へと先書ニも申入候間、定而可参候、自然貴所我等間之儀者一所ニ候と存受　御意、上野殿・彦兵衛殿・小吉殿連判ニて申入候、其許能様ニ被仰付可給候、我等事ハ年中方々あるき候て其元之様子も不存候間、何分ニも頼入候、駿州御普請之後ニ様々被入御念候由、甲州下代共申候、扨々忝存候、何様にも頼入候、恐々謹言、

(慶長十二年)二月十五日　　大　石見守　長安(花押)

中井大和殿　御宿所

とある。この書状は年号はないが、中井家の「書状留」所収のこの書面に見える本多正純・大久保長安・安藤直次・成瀬正成連署状が慶長十二年二月十四日付で出されているので、これも慶長十二年のものと考えてよい。この追而書をみると家康は中井正清を通して長谷寺の修復を認めていたことがわかる。中井正清は同家の家譜によれば大和三輪神社の神職の出身であるとされている。これがどこまで真実を伝えているか問題であるが、三輪神社は長谷寺に隣接しており、「書状留」をみると中井正清が三輪神社と交渉をもっていることは事実であり、大和地方を本拠としていたことは確かである。このような事情で中井正清は長谷寺とも交渉をもっていたのであろう。なお、櫛田博士は前掲著書の「小池坊の興隆」注5で、「長谷寺御造営入用目録(長谷寺蔵)、観音堂造営の事は古く家康在世中からの事で、慶長年間に性盛が幕府に奏したが性盛能化没後は、能化の問題で中井大和守が派遣されて計画が進められたのが中絶し、観音堂の上瓦も落ちて上葺の必要を生じて、元和四年卯月秀算が奉行に申出でた事がある(元和四年卯月長谷寺上葺御訴訟の状参照)」と述べられている。観音堂の修復年次を明示されていないが、前述の中井家文書は慶長十二年であり、当時の能化は性盛である。おそらく慶長十二年頃、家康も認めた観音堂修復計画があったものと思われるが、現実には工事は進行しなかったようである。

慶長十五年九月三日付の円光寺元佶書状案に、

急度令啓候、夏中貴老上洛之節被仰候者、長谷寺ニ空坊御座候、彼坊ニ当座玄音を置申候而、以来者其方隠居所と被仰候、以伊州談合、其方上洛以後得　上意候、然処ニ、彼坊律院ニ而、空坊ニ無御座候由申、其坊主為訴訟罷下候、あき坊ニても無之、律院ニ而坊主有之処ニ、無主之様ニ承候儀不審候、返事次第ニ可得上意候、恐々謹言、

（慶長十五年）九月三日　　円光寺（元佶）――

中性院

とある。このように性盛の没後、長谷寺の能化は中性院空鏡である。しかしこれをみると慶長十五年夏、空鏡は上洛しており、その時に幕府の命によって玄音房宥義を長谷寺に迎え入れることになった。空鏡は山内にある北坊を空坊として宥義を入れることにしている。ところが北坊は律院であって空坊でないといって空鏡を幕府に訴えている。そのため元佶は詳細を報告するように空鏡に伝えている。更に九月十三日付の円光寺元佶書状案には、

幸便之条令啓候、北坊律院ニ而喝食も御座候間、向後貴老被成御進退之儀不罷成事候、併当座玄音北坊ニ居住候様ニと存候而、金地院・栄任致談合、律院ニも其通申届候、其御心得尤ニ存候、恐惶謹言、

（慶長十五年）九月十三日　　円光寺――

中性院　教座下

とある。また同日付の玄音房宥義宛書状案には、

今度北坊律院ニ而致相続儀承届候間、中性院へも其理申入候、雖然、北坊喝食若輩ニ候条、貴老北坊へ御移候而、喝食をも取立、双方外聞実儀可然様にと内証承候間、金地院同前ニ律院之老僧へ申届候間、互御入魂可然存候、然上者、如被仰合、能化職御請取以後、頓而北坊之儀、律院へ可被相渡候、為其一筆申入候、恐惶謹言、

九月十三日　　　　　　　　　　円光寺――
　玄音坊　教座下

とある。調査の結果、北坊は律院と判定され、空鏡は敗北している。そして空鏡は北坊に対する進止を停止されている。しかし律院北坊の喝食が若輩であったために当分宥義が居住して、宥義が小池坊に移り能化になった後に、再び北坊は律院に戻すことに決められている。宥義は同日付で裁許を遵守する旨証文を元佶に提出している。このような元佶と宥義との書状の交換振りをみると、当時宥義は駿府に滞在していたようである。前述したが、慶長十七年二月十八日付の元佶・崇伝連署書状案（本文は第一章四の一七頁所収）をみると、宥義は家康の命によって去々年の慶長十五年に長谷寺の脇能化に任命されていたことがわかる。前述の慶長十五年九月十三日付の元佶書状の中に「如被仰合、能化職御請取以後」とあることからみて、九月以前に宥義は家康の命をうけていたものと思われる。しかも単なる脇能化というだけではなく、日誉の場合と同様に、後住を約束されていたことがわかる。このような経過をみると、当時の長谷寺能化空鏡は慶長十五年夏に上洛した際、家康から宥義を長谷寺の脇能化に推薦され、宥義を入れる寺に困り、強引に北坊を空坊として宥義を入れようとしたのではないか。それを北坊に訴えられ、結果的に空鏡は幕府の不興をかったのではなかろうか。当時宥義は駿府に滞在して直接幕府と交渉しており、彼の影響力が大きかったと思われるが、どうも長谷寺能化空鏡には協調的ではなかったようである。そして慶長十五年臘月十九日付の崇伝書状案には、

為歳暮之御祝儀、本月十三日之尊書幷御樽代壱分判壱ツ被懸御意候、同十九日ニ到着候、御懇意之至過分至極ニ存候、其地ニ御在著、殊ニ報恩講御結願珍重ニ存候、　御前御取成之事、円光寺申談、聊疎意有間敷候、可御心安候、去秋此地へ被成御同道候佐竹社務後住御礼之事、　御前へ御取成共申上候、其次貴老ハ初瀬へ所化衆待兼候故、急御上候由申上候、一段　御気色能御座候、其様子定而従社務可有注進と存候、拙老も今明日中ニ御暇申上、可罷上心中ニ候、来春御出京候者、必南禅寺へ御立寄所仰候、尚期後音候、恐々謹言、

臘月十九日　　　（崇伝）

初瀬寺玄音尊老　貴会（ママ）

とあり、宥義はこの頃、長谷寺において所化衆の指導にあたっており、十二月十三日以前に冬報恩講が終了していたことがわかる。しかし「中性院面授帳」をみると、同年十一月頃、空鏡が依然中性院能化として法流の伝授を行っており、宥義が中性院の法流を伝授するのは慶長十七年からである。それはともかく宥義は慶長十五年秋に郷里の佐竹社務を同道して駿府の家康の許に御礼に行っており、彼が前述の長谷寺北坊律院の公事のとき駿府にいたことが裏付けられる。それからすぐに長谷に行ったようであるから、十月には長谷寺に入っていたものと思われる。その当時、宥義は脇能化として、所化衆達に冬報恩講の指導にあたっていたのであろう。

慶長十七年卯月二十六日付の崇伝書状案には、

（前略）一、空鏡之義（儀）、理を被仰上候処ニ、可追出之由、上意之由候、玄音被参候者、可被仰渡由、一段御尤ニ存候、（後略）

卯月廿六日　　　（崇伝）

拝上　円光堂上大和尚

とあり、空鏡は種々弁明したようであるが、家康の命で長谷寺追放となり、宥義が能化になることが決っている。空鏡追放の原因は明白でないが、卯月十三日付の長谷寺所蔵の板倉勝重・元佶連署書状には、

猶々、為貴老御気遣成事ニ而者無之候間、早々可有御下向候、以上、

急度令啓候、空鏡被預候法流之儀付而、可被成御尋之旨　御意候条、御支度候而、早々可有下向候、長谷之中性院へも其通申遣候、恐々謹言、

板倉伊賀守　勝重（花押）

卯月十三日　　　　円光寺　元佶（花押）

智積院僧正　法座下

とある。更に慶長十七年十月二十日付の崇伝書状案には、

一書令啓候、長谷小池坊能化職、従空鏡、玄音へ被相渡候、然者中性院之法流、近来小池坊相続之所ニ、先年空鏡与西蔵院申分之時、従空鏡、貴院へ被渡置候由、其通候哉、如前々、小池坊へ被相渡尤ニ存候、玄音坊此度得上意度由被申候へ共、先内証申入候、若又御存分之儀於在之者、可被仰越候、其時可得　上意候、恐惶謹言、

（慶長十七年）十月廿日　　金地院――

智積院僧正　教座下

右之折紙、玄音望ニ候間遣候、

とある。前の書状は年号はないが、元佶の没年から考えて慶長十七年以前のものである。慶長十七年以前の智積院僧正は祐宜である。そして後の書状と関連性のあるものであり、前の書状は慶長十七年のものであることがわかる。前述の如く、慶長十七年四月二十六日に長谷寺小池坊能化職は空鏡から宥義に移っている。しかしこの両書状をみると、新義真言宗の能化に伝わるべき中性院の法流は、性盛没後、空鏡と西蔵院印雅が後住を争ったとき、空鏡が智積院祐宜に預けてしまったため、宥義に伝わっていなかったようである。そこで宥義は幕府に働きかけて法流返却を画策している。空鏡が長谷寺能化を追放された理由は明白ではないが、空鏡追放後、即座に宥義が能化になっているところをみると、空鏡は小池坊能化の保持すべき中性院の法流を流出させた責任を問われたためではなかろうか。これも宥義が背後から工作していたようである。しかし四月十三日付の勝重・元佶連署書状の中で、空鏡とは別に「長谷之中性院」なる人物が記されている。これは前後の事情からみて宥義のことと思われるが、宥義が中性院に入ったのは四月二十六日であり、それ以前に彼を中性院と呼んでいたであろうか。この書状が宛所の智積院になく長谷寺に現存す

ることと共に疑問が残る。

なお、私は一九七三年、拙稿「近世初期の長谷寺と智積院―特に中性院流の法流相承を中心に―」(『印度学仏教学研究』二二ノ二)の中で、中性院の法流を智積院に持ち出したのは空鏡より西蔵院印雅の方が可能性が強いと思われると主張したが、最近櫛田博士を中心とする長谷寺文書調査班が確認した四月十三日付の勝重・元佶連署書状によれば、従来紹介されていた同書状の内容に一部誤りがあったことがわかった。本章で前述した同書状は櫛田博士のご諒解を得て訂正したものを引用した。そのため従来の櫛田良洪博士稿「長谷寺の古文書をたずねて」(『密教論叢』二〇、一九三七年十二月刊)の史料紹介によった私の解釈は誤りであり、文面通り空鏡が中性院の法流を持ち出したとする説の方が妥当のようである。このことについては最後の日誉後住申渡状の項で詳述したい。しかし依然、空鏡が法流を祐宜に預けた理由について、私は従来の見解とは異なるところがあり、いずれこの問題については私の誤りを訂正した上で再検討したいと思っている。

慶長十七年五月十三日付の長谷寺朱印状案に、

大和国式上郡長谷村之内三百石令寄附訖、全可寺納、幷門前境内山林竹木諸役免除上者、守此旨、仏事勤行修造等不可有怠慢、弥可抽国家安全懇祈之状、如件、

慶長十七年五月十三日　御朱印

長谷寺　小池坊

とあり、長谷寺能化小池坊に対して家康から三百石の寺領を寄進されている。長谷寺は長谷村の内で三百石以上の寺領をもっていたようであり、実質的には安堵であろう。家康はこのとき朱印状を長谷寺小池坊に宛てて出しており、能化小池坊を中心として一山を統制していこうとする意図がうかがわれる。しかもこれは時期的に見て宥義の小池坊入寺に際して出されたものである。また同年十月四日付の長谷寺法度案には、

長谷寺法度

一、為学問住山之所化、不満廿年者不可執法幢事、
一、坊舎并寺領、為私不可有売買事、
一、所化衆不用能化之命、非法於在之者、可追放寺中事、
右堅可守此旨者也、
慶長十七年十月四日　御朱印
当寺能化坊
右十月十九日、上野殿ゟ持セ給候、玄音坊へ渡之、

とある。この法度も玄音房宥義宛に出されており、ここでも家康は長谷寺を能化宥義を中心に学山としての性格を調え、山内の私領化や所化衆の非法行為を禁止している。更に同年十月二十七日付の両能化法度写には、

一、御所様如御朱印、本寺田舎都合二十年不遂学問、於国本法談不可有免許付、如例年智積院・小池坊両院之内墨付申請下国可申事、
一、企非道之公事人并贔屓之輩、於有之者、同罪に擯出可申事、
一、智積院・小池坊於両院、少も違乱之所化衆、互介抱不可有之事、
右之条々　御諚を申請、相談を以、堅法度申者也、仍如件、
慶長十七年壬子十月二十七日　小池坊宥義　在判
智積院祐宜　在判

とある。この法度は家康の命をうけて両能化が相談して定めたものであるというが、私的な法度とされたためか、「智積院古文書」や「慶長以来御朱印并条目等写」といった宗内関係の史料集に案文が所収されているだけであり、『本光国師日記』等の公式の記録の中には見られない。また当時両寺は前述のように中性院の法流の所属について争

っている最中であり、両能化が協調状態にあったかどうかも疑問である。好意的に考えればこれらの条目に違反するような行為が目立ったためにこのような法度を制定したのであろうか、とすれば前述した「智積院人衆之事」の中に空鏡と中性院の法流を争った西蔵院印雅の名が堂々と日誉の次に記されていることはおかしい。この両能化法度写は細部に問題点が残るので、本章ではこの法度は史料紹介に止める。

慶長十八年卯月二十四日付の崇伝書状案には、

一書令啓上候、和州長谷寺小池坊、公方様へ為御礼参上被申候、可然様ニ御取成被仰上遣候者、忝可被存候、於当地　大御所様へ御礼被申上、従是参上候儀ニ候、猶期後音不能詳候、恐惶謹言、

（慶長十八年）卯月廿四日　　金地院――

本多佐渡守様　人々御中

とある。宥義は慶長十八年四月中旬、日誉とほぼ同時期に駿府に下り、四月十九日、家康に御礼に参上し、更に将軍秀忠に御礼のため江戸に下る準備をしている。宥義は前住空鏡が前年四月二十六日に追放になった後、すぐに後住に決定されていたが、継目御礼は翌年四月になっている。この間、慶長十七年十月二十七日付の空鏡宛崇伝書状案をみると、空鏡と宥義との間で紛争があったようであり、そのために宥義の継目御礼が遅れてしまったようである。慶長十八年八月八日付の崇伝・本多正純連署書状案（本文は第一章六の一九頁所収）をみると、慶長十五年秋に宥義が後住として駿府に同道した佐竹八幡社務光明院と神主出雲との間で訴訟となり、宥義は参考人として駿府下向を命ぜられている。そして『本光国師日記』同年九月八日の条（本文は第一章六の一九頁所収）をみると、駿府における裁許の結果、社務光明院と宥義方の敗北となっている。光明院は水戸代官芦沢伊賀守信重預となり、宥義は去年もらった朱印状を没収されている。宥義は慶長十七年五月十三日に家康から佐竹八幡宮光明院宛の朱印状をもらっていたので、これが没収されたのであろう。慶長七年十一月二十五日付の朱印状は神主出雲の許に返されている。慶長十九年五月十六日付の

崇伝書状案には、

(前略)長谷小池坊下府候、是者去年常陸水戸之公事出入ニ付而、御機嫌不可然候、下府之由卒度申上候ヘ共、無御取相候間、此度之　御目見者成間敷かと存候、(後略)

五月十六日　金地院――

板伊州様　人々御中

とあり、慶長十九年五月頃、宥義は駿府に下向したが、先年の水戸八幡宮の公事のため家康の不興をかい目見得がならなかった。更に同六月晦日付の崇伝書状案(本文は第一章六の二〇頁所収)をみると、宥義は長期間駿府に滞在していたが、相変らず家康への目見得がならなかった。そこで宥義は佐竹義宣を介して家康への取成しを頼んだが、それがますます家康の機嫌をそこねている。これが直接の原因であるかどうか明白ではないが、『義演准后日記』元和元年閏六月十五日の条(本文は第一章六の二〇頁所収)をみると、宥義は家康の命によって長谷寺能化を改易されている。この頃、頼音房恵伝が義演を介して長谷寺の後住を望んでいた。しかし『本光国師日記』元和二年十二月二十五日の条(本文は第一章六の二〇頁所収)をみると、元和二年十二月、長谷寺能化職を宥義から京識房秀算が受け取っていることがわかる。ちなみに「中性院面授帳」をみると、秀算は元和元年に脇能化として長谷寺に入っており、恵伝が後住を望んでいたが、宥義失脚後、秀算が幕府の命によって長谷寺に脇能化として入り、後住を約束されていたようである。前述の如く、秀算は松井田不動寺出身の僧であり、明星院祐長の推薦により家康の命をうけて智積院日誉の許で修学し、その後度々御前論議を勤め、元寿・俊賀と共に日誉門下の三傑として、家康に大変気に入られている僧である。秀算は長谷寺聖教の奥書をみると、かつて長谷寺専誉について修学したことがあるようであるが、家康在世当時の秀算は智積院日誉門下の色彩が強い。

前述したように、智積院は日誉入寺以後、家康の助勢により急激に発展している。長谷寺は地理的な不便さもあったが、歴代住持の不始末により次第に智積院に圧倒されている。少なくとも専誉・性盛在住当時の長谷寺は智積院よりも勢力があったし、教学も盛んであったようであるが、智積院日誉の出現により全く両者の立場は入れ替ったようである。これは日誉が家康に巧みに取り入ったのに対して、長谷寺の空鏡や宥義が家康の不興をかったことが、このような差を生む原因であろう。そして智積院日誉門下の秀算が家康の命により長谷寺を管轄するようにさえなったのである。しかし御前論議の職衆や「智積院人衆之事」などをみると、日誉や秀算の時代には長谷寺と智積院の所化衆の交流は盛んであり、後世の運敞の『結網集』や隆慶の『豊山伝通記』に見られるような智山・豊山の本山としてもりたてていこうとする対抗意識はなかったようであり、両寺の優劣を論ずることは妥当ではないかもしれない。しかし中性院の法流相承の争いに見られるように、両寺共に根来中性院以来の法流の継承者として正統派争いをしていたことは否定できない。そして日誉は家康の支持を背景に中性院の法流を長谷寺に返却しておらず、智積院を根来以来の正統な継承者であると主張している。

一〇　江戸四箇寺の成立

新義真言宗の江戸四箇寺の成立については、櫛田博士が『真言密教成立過程の研究』第三章第二節「触頭制度の確立」の中で、「触頭は世に四ケ寺といい、江戸愛宕円福寺、真福寺、本所弥勒寺、湯島知足院の四ケ寺で、家康の制定したものといわれる。慶長十五年はこの四ケ寺が建立か造営の恩典に浴した年であるが、触頭の職制は何等裏付けられない点にも四ケ寺の触頭職設置を早急にこの年であったと認める訳には行かない。然しこれより二十二年後の寛永九年三月十日に両能化元寿・秀算の四ケ寺と関東諸寺に宛てた記録があるから、寛永の初年にはこうした四ケ寺が触頭として成立していた点は認めてよいのである」と述べられている。これに対して坂本氏は「真言宗新義派護持院僧録について」(『仏教史研究』八号)の註(1)の中で、「管見では『本光国師日記』元和九年正月二十三日の条の、崇伝から智積院日誉にあてた書状によれば、智積院所化が江戸に直訴に及んだことに関し、崇伝は「当地四ケ寺之衆へも能々被仰談尤ニ候」と述べている。この時崇伝は江戸金地院に居り、「当地」は江戸である。故に「当地四ケ寺」は「江戸四ケ寺」のことであり、その成立年次の最下限が元和九年正月と考えることができる」と述べられており、これらの研究成果をふまえた上で、江戸四箇寺の成立を考えてみたい。(3)

江戸四箇寺についてもっとも確実な典拠は、『関東真言宗新義本末寺帳』の奥書である。同奥書には、

右所載之寺院帳面之内、従他門他山聊以構有之間敷候、以上、

寛永十年癸酉五月十六日

江戸四箇寺　真福寺　照誉(花押)

弥勒寺　宥鑁(花押)

知足院　栄増(花押)

円福寺　俊賀(花押)

とあり、寛永十年頃、江戸四箇寺としてこれらの寺院が存在したことがわかる。同本末寺帳には江戸に知足院以外の三箇寺の名が記されているが、知足院の名は見えない。しかし知足院については後述するが、筑波山知足院の別院として慶長十五年頃までに江戸で成立していたことは間違いない。この本末寺帳だけではこれらの寺がなぜ江戸四箇寺に選ばれたか明白でない。常陸真壁楽法寺所蔵の寛永九年霜月七日付の江戸四箇寺連署書状には、

猶以、近辺諸院中へも法蔵院貴寺末寺ニ相究候通、用書簡事候、以上、

貴寺与法蔵院本末出入ニ付、双方遂穿鑿候之処、法蔵院先師之書物ニ貴寺可為末寺之旨、証文明鏡候間、任其旨、如前々之筋目、其方末寺相極候、此上之儀以来無疎意御入魂尤候、此段法蔵院へも以書状申渡候、為後証一書如此候、恐々謹言、

（寛永九）
壬申霜月七日

真福寺　照誉（花押）
弥勒寺　宥鑁（花押）
知足院　栄増（花押）
円福寺　俊賀（花押）

常州真壁
楽法寺参

とあり、寛永九年にはすでに江戸四箇寺が存在し、楽法寺と法蔵院の本末争いを裁許している。翌年の本末帳にもこの証文に従い法蔵院は楽法寺の末寺と記されている。また三月二十七日付の長谷寺所蔵の安藤重長・松平勝隆連署奉書写には、

上州吉井村延命院と同国八幡大聖院と出入有之候間、双方令対決候、本末之事ニ候間、四ケ寺衆も御寄合候而被仰付可然存候、為其双方目安返答書遣之候、以上、

三月廿七日　安　右京進
小池坊　松　出雲守

とある。この奉書の年次は記されていないが、寺社奉行の安藤重長と松平勝隆両者だけの在職期間を整理すると、寛永十六年か、或いは寛永二十年以降明暦三年迄のものであることがわかる。更に真壁楽法寺文書をみると、慶安二年、朱印申請に伴い小池坊尊慶と両者の奉書が多くみられるので、この奉書もおそらくその頃のものであろう。これをみると江戸四箇寺は寺社奉行の下で合議制で本末争いを裁許しており、本山とは異なる権能をもっていたことがわかる。

既に坂本氏が指摘されているが、元和九年正月二十三日付の崇伝書状案には、

正月十一日之尊書両通、同廿三日令拝見候、為年頭之御祝儀、銀薬一片芳恵、御懇志之至、不知所謝候、如御紙面、貴院之所化衆、旧冬直訴被仕由承及候、具之儀ハ不存候、何角申分出来之体笑止ニ存候、不及申候へ共、御分別ニ過間敷候、当地四ケ寺之衆へも、能々被仰談尤ニ候、拙老儀、依体春中可罷上候、猶御使者へ申渡候条、

不能詳候、恐惶謹言、
（元和九年）
正月廿三日　金――
智積院　尊報

とあり、智積院日誉に対して、崇伝は智積院の所化が直訴したことは大変遺憾であり、裁許については江戸四箇寺に相談するようにといっている。これは後の江戸四箇寺の権能と一致しており、櫛田博士が述べられているように寛永九年頃、江戸四箇寺が存在したことは事実であるが、すでにこの時、元和九年正月には江戸四箇寺の制度が成立していたと考えてよいのではなかろうか。そこでこれらの四カ寺の個々の歴史について順次検討して、江戸四箇寺成立の上限について考えてみたい。

真福寺についての史料は知足院の項で後述するが、慶長十八年六月に倉田明星院・浦和玉蔵院・水戸一乗院と共に修験法度の写をもらう予定であった。当時関東の新義真言宗寺院を代表するような地位にあったのであろう。『義演准后日記』慶長十五年四月の条には、

七日、（中略）箱根ノ町ニテ昼休息、江戸真福寺宿坊申入度之由書状、於此峠披露、即領掌、
九日、ホトカヤ立シナ川ニテ真福寺罷出一献申沙汰、未剋江戸真福寺へ着了、真言宗也、方々祈念ヲ申繁昌ス、
　風呂アリ、種々馳走、（後略）
十四日、青山富六来、知足院来、真言宗也、宿坊申度トテ真福寺ト相論了、雖然真福ハ最前箱根峠マテ使僧申入、
　先約ニ付不及力真福ニ相定了、仍知足院不足ノ体也、（後略）

とある。この史料は徳永隆宣氏のご教示によるものである。これをみると、慶長十五年四月の義演の第一回江戸下向に際して、江戸真福寺は箱根まで使者を出して、義演に真福寺を宿坊とするよう申し入れている。そこで義演は真福寺に宿泊することになったが、その後、知足院が義演に宿泊するように申し入れ、真福寺と知足院の争いになったが、

先約により真福寺の勝利となっている。この頃、真福寺と知足院が江戸を代表する真言宗寺院であったようである。

更に『義演准后日記』の慶長十八年五月二十七日の条には、

> 廿七日、晴、トツカヲ立、六合ノ橋ニテ休、品川ニテ真福寺出向、一献進上、未剋江戸真福寺江着了、風呂アリ、
> （後略）

とあり、前述したが、駿府における修験の公事で勝利を収めた義演は再度将軍秀忠に目見得のため江戸に下向して真福寺に泊っている。同六月三日の条に、

> 三日、晴、真福寺新造ノ地へ御成申入畢、真言宗先達共、不残御共（供）也、乱舞在之、昨晩ヨリ煩、散々式也、

とあり、秀忠はこの時、義演の泊っている新造の真福寺に臨んでいることがわかる。同六月五日の条には、

> 五日、晴、（中略）太刀馬代三百疋安藤子息勝蔵被来、金一分武州正蔵院、五十疋武州常光院、今晩印可真福寺ニテ在之、交名事、
>
> 鎌倉相承院法印空元　　同皆光院法印元雅
> 空元弟子也 同恵光院大法師元恕　　常州小松寺権大僧都宥堯
> 同　観音寺法印尊翁　　武州玉蔵院法印宥恵
> 同　惣持寺法印賢真　　江戸弥勒寺法印宥鑁
> 同　専識房法印順翁知足院同宿
> 江戸愛宕遍照院権大僧都朝義
> 右十口印信悉与之、（後略）

とあり、義演は真福寺において、新義衆、古儀衆合せて十人に印可を授けている。この記載は江戸四箇寺の成立を考える場合重要である。まずこの印可が江戸真福寺で行われたこと。受者の内に江戸弥勒寺宥鑁と知足院同宿専識房順

翁がいること。更に江戸愛宕遍照院朝義の名がみえるが、愛宕遍照院は、円福寺の項で詳述するつもりであるが、「四ケ寺用留書」によれば、愛宕円福寺の前身名とされていること。これらをみると慶長十八年六月には江戸四箇寺の寺は全て存在していたことがわかる。しかしこれらの寺が存在したということと、江戸四箇寺の制度が成立していたかどうかということは別問題である。特に『義演准后日記』慶長二十年《(元和元)》九月の条をみると、本文は真言宗法度の項で引用したので省略するが、義演は真言宗法度を関東に触れるために明星院・玉蔵院と真福寺に自分で裏判をした法度の写を出すつもりで智積院日誉に渡している。ところが日誉の意向によって真福寺は取り消されている。これらをみると、真福寺は江戸の真言宗寺院を代表するような力をもっていたことは事実であるが、明星院や玉蔵院のような有力寺院よりは格が下のようである。特に明星院は祐長の項でも述べたが、慶長十八年の関東新義真言宗法度や元和元年の真言宗法度が明星院宛に出されており、明星院が当時の触頭的な立場にあったことは間違いない。そのため元和元年九月の真言宗法度制定の時点では知足院・真福寺・円福寺・弥勒寺による江戸四箇寺の制度は成立していなかったはずである。

知足院については坂本氏が「近世初期の知足院―特に光誉について―」(『大正大学学報』三五、一九七三年十二月)で新しい見解を示されており、私も教えられるところが多かった。坂本氏は筑波山知足院は慶長十六年半ば迄に江戸に進出していたと考えられる、と述べられているが、前述した『義演准后日記』慶長十五年四月十四日の条をみると、知足院は真福寺と義演の宿所を争っている。これをみると知足院は『世代記』の通り、元来筑波山神社の別当寺として出発したが、慶長十五年光誉の代に江戸に進出していたのである。知足院は義演の宿所にはなれなかったが『本光国師日記』の慶長十七年五月二十一日付崇伝書状案や同元和元年十月十日の条をみると、崇伝が江戸に来たときには知足院を宿所としている。知足院光誉は秀忠の乳母おにしの子とされているが、確証はない。しかし『本光国師日記』をみると、江戸奥年寄おにしを仲介として崇伝と光誉はしばしば書状を交換しており、おにしと光誉が特別な関係にあったことは確かである。

『義演准后日記』慶長十八年六月十七日の条には、

注連祓法度状四通、知足院江相渡之、関東触可申由雖仰之、文言出入在之、俄難改故、只一通渡之、

（法度案文中略）

修験道両御判写、同知足院へ渡之、明星、玉蔵、一乗、真福へ可遣由仰了、

とあり、修験の注連祓法度が知足院光誉に渡され、関東中に触れるようにといわれている。この時は倉田明星院・浦和玉蔵院・水戸一乗院・江戸真福寺に遣わすようにいわれており、これらの寺院が関東真言を代表していたようである。知足院はすでにこの時点で触頭的な役割を果しているが、江戸四箇寺の制度は成立していない。『本光国師日記』をみると、知足院光誉は度々駿府・長谷寺・高野山に出かけたり、義演から法流伝授をうけようとしたり、大坂の陣に供奉するなど非常に幅広い活動をしている。例えば元和二年の『本光国師日記』をみると、七月二十八日には箱根別当金剛王院のことについて、同八月二十三日には北野千本養命坊のことについて天海と争ったり、同十月十九日には大山八大坊後住について、同二十八日には千本蓮台寺正意房死去につき後住のことについて、同十一月十七日には三輪先達後住のことについて等々、知足院光誉は崇伝と連絡をとっており、光誉は新義・古義をとわず真言宗内における幕府の触頭的な役割を果していたことがわかる。(4) 光誉についてはこれ以外の活動も多く、浄土宗における伝通院廓山と同様の性格をもっているように思われるので別の機会に詳述したいと思っている。それはともかく、光誉は知足院を留守がちであったために、専識房順翁を留守居においている程である。そのため知足院光誉の時代から真言宗の触頭的な役割を果していたことは事実であるが、江戸四箇寺の権能を超えているところもあり、何年から江戸四箇寺入りをしたか明白ではない。

弥勒寺については初期の良質の史料が少なく、わずかに前述した『義演准后日記』慶長十八年六月五日の条に、義

演から法流を伝授された印可衆の一人として江戸弥勒寺宥鑁とあるので、弥勒寺がすでに成立していたことがわかる。これ以外に弥勒寺の手掛りはなく、弥勒寺が江戸にあったことは確かであるが、幕府との関係はもちろん対外的な活動は一切不明であり、四箇寺に選ばれた理由が明白でない。

円福寺については村山氏が『智積院史』「日誉僧正門下の三傑」の中で、「俊賀は元和二年十月江戸愛宕山別当春音房神証隠居せられたるにつき、同年十二月代って愛宕山別当に任ぜられ、新たに寺宇を興して円福寺と号し、大に法皷を鳴らされた」と述べられている。「四ケ寺用留書」によると、円福寺は家康の守護神である愛宕大権現を安置し、慶長八年以降武運長久を祈り、神証が山下の地に住坊を構え、遍照院と号し、円福寺の前身となるとある。前述した慶長十八年六月五日の義演の印可衆の中に、江戸愛宕遍照院朝義の名が見える。遍照院朝義は真福寺で弥勒寺宥鑁、知足院留守居順翁と共に義演から法流を印可されており、真言宗徒であったことは間違いない。遍照院と円福寺の関係であるが、元和二年六月九日付の崇伝書状案には、

五月廿八日之御状、六月九日令拝見候、当地愛宕別当衆之出入被仰越候、爰元之儀、拙老無案内ニ候間、被仰理儀候ハヽ、御奉行衆へ可被仰入候、恐々謹言、

六月九日　　金地院――

愛宕山勝地院　貴報

とある。更に、同年十月十九日の条には、

大山ノ中院来、知足院九月廿一日之状来、八大坊後住、此中院ニ付属之状、高野両門主披見候而、墨付被出候書中也、江戸愛宕隠居ニ相定、祝着との書中也、

とあり、元和二年六月頃、江戸愛宕別当衆が公事を起し、十月別当は隠居ということになっている。遍照院朝義と愛宕別当勝地院神証との関係であるが、確証はないが、私は愛宕別当は当山系の修験で、真言の遍照院朝義と修験の勝

地院神証が主導権争いをしたのではなかろうかと考えている。そして喧嘩両成敗となり神証は隠居、朝義は罷免ということになったのではなかろうか。そのため同年十二月十五日付の崇伝書状案には、

一書令啓達候、(中略)来春ハ早々罷下、可得御意候、御前御次而之刻ハ、御取成所仰候、随而為　上意、円福寺被罷下候、其地愛宕之住持被　仰付旨、円福寺物語にて承候、別而忝由被申事候、(後略)

十二月十五日

松平右衛門佐様　人々御中

とあり、同年十二月、幕命によって円福寺俊賀が愛宕の住持に任命されている。しかし愛宕円福寺という名前は『本光国師日記』元和三年十月二十二日の条に、

江戸愛宕山円福寺十月七日之状来、智積院持参被申也、

とあるのが初見であり、それ以前には愛宕円福寺とはない。俊賀の愛宕円福寺入りは住持任命後しばらく時間があったのかもしれない。前述したように、愛宕別当はかなり早くから存在していたようであるが、当山系の修験寺院であったらしく、遍照院朝義と勝地院神証とが対立したため、幕府は両者を退け、家康以来幕府と密接な関係にある俊賀を江戸に呼び、愛宕別当の跡地を与え円福寺を創建させたのではないか。もしこの推測が許されるならば「四ケ寺用留書」に見えるように、遍照院が円福寺の前身であると考えることも可能である。遍照院と円福寺の関係はともかく、元和二年十二月に俊賀の愛宕住持成は決っていたが、俊賀が実際に寺に入り、愛宕円福寺という形で整備されたのは翌年以降であろう。円福寺は幕命により俊賀が入った寺であり、しかも当時の俊賀の実績から考えて、成立後すぐに江戸四箇寺的な役割を果すことは可能である。しかし遍照院を仮に円福寺の前身と認めても、愛宕別当の下に附属した遍照院にはそのような資格はなかったものと思われる。このように考えてくると、前に真言宗法度の伝達方法からみて江戸四箇寺の成立は元和元年九月以降でなければならないといったが、円福寺の成立からみて、更に元和三年以

降とすべきであろう。

江戸四箇寺のうち、真福寺・知足院・円福寺は幕府、特に将軍秀忠と密接な関係にあり、宗内事情からみても、触頭に任命されても不思議ではないが、弥勒寺が選ばれた理由について明白でない。強いて理由を挙げれば弥勒寺が慶長年間から江戸に寺があったということくらいである。

以上、江戸四箇寺の成立について述べてきたが、下限が元和九年正月以前であることは坂本氏によって指摘されているが、私は江戸四箇寺個々の成立を順次検討することによって、上限を元和三年と考えたい。元和元年頃は倉田明星院や浦和玉蔵院が法度の伝達をしており、宗内事情から考えても元和元年以前ということは考えられない。以上の理由により私は江戸四箇寺の成立を元和三年以降、元和九年迄と考えているが、これは幕府の寺院統制策とも合致している。幕府はそれぞれの一宗の本山内部の紛争解決、或いは寺領安堵というような形で、まず伝統的な本山を自己の支配下に置き、最初は従来の伝統的な本末関係を利用して教団の統制をはかっている。それが次第に軌道にのってくると、中央集権的な支配体制をより強化するために、従来どちらかといえば、京都周辺に集中していた本山を遠ざけ、幕府の所在地江戸周辺の有力寺院を新たに登用して、教団運営の実質的な権限を移行した。これは伝統的な権威をもつ上方の本山の力を牽制すると共に、幕府の息のかかった新興寺院を登用することによって、幕府の威信の徹底化と事務の円滑化をはかろうとしたためであろう。新義真言宗の場合も元和三年以降元和九年迄に江戸四箇寺の制度が成立したのは時期的にみて幕府の寺院統制策に順応したためであろう。

《追記》本章脱稿後、江戸四箇寺の弥勒寺について『義演准后日記』所収の次のような史料に接し得た。

武州江戸弥勒寺者、法印宥鑁新構之為密法之地、則依令蒙当御門主之印可、補直末寺、被遣御筆之血脈訖、自今以後励事教之行学、可専御当流之興隆旨、三宝院准三宮御気色之所候也、仍如件、

元和五年七月十一日　　成身院　演賀　在判

弥勒寺

弥勒寺は四箇寺の項ではその活動が明白でないといったが、宥鑁によって創建された寺で、成立後すぐに義演の印可を受けたとあるので、前述の慶長十八年六月の真福寺の伝法灌頂をあまり遡らない新興の寺であることがわかる。そして元和五年七月、醍醐三宝院の直末寺となっている。これをみると、私は本章で江戸四箇寺の成立の上限を円福寺に視点を定め、元和三年以降であるといったが、弥勒寺の格式が整う元和五年七月以降の可能性が強いと思われる。

一一　日誉の晩年

家康在世時には御前論議や法度作成に目覚しい活躍をした日誉であるが、元和二年以降になると日誉の対外的な活動はなくなってくる。それに対して日誉の弟子達や知足院光誉の活動が目立ってくる。また行政面でも江戸四箇寺というような制度ができ、次第に智積院日誉の活動範囲は限定されてしまったようである。『本光国師日記』元和三年三月十三日の条をみると、

　長存下、智積院三月三日之状来、極官之儀申来、長存、円精同道にて被来、

とあり、日誉は極官之儀、すなわち僧正成を崇伝の許へ申請している。もちろん僧正位は勅許であり朝廷の管轄であるが、当時は幕府の許可を必要としたので、まず崇伝に申請したのであろう。『智山通志』所収の八月十三日付の松平正久書状に、

　度々尊書拝見候、然ハ貴僧僧正官ノ儀御耳ニ立候様ニ尤ノ段被仰出、御仕合能相済目出度珍重ニ存候、御前ノ様体各ヨリ被仰越候、尚委細御使僧へ可被仰達候間不具候、恐惶謹言、

　　(元和三年)八月十三日　　松平右衛門大夫　正久(花押)

　　　智積院　貴報

とある。日誉は度々幕府に僧正成を願い出て元和三年八月にやっと許されたようである。その結果『智山通志』所収の元和三年八月二十二日付の口宣案には、

上卿西園寺中納言（公益）
元和三年八月廿二日　宣旨
法印権大僧都日誉
宜任権僧正
蔵人頭右大弁藤原（広橋）兼賢奉

とあり、同年八月二十二日付で日誉は権僧正に任ぜられている。智積院は初代玄宥、二代祐宜共に権僧正位であり、日誉もこれにならったのであろう。そして同年九月五日には慶長十八年四月に家康からもらった智積院法度を将軍代替りに伴い再度確認されている。

「慶長以来御朱印并条目等写」所収の元和四年卯月日付の秀算・日誉連署願書写には、

根来寺学侶中謹言上
根来寺者覚鑁上人之開山、鳥羽上皇之御願所、鎮護国家道場而、数百年寺役勤行無懈怠之処、去天正十三乙酉年非学之悪僧依企儀兵、既破滅三十余ケ年之間、学問之僧侶雖徘徊諸国、無本寺故数多之碩学断絶仕、新義之教道弥衰滅之体候、依之前紀伊守幸長、根来寺院之内之分被致寄附候、然共為一ケ処知行無之故、学問者堪忍難成候間、此旨　相国様江致言上候処、雖御気色相叶候、大坂忩劇付而、重而申上儀無之候、願者以御慈悲彼寺於再興者、撰学問器量之仁令還住、猶以遂天下安全之御願処念望迄候、此等之趣偏被達上聞可被下候、仍如件、

元和四年卯月日　　諸国新義衆中
小池坊　秀算

智積院　日誉

御奉行所

とあり、秀算・日誉は幕府に根来寺の再興を願い出ている。根来寺は天正十三年の秀吉の根来焼打ちにより荒廃し、浅野幸長が根来寺の一部堂舎を復興したが、所領がないため如何ともしがたかった。そのため家康在世中から願い出ていたが、大坂の陣により一時中絶していたものを秀算・日誉の頃に再度願い出たのである。おそらく智積院や小池坊はすでに本山としての権能を有していたものと思われるが、新義真言の伝統的本山として根来寺を再興する必要があったのであろう。しかしこれも成功したかどうかは明白でない。

「智積院文書」所収の元和五年九月十五日付の秀忠朱印状には、

当院領山城国宇治郡大鳳寺村五百石事、全可令院納、幷寺屋敷境内前々之所化屋敷弐ケ所之山林竹木諸役等、任去元和元年七月二十七日先判之旨、弥不可有相違者也、

元和五年九月十五日　（御朱印）

智積院

とある。智積院は元和元年七月に葛野郡上桂村の内で五百石の寺領を与えられていたが、その土地があまり良くなかったので、この時、智積院側で願い出て地味の良い宇治郡大鳳村に替えてもらったのである。また「智積院文書」所収の道中船川証文には、

急度申越候、日光御祭礼ニ付、智積院僧正被罷下候、船川渡之所日光迄上下共馳走可仕者也、

（寛永五年）
辰三月廿三日　板　周防（黒印）

京都ゟ日光迄　舟川渡　年寄

とあり、これは寛永五年に日誉が日光東照宮で行われる家康の十三回忌執行に際して与えられた道中手形である。こ

れは道中の川越・人足駄賃・伝馬等すべてを無料にする証文であり、日誉以降代々の智積院能化にこの慣例が継承されている。このように種々の方面で智積院のために尽力した日誉であるが、『本光国師日記』寛永八年三月四日の条に、

智積院僧正二月十日之状来ル、態之使僧也、智積院を長存へ渡度由申来、長存二月八日之状来ル、僧正隠居之義（儀）申来ル、正円坊来也、

とあり、同年二月十日以前に日誉は隠居して智積院を長存房元寿に譲るつもりであった。後述するように内容的には問題あるが、日誉は寛永八年卯月日付で元寿宛に智積院の後住申渡状を作り、新義教学の由来や智積院の歴史について細々と説明している。更に『本光国師日記』同年六月九日の条には、

智積院隠居へ状遣ス、後住長存御礼相済、目出度由申遣ス、当智積院長存坊へ渡ス、

とあり、日誉の申請通り、智積院は元寿に譲られている。その当時の智積院能化は終身制であったようであり、初代玄宥、二代祐宜、四代元寿は皆終身であるが、三代日誉だけが生前に能化を交替している。寛永八年といえば、日誉は寛永十七年十一月二十日に八十五歳で入寂しているので、七十六歳の高齢であり、しかも元寿と共に日誉の門下として活躍した秀算が長谷寺能化に、俊賀が江戸円福寺住持に元和初期からなっており、元寿だけをいつまでも手許におくことができなくなって、日誉はみずから隠居して弟子元寿を能化にしたのであろう。『本光国師日記』同年八月十日の条には、

智積院使僧舜伝下ル、八月朔日之状来、御札巻数被上候、同隠居養命坊僧正八月朔日状、御札巻数被上、

とあり、日誉は北野養命坊に隠居している。御札や巻数を元寿と日誉は一緒に届けているところをみると両者は依然協調状態にあり、両者の能化交替は順調に行われたことがわかる。『千葉県史料』中世編「清澄寺文書」所収の弥生二十一日付の日誉書状には、

尚々今度再住候て、遂面談候得共、返而愚僧儀も今日不参候事、御残多存候、以上、
明朝御帰国之由承及候、早々御門送可参候得共、無拠儀共出来候而、背本意候、今度再住被成、遂面談本望至極候、然共遠所候間、節々不申談、本意之外候、我等八十ニ罷成候間、重而申談事者、存切候、御残多次第候、万事御念入候事、難尽紙面候、先日御出道者、御見廻可申由存候処、案外ニ無其儀候て、迷惑不過之候、何事も令略候、恐々謹言、

日誉（花押）

弥生廿一日

（ウハ書）（頼勢）
「宝珠院御房　　日誉」

とある。年号はないが、日誉が自分で八十歳になるといっているので、寛永十二、三年頃の養命坊時代のものであろう。『本光国師日記』元和四年七月十六日の条には、

智積院六月廿七日之状来、仲恩持参也、仲恩ハ房州清澄寺ニ住持候由書中也、

とあり、日誉は元和四年に仲恩房頼勢に崇伝宛の書状を託したことがあり、早くから面識があったことがわかる。その頼勢が寛永十二、三年頃、再度上洛していたが、翌日帰国するという知らせをうけて出したこの日誉の書状は、「明朝帰国の際は御門送りをしなければならないのだが、事情があってお送りできないのは残念である。今度再度清澄寺の住職になられるのは大変結構であるが、あまりにも遠くて時々お会いすることができないのは残念である。しかも自分はもう八十歳であり、今度二度と会えることはないだろう。大変名残惜しい。とても紙面に書きつくすことはできない」といって別れの挨拶をしている。これは日誉の書状の中でも、もっとも人間味のあるものであり、彼の人間味がほのぼのとうかがわれて興味深い。

最後になってしまったが、従来日誉研究の基本となっていた「日誉後住申渡状」について述べてみたい。少し史料が長く煩わしいが、従来あまり全文が引用されていないので、史料紹介を兼ねて全文を引用しておきたい。

隠居之砌智積院長存房遺之候、追而三所□□之文言有之、

此度隠居之砌、根来寺能化之監觴(鑑)、同彼寺破滅之体、并京都東山居住以来法流展転之儀、大形後住へ申渡条々、

一、於根来寺能化者近来始也、其故者十輪院之先師道瑜法印者、下地為客僧、依得学ニ誉ヲ満寺之以衆評、百卅人令超座為交衆、依之客僧ニ親故、従客僧号能化ト為ル師也、例之、又小池坊玄誉法印為能化、此時学侶モ同心而仰能化、常客立合之論場始也、此両人滅後已来能化壱人而四代令相続也、空源玄超定識此両能化者客僧初而定ル間、本来寺役之非所用、依之両度之報恩講、二ケ度之下院之論議之談義者、両学頭之雖為所作、従学頭能化ヲ被頼之由申伝、是非法之至也、但任旧例、二度之報恩講之論題者学頭出之、下院之題者従五坊出事、

一、定識坊頼玄天正拾弐年甲申八月十七日遷化之後、常客之衆各引キ分リ、宮賢房専誉尭性房玄宥可為両能化之由、従尭性房衆企我執及鉾楯、従夫教相之法席衰微之為始事、

一、翌年天正十三年乙酉三月中旬之比、大閤(太)秀吉公率軍兵ヲ発向ス、同廿二日根来寺没落ス、小池坊宮賢智積院尭性高野山へ令退散、雖召具各常客之衆、彼寺衆徒之妨障故、如例法談難叶、然処宮賢房ハ和州大納言之応命、長谷寺ニ移住ス、尭性房ハ城州高雄山ニ籠居而法談執行ス、其後尭性北野之傍ニト一宇、雖演法莚、非旧例事、

一、大閤(太)御他界之後、家康公へ申上、根来寺雖有訴訟、終不遂其本已(意カ)、於豊国給三ケ所之坊舎、同知行友岡弐百石有寄符(附)、尭性房先以令安堵事、

一、能化之始、道瑜以来能化者、不限小池・智積院、何之坊跡成共、以衆評撰碩学数輩中、可号能化旨相定、彼寺没落已後出京之本山、両院ニ相定令相続、弥衰微之為基事、

一、尭性房遷化之後、頼音房長善房後住之及鉾鏑(楯)、然処ニ　家康公依尊命長善房祐宜僧正令入院、長善房老期之砌者、愚僧江州惣持寺令居住、祐宜僧正懇志不浅処、不慮ニ不会而送年月ヲ、于時慶長十七壬子和睦相調令上洛処ニ、七月盆後　大御所家康公三川(河)之鳳来寺滝本坊為御使駿府へ召之間、令下着　御前へ出仕之上、智積院ト不会之

由相聞、令和睦可為後住由仰出之間、右之旨趣致言上御請申令上洛処ニ、常客脇能化ト定ム、依之祐宜入懇不尋常、折節霜月十一日僧正遷化之間、同十五日愚老令入院事、

一、翌年癸丑二月継目為御礼駿府令下向、於　御前論議三座勤之、当寺御法度同知行之御朱印令頂戴、并御服八米(木カ)致拝領令上洛也、同十九年甲寅依御召、於駿府論議五座聴聞之上、得　上意、江戸令下向、於　将軍之御前論議三座勤仕、帷子銀子致拝領駿府へ登、重而論議六座有之、御感不浅、則御服并帷子銀子令拝領、不ル(ママ)時御服者別而御懇志之至歟、召連所化衆モ於江戸・駿府銀子帷子拝領申候、七月九日ニ立駿府而豊国へ令帰寺事、

一、同九月之末、大坂秀頼公謀叛令露顕、十月　両上様有御上洛、大御所者二条之城、公方様者伏見之城御安座被成、霜月末、大坂押寄、同臘月ニ御噯相調、正月乙卯　両上様本国還御也、雖然秀頼公宿意相残故、同卯月中旬之比　両上様御上洛被成、五月五日ニ都ヲ御立、六、七両日之御合戦ニ得勝利、同八日誅於秀頼、大御所者二条之城へ還御、公方様者九日ニ伏見へ有御帰座、八月迄御在京之間、叡山・高野・南都・同当寺之衆徒、数座之論議被成御聴聞、其後有開元(改)之御沙汰、号元和事、

一、当寺知行御加増之御朱印令頂戴、去比当寺者禅家而祥雲寺ト申、彼寺愚老令拝領、本之寺者奉指上、然而上様還御以後常客之長屋者、以京中人足引取也、当寺之鐘者以板倉伊賀守被仰下、此上於根来寺御訴訟不相止之処ニ、大相国元和弐年卯月十七日御他界之間、此義(儀)相止畢、同三年ニ　公方様御上洛之砌、前相国様之以先例御朱印致頂戴、又元和五年己未五月下旬御上洛之節、以板倉伊賀守(勝重)当寺知行上桂村々百姓徒者之由言上申処ニ、吉所ニ替被下之由仰出候間、大鳳寺ヲ申請、御朱印令頂戴、同七人之御奉行衆手形有之、同九月十七日論義申上御服五拝領、六人之論義之衆、各御服壱重奉拝領、翌十八日ニ東国へ還御也、然間根来寺訴訟愚老不遂念望及閑居訖、如右之当寺者権現様御取立之儀候間、御命日ニ八常客之衆隔月ニ以十人之衆、為御法楽法談可令執行、永不可有断絶事、

一、豊国破滅者、元和元年八月、相国様駿府へ還御之砌、神領壱万石被召上、同照高院被背御意之間、二ケ所之境内、妙法院へ被成寄符、号大仏之別当、秀吉大（太）閤之為御菩提事、

一、中性院元祖頼瑜、従実勝相承法流成故、中性院正嫡ニ而、別ニ無本寺之由、愚老住持灌頂之砌、上醍醐光台院亮済為証明人、准三后前大僧正義演之得内証、出仕之砌、愚老方へ実勝方正嫡之義（儀）直談有之、根来寺伝法院流者為各別之儀事、

一、根来寺破滅之砌、中性院住持聖空実勝方之法流令随身、於京都関白殿下へ申寄、聚楽之傍ニ居住ス、聖空及落命之期、長谷寺付属小池坊宮賢ニ、宮賢死期之砌頼真房相続ス、又頼真房老期之砌、長俊房・常通寺依為弟子及後住之論、此旨達　上聞、先以長俊令住持、然処常通寺中性院之法流密ニ令所持、彼寺退出而智積院長善房相続了、然長俊無程背　上意ニ、小池坊召上、玄音ニ被下也、但、法流者智積院ニ相留事、

一、長善房頓死之間、実勝方之法流無相伝之間、長俊房者従頼真房相承丁寧之故ニ、従彼人令相承、依之光台院へ血脈相承之儀令相談之処ニ、祐宜者血脈可被相除候旨、堅異（意）見之間、任其儀、是非私之儀事、

一、当寺之法流者先師日秀玄超醍醐寺住山之砌、従報恩院源雅法流相承被成、玄宥ニ有付属、玄宥死去後、頼音・長善住持論之砌、所化衆多分長善就存寄ニ、得　上意長善房令住持、其節頼音報恩院之法流令所持退出之間、相承間断ス、然而頼音死去之砌、愚老方へ報恩院之一流有付属事、

一、於根来寺小池・智積院者、中性院之為門中故ニ、宮賢房下地之法流ヲ為傍流、実勝方ヲ為正流、小池坊之名モ指置而、中性院ヲ名乗給、当院へ法流来故、又本名之小池坊ヲ名乗給、既ニ当寺ニ彼法流有之上者、中性院ト世上可申渡儀成共、　上様智積院ヲ御存知之間、不得止上意難成故、先中性院之号者、東国へ下国之所化之下状ニ書之、以来以時分中性院ト名乗給ン儀、分別次第之事、

一、当寺之法流者、実勝方報恩院両流ヲ末代無間断之様可有相続、其中ニ実勝方可為正流子細者上ニ分明、他寺如此例

多之也、祐宜僧正者前後之血脈不首尾事、愚老之嗟銘肝、然共学徒等恣企公事、住持之相続計種々言上申故、法流相続之御沙汰無之間、不及是非儀也、併従祐宜者愚老願行意教令相続、僧正別而私ヲ付秘蔵故、後々可有相続事、

一、愚老智積院居住満廿年、寛永八年辛未卯月十日北野大報恩寺ニ令隠居、長存房へ令譲与、右之条々之中ニ堯性房・頼真房両人寺之与奪非道之故ニ、新儀之仏法弥令衰微、此旨能々分別可為肝要事、

右条々如件、

寛永八年辛未卯月吉祥日　　権僧正日誉(花押)

智積院長存房

これは寛永八年四月、日誉が智積院を隠退するにあたり、後住長存房元寿に根来寺能化の歴史、根来寺破滅の理由、智積院の由来、中性院の法流の変遷等について説明したものである。そしてこれは「日誉後住申渡状」と名付けられ、従来、日誉研究の基本史料とされてきた。しかし私は前述したように、この「日誉後住申渡状」は無批判に信用することは危険な史料であると考えている。根来寺時代の新義真言教学については現存史料が少ないために「日誉後住申渡状」の記事の例証をとることができないので、完全ではないが、私が本章で論述した範囲内で、この内容を再検討してみたい。第一、二、三条は根来寺時代のことであり、例証がとれないので、真偽不明。第四条は秀吉没後家康に根来再興を願い出たとあるが、元和四年卯月日付の秀算・日誉連署の願書をみると、慶長末期に根来再興を家康に願い出たことは確かであるが、秀吉没後、すぐに願い出たかどうかは明白でない。しかし豊国以下の記載は、本章の智積院法度の項で述べた通り『舜旧記』慶長七年七月二十四日の条により裏付けられるのでほぼ信用できる。第五条は根来寺時代のことであり、真偽不明。第六条は智積院第二世祐宜が家康の命で智積院に入ったとする良質の史料の裏付けはないが、愚僧以下の日誉の行動については、日誉の脇能化成の項で述べたように信用できる。第七条は御前論

議の項で述べた通りであり信用できる。第八条は大坂の陣のことでありこれも信用できる。第九、十条は『駿府記』元和元年七月十九日の条や、本章で前述した智積院文書により裏付けられる。第十一条は『中性院面授帳』により日誉が空鏡から中性院流の印可をうけていることは確かであるが、伝統的な法流相互の経緯については明白でないので真偽不明。第十二条は中性院の法流が宮賢房専誉から頼真房性盛に伝ったことは確かであるが「頼真房老期之砌」以下は明らかに誤りである。詳細は本章の智積院と長谷寺の項を参照していただきたいが、慶長十七年十月二十日付の崇伝書状案をみると、性盛没後、西蔵院長俊房印雅と常通寺空鏡房栄範が長谷寺後住を争っていることは事実である。性盛の跡の長谷寺住持は前述の十月二十日付の崇伝書状案に「長谷小池坊能化職、従空鏡、玄音へ被相渡候」とあるのを見ても明らかなように、空鏡であり、日誉のいう長俊房印雅ではない。さらに日誉は常通寺空鏡が後住争いに敗れたために中性院の法流を密かに持ち出して智積院祐宜に相続したといっている。これは前述したように、空鏡は後住争いに勝ってはいるが、十月二十日付の崇伝書状案や卯月十三日付の板倉勝重・円光寺元佶連署書状案をみると、空鏡が法流を智積院祐宜に預けたことは事実である。空鏡が法流を持ち出したことは事実であるが、持ち出す経過が日誉の記載とは異なる。また日誉は長俊房印雅が上意に背いて小池坊を召し上げられたといっているが、これは長谷寺北坊律院の訴訟一件で明白なように空鏡の誤りである。長俊房が西蔵院印雅であり、常通寺が空鏡房栄範であることの考証は、拙稿「近世初期の長谷寺と智積院」(『印度学仏教学研究』二二—一、一九七三年十二月)を参照願いたいが、仮に日誉の記憶違いで両者の字名《あざな》を間違えたとして、空鏡と印雅を入れ換えて解釈しても、中性院の法流を持ち出したのは空鏡であり、印雅ではないので、この日誉の記載を会通させることはできない。そのためこの箇所は日誉の固有名詞の間違いだけでなく、内容的にも誤っており、信用できない。またこのように日誉が作意的に誤る必要性も感じられない。第十三条は「中性院面授帳」をみると、印雅が性盛から正受者として中性院流を印可されていることは事実であるが、日誉は中性院流を空鏡から受けているのであり、印雅からは受けていない。これも前条と同じ誤りである。しかも空鏡が祐宜に法流を預けたのは確かであり、祐宜を中性院歴代からはずす理由も、光台院亮済の指示だけでは不明確であり、この条は信用できない。第十四条は玄宥没後、頼音房恵伝と祐宜が後住を争ったことは事実のようであるが、恵伝が報恩院の法流を持ち出したこと、更に日誉に法流を返したということは管見では例証がとれないため真偽不明。第十五条は専誉以来、長谷寺小池坊が中性院を名乗ったことは事実であるが、智積院が日誉以降、関東方の所化の下国に際して与える下状に中性院と名乗ったかどうかは、管見では例証がとれず真偽不明。⑤第十六条は祐宜と日誉の仲はよくなかったようであるが、長浜惣持寺の印信中に、智積院入院直後、日誉が祐宜から意教流を印可されているものがあり、これは信用できる。第十七条は堯性房玄宥と頼真房性盛が寺を争ったといっているが、これは日誉自身第二条でいっているように、堯性房玄宥と争ったのは宮賢房専誉であり、性盛では時代があわないので、この条は信用できない。

このように「日誉後住申渡状」を見てくると、本章で例証がとれる範囲だけでも問題がある。寛永八年といえば日誉は七十六歳の高齢であり、数十年以前のことを回想して記しているものであり、多少の誤差はやむをえないようにも思われるが、年月日をあげ、非常に正確に記しているところもあり、なにか史料を参考にしながら記したようにも思われる。全体的に精密さのばらつきがあり、不安定である。一、二、三、五、十一、十四、十五条は根来寺時代のことであったり、例証がとれなかったりで真偽不明であるが、六、七、八、九、十、十六条はほとんど本章で例証をとることが可能であり信用できる。十二、十三、十七条は明らかに誤りであり信用できない。特に中性院の法流にちなんだ箇所に誤りが多いことが問題になる。しかも日誉が誤る可能性の低い箇所である。更に私は「日誉後住申渡状」の文章は当時のものとしてはぎこちなさを感じる。原物を見ていないので断定することはできないが、私はこれを日誉自筆申渡状とするのには問題があると思う。後日原物を見る機会が与えられたとき再検討することにしてここでは史料紹介だけにとどめる。そのため私は本章において「日誉後住申渡状」を基本史料として論述することはさけ、できるだけ良質の史料だけによって論述しようとした。そのため不必要な考証をむしかえした箇所もあるかと思われるが、本章の趣旨をくみとられてご容赦いただきたい。

(1) 徳永隆宣稿「智積院の興隆にみられる日誉の役割について」(『密教学研究』七、一九七五年三月)。
(2) 坂本正仁稿「洛東智積院創立の一考察」(『印度学仏教学研究』二三―一、一九七四年十二月)。
(3) 本書第十一章「新義真言宗江戸四箇寺の確立」参照。
(4) 坂本正仁稿「近世初期真言宗新義と知足院光誉」(勝又博士古稀記念論文集『大乗仏教から密教へ』一九八一年九月刊)。
(5) 埼玉県東松山市岩殿正法寺所蔵の元和九年正月十一日付の法談許可状には中性院僧正日誉と署名している。

第三章　倉田明星院祐長

はじめに

私はかつて『埼玉地方史』第四号（一九七七年十一月刊）で吉見息障院文書を中心として「新義真言宗触頭江戸四箇寺制度の確立」（本書十一章所収）と題して私見を発表した。その際に近世初期の関東の新義真言宗の触頭制度を研究する上で倉田（現、桶川市）明星院祐長は特異な存在であり、祐長の解明なくして関東新義真言宗教団の動向を理解することはできないので、いずれ機会をみて発表してみたいと述べたことがある。それ以降、祐長関係の史料の蒐集につとめてきたが、最近、飯能の高山不動の常楽院文書と川本の応正寺文書の中から関連史料が数点確認された。更に埼玉県立文書館に寄託されている明星院文書の調査もほぼ終了したので、取り敢えず私見を述べ、皆様のご指導・ご叱正を仰ぎたいと思う。

一　明星院の成立

明星院の成立については明らかでない。宝永七年（一七一〇）七月二十二日付で明星院が触頭江戸四箇寺の内、武蔵国担当の真福寺に提出した明星院歴代書上の控によると、

差上申代々先住書之事

一、武州足立郡倉田明星院開山隆尊（仮名知れ不申候、）

永和三丁巳年三月五日入寂（凡当年迄三百三十四年成、）

第二世隆景　量重　増景　景鏤　景俊　光肇　承円　清長　景儀　学栄　尊賢

以上十一世仮名并入寂之年号月日知不申候、列名之次第法流血脈之通書上申候、

（後略）

と記されてあり、隆尊の没年永和三年（一三七七）以前に起立された寺ということになる。これらは法流の血脈によって書き上げたと記されているが、明星院にはこれを裏付ける確実な血脈は現存しておらず、確認することは不可能である。明星院に現存する浄空以前の印信・血脈は研究の余地があるものが多い。しかし江戸時代には定説化していたらしく寛延年間（一七四八～一七五一）頃の明星院の住職であり、後に本山京都智積院二十世能化となる学僧浄空が明星院の「御黒印御条目頂戴之由緒記」(1)の中で、この説を更に発展させて次のように述べている。

武州蔵田明星院

一、当寺開山隆尊、自ラ彫刻セシ虚空蔵尊ヲ負ヒ、此ノ地ニ足ヲトメ廬《イヲリ》ヲ結テ、一百日ノ間求聞持ノ法ヲ修セシニ、悉地成就ノ奇瑞ヲ顕シ、修法ノ間毎夜暁キニ閼伽井ノ内ヘ明星天子影向シ、瓶華ノ榧ノ葉地ニサセシニ、次第ニ増長シ、今現ニ囲ミ二十尺ニ及フ大木ナリ、影向ノ井モ今現ニアリテ諸人参詣セリ、此等ノ瑞相ニ依テ五大山与願寺明星院ト号ス、開山已後今四百年ニ及ヘリ、（後略）

これは真言の秘法求聞持法を修した功徳により閼伽井に明星来現を写したという奇瑞を取り入れて、閼伽井坊と明星院を結び付けた縁起であるが、これ以前の記録には一切見えず浄空の創作にかかるものであろう。浄空は閼伽井坊と明星院を結び付けようとしているが、後述するように徳川家康在世当時、両者は別々に存在しており、両者の縁起は本来異なっていたはずである。

書上や縁起を除いて、現在明星院の存在が確認できる初出の史料は天正十九年（一五九一）六月六日付の伊奈忠次の手形である。同手形（本文は第二章六の五〇頁所収）をみると、小室閼伽井坊屋敷が伊奈忠次の代官屋敷として接収される

ことになり、閼伽井坊が近在の倉田明星院に移住することになっている。この手形によって天正十九年頃、倉田に明星院が存在していたことが確認される。しかし天正十九年十一月に徳川家康が関東一円に発布した朱印状をみると、明星院は十石、閼伽井坊は六十石であり、閼伽井坊の方が勢力があったことが窺われる。このことは実際、『武州文書』所収の弘治三年（一五五七）四月八日付の太田資正書状をみると、

寺領之儀申上候、任前代為新寄進付置候、為其一筆進候、恐々謹言、

弘治三年丁巳四月八日　　資正（花押）

赤井坊

とある。閼伽井坊は岩付城主太田資正から前代に任せて寺領を安堵されているのをはじめ、これ以後も度々岩付太田氏に保護されている。[2] 一方、明星院にはこのようなものは一切見られず、天正十九年十一月の朱印状が初出である。当時の閼伽井坊の立場であるが、私は確証はないが、後に慶長十八年（一六一三）の修験の争いで明星院祐長が関東の当山派修験を代表して本山派と対決していることや、後北条氏が修験を保護していたことなどからみて、当山修験系の寺院として活躍していたのではないかと推定している。[3] この閼伽井坊が何故明星院に合併されたのか、その理由は明白でない。距離的には閼伽井坊と同じ小室に新義真言宗の宝光寺があり、[4] 単に近くの寺に合併したというわけではないようである。おそらく当時の閼伽井坊と明星院の間には法系的な関係でもあったのであろう。しかしこれらの史料をみてもわかるように当初閼伽井坊と明星院は別個のものである。浄空の時代には倉田の明星院が小室の無量寺閼伽井坊を兼帯していたようであるが、[5] 後述の元和二年（一六一六）二月十八日付の高山常楽院の良円目安状の裏書の連署をみると、無量寺は明星院祐長とは別人が堂々と書判を加えており、江戸時代には両寺は別個に存在していたのである。但し天正十九年以降、小室無量寺閼伽井坊の主体が倉田明星院の方に移り、閼伽井坊は屋敷を没収されて弱体化していたことは否定できない。

二　触頭明星院祐長

祐長の明星院入院年次は明確でないが、前述の「明星院歴代書上」をみると、前住良鑁が慶長四年十一月に没しているので、これ以降のことであろう。天正十九年当時の住職は良鑁であったものと思われる。

祐長の前半生については明らかでない。少し史料として信憑性は劣るが「西光院奉願書」(『智積院史』五〇頁所収)には、

　中興開山日雄上人弟子、祐長・日誉と申両人有之、右両僧共乍恐　東照神君様御帰依僧にて、兄弟子祐長は其時の新義一派触頭職、武州足立郡倉田村明星院住職被為仰付、弟々子日誉は別て　御帰依被為遊、泉州堺御厄難の砌は御祈禱被為仰付、西光院住職中は御願成就の御祈禱被為仰付、於弥陀堂長日敬愛護摩供奉修候、(後略)

とあり、祐長は武蔵百間西光院の中興開山の日雄の弟子であると記されている。祐長の兄弟弟子の日誉は慶長十七年京都の本山智積院の住持となり徳川家康の信任厚く、江戸初期の新義真言宗教団の大立者である。日誉の業績については、前章の「近世初期の新義真言宗教団」で詳しく述べたので、本章では省略するが、明星院の祐長がこの日誉と兄弟弟子であったことが日誉の台頭と共に重要な意味をもってくる。また日誉と祐長の関係について前述の宝永七年七月二十二日付の「明星院歴代書上」の祐長の項には、

　仮名、又住山之儀分明知不申候、寛永五戊辰年九月廿一日入寂、

とあり、更に「住山之儀……」の横に別筆で、

　智積院住山ニ候、即智積院日誉僧正之法兄也、

と書き入れてある。この別筆は後世の補筆であり、筆蹟からみておそらく浄空のものであろう。しかし前述の拙稿を見ていただければわかるように、日誉は慶長六年三月、大和長谷寺で三宝院義演から伝法許可印信を授与されている。

この時の入壇印可衆交名には、日誉は「日祐正純房武州西光院」と記されている。房号から見て日誉と日祐は同一人物と断定できる。日誉はこの外にも長谷寺の聖教の奥書や「中性院面授帳」などをみると、慶長十四年十二月まで長谷寺と関連をもっており、日誉は武蔵百間西光院から大和長谷寺に行って修学して、その後近江長浜の惣持寺住持に転出し、慶長十七年徳川家康の命により本山京都智積院の脇能化を経て住持となっている[6]。このように日誉は京都の智積院では修学していないので、おそらく祐長も日誉と共に智積院では修学したことはなかったはずである。端的にいえば、天正十三年（一五八五）豊臣秀吉の根来山焼打ちにより各地に離散した新義真言宗徒が玄宥を中心に京都の現在の地に智積院を復興するのは慶長六・七年以降であり[7]、それ以前に祐長は明星院の住持になっていたものと思われる。江戸中期以降になると新義真言宗の中で、智積院（智山派）と長谷寺（豊山派）の対抗意識が生れ、浄空が智山派明星院の立場を強調するために中興開山祐長を強引に智積院と結びつけたものであろう。

以上のように祐長の前半生はあまり明白でないが、後半、特に慶長十八年以降、智積院日誉と明星院祐長は極めて密接な関係にあったことは事実である。日誉が明星院の近在の百間西光院の出身であり、かつて日祐と称したことも例証があり、日誉と祐長が早くから結び付きがあったことは充分推察できる。しかし祐長は日誉と異なり、現在まで祐長自身の教義の注釈書や聞書・次第は全く確認されていないので、徳川家康の命で御前論議を主宰したわりにはあまり学僧ではなかったのではないかと推測している。

慶長十七年十月、智積院の脇能化として入院した日誉は、同年十一月、現住祐宜の遷化により、すぐに後住に任命されている。翌年三月、駿府に下り、徳川家康に継目の御礼をしている[8]。その時、家康は日誉達に新義真言宗の御前論議を命じている。この御前論議について『時慶卿記』慶長十八年四月四日の条には、

四日、天陰、雨ハ止、真言宗論義卅八人也、

とある。また『舜旧記』には、

四月四日、陰、於御前、真言宗之論義在之、予罷出、聴聞申了、智積院之所化衆、関東衆所化同意也、
廿日、天晴、於御城、智積院真言宗之論義在之、

とある。これに対して『駿府記』には、

四月八日、於殿中、新儀之論議有之、大仏智積院、関東明星院導師、此外所化四十余輩、題地水火風空之五体離レテ成仏歟否歟云々、
廿日、真言新儀論議、題自力他力、智積院、和州長谷玄翁《(音)》、関東明星院云々、

とある。このように四月四日・八日・二十日に智積院の日誉と共に明星院の祐長が駿府で行われた御前論議の導師を勤めていたことがわかる。この中で四月四日の御前論議の職衆の座配を示す図表が山形県長井市の遍照寺に残っている（三九頁参照）。

これらを見ても関東の諸家衆の中で明星院が中心的な役割を果していたことがわかる。この駿府の御前論議が祐長の対世間的な活動をうかがう最初の史料である。しかし祐長の駿府下向は単に御前論議のためだけではなかったようである。当時関東では七五三祓役の徴集権をめぐって修験の当山派（真言系）と本山派（天台系）の争いが起っていた(9)。当山派は三宝院義演、本山派は照高院興意を中心に争われていた。特に当山派の修験は後北条氏の分国法に従い七五三祓役を本山派の修験に納めることに不満を持ち、家康に解除を求めていたのである。『本光国師日記』所収の慶長十八年三月十二日付の崇伝書状案（本文は第二章六の四七頁所収）をみると、山伏の七五三祓役の公事が家康の耳に入り機嫌が悪かった。末端では両派の紛争が多発しており、興意法親王の下向もままならなかったようである。また当山派の倉田明星院祐長等はこの時、関東の当山派を代表して七五三祓役解除のため駿府にいたことがわかる。前述のように三月十四日に智積院日誉は継目御礼のため駿府に着いており、日誉も当然祐長などと共に七五三祓役解除に尽力したものと思われる。そしてこの書状案をみると家康自身七五三祓役解除の意向をもっていたようである。『義演准后日

記』同年五月二日の条（本文は第二章六の四八頁所収）をみると、この修験の公事のため呼ばれた義演や興意は駿府に着き、家康に対面している。この対面以前に明星院祐長は御前評議に参加して、「釈迦の時代から妻帯の山伏が真言宗に七五三祓役を取っていたかどうか」について諮問されている。そして、この修験の公事は五月五日、駿府城にて裁決されている。『本光国師日記』の同日の条をみると、両派対決の結果、家康は大峯入峯については両派の古来の筋目を順守すること、七五三祓役は本山派の年行事が真言宗寺院から取ることを停止している。同年の五月二十一日付で出された修験道法度の内容はこの時決っていたのである。しかし度々修験の公事が起るので他宗同様、法度として成文化したものであろう。また『義演准后日記』の同日の条（本文は第二章六の四九頁所収）をみると、この時、当山派の真言宗寺院を代表して出席したのは、前述の同年四月四日付の新義真言の御前論議に出席した武蔵倉田明星院・同浦和玉蔵院・常陸水戸小松寺・同一乗院・下総下妻観音寺・山城蓮台寺などであった。法隆寺前官や内山先達なども参加したが、これは大峯入峯についてであり、七五三祓役については山城蓮台寺はともかく、関東の新義真言宗寺院が中心であったことがわかる。『本光国師日記』の同年五月二十日の条（本文は第二章六の四九頁所収）をみると、七五三祓役の公事で勝利を収めた関東の真言宗寺院は、修験道法度の制定と同時に明星院祐長の申請によって、関東新義真言宗法度が制定されている。この法度の内容は修験の公事とは直接関係はないが、この公事で勝利を収めたことが、この法度が制定された原因であろう。『本光国師日記』所収の関東新義真言宗法度案には、

関東新儀（ママ）真言宗法度

一、為学問住山之所化、不満廿年者、不可執法幢事、
一、入学問室後、欠座之輩有之者、永可抜衆事、
一、座位可為学問階臈次第、付、不遂住山不可著香衣事、
一、諸末寺之僧衆、不可背本寺之命、語俗縁権門、企非法事、付、不可奪取他寺之門徒事、

一、不伺本寺、不可居住末寺事、

右堅可守此旨者也、

慶長拾八年五月廿一日　御黒印（徳川家康）

関東新儀（ママ）真言　諸本寺

右明星院ニ渡之、

とある。この法度の宛所は「関東新義真言　諸本寺」となっているが、『本光国師日記』をみると、実際は明星院祐長に渡されている。現在、明星院にこの法度の原物が残っている。祐長は前述のようにこの修験の公事で七五三祓役について関東の真言宗寺院を代表して活躍した僧である。しかも四月に行われた新義真言の御前論議で日誉と共に導師を勤めたり、五月二日には七五三祓役について御前評議で諮問されるなど非常に家康に取り入った僧である。また日誉と祐長が活躍した新義真言の御前論議はこの修験の公事と時期を同じくしており、少なからず公事の結果を有利に導いたと思われる。御前論議と修験法度の直接的な結び付きを断定することは危険であるが、御前論議で好評を博したことが家康の宗教政策から考えて真言系の当山派に有利に利用したことは間違いない。この事件を契機として明星院祐長は関東地方の真言宗教団内において確固たる地位を築きあげることになった。

『駿府記』の慶長十八年霜月四日の条に、

四日、御鷹野、今日酉刻、於忍御殿、新儀論議、題五字能造論議、精義弘善院、講師長久寺、息障院、玉蔵院、無量寺、長存坊（元寿）、吉祥院、明星院、観音寺、鏡識（京）坊（秀算）云々、

とあり、関東の新義真言の諸家衆によって家康の御前論議が行われている。『本光国師日記』の同年十二月十二日の条には、

明星院十二月四日之状来、是ハ上野ノ京識、結城ノ長存持来由也、此両人ハ為　上意、智積院へ上ル由也、

とある。これをみると明星院祐長は家康の命で京都智積院の日誉の許で修学することになった京識房秀算と長存房元寿を金地院崇伝に紹介している。これは日誉と祐長の結び付きの一端を物語っている。『駿府記』をみると、翌十九年四月の御前論議には日誉や祐長は関東諸家衆と共に、秀算・元寿・俊賀を参加させている。『本光国師日記』所収の元和元年正月二十一日付の崇伝書状案をみると、崇伝は三宝院義演に対して関東新義真言宗の香衣法度は、智積院日誉とよく相談した上で案文を作成し、それを家康に披露して、許可を得た後に触状を出すのが筋であり、しかも触状の形式も門跡奉行執達書は遺憾であるといって義演の独走を注意している。この頃の『義演准后日記』をみると、

正月十二日、(中略)関東真言宗香衣改事、伝長老へ一昨日直談了、玉蔵院モ、去三日、大御所御礼申入処ニ、香衣事被仰出由相語云々、今朝智積院樽折三合遣、明星院・玉蔵院於彼所使対談申云々、

とある。義演は関東新義真言宗の香衣法度の制定について、崇伝の勧めによって智積院日誉や関東の倉田明星院祐長や浦和玉蔵院宥恵と相談している。この香衣法度は廃案になったようであるが、元和元年七月には諸宗寺院法度の一環として真言宗諸法度が制定されている。『義演准后日記』の同年九月朔日・二日・三日の条をみると、

九月朔日、真言諸法度朱印、関東へ写テ可相触ニ付、智積院へ先日相談、近日慥便宜在之、可被遣由申来、

二日、晴、真言法度朱印三通、光台院ニ仰写之、明日関東中触ニ可下申也、予裏判加之、明星院・玉蔵院・真福寺三ケ所へ遣之、成身院副状也、智積院へ渡之、

三日、晴、智積院へ朱印写遣之、真福寺へハ御無用之由申来了、

とあり、この法度を関東の真言宗寺院に伝達する方法を義演は日誉に相談している。そしてこの法度の写は義演が裏判をして、日誉経由で倉田明星院・浦和玉蔵院・江戸真福寺の三ヵ寺に出されることになった。しかし日誉の申入れにより真福寺は取止めになった。明星院にはこの義演の記録を裏付ける義演の裏判入りの真言宗諸法度が現存している。これらの経過をみると少なくともこの頃はまだ知足院・真福寺・弥勒寺・円福寺の江戸四箇寺の触頭制度は存在

しなかったはずである。

このように関東新義真言宗法度や真言宗諸法度の伝達方法をみると、明星院が関東新義真言宗寺院の触頭的な立場にあったことは間違いない。私はかつて第十一章の「新義真言宗江戸四箇寺の確立」の中で明星院の触頭として機能が確認できる最下限の史料は元和元年九月の『義演准后日記』の記録であると述べた。しかしその後の調査によりこれより以後の史料を確認することができた。

三月十七日付の飯能高山常楽院所蔵の良円目安状には、

御目安

一、高山者号長覚寺、霊亀年中行基菩薩之開興之後、常楽院・宝生院二ヶ寺出来仕候、常楽院先師高山二度煙焼仕故、始者不存知、近代者幸尊・乗慶・円鏡・良尊等与次第仕候、宝性院住寺(持)、是又始者不存知、近代者上刕之板蔵(倉)威光坊、薄之慈眼坊、信濃之大聖坊、高山麓之歓喜坊被罷移候、如此代々過来候迄、聖天院無御綺処、唯今為末寺之由、誠非儀之到(至)候事、

一、三宝院御法流を以、代々相続仕候処ニ煙焼故、退転候条、任先規従三宝院御法流申請候事、

三月十七日　　別当　常楽院

良円（花押）

明星院様御中上

（裏書）

「宝光寺(小室)（花押）

観蔵院(菅谷)（花押）

金乗院(井草カ)（花押）

竜花院(騎西)（花押）

(小室)無量寺(花押)
(騎西)金剛院(花押)
(倉田)明星院(花押)」

とある。高山不動の別当常楽院良円は高麗の聖天院と本末争いをした際に、その裁許を明星院に仰いでいることがわかる。明星院が単独で受理したのではないが、常楽院所蔵の三月十八日付の明星院祐長書状には、

尚々、聖天院御越候ハヽ、宝性院御越尤候、以上、
先日も書中指越申候、其方ハ御出無之共、宝性院はかりも御越尤候、委細事者承候て、双方へ様子可申候、為其一書申入候、恐々謹言、
三月十八日　　明星院　祐長(花押)
不動坊へ

とあり、明星院祐長が中心であったことがはっきりする。この二通の文書の年代であるが、常楽院にはこの二通だけしか現存していないが、前述の浄空の編纂した明星院の「御黒印御条目頂戴之由緒記」をみると、浄空は明星院が江戸初期に触頭であったことを示す史料としてこの常楽院の文書を引用している。ここには前述の二通の他にもう一通引用されている。同記所収の元和二年三月十八日付の明星院等七ヵ寺連署の裁許状には、

高山公事之事尊蔵(年八十)申くちの分ハ、歓喜坊さきに三代御座候、板本(蔵カ)之威光坊、薄之慈眼坊、信濃之大聖坊と申人ニ候、威光坊死去之時ハ、常楽院先師幸尊と申人焼香被仕候、次ニ薄之慈眼坊死去之時ハ、同寺乗慶焼香被申候、次ニ大聖坊無死去して他出これいたし候、次ニ歓喜坊円光死去之時ハ、青梅之金剛寺焼香被仕候、是ハ高山常楽(院脱カ)をはしめとして、侍者衆何れも証拠人ニ同心仕候、又聖天院証拠人ハ勝蔵寺(年六十一)、此申くちハ歓喜坊このかた宝性院を開き、そのさき出家ハ無之義(儀)被申候、乍去八十たる人のくち、本たるへきよし、各うけたまわり候、

仍而如件、

元和二年三月十八日

宝光寺
観蔵院
金乗院
竜花院
無量寺
金剛院
明星院

別当常楽院

高山一山衆江

とあり、この一連の史料は全て元和二年三月のものであることがわかる。この三通の文書を見ると、浄空の主張の如く、明星院がこの時触頭を勤めていたことは充分確認できるので、従来明星院の触頭としての働きは元和元年九月までとしか徴証がとれていなかったが、この史料によって確実に半年間は下げることができる。

　更に川本の応正寺所蔵の元和三年三月五日付の仁和寺宮令旨写には、

今度武州榛沢之郡真東寺仏母院法流寺家及退伝(転)之由、宮歎敷被思召処、先年仏母院再興之由尤候、然上者無異儀門中令出仕、法具・世具彼院可返付旨、衆中被相触、若未練之遺弟等、恣令悋惜者可為盗法罪間、可被追衣体資旨、仁和寺宮御気色所候也、仍執達件(ママ)、

元和三年三月五日　　禅宥　判

明星院法印御房

とあり、明星院祐長は仁和寺宮覚深法親王より再興後の仏母院の監視を伝達されている。同様の趣旨が仏母院実恵にも伝えられている。同日付の令旨には、

今度遠路令上洛法流懇望不浅間、宮神妙思召被加召御門下訖、誠先年仏母院再興由候条、門葉等遂出仕、真俗道具一紙不残令返納、寺相続候様可才覚旨、明星院被仰遣候間、弥任先徳法可挑密教伝来法灯旨、御室宮御気色所候也、仍執達件（ママ）、

元和三年三月五日　　禅宥（花押）

仏母院実恵法印御房

とあり、仏母院実恵にも明星院祐長の指示に従うように伝達されている。この頃仏母院は針賀谷の弘光寺と本末を争っていた。応正寺所蔵の二月日付の返答書には、

（前略）

一、仏母院者弘光寺之為隠居処由被申上候、終従弘光寺隠居被仕儀無之候事、

一、右之公事丑之年（慶長十八年）霜月拾九日、於明星院各院家中寄合之上、非落仏母院可相渡之由落着仕候而、遅々申付而、於御奉行所御裏判申請、召状付候得共、我尽申不罷出候、去辰之（元和二年）七月死去被仕候事、

（中略）

二月　日　　応正寺（印）

御奉行衆

とある。この返答書は文中に「先年相国様諷経之時」とあり元和二年四月の徳川家康没後のものであろう。これをみるとこの公事でも慶長十八年頃明星院に院家が集まり相談したと記されている。時期的にみて近くの忍城で行われた御前論議と関連があるものと思われる。常楽院の場合と同様であり、明星院祐長の独裁ではなかったが、これも祐長が触頭を勤めていたことを示す徴証であろう。このように元和三年三月頃には関東新義真言宗寺院の公事に積極的に介在していた明星院祐長であるが、針賀谷の弘光寺所蔵の元和八年二月二十一日付の仁和寺宮令旨には、

武州榛沢郡仏母院者弘光寺之前住代々為隠居所、然頃当院門中応正寺、以有名無実計略、恣企濫訴令競望之、今糺其実否処、太以無謂、縦仏母雖為無主、任古来之添例、無他方之裁判、従弘光可兼帯仏母之旨　御室宮御気色候也、仍執啓如件、

元和八二月廿一日　　寛海（花押）

弘光寺法印重広御房

とあり、元和三年の裁許は逆転して、仏母院は弘光寺の隠居所とされている。寛永十年の「関東真言宗新義本末寺帳」でも仏母院は弘光寺の末寺として記されており、仏母院実恵や明星院祐長の異議申立ても結果的には成功しなかったようである。

これらの明星院祐長の一連の動きをみると、兄弟弟子日誉の智積院入院に伴い、祐長は慶長十八年以降急激に台頭し、元和三年以降、元和八年迄の間に立場の変化があったように思われる。

以上によって明星院祐長が慶長十八年から元和三年頃にかけて関東新義真言宗教団の触頭的な役割を果していたことはほぼ確実である。少なくとも従来の研究よりも二年間下限が下ることは確実である。しかし当時の新義真言宗の触頭制度はなかなか複雑であり、明星院祐長一人だけを追求しても不可能である。

『義演准后日記』慶長十八年六月十七日の条には、

注《シ》連《メ》祓《ハライ》法度状四通、知足院江相渡之、関東触可申由雖仰之、文言出入在之、俄難改故、只一通渡之、

（法度案文略）

修験道両判写、同知足院へ渡之、明星・玉蔵・一乗・真福への遣由仰了、

とあり、修験の注連祓法度が知足院光誉に渡され、関東中に触れるようにといわれている。この時は倉田明星院・浦和玉蔵院・水戸一乗院・江戸真福寺に遣わすようにといわれており、これらの寺院が関東の真言宗寺院を代表してい

たようである。知足院はすでにこの時点で触頭的な役割を果している。例えば元和二年の『本光国師日記』をみると、七月二十八日には箱根別当金剛王院の後住について、同八月二十三日には京都北野千本養命坊のことについて天海と争ったり、同十月十九日には相模大山八大坊後住について、同二十八日には京都上品蓮台寺正意房死去につき後住のことについて、同十一月十七日には大和三輪先達後住のことについて等々、知足院光誉は崇伝と連絡をとっており、光誉は新義・古義をとわず真言宗内における幕府の触頭的な役割を果していたことがわかる。

これに対して明星院祐長の受持区域は関東地方に限定されている。しかも祐長が触頭を勤めていた期間中でも『本光国師日記』の慶長十九年二月二十一日付の崇伝書状案には、

> 二月十三日之芳札、同十六日、於駿府令披見候、先度者於江戸遂拝顔本望ニ存候、明星院之儀承候、其元之様子無案内ニ候間、慥之御訴訟於有之者、各参府候而可被仰上候、其刻御披露可申候、猶期後音不能詳候、恐々謹言、
>
> （慶長十九年）二月廿一日　　金地院――
>
> 玉蔵院
> 宝（仙）泉寺
> 惣持寺

とあり、浦和玉蔵院・中野宝泉寺・西新井惣持寺といった武蔵の有力寺院が明星院になにか不満を持っていたらしく連署して駿府の崇伝の許に訴えていた。崇伝はこの書状と同趣旨のものを知足院光誉にも出しており、理由は明白でないが、新興の明星院祐長の強引なやり方に対して在来の関東の有力寺院が不満をもったのであろう。

元和八年以降関東新義真言宗の触頭を江戸四箇寺が勤めていたことは第十一章の拙稿で述べた通りである。これ以降明星院は完全に江戸四箇寺の支配機構に組み込まれている。例えば元和八年から寛永元年にかけて争われた吉見の息障院と金剛院の本末争いでは、江戸四箇寺が主体的な役割を果し、明星院祐長は武蔵国の諸本寺の一つとして連判

状に署判を加えているだけである。かつての明星院であれば、吉見の息障院は高山の常楽院よりも距離的に近く受持区域であったはずである。更に寛永年間に入ると江戸四箇寺が完全に機能しており、本末帳の作成過程を見ても明星院は単なる本寺として扱かわれているだけであり、触頭的な要素は全く見られない。

ま と め

明星院祐長は兄弟弟子である日誉が徳川家康の信任を得て、本山智積院三世として新義真言宗教団の第一人者の地位を確立すると共に、駿府の御前論議や修験の公事を通じて関東地方における新義真言宗の触頭的な役割を果すようになる。この間の経緯をみると明星院の由緒、寺格というよりも、住職祐長自身の家康や日誉との密接な人間関係によりこのような任務を負わされたのであろう。しばしば家康は自己の眼鏡にかなった人物をその場その場で登用しており、これは制度的というよりも自然発生的な職掌であろう。当時の真言宗全体の触頭的な役割は江戸知足院の光誉が単独で勤めており、更に関東各地には浦和玉蔵院・中野宝仙寺などの有力寺院が散在しており、明星院祐長の権限は不安定なものであった。しかしいずれにしても慶長十八年から元和三年頃にかけて明星院祐長が関東新義真言宗教団の触頭の任務を果していたことは間違いない。

ところが元和三年以降同八年迄の間に明星院祐長が交替して、江戸四箇寺による触頭制度が確立している。祐長は寛永年間まで明星院の住職を勤めており、完全に失脚したわけではない。この間何時両者の地位は逆転したのであろうか。現在までこの間の事情を直接物語る史料は確認されていない。

そこで少し角度を変えて当時の他宗の触頭の成立過程について調べてみたい。金地院所蔵の元和五年九月日付の徳川秀忠朱印状をみると、

任元和元年七月日之先判之旨、弥停止鹿苑・蔭凉之僧録官職、令兼職于当院訖、五山・十刹・諸山諸之法度、出

世之官資、入院之儀式等、守旧規、如先判、可被沙汰之状如件、

元和五年己未九月日　（朱印）《（秀忠）》

金地院《（以心崇伝）》

とあり、鹿苑僧録の代りとして、南禅寺金地院塔主の以心崇伝を僧録に任じている。ここに室町幕府時代以来の相国寺鹿苑僧録と同補佐役蔭凉職に替って金地僧録が成立して、以後五山十刹は金地僧録の支配を受けることになる。(10) 崇伝の場合はこれ以前から円光寺元佶と共に、家康の寺社行政を担当しており、伏見や駿府に屋敷を拝領していた。それが元和五年正月になると、再度幕命により金地院の江戸屋敷の造営が開始され、同年十二月二日には新装なった江戸金地院に崇伝は移っており、僧録補任と時期を同じくしている。これらは江戸幕府の方針と職掌の整備を物語るものであろう。

次に浄土真宗の場合、『大谷本願寺通紀』をみると、

第十二宗主准如《（光昭）》、七年《（元和）》三月中旬、於江戸浜町創別院・子院合廿八所、東方十三州諸寺悉属門下、

とあり、本願寺光昭は元和七年三月に江戸浜町に別院を創設して関東十三ヵ国を支配させている。更に曹洞宗の場合も年代は少し下がるが、触頭の関三ヵ寺の越生竜穏寺は麻布に、国府台総寧寺も麻布に、富田大中寺は三田にそれぞれ江戸の出張所として宿寺を設置している。また高野山も遠隔地にあるため江戸に在番衆を派遣している。このように江戸時代になると各宗共に江戸に触頭や出先機関を設けて幕府の寺社奉行との折衝にあたらせている。

このような仏教界の全体的な流れの中で、関東の新義真言宗の触頭は元和三年以降、同八年迄の間に明星院祐長から江戸四箇寺に交替している。家康は関東の新義真言宗教団を統率するにあたり、まず自己の信頼する智積院日誉の兄弟子である祐長を抜擢する。しかし家康死後、祐長の個人的な行政手腕を拠り所とした教団運営は、江戸幕府の諸制度の組織化に伴い、機構の江戸集中化が進み、倉田明星院では距離が遠くて行政処理に円滑を欠くため、江戸の四

箇寺が新たに触頭として登用され組織的・制度的に教団を運営することになったのであろう。このように新義真言宗の触頭の交替は江戸幕府の宗教政策上当然の処置であり、明星院祐長の政治的手腕を云々する必要はない。

さて、本章の触頭の交替の時期であるが、私は江戸四箇寺個々の成立事情から考えて、四箇寺による触頭制度の成立は元和五年以前の可能性は非常に薄いと考えている。更に五山の僧録金地院崇伝の江戸進出も元和五年十二月であり、これまで幕府の寺社行政を担当していた崇伝の僧録江戸金地院造営以前に、新義真言宗の江戸四箇寺による触頭が新設されたとは考えにくい。以上の理由により私は明星院祐長から江戸四箇寺に触頭が交替したのは元和六・七年頃であろうと推定している。しかし元和六・七年頃知足院光誉が単独で行動している例証があり、当時の知足院光誉と彼をも含めた江戸四箇寺との関係は複雑である。別の機会に知足院光誉について触れてみたい。

尚、明星院が関東新義真言宗の触頭をつとめたのは祐長在世当時だけであるが、その後も江戸四箇寺の下で、智山派の十一ヵ檀林の一つとして多数の末寺を有する有力寺院である。そのためこれらの末寺に対しては本寺として触を伝達していたのであり、限られた地域の触頭を勤めていたことは事実である。本章で取り扱った触頭は本寺としての触頭ではなく一宗の触頭である。

（1）本史料は明星院門前の新井簡氏の所蔵にかかるものであり、桶川市史編纂室の田中利治先生よりご教示をうけたものである。
（2）七月朔日付太田資正制札・永禄九年十一月十八日付太田氏資判物・同年同月廿八日付太田氏資判物参照。
（3）本書第二章「近世初期の新義真言宗教団」参照。
（4）寛永十年の「関東真言宗新義本末寺帳」参照。
（5）寛延三年の「倉田明星院幷小室無量寺本末帳」参照。
（6）（慶長十七年）十二月九日付の片桐貞隆書状（「智積院文書」）参照。
（7）『舜旧記』慶長七年七月二十四日の条参照。

(8) 『本光国師日記』慶長十八年三月十四・十五日の条参照。
(9) 和歌森太郎著『修験道史研究』所収「江戸幕府下の修験道」、辻善之助著『日本仏教史』近世編二所収「修験道法度」参照。
(10) 玉村竹二著『日本禅宗史論集』下之二所収「公帖考」参照。

第四章　天台宗南光坊天海と真言宗知足院光誉

——特に肥前国一宮争論を中心に——

はじめに

江戸時代の初期、特に幕府に寺社奉行が設置される以前に、それぞれの宗派を代表して幕府と交渉しながら教団運営にあたった僧侶がいる。本章で問題とする天海は天台宗を、光誉は真言宗を代表して、それぞれの宗派の教団運営にあたっている。天海の伝記や業績については、辻善之助著『日本仏教史　近世篇之二』第三節「南光坊天海」に詳述されている。光誉については、坂本正仁稿「近世初期真言宗新義派と知足院光誉」（勝又俊教博士古稀記念論集『大乗仏教から密教へ』一九八一年刊）に詳述されている。しかし本章では両氏の論考で触れられていない天海と光誉がそれぞれの宗派の利権を代表して直接対立した肥前の一宮争論について紹介してみたい。

肥前の一宮争論とは、肥前の河上社（現在、佐賀郡大和町川上）と千栗社（現在、三養基郡北茂安町千栗）が一宮を争った事件である。一宮の争論であるが、実際は両社の別当寺院である河上社の実相院と千栗社の妙覚院が争っている。実相院は正保四年（一六四七）に藩主から真言宗の国内宗頭人に任ぜられ、妙覚院も同年天台宗の国内宗頭人に任ぜられており、両寺とも肥前における両宗を代表する寺である。そのため河上社・実相院側には真言宗知足院光誉が、千栗社・妙覚院側には天台宗南光坊天海がついて対立することになるのである。

この争論については川副義敦稿「肥前国一宮相論について」（佐賀県高校『社会部会紀要』一九八五年刊）があり、かなり詳細な報告がなされている。また一宮については伊藤邦彦稿「諸国一宮制の展開」（『歴史学研究』五〇〇号、一九八二年一月刊）の中で肥前の一宮についても触れられている。

本章ではこれらの先学の論考に導かれながら、この肥前の一宮争論の過程で天海と光誉がどのような活動をしたのかに視点を定めて私見を述べてみたい。また争論の歴史的経緯については川副氏が前掲論文の中ですでに述べられているが、私も仏教史的な立場から、私見を交え再検討してみたい。この争論に関する仏教史の専門家の論文はなく、天海や光誉に関する史料も天台宗史や真言宗史の研究者にはあまり知られていないようである。管見では『改訂増補豊山年表』（一九八四年三月刊）の元和七年（一六二一）の条に所収されているだけである。なお、本章では特に出典を示さなければすべて佐賀実相院文書である。

一　肥前における争論の展開

『華頂要略』門主伝第二十五所収の慶長十八年（一六一三）九月二十六日の条をみると、

依肥前国一宮千栗山正八幡宮賜　勅額之事、当門御書賜於別当妙覚院云々、

とある。これをみるとこの時に千栗社は青蓮院門跡尊純の斡旋によって勅額をもらっている。千栗社側の実務は別当である天台宗寺院妙覚院が担当している。これについて千栗社に残る『千栗八幡雑記』（川副氏前掲論文より引用、詳細は同氏論文の註55参照）には、

（慶長）十八年鍋島勝茂（佐賀藩主）公ヨリ領内ノ寺社へ旧記書出シ候様ニツキ、本社ヨリハ一宮ト書付ラレ、川上ヨリハ鎮守ト書出ニテ、古例ニマカセ寄附状差出サル、

同年円智坊上京シ仏眼院ヲ相頼ミ、後陽成天皇（ママ）勅筆ニテ肥前国総廟一宮鎮守千栗八幡大薏院（ママ）ト被成下、川上コレヲ承リ、翌十九年上京、吉田家へ取入リ、鈴鹿采女（治忠）・岩倉木工（具堯）ヲ頼ミ、於茶局執奏シテ勅額所望致シ、肥前宗廟一宮ト被遊、同年千栗ヨリ又上京シ、川上へ勅額被下儀イカニト申候へハ、（下略）

とあり、肥前の千栗八幡宮は慶長十八年に後陽成天皇から「肥前国総廟一宮鎮守千栗八幡大菩薩院」という勅額をもらっていたことがわかる。後陽成天皇は慶長十六年に譲位されており、この年には院と呼ばれていたはずである。これに対して河上社側も上洛して対応策をとっている。慶長十九年四月に河上社の奉行徳善院尊純が記した京都滞在記の「覚」をみると次の如くである。非常に長文なので日付順に要点のみを意訳する。

正月晦日　尊純訴訟のため京都着、吉田神社神主吉田兼治に申入、
二月朔日　吉田神社奉行鈴鹿治忠を訪問、二日に持参の証文を披露、三日に神主に披露、
二月五日　吉田兼治の舎弟神龍院梵舜を訪問、
二月二十四日　勅額を鈴鹿治忠に申入、二十六日勅額を奏聞、
三月二日　兼治の長男萩原兼従を豊国神社に訪問、
三月五日　勅額御礼のため参内、
三月十四日　兼治親類東寺宝厳院空盛を訪問、
三月二十三日　仁和寺坊官皆明寺禅宥を頼み、後陽成院の長男仁和寺宮覚深法親王を訪問、官位の令旨を許可さる。さらに宮中への斡旋を依頼、
三月二十七日　「肥前第一之鎮守宗廟一宮」の勅額頂戴、
四月六日　勅額の装丁完成、吉田兼治より添状、

このように河上社の使僧徳善院尊純は上洛して、神道管領長上の吉田神社神主吉田兼治やその関係者に働きかけ、更に後陽成院の長男である御室仁和寺宮覚深法親王の協力を得て、三月二十七日に後陽成院から「肥前第一之鎮守宗廟一宮」という勅額をもらっていることがわかる。この尊純の滞在記の信憑性については、慶長十九年四月七日付の吉田兼治添状から裏付けられる。同添状には、

今度額之儀、従当家令調進候、院様（後陽成院）御震（宸）筆、同御判申上進之候、神慮納受勿論存候、重而様子於有相替之者可承候、莫慎怠、

慶長十九年四月七日

神道長上（吉田兼治）（花押）（朱印）

実相院尊純法印

とあり、吉田兼治添状の内容は滞在記の記載と一致している。これによって肥前国には一宮が二社あることになり、千栗社と河上社の間で一宮争論が喚起されることになる。後年実相院尊純が江戸の奉行衆に提出した元和七年（一六二一）八月二十五日付の訴状案をみると、

（前略）

一、目安ニモ如申上候此（慶長十八年）九ケ年以前、千栗山新儀ニ肥前一宮之由被申出候間、拙僧申候ハ、従往古河上山一宮之儀無其紛候処ニ、新儀ニ千栗山一宮と被申候儀不謂由申候ニ付、於国許ニ出入在之処ニ、千栗山ニハ証文就無之、則鍋島信濃守（勝茂）内寺社奉行東島市佑と申之方へ、従彼千栗山証文一通も無之由、慥ニ被出一札候事歴然ニ候、

（中略）

元和七年八月廿五日

肥前国河上山座主実相院尊純

御奉行所

とあり、慶長十八年千栗社が勅額をもらった後に、肥前の国許で河上社と千栗社の間で一宮争論が起っていることがわかる。この国許の争論は千栗社側に証拠となる証文が一通もなかったために河上社側の勝利となったようである。なお、参考のため慶長十八年三月十三日付で肥前藩主鍋島勝茂から両社に出された社領寄進状写をみると次の如くである。

肥前国鎮守河上山淀姫大明神為　御社免、佐嘉郡佐保川嶋河上村之内百七拾弐斛地之事、任先例之旨、永代奉寄附之畢、社家中配当在別紙、弥於　御神前勤行等、不可有懈怠候、仍状如件、

慶長十八年三月十三日　　　　信濃守豊臣勝茂

河上山
神通寺
御同宿中

肥前国正八幡一宮千栗山為御社免、三根郡石井庄北尾村之内□斛八斗、同庄千栗之内六石、合百四十八斛地之事、任先例之旨、永代奉寄附之訖、社家中ニ在別紙、□於御神前勤行等、不可有懈怠候、仍状如件、

慶長十□三月十三日　　　　信濃守豊臣勝茂　在判

千栗山
惣検校房ニ
御同宿中

両方とも案文であり、千栗社のものは一部欠けているが同時に発給されたものと考えられる。これらを比較すると、慶長十八年三月、すなわち千栗社の勅額許可が同年九月であるので、それ以前に千栗社は佐賀藩主鍋島勝茂の寄進状に「正八幡一宮千栗山」とあり、河上社側の言い分とは矛盾するが、この記載がこの争論では重要な極め手となったようである。

二　京都における争論の展開

慶長十九年に肥前の国許における一宮争論に敗れたと思われる千栗社は再度上洛して後陽成院に自社の正当性を訴え出たようである。八月二十七日付の吉田神社奉行鈴鹿治忠書状をみると、

（追而書省略）

態々預使札候、早々ニ御報可申入候処ニ、今程南光坊（天海）爰許ニ御逗留に付、様子念ヲ入相尋申入候ハんとて、使者

をも留置候、然者　院御所様(後陽成院)江うかゝい申候、則南光坊江も千栗山之義(儀)御尋ニ候、座主者此方ニ逗留之由被申上候、左様ニ候へ者、貴坊様も急御登御尤候、左候へ者、勅筆掛物共御持参可被成由　勅定ニ候、猶都御上洛節万々可申入候、恐惶謹言、

八月廿七日　　治忠(花押)

神通寺尊純法印　尊報

とある。これは河上社の実務者である尊純に宛てられたものである。この書状の年代であるが、後陽成院が元気なので、院が亡くなる元和三年八月二十六日以前のものである。河上社が勅筆の掛物を所有しているので、元和三年二月十五日付の仁和寺宮覚深法親王令旨案に記載されている元和二年に勅額が院に召し返される以前のものということになる。後述するように『梵舜日記』をみると、十月四日には尊純は訴訟のため再度上洛しているので、八月二十七日付の鈴鹿治忠書状は元和二年のものと思われる。元和二年には天海もこの頃上洛しており矛盾はない。この書状が元和二年のものとすると、千栗社座主はこれ以前に上洛して、南光坊天海の協力を得て、国許で敗れた一宮争論の巻き返しを画策している。そのため院は河上社の尊純に勅額を持参して上洛するようにと、鈴鹿治忠を通して連絡をしている。『梵舜日記』元和二年十月の条をみると、

四日、雨降、(中略)次肥前河上社尊純上洛、当院へ来、リンス一巻、銀子一枚持来也、

八日、晴、肥州河上社与同国之千栗社、一宮之申分、院御所へ申上、双方証文可被聞之由、被仰出之由間、予萩原所迄参談合、先年河上社執行、為此方与執奏候間、為気遣、予令出京、及暮令帰寺了、

とあり、河上社の尊純は院の勅定をうけて十月四日に上洛している。ここで再度後陽成院の許で河上社と千栗社との間で肥前の一宮争論が再燃している。後陽成院は両社に証拠書類の提出を命じている。この梵舜の書状をみると、前述したように梵舜は慶長十九年に後陽成院に河上社の勅額を斡旋した当事者の一人であるので、今回も河上社側にい

ろいろと気遣っていることがわかる。このように京都におけるこの争論は当初勅額を両社に勅許した後陽成院の許に訴え出られている。ところが前述の元和七年八月二十五日付の尊純訴状案をみると、

(前略)其故ハ六ケ年(元和二年)以前於　院(後陽成院)御所様左右方裁許可被　聞召旨被仰出候間、拙僧致祗公(候)候へ共、千栗山之五戒坊不被罷出候、拙僧再三対決申度由申候へ共、千栗山不罷出候故不及是非候、(中略)

元和七年八月廿五日　　　　肥前国河上社座主実相院尊純

御奉行所

とあり、これによると元和二年の院の裁許に対して、千栗社の座主五戒坊は出仕しなかった。河上社の尊純は再三出仕を要請したようであるが、千栗社はついに受け入れなかった。この間の事情については同年と思われる十一月二十七日付の吉田神社吉田兼英書状をみると、

今度就　勅筆之御神号、同国内従千栗山依　執奏、尊純法印数通証文巳下被持上洛之処ニ、年内彼社之座主帰国被仕故、来春両方上洛候而、旧証之趣被御尋、以其上可被仰付之　叡慮儀候間、来春重而尊純法印乍御大儀、御神号之　勅筆被持、御上専用候、猶法印可為御演説候条、不具、恐惶頓首、

十一月廿七日　　　　吉田兼英(花押)

肥州
河上山座主神通寺
御同宿中

とある。これをみると元和二年の争論は千栗社側から後陽成院に訴え出ている。河上社の尊純が院の勅定に応じて上洛したところ、千栗社座主は帰国してしまったために、院の裁定は来春元和三年に両者上洛の上で下されることになったことがわかる。元和三年二月十五日付の仁和寺宮覚深法親王令旨案をみると、

(前略)然者甲寅(慶長十九年)於　仙洞、尊純河上山之額奉　奏処、神名帳証文等依為歴然、被染　震(宸)筆、忝及　勅判、社頭納置処、千栗山偽言遂　奏聞条、既河上山之額、去丙辰(元和二年)被召返、剰不被入理聞食由、歎敷思食候、(中略)

元和三年二月十五日　　　　禅宥　判

尊純法印　御房

とある。更に元和三年と推定される二月二十二日付の吉田神社吉田兼英書状には、

先年肥州河上山御神号之儀被申故、経左兵衛佐兼治(吉田)執　奏、被成下　仙洞勅額河上山江、忝尊純法印頂戴仕、令帰国之処、千栗山之社僧罷上依　奏申、今度双方之　勅額被召上候、既河上山事神名帳神号歴然、幷第一宮、紀旧記当家於御尋者、此趣可申上也、弥被得内　奏、全御理可為専用者也、恐々謹言、

二月廿二日(元和三年)　　　　兼英(花押)

河上山座主

実相院増算法印　御同宿中

とあり、この両書をみると、河上社は慶長十九年に吉田神社神主吉田兼治の執奏によってもらった後陽成院の勅額を元和二年に召し返されていることがわかる。これは河上社が慶長十九年に院の勅額をもらって肥前に帰国すると、すぐに千栗社の社僧が上洛して異議を唱えた。そのため院は河上社・千栗社双方の勅額を召し返されている。そして院による裁定が開始されたのは元和三年二月以降であろう。

五月二十一日付の後陽成院の伝奏岩倉具尭書状をみると、次の如くである。

以上

伝奏衆(広橋兼勝・三条西実条)も昨夕御上洛之事候付、御草臥なをり候ハヽ、参候て具ニ可申入候、かしく、

御書中具ニ令拝見候、仍貴札儀　女御様(近衛前久女・前子)へ懇ニ申入候へ者、南光(天海)如何様ニ被申入候とも、院様(後陽成院)御墨付御覧不成候者、禁中様(後水尾天皇)ニも御同心者被成間敷候付、其段心易存候へ之由仰候、先以大慶ニ存計候、将亦状之儀、即実相院参候、只今も　女御様ニ伺公申、急一書申入候、恐々謹言、

岩木工　具（花押）

（元和三年）五月廿一日

皆明寺殿（仁和寺坊官・禅宥）　貴報

後陽成院の伝奏岩倉具堯はこの書状の中で、一宮問題について天海がどういってきても、後陽成院の墨付をみなければ後水尾天皇は天海に同意することはないということを、仁和寺坊官皆明寺禅宥に伝達している。岩倉具堯は後陽成院にもっとも近侍したものであり、この時点では院側は河上社を支持している。この書状の年次であるが、「伝奏衆も昨夕御上洛」とあるので前後の事情から考えて日時は多少異なる元和三年五月十三日に広橋兼勝と三条西実条が上洛した時のものであろう。どうも元和三年五月の時点では、岩倉具堯は後陽成院が千栗社に出した勅書を認めていないようである。ここで問題にしている後陽成院の勅書とは、千栗社の証文は本文、河上社の証文は写とする宸筆のことであろう。しかしここでも河上社側は南光坊天海の関与を警戒していることがわかる。五月二十七日付の吉田神社奉行鈴鹿治忠書状には、

（追而書省略）

幸便之余、一書令啓達候、仍当春御上洛之節、如内々申候、千栗山座主未爰許ひしいんニ逗留ニ而、南光坊（天海）を被頼、彼勅額之出入を　院（後陽成院）御所様江被申上、爰許へも御尋ニ候、大形様子申上候、然共先年乍之証文とも、御永（叡）覧可被成候間、乍御大儀、証文共勅筆御持被成、御上洛可被成候、其節万事可得御意候条、不能具候、恐惶謹言、

鈴鹿釆女正　治忠（花押）

（元和三年）五月廿七日

（河上山）法印尊純様　尊床

とある。前述した元和七年八月二十五日付の尊純訴状案に、「其翌年（元和三年）之三月迄在京申候へ共、彼五戒坊不罷下候故、無是非延引仕候」とあるように、河上社の尊純は元和二年十月から翌三年三月まで在京して争論に備えていたが、千栗社側が出仕しなかったので、五月には尊純は肥前に帰っていた。一方の千栗社座主はそのまま在京して、天海に依

頼して後陽成院に働きかけていた。そこで心配した鈴鹿治忠は河上社の尊純に再度証文類をもって上洛するように催促している。どうも当初、元和三年春に予定されていたこの争論に対する後陽成院の裁許はなされなかったようである。ところが、前述の尊純訴状案に将軍秀忠の上洛を元和三年六月としていることからみて、元和三年と推定される六月九日付の岩倉具堯書状には、

（追而書省略）
御書中具ニ令拝見候、然者実相院儀、従御門主様（仁和寺宮覚深法親王）、院御所様（後陽成院）へ被仰入度御内意之旨、尤ニ存候、雖然先可為御無用と存事候、始ゟ将軍様（徳川秀忠）御耳へ入、其ならてハ額之儀被遣間敷　仰ニ候間、将軍様御上洛候て、院様次第との御意ならハ不存事候、兎角御上洛候て、南光（天海）も罷上らすハ落着済間敷と申事候、拙子も此中筋気再発仕、院様へも不罷出、折角養性仕事候、尚期後音候、恐々不備、
（元和三年）六月九日　　　岩木工　具堯（花押）
皆明寺　貴酬

とある。この書状をみると、岩倉具堯の立場は急変したようである。仁和寺坊官皆明寺禅宥が河上社実相院のことについて後陽成院の長男である仁和寺宮覚深法親王の内意を父君であり、争論の裁許者である後陽成院に依頼しようとしてきたのに対して、院伝奏岩倉具堯はそれは無用であるとことわっている。その理由は当時勅額の勅許は将軍の許可を得なければいけないものを、河上社の勅額は将軍の許可を得ていないからである。将軍から院次第という許可が出なければ院には当事者能力はないからであるといっている。この問題は将軍が上洛し、天海も上洛しなければ解決しない。さらに自分も病気勝ちで院にも祗候していないと禅宥に伝えている。前述の五月二十一日付の書状の態度とは異なり、この頃の岩倉具堯の姿勢はこの争論に関して逃げ腰である。当時江戸幕府の力が強くなり、院や天皇家では単独で裁許する力がなくなっていたことがわかる。このような時代の流れの中で、天海は幕府の保護をうけていた

のであるから、争論でも有利な立場にあったことはまちがいない。八月三日付の岩倉具堯書状には、

(追而書省略)

御書中具ニ令拝見候、仍一儀鍋嶋殿(勝茂)前にて相済候間、額之儀可被下之旨、先度之趣申入候処ニ、将軍(徳川秀忠)御前にて不相済候へハ、如何ニ思召候旨候、御下国之儀は御心次第候、以面談申述度候間、明日午時以後待申候、面謁ならてハ難申述候、院(後陽成院)様も此一両日又癰出来申て御不例故、今程左様之儀申入候事不罷成候、此旨御伝達頼存計候、不備、

(元和三年)八月三日　　岩木　具堯(花押)

皆明寺殿 貴報

とある。この書状は院の病状からみて元和三年のものと断定することができる。これによると皆明寺禅宥側は肥前一宮の勅額争論は肥前藩主鍋嶋勝茂の国許で決着がついているので勅額を返却してほしいと院に願い出ている。これに対して岩倉具堯は将軍の前でも決着しないものを国許で決着するわけがないといっている。八月二十八日付の神龍院梵舜書状には、

猶々、御神号追而可仰上儀(義)専用候、

今度尊純法印重而御上洛之砌、御懇書令拝見候、仍御神号勅筆之事、如前々被仰出様子処ニ、仙洞(後陽成院)依御不例、御取紛、此度之儀御延引之様候、次神名帳一国内従当家被注進之候、此趣之通歴然候、弥異儀(義)有間敷と存候、猶尊純可為御演説候間、不具候、恐惶謹言、

(元和三年)八月廿八日　　吉田神龍院　梵舜(花押)

河上山座主 神通寺 御同宿中

とある。この書状は「仙洞依御不例」とあり、後陽成院が崩御された元和三年八月のものであることがわかる。元和

三年六月から河上社の尊純が再度上洛してこの争論に対拠していたようであるが、勅額勅許の当事者である後陽成院が元和三年八月二十六日に亡くなられたためにこの争論の裁許が延引となってしまったことがわかる。この元和三年の争論の結果については、前述の元和七年八月二十五日の尊純訴状案に、

(前略)其年之六月(元和三年)　公方様(徳川秀忠)被成御上洛候間、幸と存、御奉行所へ為可申上罷上候処、鍋嶋信濃守(勝茂)被申候ハ、従領内寺社之儀と申なから、訴論出候儀笑止ニ存候間、向後如前々可申付候条、此度勘忍可仕旨堅被制候間、国主之儀違背難仕、其上如前々と候へハ、河上山之理運勿論ニ御座候間、其通ニ仕罷下無相違候処ニ、(中略)

元和七年八月廿五日　肥前国河上山座主実相院尊純

御奉行所

とある。元和三年六月に実相院尊純は将軍徳川秀忠の上洛を幸いと再度上洛して奉行所に訴え出ようとしたところに藩主である鍋嶋勝茂から訴論を制せられ、両社の争論は前々の如くとされている。河上社側では国主の命に違背しがたく承伏しているが、実体は自社の理運と理解している。さらに川副氏が前掲論文の註の21で元和四年と推定されている正月二十七日付の鍋嶋家の寺社奉行東嶋市之佑等連署書状には、

以上

改年之御慶珍重候、仍納富権右衛門を以被仰聞候趣致承知、権右衛門尉同前ニ遂披露候、千栗河上御公事之儀、如前々双方可有之由候処、御祈禱之札目録就被遊様互被仰分、于今相残候之条、御公事前之札目録可相改之由被申付候間、定而見出可申候、就夫自前々被遊来候御札目録之被遊様、増算様(河上社座主)被成御談合、御書付可被下候、千栗へも此段申入候、次右口事慶長四年より被仰拵候哉、是又可被仰知候、自然様子共候ハヽ、御使僧被仰付可得御意候、恐惶謹言、

正月廿七日(元和四年)　成富十右衛門尉　茂安(花押)

石井縫殿助（花押）
東嶋市之佑　茂（花押）
実相院
　御同宿中

とあり、ここでも千栗社と河上社の双方の関係は前々の如くとある。さらに後三月一日付の東嶋市之佑等連署書状には、

一書致啓上候、御両社出入之儀ニ付て、頃東市佑・宮善右方同前ニ千栗へ被仰付様子、具社家衆へ申渡候、雖然爰元にて被相澄儀、合点不被申候、於此上ハ御分別次第被成、千栗へも被仰遣候、其元へハ我々両人て可申入旨候間如此候、恐惶敬白、
（元和四年）後三月一日
東　市佑（花押）
納　権右（花押）
実相院
　御同宿中

とある。これは後三月とあるので元和四年のものである。この書状をみると、両社とも国許での裁許には納得していない。八月二十一日付の鈴鹿治忠書状には、

以上
雖申入儀無之候、河上山千栗山往来ニ付、吉田別而笑止ニ被存、太守（鍋嶋勝茂）一書被申入候間、可然様ニ御取成所仰候、抑河上山者諸国一宮之神名帳証文歴然之処、双方累年往還、都鄙之推察可為如何候哉、先年於仙洞（後陽成院）相済申候処、不慮之崩御故、互ニ残多儀候、今度伝奏広橋大納言殿（兼勝）右之旨相理申候故、僧正（尊純）下国之事候、於様子者兼英（吉田）被申入候、恐惶謹言、
（元和四年）八月廿一日
鈴鹿采女正　治忠（花押）

須古(信明)下総守殿　人々御中
武雄(茂綱)主殿助殿
諫早(直孝)右近佑殿
多久(安順)長門守殿

とある。この書状の年代は後陽成院の崩御が記されているので、元和三年八月二十六日以降で、広橋大納言とあるので、広橋兼勝が内大臣に昇進する元和四年十一月以前のもので、日付からみて、元和四年のものと断定することができる。この時に河上社側は吉田神社神主吉田兼英の後援をえて、佐賀藩の鍋嶋家老衆に働きかけて、千栗社との一宮争論を再燃させていることがわかる。同様の理由により元和四年と思われる八月二十四日付の岩倉具堯書状には、

尚々、去年御上洛之節者、種々御懇情之段、難申謝存候、以上、
実相院(尊純)僧正就下国、不存寄一筆令啓上候、従先年河上山千栗山出入不相済之由ニ候、抑神道之儀吉田指置、有誰可被遂子細候哉、為止古今憤、諸国一宮神名帳以下明白ニ候、今以不及穿鑿儀候歟、併双方証文之義ニ付、千栗山へ被染　震(宸)筆、　院宣頂戴之由、　崩御以後被申懸由、従吉田被相尋候間、院参之衆悉相尋候へ共、一切不存由候、不審之至ニ候、　震(宸)筆院宣有御一覧被相糺、尤可然存候、院之仰慥ニ承届候間、右之通伝奏広橋(兼勝)大納言殿へ申入候へハ、今程所労半之体候条、快然之節可被得勅諚旨候、恐々謹言、
(元和四年)八月廿四日　　岩倉木工頭　具堯(花押)
鍋嶋信州(勝茂)様

とある。吉田神社側は神道のことはすべて吉田家の支配下にあり、他から干渉をうけることはないといっている。この書状をみると、千栗社側は自社の理運とする後陽成院の宸筆の存在を院の崩御後に申し出たようである。岩倉具堯が院宣の存在を院の関係者に尋ねたところ一人も知らないということである。京都三千院所蔵の三月七日付の天海書

状には、

先書申上候、参著候哉、此方無替儀候、可御心安候、四月御祭礼過候ハヽ、令上洛、万可得貴意候、将亦千栗山、川上山出入之儀付而、先年某委伺叡慮候節、御震（宸）筆之旨、具鍋嶋信濃守（勝茂）へも申談、被聞届候而、国へも被申下候、右之通関白殿（二条昭実）へも御物語来入候、縦以来何方よりも大樹へ公事あかり候共、其有様御尋候て可申上候、京都之儀者御前任置候、猶彼者可申候、恐惶謹言、

天海（花押）

（元和五年）三月七日

梨門様（三千院門跡最胤法親王）

誰にても御申

とある。この天海書状の年代推定は『大日本史料』十二編の元和五年雑載所収の「門主伝」による。元和五年三月七日に天海は、京都三千院門跡最胤法親王に千栗・河上両社の争論について、先年自分が後陽成院に直接伺ったところ千栗社の理運の宸筆を下されたとのことである。このことを鍋嶋勝茂にいってあり、関白二条昭実にも宜しく頼んであるから、京都のことは宜しく取り計らってほしい、どこから将軍に訴訟が上っても自分が説明するから安心してほしい、と連絡している。この書状の年代推定は「門主伝」によっているが、元和五年まで争論が継続していたことは次の史料から裏付けられる。九月二十三日付の東光坊条書案には、

覚

一、従広橋様（兼勝）、鈴鹿采女（治忠）被召寄、吉田千栗山公事之相手ニ可罷成旨候哉、無心元思召之段、御尋候へハ、吉田相手ニ非罷越（成カ）儀候、　禁中方御済之外有間敷之段被申候事、

一、今月廿八日東照権現御遷宮ニ付、廿四日僧正（天海）京都被罷立、自尾州直東国下向ニ相極候処、従　禁中法花経講談御聴聞有度由、就　御倫（綸）言、来月六日、七日之間可為帰洛候条、実相院事、来月廿日前京着候様可被申下事、

一、実相院今度不罷上候者、於此方可為落着段、信濃守殿（鍋嶋勝茂）へ僧正（天海）ゟ遣候状ニも書被申候事、

一、両伝奏（広橋・三条西）、梶井様（最胤法親王）、大僧正（天海）、板倉伊賀守殿（京都所司代・勝重）、御談合之上、信濃守殿へ被申下儀候事、
一、実相院僧正（尊純）官之儀、右之衆無御存知事候、被成御尋其様子可被聞召段、是も従僧正（天海）之状ニ書被申候事、
右之段、従僧正飛脚可申付候へ共、其方亦一人可被差下候、延引有間敷候、以上、
（元和五年）九月廿三日　東光坊
（千栗社僧）玄莚房　参

とある。この条書案は第二条に記されている尾張の東照宮遷宮は元和五年九月二十八日であり、この条書は元和五年のものと断定できる。川副氏は前掲論文の中で、元和四年正月以降は京都における肥前一宮争論の史料はみられないので、これ以前に争論は終了していたといわれているが、前述の如く、元和四・五年とこの争論は継続していることが明白であり、『千栗八幡雑記』の記載と一致している。この条書案をみると、武家伝奏広橋兼勝は吉田神社側に対してこの争論の千栗社の相手である河上社に与することを止めるように申し入れている。さらに肥前の実相院尊純を十月二十日までに上洛するように呼び出し、もし実相院が上洛しなければ、京都でそのまま実相院の敗北と決着をつけるといっている。このことは両武家伝奏、梶井門跡最胤法親王、天海、京都所司代板倉勝重が相談して決定したことであるといっている。千栗社側には天台と幕府関係者がついていることがわかる。これに対して河上社側には真言と吉田神社や院関係者がついていることがわかる。実際に同日付で天海から鍋嶋勝茂に遣わされた書状写をみると、

尚々、無御隔心候間、伝奏（広橋・三条西）ゟ参候御状懸御目候、貴殿へ未被仰通候故、我等ゟ可申入旨ニ候、以上、
御在京中者互不得寸隙、細々不申通所存之外ニ候、併御仕合能御帰国目出度存候、明春江戸於御下向者、以貴面可申承候、将又千栗山之儀、院宣旧記先皇（後陽成院）震（宸）筆等分明之上、伝奏無御疑候、然共若又河上山中分残候ハヽ、如何候、為念可申越由、伝奏ゟ承候条、如此ニ候、此度河上山不罷上候者、於此方可為落着候、御分別過申間敷候、
千栗山使僧于今在京、経数日候間、彼方へ急度被仰付可給候、猶期後音之時候、恐々謹言、

（元和五年）九月廿三日
南僧正（天海）　判
鍋嶋（勝茂）信濃守殿

とある。天海は藩主鍋嶋勝茂に千栗社理運の院宣は後陽成院の宸筆にまちがいない旨を伝え、河上社にすぐに上洛させるようにと要請している。書状の中にある武家伝奏衆から天海に宛てた書状写は次の如くである。

（追而書省略）
旧院（後陽成院）震（宸）筆之額之儀ニ付、千栗山河上山申分之由候、千栗山之使僧于今在京仕御理申候由承候、河上山より申分於在之者、早々罷上候様ニ、信濃守殿（鍋嶋勝茂）へ可被仰越候、其上を以可申上候、恐々謹言、
（元和五年）九月廿三日　実条（武家伝奏衆）
兼勝
南光坊僧正（天海）御房

とあり、両伝奏衆と天海の意見が一致していることがわかる。このような伝奏衆や天海の上洛要請に対する実相院尊純の返答は次の如くである。十月十五日付の尊純書状案には、

追而愚僧御官位之儀、乍勿論非私之儀候、御室宮様（仁和寺宮覚深法親王）御免許上者不及申分、
今度従両伝奏（広橋・三条西）至南光坊（天海）被進候御状、幷南光坊御状何モ令拝見候、
一、右御書面之内、河上山申分於相残者、急度可致上洛之由候、抑当社之来歴者累年至吉田殿申達候、淵底御存知之前候間、今以愚僧不及罷登候事、
一、今度河上於不罷上者、上方ニテ可為落着之由候、然時者定而至吉田家可為御穿鑿上候、若無其謂而河上於失社威者、先以吉田家累代不易之神道管領長上職モ倶ニ可被成御改易哉之事、
一、河上社一宮神号之事、尤非私之儀候、又吉田殿非新儀之事候、其故者吉田累家之秘本諸国一宮之神名帳与河上山古来之証文等、一々被相応、旧記依為明鏡、任先例、数通之御書物被差渡、慥所持仕候事、

右之条、御披覧所仰候、尚御使者申入候、以上、

実相院　尊純

(元和五年)十月十五日

(鍋嶋勝茂)信　州　様

人々御中

とある。尊純は上洛要請に対して、自分は一宮争論についてはすべて吉田神社に任せてあるので言い残したことはない、吉田神社と一蓮托生であるので上洛しない、といっている。霜月二十七日付の天海書状案をみると、

態啓達、抑千栗山川上山就一宮相論、互棒数通之証文、累年続日訴申之間、後陽成院様糺旧儀明証文、千栗山被属理運、忝被下　御震(宸)筆了、寔文約義明、天鑑無私之間、能々被遂拝覧、幸貴公国主之儀候間、早速被加下知尤候、自今以後万一申掠人雖有之、一切不可有許容、必矣如御存知、千栗山之事者山門歴代之末寺、鎮守亦比山王権現、神道全非他所知候、恐惶不宣、

山門探題大僧正　天　判

(元和五年)霜月廿七日

鍋嶋信濃守(勝茂)殿

玉几下

とある。天海は鍋嶋勝茂に対して実相院尊純の敗北を一方的に伝達している。その中で京都における一宮争論は千栗社の理運の旨後陽成院の宸筆が下されていると伝えているが、後陽成院滞在中にこのような一宮争論について裁許をしたことはないはずである。天海は前述の元和五年三月七日付の天海書状の中で、後陽成院の叡慮を伺い、とあるので、このことを一方的に主張しているのではないかと思われる。後陽成院の宸筆の実否は明確でないが、いずれにしても京都における一宮争論は天海の斡旋により幕府関係者の助力を得た千栗社、天台側がとりあえず勝利を収めたようである。

京都における一宮争論、元和二〜五年にかけてこのように天海が活躍できたのは次のような理由によるものと思われる。『泰重卿記』元和二年七月六日の条をみると、

六日、雨天、家康公神号之事御穿鑿ニヨリテ、諸家清涼殿参集之由御触御座候、ヨッテ各々朝参也、東国ヨリ使之旨承及候、家康公遺言ニまかせ、南光坊(天海)ニ勧請一切之作法まかせおかれ候よし候間、神号之事計勅許之事申入候、白(白川)・田(吉田)我等ならてハ日本あるましきなとゝ申候折節、無詮失面目候也、(以下略)

とある。故家康の神号について公家衆が清涼殿で協議していたところ、関東将軍家の命によって家康の遺言にまかせ、天海が勧請一切を取り仕切るので、神号の勅許だけと申し入れられている。これによって神道の宗家と自負した白川・吉田両家はいちじるしく面目を失っている。これをみても京都の公家衆に対して、天海の立場が江戸幕府の意向を反映していたことがよくわかる。このように天海の活躍により一見するとこの争論は京都では天台、千栗社側が勝利を収めたようにみえるが、簡単には解決せず、江戸の将軍前まで持ち込まれている。

三　江戸における争論の展開

京都で一見落着したかのようにみえたこの一宮争論は、ついに江戸の将軍の御前にまで発展している。元和七年と推定される五月二十七日付の御室仁和寺奉行真光院寛海書状案をみると、

尚々、其許之義(儀)可為無案内候条、万事御指図頼思召候由、呉々頼思召候、心蓮院(仁和寺使僧)も眼気散々にて、自去月出京、于今被居候条不被申候、以上、

先度者具成御返事之旨、則令披露候得者、御満足ニ思召候、仍而河上山千栗山一宮之取沙汰ニ付、南光坊(天海)御奉行江被申入候由、成勝運(仁和寺奉行・成多喜勝運)就被申上、驚思召候、当門(仁和寺門跡)御門下之義(儀)候得者、内々貴老迄可被仰越与思召候、尤ニ候、然者河上山座主(尊純)被罷下候条、諸事御指南頼入思召候由、懇ニ可申入　尊意候、河上山之儀、神名帳明鏡成証文及百通候得者、誰以被申掠義(儀)者可為如何歟与御内存候、法中之義(儀)候間、永喜(林信澄)へも委被仰入候、恐々謹言、

(元和七年カ)五月廿七日　　　　真光院　寛海　判

知足院(光誉)法印御房

とある。真光院寛海は仁和寺宮覚深法親王の意向をうけて江戸にいる真言宗の取り次ぎ役である知足院光誉に肥前の河上社と千栗社の一宮争論の斡旋を依頼している。この書状案をみると、これ以前に天海から奉行所に申入れがあって千栗社の勝利となった。そこで河上社座主尊純が江戸に下向して将軍に直接訴えることになった。尊純は江戸の事情がわからないので諸事取り成しをしてくれるように、門下のために仁和寺宮覚深法親王が光誉に依頼しているのである。仁和寺宮の意向をうけた寛海は同日付で光誉以外に江戸にいる永喜・文殊院・吉良義弥・荘厳院にも同様の依頼状を出している。永喜や吉良義弥には江戸の慣習についての取り成しを依頼したのであろうが、文殊院と荘厳院は共に真言宗の取り次ぎ役である。文殊院とは高野山の文殊院応昌のことであり、荘厳院とは鎌倉八幡宮別当の荘厳院賢舜のことである。前述の知足院光誉は古義真言の例もあるが、どちらかといえば新義真言を中心に、文殊院応昌は高野山真言を、荘厳院賢舜は古義真言の取り次ぎ役をしている。仁和寺宮は三人同時に依頼している。本来は仁和寺は古義真言の寺院であり、荘厳院が取り次ぎ役のはずである。同年の五月二十八日付の元後陽成院伝奏岩倉具堯書状案に、

尚々、具之義(儀)、此実相院(河上社座主尊純)可被申入候間不能詳候、以上、

今度者為御使罷越候処ニ、大炊様(土井利勝)御懇意之段承存計候、仍而此実相院与申肥前国河上山之住寺(持)ニ而候、額之儀ニ付而院(後陽成院)御所様之時、千栗山与申分出来候而、于今不相済由候、然者今程従南光房(天海)千栗山可為本儀との御筆御座候とて、河上山江被申懸候由候、此御墨付之義(儀)、大弼(秋篠)・我等少も不存事候、又御内儀之衆も無御存知候間、如何与無心許存事候間、此実相院申分具ニ被聞召届候様ニ、御取成所仰候、為其如此候、不備、

岩倉木工頭　具堯　判

五月廿八日(元和七年カ)

横田角左衛門尉殿(土井利勝家来)

とある。岩倉具堯は老中土井大炊助利勝の家臣横田角左衛門尉宛に、実相院尊純を紹介して、土井利勝に斡旋を依頼している。この書状案の中で、岩倉具堯は天海の主張する千栗山理運の後陽成院宸筆の存在を否定している。おそらく院に近侍した岩倉具堯の言はかなり信頼できるものであり、天海の主張に作為が感じられるようである。そして元和七年の六月朔日付の真光院寛海奉書案には、

　尚以、河上山一宮之証文及百通在之儀候間、被入御念御披見候て可給之由被仰事候、以上、

其以来被成御無音候、仍而肥前国河上山千栗山一宮之取沙汰在之由、当御門主（覚深法親王）被聞食候、河上山之儀者御門下之儀候、則座主（尊純）下向候、神名帳証文及百通慥成儀候条、公方様（徳川秀忠）、右之趣可然様ニ預御披露候者、可為御祝着之旨相意得可申入仰候、恐々謹言、

仁和寺殿内真光院　寛海　判

（元和七年）六月朔日

酒井雅楽頭殿（忠世）
本多上野介殿（正純）
土井大炊助殿（利勝）
安藤対馬守殿（重信）

とある。これをみると河上社側は仁和寺宮の後楯を得て証拠の証文を年寄衆に届け出て将軍への披露を依頼していることがわかる。そして同日付で河上社座主尊純は奉行所に宛てて第一回目の訴状を提出している。長文に亘るので必要箇所のみを抽出する。

謹言上、

（中略）

一、河上社一宮紛無御座候、一宮之証文及百通ニ御座候、此度所持仕罷下候間、被成御披覧可被下候事、

（中略）

一、院御所（後陽成院）様宸翰之事、其御文言承及候得ハ、一々相違之事ニ御座候、定而執　奏之衆千栗山贔屓故、以謀計被申上候と存候、秋篠大弼殿・岩倉木工殿（具堯）へも今度罷下候砌、相尋候得共、曽而不存候由被申候、但、此儀ニ付可申上子細御座候間、御裁許之砌、口上ニ可申上候、能々被成御糺明可被下候、若此度御穿鑿無之候得ハ、一千余歳ニ及候河上之大社破滅仕候、誠神慮冥見如何と存候、其上歴代之　勅書証文反故ニ罷成候事、迷惑至極御座候、被成御糺明被　仰付被下候者、忝可奉存候、以上、

元和七年六月朔日　　肥前国河上山座主実相院尊純（花押）

御奉行所

右之御書幷目安、元和七年六月十八日、知足院・文殊院（高野山応昌）・普門院（仁和寺使僧）以同心、於御城御奉行中江被相渡、

このように尊純は自社の不利な立場を回復すべく御奉行所に証拠証文を添えて自社の正当性を訴えている。そしてこの目安状は知足院光誉・文殊院応昌・仁和寺使僧普門院の介添えによって江戸城中の奉行所に届けられている。六月二十八日付の知足院光誉等連署書状案には、

以上

先度河上山座主（尊純）下向被申候刻、仰出之御状具拝見仕、則知足院（光誉）・文殊院（応昌）御書幷実相院（尊純）目安箱ニ入、封之儘御城へ持参仕、御奉行衆へ相渡、目安之外迄無残所、河上山之道理証文之様子申渡候、御奉行中も是ハ御門跡様（仁和寺宮覚深法親王）仰出之儀候間、不混自余儀候とて、何も能々御聞候、但、箱之封者大事之御書候間、公方様（徳川秀忠）仰出之時分切可申とて、其儘被納置候、先以河上存分之通をハ不残申入候間、御心安可被思召候、此段可然様御披露所仰候、恐々謹言、

六月廿八日　　文殊院判

吉良左兵衛督（義弥）　判
知　足　院　判
真光院（寛海）御房

とある。これをみると、尊純の訴状は六月十八日に知足院光誉らの手によって箱に入れて奉行所に届けられ、将軍の命をうけて開封する手筈になっている旨真光院寛海に伝達していることがわかる。七月二十一日付の寛海書状案をみると、

態以飛脚申入候、先度河上山千栗山一宮出入ニ付、彼河上之座主（尊純）罷下候砌、使僧相副、書状幷彼僧書付令進候処、其文箱不被披之由申来候、（中略）河上一宮之儀明白候上者、彼此以非私之下知候、但　院（後陽成院）御宸翰ニ付者重々申分在之儀候間、此旨一往御披露候様ニ頼思召候、恐々謹言、

仁和寺殿内真光院　寛海　判

七月廿一日
酒井雅楽頭（忠世）殿
本多上野介（正純）殿
土井大炊助（利勝）殿

とある。これをみると尊純の第一回目の訴状は将軍の御前では開封されないことになったことがわかる。訴状は年寄衆までは届けられたが、将軍は裁許をしないということである。仁和寺側はこの処置を不満として、再度年寄衆に働きかけている。同日付で寛海から知足院光誉に宛てられた条書案には、

已上
態令啓候、仍河上山座主（尊純）下向之時分、従　御門跡（覚深法親王）御奉行中江御書被遣候所、貴院（光誉）・文殊院（応昌）御持参候て、彼公事之有増被仰入由被成御満足候、弥此儀無油断、大炊助殿（土井利勝）江能々可被仰入事、頼思召との御意候、

一、如御存知候河上山ニ者及百通証文明鏡候所、遠国故、南光坊(天海)唯今以威勢、一往之無裁許も、数十通之証文共掠被申候事、去とてハ歎敷思召候事、

一、彼国主鍋嶋(勝茂)も河上山証文通慥成儀をハ、数代能々被存候間、定而其由御奉行中江も可被申上と思召候所、従南光坊数度鍋嶋所江書状付被申候間、公儀六ケ敷被存、何様共　公儀次第と返事被申候歟与御門跡思召候事、

（中略）

一、貴院ハ御門下御被官之内ニ而モ別而頼母敷思召候間、此由急度大炊助殿江可被仰入候、恐々謹言、

七月廿一日　　真光院　寛海　判

知足院(光誉)法印御房

とあり、仁和寺側は再度知足院光誉に年寄衆土井利勝への斡旋を依頼している。そしてこの争論に対する天海の影響力を非常に心配して、最後の箇条では、知足院に対して仁和寺門下の真言宗の被官の中でもっとも頼りになる人物であるから是非土井利勝に連絡してほしいといっている。このように江戸の争論に際して、真言側では知足院光誉をもっとも頼りにしていることがわかる。ところが同日付の荘厳院賢舜宛の寛海書状案をみると、

以上

態申入候、先度河上山座主(尊純)下向候砌被仰入候所、貴老(賢舜)在江戸にて色々御肝煎之通　御門主(覚深法親王)被成御満足候、乍去文箱其儘納候由申来候条、唯今又以書状申入候間、御奉行中江御披露頼思召候、知足院(光誉)者帰山之由其聞候条、貴院・文殊院(応昌)御相談候而、弥御取持頼思召候、恐々謹言、

七月廿一日　　真光院　寛海　判

荘厳院(賢舜)法印御房

とあり、仁和寺側がもっとも頼りとした知足院光誉が筑波へ帰山してしまったので、荘厳院と文殊院を頼っているこ

とがわかる。元和七年六月朔日の最初の訴状が将軍に取り上げられなかった河上社座主尊純は同年八月二十五日付で再度奉行所宛に訴状を提出している。訴状の本文の一部をこれまでに引用しているので省略するが、これも受理されなかったようであり、九月二十一日付で仁和寺の寛海が尊純に代って三度目の訴状を知足院光誉に託して土井利勝に届けている。十月十一日付の知足院光誉書状案をみると、

尚々、此由貴殿様《(土井利勝)》へ能々申上候へと被仰越候、以上、

一書申上候、仍御むろさま《(覚深法親王)》ゟ又此中飛脚参候、夏中より申上候河上山公事の儀に付、種々様々だうりとも被仰越候、とかくこゝもとにて御聞候ハてハかなひ不申候共、たくさんニ被仰越候事、

（中略）

一、か様之むつかしき事を皆々さまへ申上候事、めいわくに存候へ共、我等事ハ　御むろさま御ひくハんにて御座候間、いやと申上候事不罷成候故如此候、恐惶謹言、

十月十一日　知足院《(光誉)》　判

土井大炊助様《(利勝)》　人々御中

とあり、知足院光誉は仁和寺の被官として拒否することができないで、いやいやながら訴状を土井利勝のところへ持参している。そして十月十五日付の知足院光誉書状には、

猶々、証文・目安共ニ慥成由、各一同ニ被仰候、以上、

一書申入候、此中節々被仰候貴院千栗出入ニ付、貴寺御所持之証文・同目安、今日持参仕、登城申、御奉行中へ仁門様《(覚深法親王)》去夏ゟ再三以使札被仰越候通、具ニ申上候処、則永喜《(林信澄)》於其座読被申、各御聞候、何も慥成証跡、殊目安文体、無残処由、一同ニ被仰候、其席之御方本多上野介《(正純)》殿・土井大炊《(利勝)》殿・阿部備中守《(正次)》殿・板倉内膳正《(重昌)》殿・永井右近大夫《(直勝)》ニ而候、此分ニ御座候へハ先以目出度候、右書付申候通、少も偽ニ而無之候条、此様子早々仁門様へ

も申上度候間、貴院も御書中ニ可被仰上候、拙僧も有様之通可申上候、我等も加様之儀肝煎申事迷惑ニ存候へ共、仁門様被仰付候間無是非候、恐惶謹言、

十月十五日　　知足院　甚仙（光誉）（花押）

実相院　御同宿中

とあり、十月十五日この訴状は知足院甚仙房光誉によって城中に持参され、永喜によって年寄衆に披読されている。しかしここでも光誉はこの争論の肝煎をすることは迷惑であるが、仁和寺宮の要請であるのでやむをえないといっている。なお、一連の訴状案巻物の前書には、「右之訴状ニ土井大炊頭殿江戸町奉行嶋田次兵衛殿被加御裏判、元和七（年脱カ）十月十九日、永喜老御使ニ而南光坊江被相渡」とあり、河上社の訴状は年寄衆の手を経て南光坊天海の手許に届けられていることがわかる。将軍の裁許はなく、河上社側の情報がすべて天海に伝わっていたのでは客観的な裁決は期待できなかったようである。そのため将軍の裁許を得られぬまま、河上社座主尊純はむなしく同年十月二十六日に江戸を出発して十一月六日に京都に帰っている。しかし元和八年正月十七日付の真光院寛海の訴状案をみると、元和七年の将軍による裁許に失敗した仁和寺側は再度仁和寺の名前で奉行所に提出している。このことは同日付の仁和寺宮覚深法親王書状案からも裏付けられる。

尚々、荘厳院（賢舜）・知足院（光誉）事ハ別而当門へいハれ有者にて候間、此両人ニ具申遣候、

態使僧を以申候、去年より沙汰候つる肥前国河上山ちくり山一宮の申分、爰許（京都）にて板倉父子（勝重・重宗）へも申候へとも事済候ハす候、殊周防守（京都所司代・板倉重宗）も使者を下、其許にて落着可然由候間、任其儀候まゝ、此等之趣、将軍之御方へよろしく披露頼入候、尚ひとつ書くハしく可有披見候、かしく、

（元和八年）正月十七日　　御判（仁和寺覚深法親王）

土井大炊助（利勝）とのへ

これと同様の書状が板倉周防守重宗・酒井雅楽頭忠世・本多上野介正純の年寄衆にも出されている。そして取り次ぎ役を荘厳院と知足院に依頼している。この元和八年の仁和寺の訴状も実際に取り上げられたかどうかは不明である。

六月十七日の鍋嶋勝茂書状には、

一書致啓上候、然者今度於江戸、従酒井雅楽頭(忠世)殿・土井大炊頭(利勝)殿、至拙者被仰渡候者、両社出入之儀、公儀御事多中ニ被仰上候儀、御用捨ニ被思召候条、口事如以前ニ候而、双方之申分被相止、無事在之様ニ、至両社為我等可申達由、被入御念被仰聞候、然上者縦如何体之御存分之御座候共被成御勘忍、如前々ニ被得其意御儀定肝要ニ存候、於委細者年寄共可相達之条不能審候、恐惶謹言、

六月十七日　　信濃守　勝茂(鍋嶋)(花押)

実相院

御同宿御中

とある。この書状の写に元和九年に補筆されており、この書状は元和九年のものと思われる。またこれと同じ内容の千栗社僧玄純に宛てた鍋嶋勝茂書状が多久家文書に所収されている。この両書状をみると、鍋嶋勝茂は両社に対して、江戸年寄衆の意向をうけて、前々のように双方仲良くするようにと伝達している。おそらく実質は再三に亘る河上社の言い分は認められず現状維持という結果になったものと思われる。元和九年七月二十五日付の実相院尊純書状案には、

以上

就両社出入之儀、可為如前々旨、公儀従御奉行所被仰渡候由、被入御念、此地被仰下候、当十七日御家老衆被示聞、殊貴翰致拝見、具奉得其意候、為如前々上者別儀無御座候間幸奉存候、何も長門守(多久安順)殿・右近允(諫早直孝)殿・主殿助(武藤茂綱)殿可被相達之条、不克腐毫候、恐惶謹言、

元和九

七月廿五日　　実相院　尊純

信州様（鍋嶋勝茂）
貴報人々御中

とある。また七月二十七日付の千栗社僧玄純書状写には、

御書面具ニ拝見仕候、然者両社就出入之儀、酒井雅楽頭（忠世）殿・土井大炊頭（利勝）殿、以被仰出趣、双方止申分、自今以後、如前々少篇も不相替可被仰付旨、奉得其意候、殊此地御年寄衆迄御状御書立之通、拙僧被召寄せ、直被仰聞慥承知仕候、御理之儀候条、御意之外有間敷候、猶従御年寄衆可被仰上候、恐惶謹言、

七月廿七日　玄純（千栗社僧）

とある。これをみると、両社共に前々の如くという幕府の裁定を受け入れる旨藩主鍋嶋勝茂に誓約している。この裁定については元和九年六月二十日付の鍋嶋家老納富羽左衛門書状をみると、

（前略）

一、右出入、先月上旬比かと致存候、於江戸従南光坊（天海）、公儀御年寄中へ又々可有御上聞由御案内ニ候処、御年寄中御返事ニ、於此儀者必御無事可然之由候ツ、南僧正（天海）御合点被成候上、右之通ニ相究リ候事、

（中略）

公儀従御年寄中、勝茂（鍋嶋）様トシテ、両社出入之儀無事ニ被成御拵可然之段、被仰聞候筋も不相澄分ニ候、其上当分従勝茂様、御年寄中へ御返事可被仰上様も無御座ハ、無調法ニ可有之体ニ候条、先可被任御意御覚悟肝要ニ奉存候、

（中略）

一、先年以来、寺社家口事等之事、御かまひなき御仕置ニ御座候得とも、今後者従　公儀至勝茂様不及是非被懸仰候ニ付而、被破御行儀候、乍被成御迷惑如此ニ被仰遣候事、

（中略）

元九
六月廿日　　　　　　　　　　　　　　　納富羽左衛門（花押）

実相院
　御童子御中

とある。これをみると公儀の両社の裁定には天海の影響力が大きかったことがわかる。しかも公儀の意向が強く藩主鍋嶋勝茂は受け身であった。そのために納富羽右衛門は実相院に迷惑をかけたことを謝っている。正月十一日付の鍋嶋勝茂書状の中で「領主之儀ニ候条、双方へ堅可申渡之由、元和九年於江戸御年寄中、大僧正より被仰聞候」と記しているように、勝茂自身も年寄衆や天海の力が大きかったことを認めている。

寛永元年五月二日付の尊純書状案をみると、河上社側は表面上はともかく、実質的にはこの裁定に納得していない。そのため寛永九年以降この一宮争論は再燃するのである。しかし本章では天海はともかく知足院光誉が寛永元年に没しているので、これ以降の争論については触れないものとする。

まとめ

江戸の一宮争論における知足院光誉の立場であるが、上方の仁和寺宮覚深法親王や河上社座主実相院尊純から江戸における真言宗を代表する取り次ぎ役として期待されている。しかし光誉はこの争論では常に逃げ腰であって積極的にはみんなの要請に対応していない。積極的な天海とは対称的である。真言宗側は知足院・荘厳院・文殊院といった宗内の取り次ぎ役だけではなく、土井利勝や酒井忠世などの幕府の年寄衆や永喜・道春など要職者にも手を廻して取り成しを依頼して、訴状も計四回提出しているが、すべて年寄衆止まりで直接将軍の裁許を得ることなく、現状維持の差し戻しとなり、実質的には真言宗の敗北となっている。この争論における光誉は結果が予測できたらしく積極的に取り次ぎをしていない。真言宗側の敗北は光誉の力には関係なく、天海が幕府年寄衆と連携して真言宗側の要求をうけ入れなかったためと思われる。逆にいえば当時の天海の勢力は大変なものであり、上方の院・吉田神社・仁和寺門跡などの力を完全に淩いでいたことがわかる。これは前述の徳川家康の神号授与の場合にも見られたように幕府側の力が公家側の力を完全に淩いでいたので、幕府の助成をうけていた天海側が実質的に勝利を収めることになったのであろう。この間、院宣の信憑性などはさしたる問題ではなかった。おそらく肥前国において、伝統的には河上社がかつては一宮であったと思われるが、江戸初期には千栗社が立場を逆転して一宮のような存在になっていたものと思われる。これは千栗社が天海の力を背景に同等の地位に昇格したのである。この肥前の一宮争論も天海による天台宗寺院興隆の一例に加えられるべき事件であろう。

第五章　近江長浜惣持寺の本末制度

はじめに

近世における新義真言宗寺院の本末制度については、櫛田良洪博士の大著『真言密教成立過程の研究』の中で詳細に研究されているので、今更私が触れるべき問題ではないかもしれない。しかし私が敢えて述べようとしているのは、櫛田博士の指導のもとに数年来調査を続けている琵琶湖沿岸の長浜の惣持寺文書の中に、近世の近江地方の新義真言宗寺院の本末制度を解明するのに恰好の資料が多数発見されたためである。本研究は大勢からいえば櫛田博士の研究から少しも出るものではないが、従来、近江地方の新義真言宗寺院の研究は全く行われていないので、本研究が少しでも従来の空白部分を埋めることができれば幸いと思っている。なお、本研究を快くご許可下さった櫛田博士には深甚の謝意を呈するものである。

現在、惣持寺は滋賀県長浜市宮司町にある新義真言宗豊山派に属する寺院である。同寺には室町時代から現在に至るまでの資料、特に聖教・古文書・古記録類が数多く残っている。なかでも中世の惣持寺文書は古代の条里制の遺構を示す資料として有名であり、早くから『坂田郡史』の中に収録され、多くの人々によって研究されている。しかし近世の資料は信長・秀吉・家康関係のものが紹介されているだけで、他は全く未整理・未公開であった。前述の如く、私共は数年来櫛田博士の指導のもとに、未開拓であったこの惣持寺の近世の資料について、目録の作成と、資料のマイクロ写真撮影化の整理調査を進めている。今回はこの中から以下の三点に問題をしぼり考察を加えてみたい。

一　初期の本末関係

惣持寺は室町時代の初期、永享五年（一四三三）に神照寺学頭の実済によって創設された寺院であり、それ以降、中世を通して神照寺と共に同地方の真言宗の有力寺院であった。なお、中世の惣持寺については種々の問題があり、詳細は拙稿『大正大学学報』三十三号所収「中世の惣持寺」を参照願いたい。

中世における惣持寺の本末関係については明白ではないが、現在惣持寺には法流の伝授を示す中世の多数の印信が残っているところをみると、神照寺の分院として出発した惣持寺が発展し、談林として所化の養成にあたっていたことがわかる。中世の本末関係は法流によって形成されていたので、惣持寺はかなりの末寺をもっていたものと思われるが、現在その姿を明確にすることはできない。しかし惣持寺は戦国時代に入ると、従来の保護者浅井氏の没落にともない、信長・秀吉等の新しい為政者により手痛い打撃を受けたようである。

しかし江戸幕府成立以後、惣持寺は日誉の頃になると目覚しい復興を遂げている。彼は慶長十一年に武蔵百間の西光院から惣持寺に入り、寺の復興に尽力している。そして、慶長十七年八月六日付の金地院崇伝書状案（本文は第一章五の一八頁所収）をみると、惣持寺の正純坊日誉が智積院の脇能化に家康の命によって任命されたことがわかる。そしてこの時すでに日誉は祐宜の跡の智積院後住に決定していたようである。事実、同年霜月二十七日付の板倉勝重書状（本文は第一章五の一八頁所収）をみると、祐宜没後、日誉が智積院後住に決定していることがわかる。更に慶長十八年卯月二十三日付の金地院崇伝書状案（本文は第二章四の四二頁所収）をみると、日誉は智積院の継目御礼のため駿府にでかけ、家康から智積院の住持の承認をうけて御前論議を勤めている。更に後述するが、家康はこの時、日誉のために服米や法度や朱印を下附するなど色々の面倒をみている。このように日誉は慶長十七年、幕府から推薦されて京都の本山智積院の住職となり、翌年四月には入院謝礼のため駿府で家康に御前論議を勤めている。日誉はこのような幕府との関係を利用して惣持寺を着々と復興している。『本光国師日記』所収の慶長十六年六月吉日付の小谷寺訴状案（本文は第二章二の二七頁所収）をみると、これは小谷寺から奉行衆に宛てた訴状とその返書の案文である。当時小谷寺には能化がおらず、若僧と老僧の間で争いが起っていた。この中で注意を要することは惣持寺を田舎真言の本寺といっていることである。事実、同七月二十六日付の惣持寺日誉書状によると、日誉は本寺住職として、浅井氏の菩提寺であった小谷寺一山内部の公事について板倉勝重と金地院崇伝にその斡旋を依頼している。そして八月二日には両者から惣持寺宛に本寺として末寺の公事を裁許するようにと伝達されている。更に同霜月朔日付の日誉書状案（本文は第二章二の三〇頁所収）をみると、小谷寺の公事は若僧を一山から追放している。そして若僧達の知行地をもって、姉川の合戦以後、中絶している能化坊明王院を再興したいといっている。この日誉の願いはすぐに許可されたらしく、十一月三日には板倉勝重から本寺として適当な人物を明王院の住持とするようにとの返書がなされている。このように慶長十六年頃にはすでに惣持寺は小谷寺のような有力寺院を末寺とする本寺になっていた。

次に惣持寺と竹生島の関係であるが、中世における両者の関係については明確でないが、『本光国師日記』慶長十八年四月二十一日の条（本文は第二章四の四一頁所収）をみると、前述のように同年四月十日、日誉は駿府の家康の御前で智積院入院謝礼の真言論議を勤めており、同日付で智積院法度が日誉に下されたのであろう。更に添書に明白なように、日誉の仲介により惣持寺と小谷寺と竹生島は幕府から寺領安堵の朱印状をもらっている。竹生島が小谷寺と並んで智積院日誉の仲介をうけているということは、恐らくこの頃までに竹生島も智積院・惣持寺の系統下に組み込まれていたものと思われる。しかし朱印高をみると、惣持寺の百二十石に比較して、竹生島は三百石であり、惣持寺等よりははるかに所領をもった寺院であることがわかる。しかし当時の竹生島は弁財天信仰を中心とした密教系の寺院ではあるが、東密・台密という明確な区分はなく、まして新義真言宗寺院などという意識はなかったものと思われる。それが江戸幕府成立後は自己の地位を保全するために何らかの形で幕府に接近する必要性が生じた。特に慶長十七年

十二月二十五日付の幕府年寄衆連署奉書案（『本光国師日記』所収）によれば、

急度申入候、仍去庚子（慶長五年）之年以来、奉行衆連判之以書出、御知行被致拝領候衆、只今　御朱印可被　成下候間、右連判之書出可指上旨　御意候、此砌　御朱印無御頂戴衆者、御知行上り可申候間、早々慥成者を為持被越候様ニ近江国中諸給人衆へ可被仰触候、恐々謹言、

十二月廿五日

安（安藤直次）帯刀

大（大久保長安）石見守

成（成瀬正成）隼人正

本多上野介（本多正純）

米　清右衛門殿

とあり、近江地方は慶長十七年十二月所領改めが実施され、将軍の朱印を得るためには慶長五年以来の証文と慥かなる仲介者を必要とした。そのため竹生島は近在の惣持寺実延を通して智積院の日誉に斡旋を頼んだ。なお、後述するが、日誉と実延は早くからの兄弟弟子である。そのため寺領安堵という目的は達成されたが、結果的には惣持寺の末寺となり、以後、新義真言宗寺院としての取り扱いをうけることになるのである。このことは竹生島にとって必ずしも本意ではなかった。この意識の差が後に両者の間で度々本末争いを起す原因となるのである。更に同年六月二十二日付の崇伝書状案（『本光国師日記』所収）には、

江州八幡・同舎那院・妙覚院、何も御門下ニ付而、御朱印之儀被仰越候、今之時分難相調候、重而惣並之刻可申上候、猶使僧可被申入候、恐々謹言、

六月廿二日　　金地院

智積院尊報

とあり、惣持寺や小谷寺より少し遅れて放生寺の舎那院と妙覚院の寺領安堵を日誉は願い出たようであるが、これは受理されていない。また同日付で神照寺も断られている。恐らく舎那院や妙覚院は竹生島同様これ以前に智積院・惣持寺の系統下に入っていたものと思われる。ただし、神照寺は別格のようである。

更に少し遅れて菅山寺も日誉を仲介として惣持寺の系統下に組み入れられている。元和二年(一六一六)七月二十五日付の日誉書状案(惣持寺文書所収)には、

已上

御朱印頂戴候上者、知行坊中へ配当可然儀候、猶寺役勤行無懈怠様可被仰付候、貴老者中興開山之仁ニ候間、密厳院於寺家之上首与相定候、弥々被取立寺中之仕置肝要候、自然背下知之仁於有之者、従此方任御法度可申付候、恐々謹言、

元和弐年

七月廿五日　　　　智積院

　　　　　　　　日誉(花押)

菅山寺密厳院

とある。この書状の年代であるが、菅山寺が朱印をもらうのは慶長十九年七月と元和三年七月であり、元和二年というのはこの書状の形式からいって必要ではなく、後人の補筆であり、その時に誤ったものであろう。おそらくこの書状は元和三年のものであろう。それはともかく菅山寺は日誉の仲介により朱印をもらっている。そして密厳院専秀は中興開山として菅山寺の上首に定められている。更に惣持寺実延も十月二日付の書状(惣持寺文書所収)の中で、

猶御才覚之験名誉之至候、以上、

態馳禿毫候、仍及澆季転時末法之故其山退転之尅、専秀依御才覚被経上意、拝領知行厳重粉骨無比類次第候間、密厳院専秀法印可為院家事、任菅山寺中興之誉旨千喜万悦候、

惣持寺　実延（花押）

十月二日

菅山寺専秀法師　参御同宿中

とある。実延は浦和玉蔵院で修学しており、日誉の後継者として惣持寺の住職となっている。そのため智積院と惣持寺は特に密接な関係にあった。実延は日誉の意をうけて、専秀の知行拝領の労をたたえると共に、専秀を菅山寺中興開山として密厳院院家に任命している。これら日誉や実延の動きをみるとこれ以前に菅山寺が惣持寺の末寺となっていたことがわかる。このように惣持寺は日誉の力を介在として江戸幕府の成立当初から本末関係が存在していたことがわかる。地域的には惣持寺のある坂田郡だけではなく、伊香郡や浅井郡にまで本末圏が及んでいる。これらの末寺の中には小谷寺・竹生島をはじめ、家康に宋版一切経を没収された菅山寺、秀吉ゆかりの長浜八幡宮別当放生寺等有力寺院が多い。このような状態の中で惣持寺が本寺になることができたのは、元来惣持寺がある程度の実力をもっていたことは事実であるが、それ以上に日誉・実延・頼重等の幕府や本山智積院と密接な交流を持った住持が輩出したことによるものと思われる。特に日誉は近世初期の新義真言宗教団、なかでも智積院の興隆に尽した功績は大なるものである。惣持寺の場合もその流れの一貫として目覚しい発展を遂げている。これは日誉が惣持寺から智積院に上り、晩年はまた惣持寺に隠居していることをみても、彼にとって惣持寺が重要な拠点となった寺であったためであろう。日誉の時代の本末関係は非常に素朴な形の結び付きであり、どちらかといえば日誉の個人的手腕による本末関係であり固定したものではなかったようである。

二　本末関係の動揺

このように早くから多くの末寺を有していた惣持寺ではあるが、同地方には有力寺院が多く、この本末関係は確固たるものではなかった。そのためこの後本寺の命に従わず、度々問題を起している。これは江戸幕府成立当初という特殊条件と日誉の個人的手腕が重なった時代はともかく、ある程度末寺側の力が安定してくると、中世的な末寺個々の自主独立の気風が復活して本寺の干渉を快しとしなくなったためであろう。これに対して本寺側は種々の制約を加えながら、本末制度を整備強化しようとして対立するのである。

寛永三年(一六二六)極月十六日付の秀宥証文写(惣持寺文書所収)には、

天王法輪院校割・仏・道具等注文請取申候、後日ニ我等天王ニ居住不仕候ハハ、御本寺江可被召置候、其時別儀御座有間敷候、仍為後日之状、如件、

寛永三年丙寅極月十六日　　　天王　秀宥　判

惣持寺法印様

とある。これは近くの祇園村法輪院秀宥が入寺に際して、什物・仏具等の請取証文を本寺惣持寺頼重に提出したものである。これ以前の惣持寺と法輪院の関係については明白ではないが、法輪院の住持を惣持寺が任命しているところをみると、かなり早くから本末関係があったようである。それを住職交替に際して再確認したものであろう。また承応三年(一六五四)三月十一日付の菅山寺寺中連署証文(惣持寺文書所収)に、

指上申一札之事

今度従御本寺条々御法度書被仰付候旨、何も向後相背申間敷候、若一人成共於違背者如何様之曲事被仰付候共、少も御恨申上間敷候、仍而為後日一札如件、

承応三甲午年三月十一日　　　菅山寺

院家　密厳院　覚英(花押)

寺中　寂静院　頼秀(花押)

仏乗院　典秀（花押）
阿弥陀坊秀慶（花押）
専良房　伝精（花押）
興善院　慈仁（花押）
中陽坊　　（花押）

進上
物持寺様

とある。当時菅山寺は一山内部で公事を起していた。そのため本寺に公事を裁許されたばかりでなく、末寺法度を制定されている。菅山寺は前述のように日誉・実延の時代から惣持寺の末寺であったことは事実であり、それがこの時一山内部で公事を起したため、本寺から守るべき法度を再確認されたものであろう。万治二年（一六五九）二月二十八日付の智積院宥貞書状（惣持寺文書所収）には、

使僧幷芳札示給候、江州八幡放生寺衆中より公事申来候間、双方可承与存、裏判遣候処、往古より彼放生寺者惣持寺為末寺間、本寺へ無届越訴仕候故、公事取上不可聞与被仰越候、任其義（儀）於此方理非不承間、於其元可有落着候、委細者使僧可為演説候、不具候、謹言、
（万治二年）
二月廿八日　　　　智積院　宥貞（花押）

とある。万治二年二月頃、放生寺では福寿院と惣中の間で公事になっていた。そこで両者は直接智積院の宥貞に訴状を提出して、宥貞から裏判をもらい二月二十五日に両者は対決することになっていた。これに対して惣持寺は末寺が本寺に断らずに直接智積院に越訴することは違法であると訴え、智積院宥貞からこの問題は惣持寺が裁許するようにと指示され直している。同三月二十五日付の放生寺詫証文には、

指上申手形之事
七ケ年以来違背本寺不出仕申、其上不自門之法流相守求他流企仕、仁和寺菩提院前大僧正様江伺公申御法流中申

請、御末寺ニ可罷成之由訴申候へ共、菩提院前大僧正様曽而不被遊御同心、堅末寺不被成候処ニ、仁和寺之御末寺ニ罷成候与偽申、七ケ年以来我儘仕、御本寺江緩怠仕候歟、任御朱印趣可被仰付候由、御意被成候へ共、神照寺宝光坊ヲ頼、頻ニ詫言依申上候、此度之緩怠御赦免被成候御事、過分ニ奉存候、於向後ニ弥崇本寺与、御仕置御法度堅相守、此連判之者共皆々出仕可仕候、少も違背申間敷候、右之趣若於末代ニ為も一人与相背申者於有之者、追放可被成候、少も御恨存間敷候、仍為後日連判状、如件、

万治弐己亥年三月廿五日　八幡放生寺

舎那院(印)　福寿院(印)　妙覚院(印)
宝蔵坊(印)　本覚坊(印)　竜存坊(印)
清運坊(花押)　宝乗坊(印)　浄教坊(印)
鏡音坊(印)　民部卿(印)　右京(印)
兵部卿(印)　中将(印)　大弐(印)
大進(印)　少納言(印)　左京(印)
諦善(印)　少弐(印)　泉教(花押)
福寿坊(花押)　成就坊(印)　俊蔵坊(印)
宝泉坊(印)　円寿坊(印)　実泉(印)

御本寺惣持寺法印様

とある。このように八幡放生寺では、連署して本寺惣持寺に詫証文を提出している。この詫証文によると放生寺は七カ年前から本寺に出仕せず、更に仁和寺の末寺と偽わっていたことがわかる。それが一山内の公事で、智積院に訴えたところが、本末の違反が露見して、このように本寺惣持寺に詫証文を提出し、命を遵守することを誓約させられて

いる。法輪院や菅山寺の場合は本末の再確認であり、必ずしも本寺違背とはいえないが、放生寺の場合は明らかに本寺の命に背いていたことがわかる。

また正月十五日付の智積院運敞書状（惣持寺文書所収）には、

遠路使僧殊枝柿一箱贈給欣悦之至候、新陽之慶賀目出度申納候、弥清康年御越候由珍重存候、老拙無恙罷居候、然者去年申入候貴寺之末寺竹生島・妙覚院出入之儀双方被召寄、度々御異見候由、先以致満足候、然処妙覚院合点不仕之由笑止之儀存候、妙覚院上京候者少々加異見可申候、使僧之口上幷口上書之趣、得其意一段尤存候、委細者使僧申含候、恐々謹言、

（延宝六年）
正月十五日　　智積院　運敞（花押）

惣持寺御坊回章

とある。これは年紀はないが、竹生島の妙覚院は延宝六年二月八日付で惣持寺に詫証文を提出しているので、延宝六年のものと考えてよかろう。この頃運敞は竹生島の一件に積極的に参画しており、彼の書状が五、六通残っている。それらを合せて考えると、当時、竹生島では惣中と妙覚院の間で奉加帳の序書の問題で争いが起っていた。そこで惣持寺が本寺として両者の裁定にあたったが、両者が納得せず、京都の本山智積院まで訴え出ている。しかし智積院運敞は一貫して本寺惣持寺と連絡をとりながら、竹生島に圧力をかけている。更に同二月九日付の書状案には、

一札令啓候、然者惣中与妙覚院不和之由致伝聞候、縦道理有之候共、各勘忍候而和睦可然存候、其故ハ若及公儀之沙汰候得者、為一山不宜存候、且者当時御修造之御訴訟茂被申上置候間、不可過一山和融候、為其如此候、恐々謹言、

（延宝六年）
二月九日　　智積院僧正

竹生島惣中各中

とある。本書は現在惣持寺にあり、案文のようであるが、智積院運敞は竹生島の惣中と妙覚院に対し、和睦するようにと説得している。特に竹生島は当時幕府に再興願いを出している最中であり、もしこの争いが露見して幕府の沙汰をうけるようになると、再興もままならなくなるので是非示談にするようにと竹生島惣中に伝達している。これは同様のものが妙覚院にも出されたものと思われる。二月十七日付の運敞書状には、

追啓、遠境預飛札欣然之至候、以上、

芳翰令薫読候、然者竹生島・妙覚院出入之儀、愚老致異見候通令合点候故、双方和睦候之由喜悦存候、竹生島御再興御訴訟之障と可罷成処、下ニ而相済、貴僧御満足之由得其意候、猶面上可申伸候、恐々謹言、

二月十七日　　智積院僧正　運敞（花押）

物持寺御房回章

とある。これをみると竹生島一山内の公事は智積院運敞の仲介により、惣中と妙覚院は和睦したことがわかる。特に妙覚院は二月八日付で惣持寺に詫証文を出している。しかしこれらの書状をみてもわかるように、竹生島一山は素直に本寺惣持寺の命に従ったわけではなく、本山智積院運敞の仲介と幕府へ堂舎の再興願いを提出していたという特殊事情によって形式的に惣持寺の命に従っただけのことである。この頃の惣持寺と竹生島の本末関係は明白でなく、特に竹生島は本寺の開山忌に十年来出仕せず、また正統に法流伝授もうけておらず、惣持寺の本寺としての拘束力は弱まっていたようである。貞享元年（一六八四）八月二十六日付の惣持寺訴状案には、

訴状

江州竹生島者古来より惣持寺之末寺ニ隠無御座候処ニ先年致本寺違背候故、御公儀江御訴訟可仕と存候之処ニ、竹生島惣山致迷惑、及詫言以前智積院僧正御異見ニ而、如先規之惣持寺之末寺ニ相究候、然所ニ厳有院様御他界之節、亦致本寺違背、我儘ニ京都御奉行所江無本寺之由偽り申上、本寺へ何之沙汰も不仕、先立而致下向候段不

届ニ存、四箇寺江其訴へ申候処ニ、竹生島物代梅本坊と申を被呼寄、右之段及糺明候処ニ、梅本坊返答ニ、惣持寺訴之通、竹生島者末寺ニ無紛候得者、是非之申分無之由申候、依之竹生島之僧共御呼寄候而、弥本末之規式違背不仕候様ニ御申付可被成由ニ而、四箇寺より竹生島老分之者四、五人も可参之旨梅本坊ニ被申付候得者、金竹坊・吉祥院と申若輩者両人致下向、四箇寺江罷出、竹生島之儀曽以惣持寺之末寺ニ而無之と各別ニ申ニ付、一山之内申分不同ニ候段難心得被思召候間、此上者寺社御奉行様江御訴訟申様ニと、指図を以其御断申上候へハ、今程江戸御公用繁、其上竹生島之者共最前京都御奉行所江無本寺之由申上候ハヽ、彼是以京都之御奉行所江御訴訟申上可然旨被為仰付ニ付、京都御奉行所江御訴訟申上候へ者、竹生島之者共被召寄、御吟味之上ニ而惣持寺理運ニ被仰付候処ニ、此節又々本寺違背仕、本寺へ何之沙汰も不仕、先立而罷下寺社御奉行様并四ヶ寺江罷出、無本寺之由偽申上候段、重々不届ニ存候、今度竹生島之者共被召出御僉議之上、急度被仰付被下候ハヽ忝可奉存候、

以上、

貞享甲子年(元)八月廿六日　　江州惣持寺

江戸御四箇寺

とある。この訴状は貞享元年に惣持寺の雪巌が江戸四箇寺に提出したものの案文であるが、これをみると惣持寺と竹生島の本末争いの経過がよくわかる。即ち最初は前述したように、延宝五・六年頃、竹生島が本寺惣持寺の命に従わず、智積院運敞の仲介により詫証文を提出したこと。次に延宝八年厳有院殿(徳川家綱)の諷経に際して、竹生島が寺社奉行に無本寺と申し立て、惣持寺から四箇寺に訴えられている。しかもこの時には竹生島一山内部で本寺惣持寺を認める者と認めない者が出来、最後は京都奉行所にまで訴えられ、竹生島側の敗訴になっている。このように竹生島は二度までも惣持寺との本末争いに敗れながら、この訴状によれば、貞享元年八月には三度本寺に違背して、寺社奉行と江戸四箇寺に無本寺と申し立てていることがわかる。しかしこれは同年十月九日、竹生島が本寺に詫証文を提出

しており惣持寺の言い分が通ったようである。この貞享元年の本末争いは一見平凡な事件であるが、その背景を調べてみると幕府の本末制度を徹底化させる意図が明白に表われている事件として興味をひく。この貞享元年の訴訟の惣持寺側の証文写によると、

指上申竹生島本寺手形

今度御朱印御改付而、江州浅井郡竹生島一山惣代実相院参向仕候、従御奉行所本末等之儀迄御吟味被遊候付、各様より一山之本寺之儀御僉議候、依之一山之惣代又金竹坊参府仕候、竹生島一山本寺之儀者、従前々同国坂田郡下司村惣持寺之末寺真言宗新義派ニ紛無御座候、仍而為後証、為一山惣代手形如此御座候、以上、

貞享元甲子
十月十二日

竹生島惣代
金竹坊　寛頼　印
実相院　祐盛　印

江戸四箇寺御中

差上申一礼之事

今度御朱印被成下候付、竹生島為惣代拙僧共罷下候、本寺之儀御尋被成候節、最前相違之儀申上迷惑仕候、於円福寺(江戸四箇寺)御吟味之上、前々之通江州坂田郡下司村惣持寺末寺之段、証文差上惣持寺へも前々之通違背仕間敷候旨証文差出申候、則右証文写、従円福寺被懸御目ニ候通相違無御座候、向後本寺之儀ニ付申分無御座候、一山為惣代如此御座候、以上

貞享元甲子十月十四日

竹生島惣代
金竹坊　印
実相院　印

御奉行所

右之手形本多淡路守(忠英)殿へ納候、取次者御家中之中根与一郎殿ニ而候、

時之寺社奉行坂元内記殿
本多淡路守殿

右為後証留置申候、以上、

雪巌(印)

とある。十月十二日付の手形は竹生島が自己の本寺が惣持寺であることを江戸四箇寺に報告しているものであり、今回の訴訟も当然竹生島側が自分の非を認めたことになる。ここで注意を要することは竹生島が真言宗新義派といっていることである。これまで竹生島が真言宗新義派と名乗っているものはない。これはつぎの項でも触れるが、次第に幕府の本末制度が徹底してきたことを物語るものであろう。それはともかく、貞享元年には幕府の朱印改めが行われていることがわかる。各寺院は朱印改めに際して、朱印高と本末を明確にする必要が生じた。十月十四日付の証文をみれば明白であるが、この時、竹生島は無本寺を主張して、惣持寺から訴えられ、江戸円福寺で吟味の上、惣持寺の末寺であると裁許されている。これも竹生島が本心から納得したかどうか疑問であるが、すぐに訴訟をとりさげ、本寺に詫証文を出し、次に江戸四箇寺と寺社奉行に本寺証文を提出して朱印の再交附をうけている。一方、惣持寺側でも度重なる竹生島の違反には手を焼いたのであろう。雪巌はこの時の写を証文として残している。これ以降、惣持寺と竹生島の争いは見られなくなるが、このように度重なる違反を許したことは本寺惣持寺の力が絶対的なものではなかったのであろう。また逆にいえば、竹生島はこのような幕府の公式の行事以外に、本寺惣持寺の力を必要としなかったのであろう。しかし惣持寺は智積院や幕府の力を背景として着々と竹生島を統制していっていることがわかる。いずれにしても、惣持寺は日誉没後、この雪巌の時代まで、度々本末争いが起っており、本末制度の過渡的な時期であったことがわかる。しかし惣持寺雪巌は巧みに幕府の政策を活用して竹生島をおさえている。惣持寺の本末制度を考える場合、雪巌の働きを注意しておく必要があろう。

三　本末制度の確立

江戸時代の新義真言宗の本末制度を考える場合、基本となるのは寛永十年（一六三三）に作成された寺院本末帳であるが、これは全国的に実施されたものではなく、関東の新義真言宗寺院だけであり、近江地方にまでは及んでいない。しかし寛永十七年初冬十二日付の智積院元寿法度（惣持寺文書所収）には、

法度

一、諸末寺可相守本寺之法度、若有法流中絶之儀者、不求他流紀自門之濫觴、灌頂等可令執行、自由之企於有之者、寺領等可有改易之由、為御朱印之旨事、

付、門中座位之儀如先例、能化分之衆者可為其内之臈次、為平僧者不可望能化分之上座事、

一、所化中背能化之命、結徒党企非道之公事、妨論席輩於有之者、棟梁人可令衆抜、若棟梁人不知之時者、可為上座一人之罪過事、

一、惣持寺居住之所化、本寺住山之砌、不滞許状者、本寺之交衆不可免許事、

右条々、任先例如此也、

寛永十七年　　智積院僧正

初冬十二日　　元寿（花押）

惣持寺

とある。これは京本寺智積院元寿から惣持寺が末寺の監督にあたるように命じられているものであり、所轄の範囲は明確ではないが、この時には惣持寺は名実共に近江地方における本寺として地位が確立するのである。この時の末寺の状態は明らかでないが、十三年後の承応二年三月二十八日付の惣持寺住持宝仁の葬儀執行の廻状写（惣持寺文書所収）には、

法師宝仁廿七日之夜半ニ入寂ニ候、来朔日ニ可致葬礼候条、各御入来尤候、若於降雨者可為二日候間、左様ニ可

被相意得候、恐々謹言、

（承応二年）三月廿八日　　惣持寺　判

小谷寺　明王院法印御房

同寺中衆

井口　理覚院御房　　山本　源泉坊　壱通

同結衆中

飯福寺惣中

石道寺御房

菅山寺　密厳院法印御房

同寺中衆

右銘々ニ可申入候へ共手前取込候間、次第ニ御伝頼入候、以上、

右壱通　竹生島　西方院法院御房

一乗院御房

同寺中衆

右壱通　弥高　悉地院法印御房

同寺中衆

長尾寺御房

門下衆も此由被仰伝可有候、

右壱通

醍醐

寂静院法印御房

同結衆中

大聖寺岩本坊

同結衆中

右壱通

河路

一乗坊　　　　祇園

法輪院

壱通

八木浜

長音坊

新蔵

右壱通

八幡

放生寺

同舎那院法印御房

同寺中衆

右壱通

佐和山

養春院法印御房

福昌院御房

長久寺御房

医王寺御房

威徳院御房

梅本坊

とある。この宝仁の葬儀執行の際、小谷寺明王院以下三十一ヵ寺が本寺出仕を命じられている。これらの寺院が全て惣持寺の末寺であったという証拠はないが、すでに末寺であることが明白な小谷寺・菅山寺・竹生島等の寺院と同格に扱われているので、ほぼ末寺と見なして誤りはないものと思われる。この末寺の中には竹生島は勿論、江戸時代を通して、惣持寺の下で中本寺格の役割を果す小谷明王院・菅山寺密厳院・弥高寺悉地院・醍醐寺寂静院・新放生寺舎那院等の学頭寺院は全て含まれているので、この頃までに後の元禄期以降に完成する惣持寺を中心とする本末制度の原型が出来上がっていたものと思われる。地域的には惣持寺のある坂田郡だけではなく伊香郡や浅井郡等、湖北一帯に及んでいたことがわかる。ただし、前述したようにこれらの末寺の中には、形式的には末寺の形をとっているが、実際は本寺の命に従っていない寺院が多かったようである。

それはとにかく、これらの末寺の中には前述した小谷寺や竹生島をはじめ、菅山寺・放生寺・悉地院・石道寺等の有力寺院が多い。このような状態の中で惣持寺が本寺になることが出来たのは、前述のように、元来惣持寺がある程度の実力をもっていたことは事実であるが、それ以上に日誉・実延・頼重等の幕府や本山智積院と密接な交流を持った住持が輩出したことによるものと思われる。

そして寛文二年(一六六二)七月二十一日、惣持寺は再度智積院の運敞から本末法度を下され、本寺としての地位を再確認されている。しかし、前項の本末関係の動揺でも述べたように惣持寺の本末支配は必ずしも順調ではなく、度々問題を起している。これに対して惣持寺は幕府や四箇寺や智積院の力をかりながら次第に本末制度を整備強化しようとしている。その典型的な例が前述の竹生島の一件である。更に惣持寺の場合、竹生島同様、貞享頃に本末関係の再確認がなされている寺が多い。貞享三年三月十五日付の大聖寺村方役人証文(惣持寺文書所収)には、

指上申一札之事

一、大聖寺村長三郎儀、当住御入院以来九年之間、終ニ寺参不仕候事、

一、古来勤来候御影供并行迄三年以前ニ打破り、于今勤不申候事、

一、今度我等重々之罪科被為仰出候事、吉兵衛兄弟讒言故歟と存、改奉行衆へ彼者共之儀僻ニ申上候事、全以我等邪権（見）ニ而御座候、向後少ニ而も非道之儀申懸間鋪候事、

一、大聖寺岩本坊者従古来御末寺ニ而御支配所故、住職等も古来従御本寺被為仰付候処ニ、我等儘之様ニ宗旨改奉行江偽申上候事、

右重々構非儀申事、真言寺破却之巧有之故、真言宗之志少も無之、其上宗旨之朋友迄妨善根者ニ而候へ者、宗旨請合之御判形被遊間敷と被仰出候事、御尤ニ奉存候、此上者御寺参も仕、有来候御影供并行も急度勤可申候間、如前々御判形被遊可被下候、自今以後、右之条々一ケ条も違背仕間敷候、若相背候ハヽ、如何様之曲事にも可被仰付候、為後証、仍如件、

大聖寺大門村
長三郎(印)

貞享三年
丙寅三月十五日
証人同前角右エ門(印)
長右エ門(印)

惣持寺雪巌法印様

とある。これによれば大聖寺は惣持寺に雪巌が入院以後本寺出仕を拒否し、御影供や行まで勤めていない。更に宗旨改めも偽っていたようである。それが貞享元年宗旨改めの際本寺証文が必要となった。そこで惣持寺に願い出たところ、従来の非儀を指摘され本寺証文を拒否された。そのため大聖寺側では村役人連署の上、従来の非儀を本寺惣持寺

に詫びていることがわかる。また同九月十七日付の飯福寺詫証文(惣持寺文書所収)には、

指上申一札之事

一、江州伊香郡中之庄已高山者、従往古惣持寺御末寺ニ紛無御座候ニ付、古来末寺御請手形御本寺より申請来候処ニ、当住様御入院以後、曽沙汰不仕、已高山之支配我儘ニ仕候ニ付、御立腹被遊候段、御尤ニ奉存、就夫小谷寺明王院頼存詫言申上候処ニ、御承引被遊被下候段、忝奉存候、向後弥以如先規住持等、従御本寺可為仰付候、此方ニ少も構無御座候、何事ニ而も御本寺之御下知違背仕間敷候、為後証仍而如件、

貞享三年
寅九月十七日
御末寺飯福寺
梅本坊　実栄(印)
泉長坊　景順々
新井坊　専景々
金剛院　実深々
宝寿院　景重々

御本寺
惣持寺雪岩《(ママ)》法印様

とある。飯福寺も大聖寺同様、雪巌入院以後本寺に出仕していなかったため、本寺の惣持寺雪巌に対して詫証文を提出している。この頃、放生寺や竹生島も詫証文を出している。また詫証文を出してはいないが、この頃、惣持寺雪巌の斡旋をうけた寺院も多い。貞享元年八月三日付の雪巌の口上覚(惣持寺文書所収)には、

口上覚

一、江州伊香郡已高山者行基菩薩開基、本尊者十一面観音行基菩薩之製作安置之古跡ニ而、往古より境内山林幷祈禱谷仏

供御免除地ニ而御座候ニ付、台徳院(徳川秀忠)様御上洛之時、於京都御朱印被成下候様ニと奉願候ヘハ、板倉伊賀守(京都所司代・勝重)殿江被為仰付、伊賀守殿より則御書付被下置、于今所持仕候事、

一、大猷院(徳川家光)様御朱印御改之節、参府仕、知足院(江戸)を頼存候而、御朱印奉願候処、御帳面相究候間、此節者被下候儀難成旨、被為仰付候事、

一、厳有院(徳川家綱)様御朱印御改之時分者、五十石以上御朱印地計罷下候様ニと被為仰付候故、参府不仕候事、

乍恐此節御朱印被成下候様奉願候、以上、

貞享元甲子年八月三日

本寺惣持寺　現住雪岩(ママ)(花押)

右之書付、江戸四箇寺之内当番円福寺を以、御朱印御改奉行当番淡路守(本多忠周)殿江訴訟申上置候、以上、

とある。これは前述の竹生島の朱印改め事件とも関連があるが、貞享元年、幕府は朱印改めを実施した。已高山普門寺は元和五年(一六一九)九月に京都所司代板倉勝重から寺領安堵の奉書をもらっているが、まだ朱印状はもらっていない。そこで貞享元年本寺惣持寺雪巖を仲介者として幕府に願い出ていることがわかる。また三月二十三日付の雪巖書状(惣持寺文書所収)には、

尚々先日者長雲罷越、御許状頂戴仕、愚拙迄忝奉存候、以上、

当月十四日之御返簡忝致拝見候、先以道体御清康ニ被為成御座候由珍重奉存候、然者此石道寺者拙僧末寺之僧ニ而御座候、他領之百姓共と少出入御座候ニ付上京仕候、則数通之証文致持参候、乍御苦身、従尊院御奉行所迄御内意宜頼上候、委曲此僧可申上候条不詳候、恐惶謹言、

三月廿三日　惣持寺　雪岩(ママ)(花押)

智積院僧正様

とある。この書状の年代は明白でないが、雪巌が自分の末寺石道寺が百姓と問題を起して上京した際、本寺智積院運敞によろしく石道寺のことを奉行所に取り次いでほしいと頼んでいるものである。また貞享三年四月日付の雪巌置文(惣持寺文書所収)には、

彦根威徳院貞享二乙丑年七月逢累火ニ、寺院焼失故、当寺中ニ有之候庵但皆杉柱弐間ニ四間二方廊□□隣、其上狭少之地ニ而社頭寺院建立難成故、掃部(井伊)頭殿へ致披露、新屋敷廿五間卅五間ニ申請、本屋敷差上候処ニ、本屋敷も則拝領仕候由、威徳院現住堯覚より申来候、以上、

貞享三丙寅年四月日　　惣持寺　現住雪岩(ママ)(花押)

とある。惣持寺の雪巌は貞享二年七月、末寺の彦根城下威徳院が累火で焼失した際、すぐに自分の小庵を分け与え、更に寺域が狭いため井伊家にかけあい、新たに二十五間に三十五間の寺地をもらっている。このように雪巌は従来ともすれば惣持寺の末寺から独立しがちな傾向にあった彦根城下の末寺まで積極的に面倒をみていることがわかる。そのためか同年九月十四日付の雪巌廻状(惣持寺文書所収)には、

猶々、来五日之昼前到着候様ニ待入候、装束等持参尤候、先規之通不交他門候間、少し隙入候共越境尤ニ候、以上、

態以一簡令啓達候、然者先師亮汰僧正相当第七年忌候故、為追福来十月六日ニ可令灌頂執行と存候条、各出仕尤ニ存候、恐々、

貞享三丙寅年九月十四日　　惣持寺　雪岩(ママ)(花押)

彦根末寺中

次第不同　福昌院　公温(印)(実名は全て異筆)

養春院　寿精(印)

宝珠院　海如(印)
成就院　実縁(印)
長光寺　宝仙(印)
長大寺　頼堅(印)
威徳院　堯覚(印)

右一覧之衆者寺号之下ニ実名書付、印を押、次々へ被廻、終之寺院より此方へ可被返候、以上、

とある。このように雪巌は貞享三年十月五日先師亮汰の七回忌の追善のため灌頂を執行しようとしている。そして彦根の末寺に対して当日出仕するように命じている。彦根寺院は全て実名捺印しており、当日の出仕を承知したものと思われる。従来このような例は少なく、これも雪巌の働きかけがものをいったのであろう。しかも前述の承応二年三月の惣持寺宝仁の葬儀執行の際の彦根末寺は六カ寺であり、一カ寺増えている。

このような一々の用例はともかく、延宝から貞享頃にかけて、惣持寺雪巌が、惣持寺を中心とした本末制度の整備に果した役割は非常に大なるものがある。前項で述べた竹生島の場合は堂舎再興願いや朱印改めという幕府の政策を巧みに活用して、竹生島の弱味を握り、自己の勢力下に組み込んでいる。また大聖寺・飯福寺・放生寺の場合は詫証文を、普門寺・石道寺・威徳院の場合は面倒をみるなど種々の形で、本末制度を再強化している。勿論、他の住職の時代にはこのような例がなかったわけではないが、特に惣持寺の場合、雪巌の在住時代の本末関係の強化は顕著である。これは前述の竹生島の場合をみてもわかるように、幕府の本末政策の徹底化にともない、近江地方にまでその政策が徹底してきたことを物語るものであろうが、これらの時流を利用して、様々な形で本末関係を強化していった雪巌の政治的手腕を見落すことはできない。雪巌は延宝六年頃、卓玄の跡をうけて惣持寺の住職となった僧侶であるが、惣持寺以外に彼の活動は明白でなく、彼の経歴を明らかにできないことは残念である。また彼の一生の中で特筆すべ

きことは元禄五年(一六九二)六月、惣持寺の本末帳を完成したことである。これは全国的な規模で実施されたものであり、必ずしも雪巌の手腕とは言えないかもしれない。しかし新義真言宗の場合、延宝三年に一度本末帳が作成されたといわれるが、現在惣持寺に残っている本末帳は元禄・宝永・安永の三種類であり、惣持寺の場合、元禄五年に初めて雪巌の手によって完成したと考えてよい。とすれば、いかに幕府の政策とはいえ、最初に本末帳を完成した雪巌の政治的手腕を高く評価してよいと思われる。これ以後江戸時代を通してこの元禄の本末帳が惣持寺の本末関係の基本台帳となっていくのである。なお、この本末改めの際、竹生島は惣持寺に対して離末を願い出たようであるが、許されていない。このように延宝・貞享・元禄頃、近江地方の新義真言宗寺院は雪巌の活動により、惣持寺を中心とする本末制度が確立したのである。

まとめ

中世寺院の本末関係は人によって決まり、近世寺院の本末関係は寺によって決まるといわれている。即ち、中世寺院の本末関係は住職個人の法流伝授によって交替し、固定したものではない。それに対して、近世寺院の本末関係は寺の格で決まるものであり、住職の意志に関係なく固定したものである。これが中世寺院と近世寺院の本末関係の根本的な相違である。

この惣持寺の本末制度の成立過程をみると、本末制度そのものが最初からきちっと固定していたようには思われない。近世初期、江戸幕府成立当初の日誉の時代にも、なお、竹生島に代表されるような中世的な色彩の強い、非常に素朴な形の本末関係の結び付きが見られる。この素朴な結び付きが、次第に幕府の封建的な支配機構の中に組み込まれていき、延宝から貞享頃の雪巌の時代に、彼の政治的手腕と相俟って、いわゆる、近世的な本末関係へと整備強化されていったことがわかる。もちろん惣持寺を中心に考えた場合、これらの業績をなした日誉や雪巌の活躍は特筆されて然るべきものであるが、より大きな政治史的な視野で見れば、彼等の活躍も江戸幕府の支配機構の整備と軌跡を一にしていただけであり、雪巌の頃に近江地方でも幕府の政策が徹底化しだしたことと相関関係にある。惣持寺の本末制度の成立過程をみると、近世には寺院がいかに江戸幕府の直接支配下にあったかが端的に顕れている。

第六章　武蔵吉見息障院の本末制度

はじめに

私は近世の関東仏教教団の動向やその組織、制度について研究を進めている。近年、埼玉県の寺院聖教文書遺品調査の一員として、真言宗・天台宗・浄土宗・修験宗関係寺院の調査を担当している。本章ではこの調査の過程で確認された吉見の息障院文書を中心として、近世の関東の新義真言宗の本末制度について考えてみたい。息障院文書に視点を定めたのは、その現存史料の豊富さにある。一昨年（一九八〇年）来、徳永隆宣氏等と息障院文書の調査を進めているが、今回の調査により息障院の灌頂蔵の二階から従来未確認であった文書・記録・典籍等が夥しく発見されている。その点数は五千点を超えるであろう。管見では関東の真言宗寺院の史料としては、その量と質の良さで高尾の薬王院と共にもっとも代表的なものである。特に息障院文書の優れているところは、単に本寺息障院の史料だけではなく、門末寺院の史料も全て本寺に蒐集して保管していることである。しかも現存する息障院の史料は各末寺、門徒毎にある程度の分類がなされている。おそらく史料の残存状態からみて、明治初期の息障院住職によって区分がなされたのであろう。吉見地方は荒川や市野川に囲まれた低地であり、かつては水害の多発地帯であった。その水害をさけるために灌頂蔵の二階に収納していたのであろう。管見では滋賀県長浜の惣持寺もほぼ同様の史料の管理がなされていた。これらの豊富な史料を背景として息障院の本末関係を考察してみたい。特に息障院の場合、本末関係の成立過程がことごとく史料によって裏付けされるので、関東地方の新義真言宗寺院の本末制度の典型として、一々典拠を明示しながらその整備過程を論述してみたい。そのためいささか引用史料が多くなることをご容赦いただきたい。

一　初期の本末関係

私はかつて近世初期の息障院の本末関係、特に息障院と金剛院の出入について私見を述べたことがあるので、本章では概要のみを記してみたい(1)。

息障院所蔵(2)の寛永元年四月三日付の武蔵諸本寺廻状には、

武蔵吉見息障院末寺金剛院者、違背本寺仕ニ付而、去々年智積院僧正御下向之時、訴訟申候処ニ、至当春中、従彼僧正擯出之御状被下候間、則差添令進候条、各於御同心者、御加判所仰候、仍連判之状如件、

寛永元年四月三日　　息障院　深秀（花押）

知足院　光誉（花押）
弥勒寺　宥鑁（花押）
円福寺　俊賀（花押）
真福寺　照誉（花押）
武州之内 蕨 三学院　宥遍（花押）
浦和 玉蔵院　宥乗（花押）
与野 円乗院　賢心（花押）
植田谷 林台寺　宥秀（花押）
加村 円福寺　永繁（花押）
忍 遍照院　永慶（花押）
長野 長久寺　宗吽（花押）

羽生小松寺　長雅（花押）
羽生正覚院　宥賢（花押）
寄西竜花院　尊雄（花押）
菖蒲吉祥院　日栄（花押）
倉田明星院　祐長（花押）
鴻巣持明院　淳海（花押）
馬室常勝寺　尊宥（花押）
箕田竜珠院　宗快（花押）
勝呂大智寺　俊界（花押）
越生報恩寺　玄秀（花押）
高麗聖天院　慶誉（花押）
成木愛染院　賢宥（花押）
三田金剛寺　栄宜（花押）
大久野西福寺　頼俊（花押）
横沢吉祥院　海誉（花押）
大幡宝生寺　頼広（花押）
高幡金剛寺　良仙（花押）
武州符中妙光院　良昌（花押）
伊草金乗院　覚清（花押）

三保谷
光徳寺　円祐(花押)
北武蔵長井間々田
能護寺　栄智(花押)
深谷蓮沼
惣持寺　勝範(花押)
安保
吉祥院　広誉(花押)
三波川
金剛寺　光重(花押)
栗嶋(崎カ)
有勝寺　頼尊(花押)
下児玉
勝輪寺　同人
針賀野
弘光寺　重広(花押)
武州岩付
弥勒寺　元雄(花押)
同州寄西郡中嶋
金剛院　尊慶(花押)
同州越ケ谷
高照院　賢尊(花押)
同州大相模
大聖寺　長誉(花押)
武州下足立西新井
惣持寺　賢真(花押)
(別紙)武州小平
成身院　代僧乗蔵(花押)

とある。これをみると、寛永元年四月に吉見の息障院の末寺金剛院が本寺に違背したため、京都の本山智積院日誉の[3]命によって、金剛院は一宗追放になっている。しかも本寺息障院深秀はこの命を伝える日誉書状を証拠として、江戸四箇寺と武蔵の諸本寺に廻状を出し、加判を求めている。加判している最初の四カ寺が、いわゆる触頭の江戸四箇寺であり、他の四十カ寺はいずれも寛永十年の「関東真言宗新義本末帳」に記載されている武蔵の本寺格の寺院であり、このような方法で最終決定である金剛院の一宗追放は武蔵諸寺院に伝達されていったようである。

この息障院と金剛院の本末争いは、元和八年に智積院日誉が関東に下向した頃からすでに問題になっていたようである。そして日誉の意見によって一応金剛院が末寺に決定していた。ところが金剛院は承服せず、この決定に背いており、息障院は再度金剛院の不法を智積院日誉に訴えている。

孟春十五日付の日誉書状には、

（追而書略）

改年之祝儀珍重之不可在尽期候、仍金剛院不経数日悔還、働不儀候由、前代未聞之悪僧ニ候、則令擯出、江戸四ケ寺、武・上両国（武蔵・上野）諸寺中へ以廻状申述候、早速可被触廻候、拙者秋ゟ所労気ニ候而、手前取紛、以書状不申分令無音候、委曲口上ニ申含候条、不能具候、恐々謹言、

（寛永元年）孟春拾五日　　智積院僧正　日誉（花押）

息障院　寮下

とあり、日誉は金剛院の一宗追放を息障院に伝達している。そして、この決定を江戸四箇寺や武蔵・上野両国の諸寺中に廻状をもって触れ廻すようにいっている。この日誉の命をうけて作成されたのが、前述の寛永元年四月三日付の廻状である。これによって元和八年夏以来続いていた息障院と金剛院の本末争いは、金剛院住持の一宗追放という形で結着がつけられた。最終決定は金剛院が本山日誉の決定に違背したので一宗追放ということになったが、最初の両寺の本末の出入の経緯については明確でない。

これ以前の慶長十七年八月六日付の関東の真言宗の有力寺院が挙って連署している関東八州真言宗留書（『三宝院文書』十二所収）をみると、

武州吉見　息障院

武州吉見　金剛院

とあり、両者共同格で署名している。更にこの留書に近在で署名している寺院は越生報恩寺・伊草金乗院・馬室常勝寺・鴻巣持明院・勝呂大智寺・府中妙光院・間々田能護寺などであり、いずれも前述の「武蔵諸本寺廻状」に署名しており、しかも「寛永本末帳」に本寺格寺院として記されている。これらの記載方法をみると、慶長年間頃には息障院と金剛院はそれぞれ個々に独立していたようであり、具体的な本末関係は存在しなかったのではないかと私は推測している。特に別表（二〇〇～二〇四頁）の「息障院門中本末変遷表」の如く、金剛院はその末寺や門徒数からみてもかなり有力寺院であったことが想像される。それが幕府の寺院統制策として本末の規制が実施されてくると、両者は距離が隣接していたため並存することができず、法系的、地域的な結合の中で、両者の本末関係が必然的に打ち出されてくる。このような経過の中で両者の本末争いが起ったものと思われ、必ずしも金剛院側に非があったとは思われない。しかし一度本山側で決定したことは絶対であり、その命令に従わなかった金剛院住持は一宗追放処分になったのであろう。

寛永十年の本末帳をみると、章末の表1「息障院門中本末変遷表」の如く、息障院の末寺として、吉見金剛院・多摩松嶽常福寺・吉見無量寺・吉見観音寺・吉見花蔵院・吉見明王院・足立日出屋知足院の七カ寺が記されている（二〇〇～二〇四頁参照）。ここでは金剛院は完全に息障院の末寺として取り扱われている。なお遠方の多摩松嶽常福寺が息障院の末寺となっていることは極めて注目される。常福寺は江戸時代を通じて息障院の遠国末寺として取り扱われており、両者は法系的な結び付きがあったのであろう。

九月十一日付の寺社奉行連署召状写には、

息障院就訴訟、従四ケ寺召状遣候へ共、于今不参不届ニ候、来ル十八日前急度可有参府候、於遅参者可為曲事者也、

九月十一日　　井（井上正利）河内

今和泉村金剛院

加々　甲斐（加々爪直澄）

とある。この召状は寺社奉行両名の在任期間からみて寛文二年以降、同七年以前のものであるが、この頃でもまだ両寺の間はしっくりいっていなかったようである。やはり人為的な本末関係の制定は後々までしこりを残していたようである。

二　本末帳の整備

新義真言宗の本末帳について、長谷寺所蔵の弥勒寺英岳の覚書をみると、

覚　書

武州練馬金乗院本寺事、其元一派本末帳ニ者西院与有之旨被仰下候、然所爰元四箇寺ニ本末之古帳・新帳二通御座候、新帳者此十九年（延宝二年）以前相改候而遂吟味帳ニ而候、新帳ニ者小池坊末寺与御座候、其元ニ御座候帳者、定而可為古帳之写候、唯今者以新帳為本遂吟味候間、其元帳面も本寺付書改可然様奉存候、先此方等者小池坊末寺与意得罷在候、右旨中間へも申通吟味上如此申上候、此旨則金乗院江申渡候、以上、

元禄六年癸酉二月十五日　　江戸弥勒寺（印）

小池坊卓玄僧正様

とあり、元禄六年頃、新義真言宗の触頭である江戸四箇寺には、古帳と新帳の二種類があったことがわかる。新帳は元禄六年から十九年以前に作成されたとあるので、延宝三年のものであることがわかる。一方、古帳が何年のものを指すかが問題である。延宝三年正月五日付の高尾薬王院所蔵の江戸四箇寺触状写には、

覚

一、寛永年中　公儀江書上候本末之帳面、本寺附無之寺院数多就有之、於御奉行所不届被思召之間、分明本末可被書出事、
一、先年者本寺・末寺・門徒、御朱印所之分有増載之、或不書載之寺有之由、粗有其聞、尤無御朱印分者不書記之旨、此度者不依寺社領之有無、本寺・末寺・門徒所付等、委細帳面可被記之事、
一、末寺・門徒帳面書記之砌、本寺江門末共令衆会、厳密企僉議可為致判形、若恣本寺一分而於書載之者可為越度、此旨背之間敷事、
　附、本寺之門末等迄、委可被記之也、
一、今度之帳面脱落有之而、向後本末出入出来候時、此方江致訴訟共、不可取上之間、可被入念事、
一、在々所々新義一派之分、不残此条々可被相廻也、若不往届寺於有之者、隣寺之可為越度也、
右窺御奉行所御内意相触之間、不可有疎略也、従当春八月中迄之間、帳面相極、或使僧、或自身勝手次第可被差越者也、

延宝三年
卯正月五日　四箇寺
(真福寺)隆鑁
(円福寺)隆敞
(知足院)俊盛
(弥勒寺)清長

とある。これによって延宝三年に本末帳が作成されたことが確認できる。しかもこの時の本末改めは、寛永の本末帳の不備を補正するために実施されたものであることがわかる。これらをみると、前述の古帳は寛永十年の本末帳を指すものであろう。

この触状をみると、延宝三年の本末帳作成について、江戸四箇寺は寺社奉行所の内意をうけて、各寺院の厳密な本寺付の記載、朱印の有無によらない全ての末寺・門徒の記載を主眼として、全国の新義真言宗の各本寺に、それぞれの本末帳の提出を命じ、門末各寺の記載は厳密にこれをまとめ、帳面脱落から後世本末争いが起らないように指示している。

このような経過で作成された延宝三年の本末帳の原本が息障院には現存している。この本末帳を整備したものが表1（二〇〇～二〇四頁）の「息障院門中本末変遷表」である。延宝三年の本末帳の原本は貴重なものである。かつて櫛田良洪博士はその著『真言密教成立過程の研究』の中で、江戸時代を通じて新義真言宗の本末帳の基本は延宝三年の本末帳であることを指摘されながら、「延宝三年の本末帳が今日私の管見に入らない事を歎息する」(4)と記されている程である。延宝三年の本末帳の存在については、すでに玉橋隆寛氏が山形宝幢寺本末帳の存在は指摘されているが(5)、これ以外に管見ではこの息障院本末帳と浦和玉蔵院本末帳の存在を知るのみである。

息障院の延宝三年の本末帳をみると、前述の江戸四箇寺の触状通り、寛永本末帳とは比較にならないほど完備している。即ち息障院末寺、息障院門徒、末寺の末寺である息障院又末寺、末寺の門徒である息障院又門徒まで全て記載されており、延享二年の本末帳を見てもこの時の本末帳が基本となっている。息障院の本末帳だけから推論することは危険であるが、櫛田博士も指摘されている通り、関東地方では延宝三年に本末帳が出来上がっていたことが認められる。第五章で私は滋賀県長浜の惣持寺を中心として、同地方の新義真言宗の本末制度の成立過程を考察したが(6)、延宝三年頃には本末関係が動揺しており、本末帳の原型が完成したのは元禄五年である。単純に比較することは危険であるが、新義真言宗教団は江戸四箇寺に代表されるように、行政的には関東地方の方がより幕府の直接的な支配を受けていたようである。

一方、息障院はこれまで吉見地方の有力寺院として、中世以来、自主独立の道を歩んできたが、江戸幕府の本末制度の強化に伴い、門末寺院に対する統制力を強化した反面、自身も幕府の寺社行政の枠の中に組み入れられていった。

息障院は寛永の本末帳には「大本寺鶏足寺」とあり、かつて関東の小俣鶏足寺の末寺であった。ところが貞享三年八月二十六日付の息障院賢慶証状をみると、

差上ケ申一札之事

一、愚寺事本寺御前帳ニ本寺鶏足寺、但、不通与書付有之ニ付、今度法流御吟味被遊候処ニ、鶏足寺直末寺之筋目無之候間、鶏足寺方江其方末寺之証文筋目有之候哉与、御尋被遊候得共、鶏足寺此方ニ為本寺筋目無之由被申上候ニ付、其趣鶏足寺ゟ手形各様御取、其上ニ而本寺之儀願申様ニ与被仰付候間、醍醐報恩院本寺奉願候、中上候通被仰付難有奉存候、尤古来余本寺無御座候、為其一札如件、

貞享三丙寅年

八月廿六日

武州吉見領御所村

息障院

賢慶(花押)

同領今泉村

末寺　金剛院

惣門中

四ケ寺様

とあり、息障院は当時本寺の鶏足寺とは不通となり、江戸四箇寺による法流吟味の際指摘され、鶏足寺の諒解を得た上で、醍醐報恩院の末寺に本寺変更願を出していることがわかる。鶏足寺は中世における関東地方の代表的な田舎本寺である。中世の田舎本寺は上方本寺と異なり、単なる法流伝授だけでなく、末寺の支配権も有していた。しかし近世になると、関東地方では触頭である江戸四箇寺の権能と田舎本寺の権能が重複したため、江戸四箇寺の勢力に圧倒

され、田舎本寺自体が没落し、次第にかつての末寺が離れていった[7]。このような新義真言宗教団の全体的な流れの中で、息障院も必然的に本寺の変更を迫られたのであろう。

八月二日付の真福寺宥鑁書状写をみると、

今度息障院先住（賢慶）ゟ願之法流之儀、知足院（隆光）僧正并我々仲ケ間取持、報恩院御末寺被召加筈有之候、各大慶察入候、就夫当住（鑁亮）近来入院万事不自由可有之候間、法謝儀惣門中意入肝要候、今度大僧正（有雅）不時御座候、息障院繁昌候、多幸不可過候、以上、

（元禄四年）八月二日　真福寺（宥鑁）

息障院　隠居（貞恵）

同　惣門中

とある。この書状は「報恩院御末寺云々」とあり、後述の史料と合せると、元禄四年のものであることが判る。さらに、これをみると息障院は江戸四箇寺から従来の本寺小俣鶏足寺との不通を指摘され、新たに知足院隆光や江戸四箇寺の斡旋によって醍醐報恩院の末寺になることに決っていたことが判る。報恩院の末寺になるためには報恩院流の法流を伝授されなければならない。そこで前報恩院有雅の下向をまって、江戸知足院道場で息障院住持鑁亮が有雅から法流を伝授されるのである。

元禄四年閏八月十四日付の醍醐報恩院流の許可灌頂印信をみると、

法印権大僧都鑁亮

授印可

金剛界　大率都婆印　普賢一字明

帰命（バン）

胎蔵界　外縛五股印　満足一切智智明
（アビラウンケン）
右於武州豊島郡江戸知足院授両部印可畢、
元禄四年歳次辛未閏八月十四日丙申奎宿金曜
大阿闍梨前法務前大僧正法印大和尚位有雅

とあり、息障院鑁亮は江戸の知足院道場で前報恩院有雅から報恩院流の法流を許可されている。息障院にはこの法流印可を示す閏八月一日付の印可加行表白・紹文・血脈等の一揃が現存している。このように改めて前報恩院有雅から法流を許可された上で、元禄四年十月二日付の報恩院寛順の末寺許可状をみると、

権僧正（寛順）（花押）
武蔵国横見郡光明寺息障院事、任被申請之旨、自今已後可為醍醐報恩院末寺由、依　院主権僧正御房仰、執達如件、

宝幢院法印
隆弁（花押）
元禄四年十月二日
岩殿山
息障院鑁亮御房

とあり、この時に息障院は正式に醍醐報恩院の末寺になっている。醍醐報恩院は古義真言宗に属する寺院であるが、上方の法流本寺として、これ以前から関東の新義真言宗寺院に多くの末寺許可状を与えている。息障院は貞享三年に江戸四箇寺に願い出て一応報恩院の末寺になることを認めてもらったようであるが、形式的であり、正式なものではなかった。そこで本末帳の記載を訂正するためには、正式な手続きを経る必要が生じた。そこで前報恩院の有雅を関

東に招請して、正式に報恩院流の法流伝授を受け、本寺としての格式を調えたのが、前述の印信と末寺許可状であろう。幕府公認の正式の法流伝授を受けなければ、息障院は本寺として所化の養成や、末寺への法流伝授をすることができない。そのため法流伝授が不明確であった関東の本寺格寺院はこぞって上方本寺に法流印可を求めたのである。上方本寺は法流本寺であり、息障院は行政上は触頭の江戸四箇寺、特に武蔵国担当の真福寺の支配をうけていたのである。(8)息障院の本寺改めと全く同様の史料が忍の長久寺にも現存しているので、関東地方ではかなり普遍的な事例であろう。(9)

三　門徒寺院の末寺昇格

章末の表1（二〇〇〜二〇四頁）の「備考欄」を見ていただければわかるように、金剛院等の古末寺に対して、延宝三年以降門徒から末寺に昇格した寺院を新末寺という。新末寺昇格には一定の形式があり、その経緯と手続きについて考えてみたい。

まず元禄十三年に大串村観音寺・久保田村無量寺・上奈良村妙音寺・小谷村金乗寺の四カ寺が新末寺に昇格している。元禄十三年十二月日付の観音寺等四カ寺の末寺願書写をみると、

指上申札之事

愚寺門中吉見領大串村観音寺・久保田村無量寺・忍領上奈良村妙音寺・小谷村金乗寺、右四箇院新末寺之儀年来奉願罷在候得共、愚寺門中四拾箇寺御座候内、古来之末寺四箇寺御座候故、末寺御免之御大法奉存候故、只今迄指押罷在候、然処ニ当春中不慮之火難ニ而、拙寺客殿・書院・庫裏・長屋門迄不残致焼失、貧地故早速建立難成、門中一同ニ難儀奉存罷在候、右新末寺願之四箇院者　御朱印地、其上寺柄等法流相続相応之地ニ而御座候、依之客殿等建立之助成ニ仕度、今度右之四箇院新末寺之儀、門中一同ニ奉願候処ニ、今般之願者各別之願ニ而御座候

ニ付、御評議之上御慈悲を以、早速願之通右四箇院新末寺ニ被仰付、門中一同ニ難有仕合奉存候、依之従右四箇院為祠堂金弐拾両ツヽ指出、金合而八拾両請取之候、右八拾両之内少々も永々相残候様ニと被仰付候得共、大分之普請ニ御座候ニ付、右之金子難相残旨、達而奉願候処、是又願之通被仰付、重々難有仕合奉存候、為其門中連判状、如件、

元禄十三辰年十二月日

武州吉見御所村　息障院
右末寺　今泉村　金剛院
同　相上村　花蔵院
同　下細谷村　明王院
同　日出谷村　知足院
右門徒　岩殿　安楽寺
同　和名村　常念寺
（以下三十カ寺略）

真福寺様
御役者中

とある。これは息障院と同門中が連署して、一門中の観音寺・無量寺・妙音寺・金乗寺の末寺昇格を江戸四箇寺中の真福寺に願い出ているものである。この時観音寺・無量寺・妙音寺・金乗寺の四カ寺が祠堂金二十両ずつを本寺息障院に指し出して新末寺に昇格している。本来末寺昇格はなかなか困難であったようであるが、たまたま本寺息障院が元禄十三年三月十七日夜失火によって一山が焼失したため、堂舎復興費を捻出するため例外的に許可されたのであろう。しかしこの場合でも自由に許可されたのではなく、この四カ寺が御朱印地であったことも末寺昇格の大きな理由であったようである。またこの時に息障院の古末寺金剛院の門徒であった中曽根の吉祥寺が金剛院に祠堂金二十両を指し出して新末寺に昇格している。これは金剛院の末寺であり、本寺息障院からいえば又末寺であり、一山内の地位

は直末寺よりも下位である。吉祥寺も御朱印地であったことが昇格の理由であろう。末寺は本寺から法流を相続しているので、ほとんど本寺同様に法事や檀用をすることができ、住職の住山年数に応じて色衣を被着することができた。ところが門徒は本寺から法流を相続していないので、法事や檀用を単独で勤めることができず、法衣は黒衣に限定されていた。そのため檀用もままならず、門徒寺院は挙って末寺昇格を希望したのである。

この新末寺の昇格手続きには一定の形式があったようである。各寺院毎に同様の史料が現存しているので、久保田村の無量寺を例にとって紹介してみたい。

無量寺等四カ寺連署法流相続願写をみると、

以願書申上候事

一、拙僧共儀年来大願ニ而罷在候故、此度御法流相続之儀奉願候、寺由緒書之儀者、各別紙指上ケ申候、仏法興隆之事ニ御座候間、御四箇寺様江宜御願被遊、末寺ニ罷成候様ニ被成被下候ハヽ、難有可奉存候、以上、

元禄十三庚辰年霜月　　武州吉見久保田村

無量寺　判

同　大串村

観音寺　判

武州忍領上奈良村

妙音寺　判

同　小屋村

金乗寺　判

御本寺

息障院

とあり、まず該当寺院が寺の由緒書を添えて本寺に法流相続を願い出ている。

武州吉見久保田村無量寺

由緒書

一、御朱印拾石　寺領

一、大猷院様御（徳川家光）成被遊候御茶屋之旧跡御座候、

一、阿弥陀堂三間四面　一宇

一、客殿　竪八間　横六間

一、書院　竪五間　横弐間半

一、庫裏　竪八間　横四間

一、表門　中門

一、茶屋　竪七間　横弐間半

一、地中境内　弐町余

右之通相違無御座候、以上、

元禄十三年辰ノ十一月日　久保田村　無量寺

この由緒書は寺の歴史や住職の経歴書というよりも、寺領・堂舎の報告書である。法流相続願の由緒書はいずれもこの形式であり、寺の起立書や住職の人体起立書とはいささか内容を異にしている。ただ寺の由緒の上で、朱印地の有無が寺格決定の上で重要な役割を占めている。息障院の場合、元禄十三年に末寺に昇格した寺はいずれも朱印地の寺院である。更に村方と門中の同意書が必要であった。

乍恐口上書を以奉願候

一、久保田村無量寺、此度御法流相続申渡旨(度)御願被申候ニ付、村中旦方御尤ニ存、一同ニ奉願候、弥以御朱印地、其上先規　大猷院(徳川家光)殿様御成被為遊候御茶屋寺ニも御座候間、願之通御法流相続被為遊被下候者難有可奉存候、以上、

元禄十三年辰霜月

武州横見郡久保田村
名主　甚右衛門(印)
同　十兵衛(印)
同　伝右衛門(印)
同　小平太(印)
同　六左衛門(印)
組頭　五兵衛(印)
同　七右衛門(印)
同　七郎兵衛(印)
同　八郎兵衛(印)

息障院様

以願書申上候

一、下吉見久保田村無量寺・大串村観音寺并忍領上奈良村妙音寺・小屋村金乗寺年来之念願ニ而、此度御法流相続之願申上度由、同門末中へ被致相談候処、仏法興隆之儀尤ニ存、皆々一同奉願候、右四箇寺各御朱印所、寺中・境内、末寺ニ罷成候而も、相応之寺院ニ而御座候間、新末寺之儀、御四箇寺様江御願被遊御成就御尤奉存候、以上、

元禄十三年辰霜月

金剛院
花蔵院

明王院
知足院
安楽寺
（以下三十一ヵ寺略）

御本寺
息障院

以上のように法流相続願の際は、(イ)門徒から本寺宛の法流相続願、(ロ)寺の由緒書、(ハ)村方檀中の同意書、(ニ)惣門中の同意書の四点の史料を必要とした。この門徒からの法流相続願をうけて、前掲の如く、本寺と惣門中が連署して江戸四箇寺にその旨申請して、初めて末寺として承認されることになる。

元禄十三年十二月四日付の息障院末寺座位定をみると、

定

一、此度新末寺之願相叶、法流相続相済、就座位相定、当院之古法、正御影供等之集会、古来寺之座位者従往古定来ル、但シ八王子常福寺者、雖為古末寺遠方故集会之外也、惣而門中出世之仁者座位両山之衆入次第ニ定来ル也、今般新末寺者依為同格、於本尊之宝前鬮次第座位相定也、附、末寺之下之法流地者可為直末之次座也、惣而此外当院之古法、以衆評定来事多之、末寺・惣門中共ニ向後不可破衆評、為其末寺之座烈連判調置者也、仍衆評如件、

元禄十三庚辰年十二月四日

息障院　現住幸円(印)
右末寺一臈
金剛院(印)
同二臈
花蔵院(印)
同三臈
明王院(印)

同四臈 知足院(印)
已上古末寺
已下新末寺
同五臈 観音寺(印)
同六臈 無量寺(印)
同七臈 妙音院(印)
同八臈 金乗寺(印)
金剛院末寺
吉祥寺(印)
惣門中(印)

とあり、このように息障院の末寺の座位は定められた。その中で古末寺と新末寺とは厳然たる区別が存在した。そして延享二年の息障院本末帳をみると、この後も門徒が多数末寺に昇格しているが、その場合は末寺昇格年次の古いものから上位の座位に位置していたことがわかる。息障院門徒の末寺昇格年次は後掲表1「備考欄」[11](二〇〇〜二〇四頁参照)の如くであるが、忍長久寺の門徒の末寺昇格年次が元文・延享・明和期に集中しているのに比較して、息障院の場合はその年次が早い。しかも長久寺の場合、法謝金が五十両に統一されているのに対して、息障院の場合は二十両・四十両・五十両と統一されておらず、全般的に金額が低い。手続きは息障院と長久寺は全く同じである。

本来、本寺は自己の権限を留保するために、門徒寺院の末寺昇格には反対であった。一方、門徒は末寺昇格が念願であった。そのため本寺は法謝金の高額化を目指すのが通例であった。息障院の場合、比較的早くから低額の法謝金で門徒の末寺昇格を認めたのは、元禄十三年三月十七日に大火によって一山が焼失したため、堂舎の復興に多額の費用を必要とした。そのためかなり積極的に門徒の末寺昇格を認めたのであろう。門徒寺院にとっては五十両もの法謝金を払っても末寺格になりたかったのであろう。檀家にとっても門徒の末寺昇格は一々本寺の意向を伺わなくても葬儀、法事が執行できるので、寺と檀中が協力して高額の法謝金を負担したのである。

江戸幕府の宗教政策は現状維持を前提としている。寺院の本末制度も同様であり、新義の昇格や現状の変革は原則として認めない方針である。その中で関東の新義真言宗教団では多数の門徒寺院が末寺寺院に昇格しており、他宗に比較して江戸中期以降に教団勢力を伸張させた点は極めて注目される。息障院の場合、本寺側に多少の理由はあるとはいえ、吉見地方の新義真言宗寺院の勢力台頭は認めざるを得ない。

まとめ

息障院の本末制度の成立過程をみると、本末制度そのものが最初からきちっと固定していたようには思われない。息障院と金剛院は本来別々に独立した寺院であったが、江戸幕府の寺院統制策として本末制度が実施されると、当時の新義真言宗教団の指導者、京都本山智積院日誉の斡旋により息障院の本寺の地位が確立する。その替りにこれまで自主独立を誇った息障院は、京都本山智積院の支配をうけることになる。そして寛永十年には幕府の本末調査により、吉見地方を代表する本寺としての地位を保証される。その替りに、中世には関東の小俣鶏足寺の末寺として、鶏足寺から法流・行政共に支配をうけていた息障院は京都本山智積院や江戸触頭四箇寺の行政的な支配をうけることになる。これは息障院が従来の教団内部の伝統的な本末関係から離れて、江戸幕府の新しい本末制度の中に再編成されたことを物語っている。これ以降の息障院の本末制度は、ひたすら幕府の寺社行政を遵守する形で実施されている。

例えば、元禄四年に息障院が鶏足寺から醍醐の報恩院に本寺を換えたのは、元禄五年になると幕府は新地建立禁止令を発布して、由緒の明白でない寺院の取り潰しにかかっており、かつては寺側から一方的に申告すればよかった本末や由緒を、寺社奉行や江戸四箇寺から厳しく審査され、これまでのような曖昧な報告は許されず、本寺側の証文を添えて提出する必要が生じてきた。息障院は寛永十年の本末帳では、中世以来の伝統によって小俣鶏足寺末を主張していたが、延宝年間に江戸四箇寺から本寺との不通を指摘され、貞享三年の朱印改めの際、とりあえず醍醐報恩院末に本寺の変更願を出している。しかしこれも息障院側からの一方的な申告で、本末間で正式な手続きはなかったようである。それが元禄年間になると、幕府の強硬な寺社行政に対拠するため、前報恩院有雅の関東下向を待って報恩院流の法流を伝授され、その後に報恩院寛順から正式に末寺に許可されて、本末帳の本寺換えに成功したのである。しかし報恩院からは上方本寺として法流の伝授をうけるだけで、行政支配は新義真言宗の触頭である江戸四箇寺からうけることになる。その江戸四箇寺の中でも武蔵国担当の真福寺から息障院は指示を受けている。このような本末関係の中で、息障院は吉見地方の有力本寺として末寺・門徒の寺院を支配することになる。この場合、本寺息障院は末寺に対して法流伝授も行政支配も共に独占することになり、本寺の末寺に対する権限は絶対化するのである。

(1) 本書第十一章参照。
(2) 以後、引用史料の典拠を明示しないものは全て息障院の所蔵にかかるものである。
(3) 本書第二章参照。
(4) 第三編「近世新義真言宗の成立過程」の第四章「新義真言宗寺院の構成」一〇〇六頁。
(5) 「延宝期における山形宝幢寺門末の確立」(『仏教史研究』第七号、一九七三年三月刊)参照。
(6) 本書第五章参照。
(7) 本書第五章参照。
(8) 長久寺秀誓願書写
願手形之事

一、御前帳ニハ本寺鶏足寺、但シ不通ニ御座候ニ付、御吟味之上、鶏足寺方ゟ直末寺ニ無御座候段、手形御取被成、思寄次第ニ本寺ヲ願申候様ニと御意被遊候付而、醍醐報恩院ヲ本寺ニ被仰付下候ハヽ、難有可奉存候、以上、

元禄四年七月十八日　長野村

長久寺　判

江戸四箇寺様

報恩院寛順末寺許状

権僧正（寛順）（花押）

武州埼玉郡忍長野村長久寺擁護院事、任被申請之旨、自今以後可為醍醐報恩院末寺之由、依　院務権僧正御房仰、執達如件、

元禄四年十月二日　宝幢院法印

隆弁（花押）

応珠山

長久寺秀誓御房

(9) 与野円乗院所蔵の延宝六年五月十六日付仁和寺門跡直末許可状、大宮金剛院所蔵の元禄二年十月十三日付醍醐無量寿院末寺許状、大宮満福寺所蔵の元禄七年十一月十四日付の醍醐無量寿院末寺許可状等参照。

(10) 後にこれは法謝金と呼ばれ、五十両が基準となる。

(11) 忍長久寺所蔵の元文二年十月十九日付の慶性寺新末願、延享四年十月付の延命寺新末願、明和五年十月付の宝蔵寺・観音寺新末願、明和六年九月付の満願寺新末願、明和八年十月付の大福寺新末願等参照。

表1　息障院門中本末変遷表

寺名	住所	寛永十年	延宝三年	延享二年	朱印	備考
金剛院	下吉見今泉村	息障院末寺	息障院末寺	息障院末寺	有、十石	古末寺

常福寺	多摩郡松嶽村	息障院末寺	息障院末寺	息障院末寺	有、十石	遠国末寺、浄福寺、古末寺
無量寺	下吉見久保田村	息障院末寺	息障院門徒	息障院末寺	有、十石	元禄十三年新末寺昇格
観音寺	下吉見大串村	息障院末寺	息障院門徒	息障院末寺	有、十石	元禄十三年新末寺昇格
花蔵院	上吉見相上村	息障院末寺	息障院末寺	息障院末寺	有、六石	古末寺
明王院	下吉見下細矢村	息障院末寺	息障院末寺	息障院末寺	有、七石	古末寺
知足院	足立郡日出屋村	息障院末寺	息障院末寺	息障院末寺	無	古末寺
安楽寺	下吉見黒岩村		息障院門徒	息障院末寺	無	正徳二年新末寺昇格
常念寺	下吉見和名村		息障院門徒	息障院門徒	無	
竜仙寺	下吉見下細矢村		息障院門徒	息障院門徒	無	
梅松寺	下吉見久米田村		息障院門徒	息障院門徒	無	
竜勝院	下吉見根小屋村		息障院門徒	息障院末寺	無	享保三年新末寺昇格
妙楽寺	下吉見流川村		息障院門徒	息障院門徒	無	
法性寺	下吉見江綱村		息障院門徒	息障院末寺	無	享保十七年新末寺昇格
最勝寺	下吉見前河内村		息障院門徒	息障院門徒	無	
吉祥寺	下吉見前河内村		息障院門徒	息障院門徒	無	
青蓮寺	下吉見荒子村		息障院門徒	息障院門徒	無	
善長寺	下吉見荒子村		息障院門徒	息障院門徒	無	
青雲寺	下吉見銀谷村		息障院門徒	息障院門徒	無	
満蔵寺	下吉見満光地村		息障院門徒	息障院門徒	無	
大輪寺	下吉見大和田村		息障院門徒	息障院門徒	無	
千眼寺	下吉見谷口村		息障院門徒	息障院門徒	無	妙蓮寺と改称
新興寺	下吉見今泉村		息障院門徒	息障院門徒	無	
薬王寺	下吉見中新井村		息障院門徒	息障院門徒	無	
蓮花寺	下吉見中新井村		息障院門徒	息障院門徒	無	
隆源寺	下吉見中新井村		息障院門徒	息障院門徒	無	
長泉寺	下吉見一ツ木村		息障院門徒	息障院門徒	無	

常光寺	下吉見上砂村	息障院門徒	息障院門徒	無	
福寿寺	下吉見田甲村	息障院門徒	息障院末寺	無	享保三年新末寺昇格
鳩峯寺	下吉見山ノ下村	息障院門徒	息障院門徒	無	
長栄寺	下吉見長谷村	息障院門徒	息障院門徒	無	
十輪寺	上吉見八林村	息障院門徒	息障院門徒	無	
雷光寺	比企郡岡村	息障院門徒	息障院門徒	無	
金乗寺	足立郡小屋村	息障院門徒	息障院末寺	有、十石	元禄十三年新末寺昇格
超願寺	幡羅郡平戸村	息障院門徒	息障院門徒	無	
医王寺	埼玉郡川上村	息障院門徒	息障院末寺	無	享保十七年新末寺昇格
妙音寺	幡羅郡上奈良村	息障院門徒	息障院末寺	有、十五石	元禄十三年新末寺昇格
梅林寺	川島鳥羽井村	息障院門徒	息障院門徒	無	
光明寺	足立郡日出屋村	息障院門徒	息障院門徒	無	
安養寺	下吉見大和屋村	息障院門徒	息障院門徒	無	
宝蔵寺	比企郡今泉村	息障院門徒	息障院門徒	無	
長福寺	下吉見今泉村	金剛院門徒	金剛院門徒	無	
遍照寺	下吉見今泉村	金剛院門徒	金剛院門徒	無	
竜渕寺	下吉見下砂村	金剛院門徒	金剛院門徒	無	
西蓮寺	下吉見下砂村	金剛院門徒	金剛院門徒	無	
妙音寺	下吉見下砂村	金剛院門徒	金剛院門徒	無	
相伝寺	下吉見小新井村	金剛院門徒	金剛院門徒	無	
蓮青寺	下吉見上細矢村	金剛院門徒	金剛院門徒	無	安永三年新末寺昇格
千乗寺	下吉見松崎村	金剛院門徒	金剛院門徒	無	
法永寺	下吉見地頭方村	金剛院門徒	金剛院門徒	無	明和九年新末寺昇格
観音寺	下吉見上砂村	金剛院門徒	金剛院門徒	無	明和九年新末寺昇格
吉祥寺	下吉見中曽根村	金剛院門徒	金剛院末寺	有、八石	元禄十三年新末寺昇格
観蔵寺	比企郡松山村	金剛院門徒	金剛院門徒	無	

覚性寺	比企郡平村	金剛院門徒	金剛院門徒	無	明和九年新末寺昇格
正福寺	上吉見沼黒村	金剛院門徒	金剛院門徒	無	
金胎寺	下吉見中曽根村	金剛院門徒	金剛院門徒	無	
常栄寺	上吉見小泉村	金剛院門徒	金剛院門徒	無	明和九年新末寺昇格
円勝寺	上吉見手嶋村	金剛院門徒	金剛院門徒	無	
西福寺	足立郡袋村	金剛院門徒	金剛院門徒	無	宝暦三年新末寺、明和九年色衣格願
慈眼寺	川越三ツ木村	金剛院門徒	金剛院門徒	無	
普門寺	高麗郡川崎村	金剛院門徒	金剛院末寺	有、四石	金剛院控帳には古末寺とあり
宝蔵寺	高麗郡大谷沢村	金剛院門徒	金剛院門徒	無	明和四年新末寺昇格
長福寺	高麗郡小久保村	金剛院門徒	金剛院門徒	無	宝永六年新末寺昇格
秀常寺	高麗郡双柳村	金剛院門徒	金剛院末寺	有、三石	明和四年新末寺昇格
勝願寺	高麗郡川寺村	金剛院門徒	金剛院門徒	無	明和四年新末寺昇格
西秀寺	高麗郡川寺村	金剛院門徒	金剛院門徒	無	
願成寺	高麗郡川寺村	金剛院門徒	金剛院門徒	有、二石	明和四年新末寺昇格
明王寺	高麗郡岩沢村	金剛院門徒	金剛院末寺	有、七石	享保十年新末寺昇格
常正寺	上吉見和田村	金剛院門徒	金剛院門徒	無	
大福寺	上吉見八林村	金剛院門徒	金剛院門徒	無	天保二年新末寺昇格
長福寺	上吉見甲山村	花蔵院門徒	花蔵院門徒	無	
遍照寺	上吉見箕輪村	花蔵院門徒	花蔵院門徒	無	
燈明寺	上吉見箕輪村	花蔵院門徒	花蔵院門徒	無	
延命寺	上吉見相上村	花蔵院門徒	花蔵院門徒	無	
多門寺	上吉見玉作村	花蔵院門徒	花蔵院門徒	無	
不動寺	上吉見玉作村	花蔵院門徒	花蔵院門徒	無	
西明寺	上吉見津田村	花蔵院門徒	花蔵院末寺	無	正徳三年新末寺昇格、明和九年色衣格願
福王寺	上吉見津田村	花蔵院門徒	花蔵院門徒	無	
養福寺	上吉見津田村	花蔵院門徒	花蔵院門徒	無	

金蔵寺	上吉見中忍田村		花蔵院門徒	花蔵院門徒	無	
照明寺	下吉見下細矢村		明王院門徒	明王院門徒	無	
東福寺	比企郡柏崎村		明王院門徒	明王院門徒	無	
真福寺	多摩郡松嶽村		浄福寺門徒	浄福寺門徒	無	遠国
東福寺	多摩郡松嶽村		浄福寺門徒	浄福寺門徒	無	遠国
正覚寺	多摩郡上宿村		浄福寺門徒	浄福寺門徒	無	遠国
福泉寺	多摩郡小津村		浄福寺門徒	浄福寺門徒	無	遠国
満蔵院	多摩郡松獄村		浄福寺門徒	浄福寺門徒	無	遠国
不動院	多摩郡小仏村		浄福寺門徒	浄福寺門徒	無	遠国
福性寺	多摩郡力石村		浄福寺門徒	浄福寺門徒	無	遠国
久美寺	都留郡上野原村		浄福寺門徒	浄福寺門徒	無	遠国、甲斐、末寺昇格年次不明
宝泉寺	都留郡新倉村		浄福寺門徒	浄福寺門徒	無	遠国、甲斐
宝蔵寺	都留郡丹波山村		浄福寺門徒	浄福寺門徒	無	遠国、甲斐
法奥寺	都留郡丹波山村		浄福寺門徒	浄福寺門徒	無	遠国、甲斐
金竜寺	都留郡丹波山村		浄福寺門徒	浄福寺門徒	無	遠国、甲斐
東福寺	都留郡丹波山村		浄福寺門徒	浄福寺門徒	無	遠国、甲斐
福蔵寺	都留郡丹波山村		浄福寺門徒	浄福寺門徒	無	遠国、甲斐
円通寺	都留郡岩殿村		浄福寺門徒	浄福寺門徒	無	遠国、甲斐、元禄十五年没落

第七章　武蔵松伏静栖寺の本末制度

一　静栖寺の成立

静栖寺の成立年次については、あまり明確ではないようである。それは静栖寺に現存する江戸時代の由緒書や起立書などの記載にすでに混乱がみられるからである。それらの史料を順次紹介しながら、静栖寺の成立年次について検討してみたい。以後特別に明記しないものは静栖寺所蔵の史料である。

①享保十七年（一七三二）二月付の静栖寺恵廓から触頭である江戸四箇寺に宛てた口上書写には次の如く記されている。

　乍恐口上書を以奉願候事

一、武州松伏領松伏村静栖寺儀者大檀那石川民部先祖道忠取立、附若干田租并門末弐拾箇寺、本末共ニ取立、相応ニ田畑致寄附、永法談所今ニ退転無之候、万治三庚子年御室御門跡様日光山江被為　成候刻、当寺江御旅館被為御座候砌、新御殿建奉請待候、右之善業等之為御褒美錦之御袈裟、道忠江　御直ニ被下置候、唯今ニ累世之重宝と奉仰信候事、

（中略）

享保十七壬子年二月

武州松伏領松伏村
静栖寺　印

四箇寺様
　御役者衆中

②享保十七年（一七三二）六月十九日付の静栖寺恵廓が上方本寺御室御所仁和寺に提出した静栖寺起立書控には次の

如く記されている。

院跡奉願候ニ付言上条々

一、武蔵国葛飾郡松伏領松伏村定水山静栖寺開基堯宗法印、年号相知不申候事、

（中略）

一、石川民部大檀那ニ而、寺領地方百石奇《（寄）》附仕置候事、

（中略）

享保十七年子六月十九日　　静栖寺恵廓（印）

御室御所様出世御奉行御中

③延享元年（一七四四）十二月付の静栖寺の触頭江戸四箇寺に宛てた口上書には次の如く記されている。

乍恐以口上書を奉願候事

一、拙寺儀者往古石川民部先祖建立仕候より已来九拾年余ニ罷成、庫裏・客殿・鐘楼・表門・裏門等ニ至迄及大破ニ候、

（中略）

延享元甲子年十二月　　武州松伏領松伏村　静栖寺（印）

御四箇寺様
御役者中

④寛延三年（一七五〇）八月付の静栖寺宥鏡の上方本寺御室御所仁和寺に宛てた静栖寺書上には次の如く記されている。

（前略）

一、開基　明海上人　　中興堯宗

（中略）

寛延三年午ノ八月　　武州松伏村
静栖寺宥鏡（花押）

御室御所
　御役人中

⑤文化五年（一八〇八）十一月付の静栖寺と証人達が連署して、触頭江戸四箇寺の一つで武蔵国担当の真福寺と上方本寺御室御所仁和寺に提出した静栖寺起立書の控には次の如く記されている。

武蔵国葛飾郡松伏村静栖寺起立書

一、開基　明海上人

（中略）

文化五辰年十一月

武州葛飾郡松伏村
静栖寺（印）

下総国葛飾郡金杉村
門徒惣代　覚性寺（印）

同国同郡金崎村
末寺惣代　道善寺（印）

武州葛飾郡松伏村
本末開基　民　部（印）

真福寺様
御室御所様
　御役者中
出世御奉行御中

①②③をみると、静栖寺は開基の大檀那が石川民部であることが一致しており、これは道忠と考えて問題はないが、成立の年次は明示されておらず、開山の僧侶名の統一がない。まず成立年次であるが、①②④⑤は明示していない。

③は明示してはいないが、延享元年（一七四四）から九十年余以前といっている。これから逆算すると、正保元年（一六四四）から承応三年（一六五四）までということになり、静栖寺の現存史料の初見である慶安三年（一六五〇）をあまり溯らないことになる。慶安三年に寺が成立していたことは確実であるが、成立の年次はこれをあまり溯らないのではないかと思われる。

次の開山僧の問題であるが、②は堯宗、④は明海、中興堯宗、⑤は明海としている。現存史料から明暦二年（一六五六）頃の静栖寺住持が堯宗であったことは確認できるが、明海のことは不明である。

静栖寺の開創と明海について明示しているのは『新編武蔵風土記稿』だけである。同書の巻三十四所収の静栖寺の項には次の如く記されている。

> 新義真言宗、京都御室仁和寺末にて、同所摩尼珠院より兼帯す、定水山寿量院と称す、本尊阿弥陀は恵心の作なり、元和九年明海上人草創す、上人は正保三年六月二十七日寂、開基は村民民部が先祖、法名道忠、当寺を開基し、父の法名静栖をもて寺号とせり、其余此辺二十一ヶ寺を開基し、延宝四年六月二十四日死す、

『新編武蔵風土記稿』では、静栖寺の開創は元和九年（一六二三）で、開山は明海としている。しかし同書は江戸時代後期の文化・文政年間に編纂されたものであり、なにを典拠としてこの記載をしたのかが問題である。明海を開山としているのは前掲の④⑤と共通である。どうも静栖寺で明海開山説が主張されてくるのは、江戸時代中期以降のようである。

一方、静栖寺所蔵の石川民部家先祖霊名簿や、本堂の左脇壇に安置されている石川家の歴代位牌を整理すると次の如くである。

静栖禅定門　寛永九甲九月二十二日
静栖妻 月窓妙清禅定尼　慶長十四年八月十一日

二代　香林道善禅定門　慶長十五年二月二日
道善妻　妙善禅定尼　元和八年九月三日
三代　道性禅定門　慶安四年七月五日
道性妻　妙性禅定尼　明暦元年五月十一日

（中略）

四代　興善院義山道忠法眼　延宝四年六月二十四日
道忠妻　一峯妙栄禅定尼　明暦元年九月朔日

霊名簿は『新編武蔵風土記稿』よりもっと時代の降る弘化年間（一八四四—四八）に作成されたものである。位牌もそれほど古いものではなさそうである。墓石の文字が解読できればもっと確実な記録が得られるものであるが、磨滅が激しく、解読不能な箇所が多く、現状ではこれらの資料に頼らざるを得ない。前述の『新編武蔵風土記稿』では、石川民部家の歴代について、初代道性、二代道善、三代静栖、四代道忠としている。霊名簿と世代数が全く異なっている。四代道忠は両者共に一致しており、道忠が重要な役割を果していることは間違いない。これらの資料の信憑性についてはそれぞれ問題をもっているが、私は次のように整理して考えてみたい。

『新編武蔵風土記稿』のように、道性の没年を慶安を慶長と無理に訂正し、初代とするよりも、歴代は霊名簿通りとする方が自然なようである。それは四代道忠が父である三代静栖の菩提を弔うために静栖寺を建立したとするよりも、石川民部家の始祖静栖の菩提を弔うために寺を建立し、同時に庄内領の石川家ゆかりの各地に、静栖の妻妙清、二代道善とその妻妙善、三代道性などの菩提を弔うために寺院を建立して、それらの寺院を静栖寺の門末としたと考える方が妥当なように思われる。四代道忠が父の菩提寺を本寺とし、先祖の菩提寺をその門末としたとは考えにくいからである。問題としては静栖の没年が二代道善よりも二十二年も遅いことであるが、これは静栖の方が長命であったと考えられる範囲であろう。

しかし霊名簿の歴代の記載を認めたとしても、静栖寺という寺名は、石川家の始祖静栖の法号から名付けられたはずであり、逆修の可能性も否定はできないが、常識的に考えて、静栖没後の寛永九年以降に成立した寺と考える方が妥当であろう。そのため寛永十年の新義真言宗本末帳にその寺名が記されていないのであろう。

ところが江戸時代中期以降になると、寛永本末帳をもって古寺格、新寺格の区別がなされるようになる。[1]そこで静栖寺側もあえて寛永以前の元和九年の開創説を主張することになったのではないかと私は推測している。

本章執筆の途上で、石川家所蔵の延宝三年（一六七五）の「静栖寺本末帳」（一二三〇～一二三一頁）を閲覧する機会を得た。[2]延宝三年の新義真言宗の本末帳は大変貴重なものであり、全文を引用する予定であるが、同書の表紙の見返し裏面に、「武州葛飾郡松伏村定水山寿量院開山元和九癸亥明海起立、公儀江書上申候」と記載されていることに気がついた。これは本文とは筆蹟が異なり、明らかに後世の加筆と思われる。これが『新編武蔵風土記稿』の典拠となったかもしれない。私にはこれは意図的な書入れであり、静栖寺の現存史料からみてあまり信憑性はないように思われる。

二　法流相承と院跡兼帯

明暦二年（一六五六）十二月十二日付の仁和寺直末請書をみると次の如くである。

御直末寺就届申言上条々

一、当寺之儀、往古より至于今、終ニ所属之本寺無御座候事、
一、法流之儀、代々可奉伝受広沢方候事、
一、学本寺之風儀、衣体等軌則、其外諸事、不可致不法之儀事、
一、仮本寺之御威光、於門徒等中、不可致乱之下知事、

一、対他寺・他宗之輩致諍論、以非法之所行、不可訴御本寺事、
付、山林・境内等之儀、堅相守御制法、不可致非法非儀事、
右条々、若於令違背者、可被召放御直末之号候、仍為向後言上如件、
明暦二年丙申十二月十二日
定水山静栖寺寿量院
堯宗(花押)
仁和寺御室御所様
出世御奉行衆
御中

また同年十二月十三日付の仁和寺宮性承法親王令旨をみると次の如くである。

寿量院之事、永汲広沢流、可令属当門之直末之旨、令披露之所、不可有相違之旨、(仁和寺宮性承法親王)惣法務宮御気色之所候也、仍執達如件、
明暦弐年十二月十三日
奉(花押)
堯宗御房

これらの二点の史料をみると、静栖寺は明暦二年(一六五六)に、京都の仁和寺の直末寺となり、広沢流の法流を相承していることがわかる。これまで静栖寺は本寺がなく、広沢流の法流を受けていたのが機縁となり、この時に仁和寺の直末寺になったのである。

直末寺とは関東新義真言宗の在地の本寺(田舎本寺)が、自己の法流の本寺を求めて京都や奈良の法流本寺(上方本寺)の直接の末寺になることである。静栖寺の場合、田舎本寺である静栖寺が、上方本寺である京都の仁和寺の惣法務宮性承法親王から広沢の西院流の法流を相承して、直末寺になることが許されたことを示すものである。仁和寺・東寺は西院流、智積院は中性院流、醍醐報恩院は報恩院流、醍醐無量寿院は松橋流というように、上方本寺は各法流の宗

家の役割を果していて、法流相承権を独占している。そのため関東の田舎本寺は必ず上方本寺からいずれかの法流を相承しなければならなかった。そして田舎本寺は在地で自己の末寺や門徒（門徒には原則として法流を伝授しない）に法流を伝授して弟子を養成しなければならない。そのためには必ず江戸幕府や新義真言宗の触頭である江戸四箇寺が公認している上方の法流本寺を持つ必要があったのである。田舎本寺は行政は触頭である江戸四箇寺（真福寺・円福寺・知足院・弥勒寺）、法流は上方本寺から支配をうけたのである。静栖寺の場合、行政は江戸四箇寺の中の武蔵担当の真福寺から支配をうけたので、申請書類はすべて真福寺に宛てたものと考えてよい。法流は必ず広沢の西院流を各末寺に伝授している。静栖寺から門徒寺院に対する法流伝授について次項で述べてみたい。

埼玉県内の新義真言宗寺院には、静栖寺のような上方本寺から出された直末許可状が散見している。それらを編年体で整理すると後掲（二三三〜二三四頁）の表3の如くである。(3)

この表で明白なように上方本寺の直末許可は、本末帳の整備と密接な関係があるため延宝三年（一六七五）から元禄七年（一六九四）までの間に集中しているのに対して、静栖寺の場合、明暦二年（一六五六）と時期的に早いことが特色である。これは比較的歴史の浅い静栖寺が、有力な檀越石川民部道忠の庇護のもとに、積極的に寺格を整えようとしたためであろう。

近在の松伏赤沼常楽寺にも直末許可状が現存している。

武州葛飾郡松伏領赤沼村常楽寺事、任被申請之旨、自今以後可為醍醐松橋無量寿院末寺之由、依院務大僧都（元雅）御消息之所、執達如件、

貞享三年十二月五日　　　　弥勒院　信栄（花押）

常楽寺御房

このように、常楽寺は貞享三年（一六八六）十二月五日に醍醐松橋無量寿院の直末寺になっていることがわかる。

次に院跡兼帯について触れたい。前述の静栖寺の成立で引用した①の史料の後半に次のように記されている。

（前半は①に引用）

一、当寺山号・寺院号共ニ、御門跡様より被下置候、御令旨頂戴仕候、幷広沢法流　御室菩提院僧正信遍法印より御直ニ伝受仕、聖教不残民部致寄附候事、

右之御由緒等有之候ニ付、今度　御院跡兼帯ニ仕度旨、石川民部奉願候間、乍恐　御室御所様江被　仰上被下候ハヽ、難有可奉存候、以上、

享保十七年壬子年二月　　武州松伏領松伏村
静栖寺　印

四箇寺様
御役者衆中

このように静栖寺はこれまでの仁和寺との由緒を書き上げて、触頭江戸四箇寺を通して、仁和寺の院跡兼帯を願い出ている。これに対して同年六月二十一日付の静栖寺院跡兼帯定書控をみると次の如くである。

定

一、今般就静栖寺院跡兼帯、弥住持職之義（儀）大檀那石川民部・師檀可為納得之上事、
一、住職継目御礼之義（儀）、遅滞有間敷事、
一、色衣願之儀者、有来通両山（智積院・長谷寺）能化可為吹挙事、
一、院跡継目御礼者、直ニ可有言上候事、
一、年始御礼、毎歳無遅滞可被申上候事、
一、諸御祝儀之義（儀）、寺格可被相勤候事、
一、大檀那者格別、鄙賤之輩猥参会有之間敷事、

右条々、永不可有違背者也、

享保十七年六月廿一日

成多喜中務卿　御名　御書判

高橋大蔵卿　御名　御書判

成多喜刑部卿　御名　御書判

静栖寺恵廓

このように静栖寺は首尾よく仁和寺の坊官衆から院跡兼帯を許されている。院跡兼帯は関東の新義真言宗寺院が、本来上方の古義真言宗の門跡寺院にだけ存在した院家・院室を名目的に兼帯して、新義一派の規定外の色衣を被着したり、乗輿などを寺に具えて、寺院の格式を調えようとすることである。平安時代の密教が興隆した時代には門跡寺院で出家した皇族を院家衆といい、その法系を継承する寺室を院家といい、院家の住する寺室を院室と呼んだ。しかし時代の進展と共に院家が少なくなり、院室も廃絶するものが多かった。この廃寺分を諸国の地方寺院が名目的に兼帯して寺院の格式を調える風習が江戸時代中期以降に多くみられた。静栖寺もその一例である。院跡兼帯には、その寺の住職個人に許可された一代の院跡兼帯と、寺そのものが許可された永代院跡兼帯とがある。静栖寺の場合、この時点では住職恵廓に許可された一代の院跡兼帯のようである(4)。

文化五年(一八〇八)十一月付の静栖寺等連署の議定書控をみると次の如くである。

議定書

一、今般拙寺儀、於御室御所御院室永兼帯蒙　仰候ニ付、向後左之通議定仕候、

一、三談林列席并夏冬報恩講之節者、黄色之外不可為着用事、

一、住職交代継目之節、其外三談林出会之儀在之候砌、網代乗物・金紋付先箱、惣而院家ニ附候道具可及延引事、

右之通相究申候上者、已来後々往ニ至迄不可致違乱候、仍而議定書如件、

文化五年辰十一月

武州葛飾郡松伏村
静栖寺　印
祐厳
下総国葛飾郡金杉村
門徒惣代兼覚性寺　印
同国同郡下柳村
末寺惣代兼妙清寺　印
同国同郡金崎村
同断道善寺　印
武州葛飾郡松伏村
開基檀那民部　印

高久
密厳院　参

吉川
延命寺　参

これをみると静栖寺は文化五年に仁和寺御室御所の院室永兼帯になっていることがわかる。この議定書は院室永兼帯となり色衣や乗物の使用が特別に許可されたが、近在の談林に対して、三談林同時列席の場合は特権を行使しないことを誓約しているものである。静栖寺は延命寺や密厳院に比較して、在地の新義真言宗寺院としての格式に欠けるために、仁和寺の法流を相承して直末寺となり、更に院跡を兼帯したのは、寺の歴史の浅さをカバーして積極的に寺格を盛りたてようとしたためと思われる。

三　静栖寺の本末関係

関東の新義真言宗寺院の本末関係を考える場合、最初の基準となるのは寛永十年（一六三三）に作成された「関東真言宗新義本末寺帳」（『大日本近世史料』所収）である。静栖寺の場合、前述のようにその成立年次は明確でないが、ともかくこの寛永の本末帳には記載されていない。延宝三年（一六七五）の本末帳に比較すると、寛永の本末帳はかなり杜撰に作成されており、ここに記載がないからといって必ずしも静栖寺が成立していなかったとは断定はできない(5)。しかし、仮に存在していたとしても対世間的に認められているような寺ではなかったことは事実である。

静栖寺の初期の本末関係を物語る史料は慶安三年（一六五〇）六月二日付の道善寺以下八カ寺連署の静栖寺新門徒請書である。これは静栖寺の現存史料の初出でもある。これには次の如く記されている。

相定一札之事

一、静栖寺門徒ニ我等々寺地御取立被下候、此上ハ相定之通静栖寺可致出仕候、殊節々之会合少も相背申間敷候、若違背申ニ付而ハ、如何様ニ成共可被仰付候、為其一筆如斯ニ候、以上、

慶安三寅六月二日

庄内領金崎村　道善寺　栄叶（花押）
同領上柳村　妙印寺
同領下柳村　妙清寺
同領水角村　栄喜寺　宥如（花押）
同領米崎村　道性寺　空甚（花押）
同領飯沼村　妙善寺　尊儀（花押）
同領赤崎村　道珎寺　（印）
同領魚沼村　常金寺
同領西見取村　覚性寺　尊栄（印）

これをみると、慶安三年六月二日付で道善寺以下八カ寺が新しく静栖寺の門徒となり、本寺静栖寺に違背しないことを誓約している。これらの門徒はいずれも庄内古川の流域であり、今上の秀覚寺・覚貞寺、横内の明泉寺など江戸川対岸の寺院は含まれていない。しかも道善寺・妙清寺・道性寺・妙善寺は前述のように、石川民部家歴代の法名を冠した菩提寺であり、静栖寺同様に石川民部家の関係寺院が中心と思われる。ただ三代道性の没年は慶安四年七月であり、慶安三年にすでに寺があったということはどのように考えればよいのであろうか。静栖寺の場合も同様の問題

がある。それはさておきこれらの門徒寺院が全て一時に成立したとは思えないので、これ以前に成立してきた寺々が、慶安三年に静栖寺の新門徒になったのであろう。慶安三年にこのような証文が提出されたのは、この年に寺社領の調査が実施されたためであろう[6]。延宝四年十一月十二日付の静栖寺口上書に次の如く記されている。

乍恐以口上書申上候

一、武州葛飾郡松伏村静栖寺本尊阿弥陀面御年貢不納之地ニ而附来田畠御座候、然処ニ古半十郎(伊奈忠治)殿時分寺社御改御僉儀之上、御朱印地ニも可罷成分へ者　御朱印之御訴訟被仰立可被下之由ニ而、為役人会田七左衛門・高橋与左衛門江被仰付、在々寺社御改被成候刻、阿弥陀面御年貢不納之地紛無御座候由、名主・百姓連判之証文を以　御朱印之御訴訟申上候処ニ、

(中略)

延宝四年十一月十二日　松伏村 静栖寺(印)

御奉行所

このように慶安二・三年頃代官伊奈半十郎忠治の役人会田・高橋両名によって、同地方の寺社御改めが実施されており、この時にバラバラであった石川家ゆかりの寺々が自己の権利を確保するために、幕府側の指導を受け入れ、静栖寺を中心に本末関係を整備したものと思われる。

末寺門徒分布図(図2)(二一八頁)や末寺門徒変遷表(表2)(二一九頁)を見ると明白なように、慶安三年の門徒寺院は九カ寺であるが、十五年後の延宝三年の「静栖寺本末帳」には、庄内古川流域ばかりでなく、江戸川の対岸まで門徒が出来て、前述の九カ寺を含む二十三カ寺が記載されている。周辺に新義真言宗寺院が多数あるなかで、静栖寺が数多くの門徒を増加させているのは、前項で述べたように仁和寺の直末寺となり、広沢の法流を相承して寺格を整えたことと、開基の檀越石川民部家の勢力拡大とが大きな理由であろう。

図2　静栖寺末寺門徒分布図

註：図は後掲230～232頁の「静栖寺本末帳」(石川家所蔵)より作成。
○付数字は次頁の「静栖寺末寺門徒変遷表」の番号を表す。

ただ江戸川対岸の栄福寺・常範寺・西禅院・妙珊寺の四カ寺は、延宝三年の本末帳にみえるだけの門徒であり、一時的なものである可能性が強い。

表２　静栖寺末寺門徒変遷表

No.	寺　名	村　名	文政12年(1829)	享保14年(1729)	延宝３年(1675)	慶安３年(1650)	備　考
①	道善寺	金崎村	末寺	末寺	（末寺）	門徒	延宝５年末寺昇格，門末１drop。
②	明善寺	飯沼村	末寺	末寺	（末寺）	門徒	妙善寺とも記す。延宝５年末寺昇格，門末２﨟。
③	秀覚寺	今上村	末寺	門徒	門徒	ナシ	秀覚院ともいう。延享２年末寺昇格
④	明清寺	下柳村	末寺	末寺	（末寺）	門徒	妙清寺とも記す。延宝５年末寺昇格，門末３﨟。
⑤	覚貞寺	今上村	末寺	門徒	門徒	ナシ	延享２年末寺昇格。
⑥	常金寺	魚沼村	末寺	門徒	門徒	門徒	延享２年末寺昇格。
⑦	覚性寺	金杉村	門徒	門徒	門徒	門徒	
⑧	金蓮院	金杉村	門徒	門徒	門徒	ナシ	
⑨	観音院	金野井村	門徒	門徒	門徒	ナシ	声明寺とも記す。
⑩	浄光寺	山崎村	門徒	門徒	門徒	ナシ	常光寺，徳寿院とも記す。
⑪	道安寺	三ヶ尾村	門徒	門徒	門徒	ナシ	
⑫	明泉寺	横内村	門徒	門徒	門徒	ナシ	妙泉寺，妙詮寺，名詮寺とも記す。
⑬	道珍寺	赤崎村	門徒	門徒	門徒	門徒	
⑭	永喜寺	水角村	門徒	門徒	門徒	門徒	栄喜寺とも記す。
⑮	道性寺	米崎村	門徒	門徒	門徒	門徒	
⑯	妙印寺	上柳村	門徒	門徒	門徒	門徒	
⑰	妙音寺	大杉村	門徒	門徒	門徒	ナシ	
⑱	観音寺	松伏村	門徒	門徒	門徒	ナシ	
⑲	西光院	松伏村	門徒	門徒	門徒	ナシ	
⑳	栄福寺	小平村	ナシ	ナシ	門徒	ナシ	位置不明。
㉑	常範寺	灰毛村	ナシ	ナシ	門徒	ナシ	
㉒	西禅院	駒木村	ナシ	ナシ	門徒	ナシ	
㉓	妙珊寺	三ツ堀村	ナシ	ナシ	門徒	ナシ	

註・寺名と所収順位は文政12年成立の武州葛飾郡松伏村静栖寺末寺門徒起立書を基準とした。
・文政12年は同上の末寺門徒起立書によった。
・享保14年は同年３月付の静栖寺門末の書籍調べ一札によった。
・延宝３年は石川家所蔵の延宝13年７月11日付の「静栖寺本末帳」によった。
・「静栖寺本末帳」は本文中に史料も引用してあるのでそちらを参照していただきたい。
・慶安３年は同年６月２日付の門徒中一札によった。

当時の門徒寺院とはどのような内容の寺であったのであろうか。本末関係とは本寺と末寺ということであるが、末寺は厳密にいうと寺格によって、いわゆる末寺と門徒に区別される。区別の基準は末寺は本寺から法流を相承している寺、門徒は法流を相承していない寺ということである。末寺は法流を相承しているので、単独で葬儀の導師を勤めることができ、しかも住職の本山での修学年数に応じて色衣を被着することができた。ところが門徒は法流を相承していないので、単独で葬儀の導師を勤めることができず、本寺から導師を要請しなければ葬儀を執行できず、また着用する法衣も黒衣に限定されていた。このように一口に末寺といっても、いわゆる末寺と門徒の間には寺格の大きな相違があったのである。

明暦三年（一六五七）姑洗十三日付の道善寺等十九カ寺連署の静栖寺門徒定書は次の如くである。

相定之事

一、法流之儀、可奉伝受広沢方事、
一、学本寺之風義（儀）、衣体等軌則、其外諸事不可不法之儀事、
一、対他寺・他宗之輩致諍論、以非法之所行不可訴御本寺事、
　付、山林・境内等之儀、堅相守御制法、不致非法非儀事、
一、正月三日之御礼之事、
一、二月常楽会勤行出仕之事、
一、三月御影供出仕之事、
一、七月十五日施餓鬼等、其外本寺へ出仕之事、
一、御歳暮之事、
右之条々違背申間敷候、為後日一筆如斯、

明暦三丁酉年姑洗十三日

庄内領金崎村　道善寺栄叶（重判）
同領上柳村　妙印寺（印）
同領下柳村　妙清寺（印）
同領水角村　栄喜寺宥如（重判）
同領米崎村　道性寺空甚（重判）
同領飯沼村　妙禅寺尊儀（重判）
同領赤崎村　道弥寺舜雄（重判）
同領魚沼村　常金寺（印）
同領西見取村　覚性寺尊栄（印）
新方領大杉村　妙音寺（印）
庄内領西金野井　観音院（印）
庄内領金杉　金蓮院（印）
庄内領今上村　秀覚寺（印）
同村　覚貞寺（印）
庄内山崎村　常光寺（印）
庄内横内村　妙詮寺（印）
庄内小金領三ケ尾村　道安寺（印）
松伏村　観音寺（印）
同所　西光院（印）

これは第一条に法流のことが記されているので、一見これらの寺院が法流を相承しているようにみえるが、表2の「末寺門徒変遷表」から考えて、一部の寺院がはじめて法流を相承するのが、延宝五年（一六七七）であり、それ以前は全て門徒であったものと思われる。しかし慶安三年と比較すると門徒数が増加している。はじめの九カ寺は慶安三年と一緒であるが、その後に十カ寺が新たに連署している。新増の十カ寺は新方領や江戸川の対岸にまで及んでいる。更に正月三日の年始、二月の常楽会（涅槃会）、三月の御影供（宗祖法会）、七月十五日の施餓鬼会、年末の歳暮など本寺への出仕条項も具体的になっている。七年間という短期間に静栖寺の本末圏が急激に拡大している。これは私の本論とは直接結びつかないが、おそらく檀越石川民部道忠の新田整備と関係があるものと思われる。

これらの門徒寺院の一部が末寺に昇格するのは延宝五年（一六七七）である。延宝五年九月二十一日付の明善寺宛の静栖寺尭宗の末寺許可状をみると次の如くである。

明善寺之事、永汲広沢之流、可令属当寺之末寺旨、不可有相違、仍執達如件、

延宝第五丁巳天九月廿一日　　松伏静栖寺（印）

尭宗（印）

明善寺法印御房

これをみると、静栖寺尭宗を飯沼村の明善寺に広沢の法流を伝授し、末寺であることを認めている。静栖寺にこの時の末寺許可状が現存するのは明善寺だけであるが、同日付の静栖寺門末座配定書をみると、同時に金崎村道善寺、下柳村妙清寺も末寺に昇格している。門末座配定書は次の如くである。

静栖寺江門末会合之時座居之事

一、壱﨟　金崎村道善寺

一、弐﨟　飯沼村明善寺

一、三臈　下柳村妙清寺
此外之門中者年老次第、永可為座居、為向後一札如此也、
延宝五丁巳年九月廿一日

静栖寺住僧堯宗（重判）

このように三カ寺が同時に末寺に昇格したので、静栖寺堯宗は会合の座配を一臈道善寺、二臈明善寺、三臈妙清寺と定め、門徒は年臈次第に着座するようにと定めている。道善は石川民部第二代当主の法名、妙善（明善）は同人の妻の法名、妙清は静栖の妻の法名であり、石川家の縁故寺院が末寺に昇格していることがわかる。当時は法要や会議の座配は厳格であり、逆にしばしば紛争の原因となったので、同時に多数の寺院が末寺に昇格をしたときにはどこの寺でもこのような座配書を作成している。静栖寺は延享二年（一七四五）の末寺昇格の場合にも座配定書を作っている。座配は原則として昇格年次順である。そのため同時の場合には定書が必要となるのである。

近在の柿木東漸院でも延宝五年頃末寺昇格の動きがみられる。東漸院所蔵の延宝五年霜月二十八日付の本末定証文は次の如くである。

証文之事

一、武州八条領西袋村蓮花寺末寺之条ニ付、本寺門徒相談ニ而、御法流令相続、則金子廿五両報謝を請取、末寺相究申上候、出仕之義（儀）ハ年始壱返相定申候、正供・施餓鬼・護摩・加行之義（儀）ハ不及申、灌頂等之執行可被相勤事、不及子細ニ候、灌頂執行之砌本寺招請可有之候、附、投花・灌頂等弟子・同宿等於他山仕候共無異義候、且亦本寺灌頂執行之節、弟子・同宿等投花・灌頂・報謝ハ他山次ニ□（可カ）致候、如此相究上ハ、諸事門徒諸役之義（儀）ハ令赦免畢、為後日依如件、

延宝五年丁巳霜月廿八日

柿木村 本寺東漸院（印）
同村 末寺万福寺（印）

三　静栖寺の本末関係

麦塚村
智泉院(印)

西袋村
蓮花寺住僧堯円房秀善

これをみると、東漸院の門徒であった西袋村の蓮花寺がこの時に法流を相続して、報謝金二十五両を払って末寺に昇格している。この頃に同地方でも延宝三年の本末帳作成をふまえて、門徒寺院の末寺昇格の機運が出てきたのであろう。

次に享保十四年(一七二九)三月付の静栖寺以下十九カ寺連署の貴重書籍不所持一札には次の如く記されている。

一札
一、被為遊御触候書籍、拙寺并門末迄遂鑿儀(詮議)候処、稀成書籍者門末共ニ所持不仕候、為其如此ニ候、以上、
享保十四年酉三月

御室御所御末寺　武州葛飾郡松伏領松伏村　静栖寺(印)
静栖寺末寺　下総国葛飾郡庄内領金崎村　道善寺(印)
同寺　末寺　同国同領飯沼村　妙善寺(印)
同寺　末寺　同国同領下柳村　妙清寺(印)
同寺　門徒　同国同領上柳村　妙印寺(印)
同寺　門徒　同国同領金野井村　観音院(印)
同寺　門徒　同国同領水角村　永喜寺(印)
同寺　門徒　同国同領赤崎村　道弥寺(印)
同寺　門徒　同国同領米崎村　道性寺(印)

同寺　門徒　同国同領魚沼村　常金寺（印）
同寺　門徒　同国同領金杉村　覚性寺（印）
同寺　門徒　同国同領金杉村　金蓮院（印）
同寺　門徒　同国同領横内村　妙詮寺（印）
同寺　門徒　同国同領今上村　秀覚寺（印）
同寺　門徒　同国同領今上村　覚貞寺（印）
同寺　門徒　同国同領山崎村　常光寺（印）
同寺　門徒　同国小金領三ヶ尾村　道安寺（印）
同寺　門徒　武蔵国葛飾郡松伏領松伏村　西光院（印）
同寺　門徒　同国同領松伏村　観音寺（印ナシ）
同寺　門徒　同国新方領大杉村　妙音寺（印）

これをみてもわかるように静栖寺の門末は道善寺・妙善寺・妙清寺の三カ寺が末寺で、他はいぜん門徒であったことがわかる。

次に静栖寺の門徒の末寺昇格運動が起るのは延享元年（一七四四）である。延享元年にも新義真言宗の本末帳が作成されており、両者は相関関係があったようである。

延享元年の静栖寺門徒の末寺昇格の経緯を史料を追って紹介してみたい。

延享元年十一月付の下総国庄内領今上村の秀覚寺新末願をみると次の如くである。

書付を以願上候事

一、拙寺儀、従先住数年御法流相続之願望ニ御座候而、度々新末之願申上ケ候得共、過末之筋ニ被仰、時節を相待候様ニ与被仰候ニ付、只今迄延引ニ罷成候、然処ニ御本寺客殿・鐘楼堂等及大破、御修復難被成相見、今年抔ハ殊之外零落仕、乍側気之毒ニ奉存候、就夫先住儀多年之志願ニ而、時節を見御法流為相続之祠堂金附置、且又此度檀方より金子弐拾五両、永代ニ寄附仕候間、御法流相続仕候而も相応之寺柄之様ニ奉存候、然上ハ新末被成候ハヽ、報謝金四十両指上ケ可申候、左候ハヽ客殿等修造之義(儀)も出来可仕歟と奉存候間、乍御苦労　御四箇寺様迄被　仰上、願之通被　仰付被下候ハヽ、門檀一同ニ難有奉存候、依之門檀連判指上ケ申候、以上、

延享元年子十一月

下総国庄内領今上村
秀覚寺(印)

静栖寺様

覚貞寺も同様な新末願を提出している。このように秀覚寺や覚貞寺は本寺静栖寺に法流相続と新末寺昇格を願い出ている。代償として報謝金四十両を支払うことを約束している。次に同年十二月付の覚貞寺起立書には次の如く記されている。

覚貞寺起立書之事

一、開基　慶安年中覚貞代
一、御代官　上坂(政形)安左衛門殿
一、境内七反五畝歩　御年貢地
一、本寺　静栖寺
一、本尊　不動尊 智証大師御作 御長ケ四尺五寸
一、寺　八間半六間
一、庫裏　七間三間半
一、表門　裏門

一、女体権現　支配宮三間四面 御年貢地八畝歩

一、稲荷大明神 天神宮　境内之宮

一、小池坊留学　六ヶ年

一、檀那弐百五拾壱軒　内百弐軒 息滅 百四拾九軒 息災

一、田畑三町七反五畝弐拾五歩　御年貢地

　内弐町七反壱畝五歩 田 壱町四畝廿歩 畑

一、法臈　三十年

一、仮名　文随

一、実名　祐静

右之通、少茂相違無御座候、以上、

延享元年子十二月　下総国葛飾郡庄内領今上村 覚貞寺(印)

御四箇寺様

御役者中

これは覚貞寺の由緒・現況・堂舎・寺領・住職などを書き上げたものである。末寺に昇格する際には必ず提出する書類である。

延享二年三月八日付の静栖寺慧廓末寺許可状には次の如く記されている。

常金寺之事、永汲広沢之流、可令属当寺之末寺旨、不可有相違、仍執達如件、

延享二乙丑三月八日　松伏 静栖寺　慧廓(印)

常金寺法印御房

三　静栖寺の本末関係

このように常金寺は本寺静栖寺慧廓から法流を許され、末寺に昇格していることがわかる。

同年三月二十一日付の常金寺・覚貞寺・秀貞寺新末三カ寺法謝金請一札には次の如く記されている。

一札之事

今般拙寺共新末之御願申上候処ニ、新末之儀重キ願、其上過末ニ而、壱度ニ三ヶ寺之願重々難成筋ニ候処ニ、御働を以願之通被仰付、難有奉存候、就夫ニ報謝金之儀、他山之例を承合、願書之表者報謝金壱ヶ寺ニ而金四拾両宛、三ヶ寺ニ而都合百弐拾両指上、此内六拾両を以当分堂舎之大破を修復仕、残リ六拾両ハ永々御本寺堂舎為修復祠堂金ニ付可申候之段、四箇寺様ニ被仰上候故、早速相済申候、然ル所拙寺共貧寺候得共、多年御法流相続之願信切之段、御本寺御感心之上、表之向者他山之任例四拾両宛ト書候へ共、御憐愍を以壱ヶ寺ニ而弐拾五両宛、三ヶ寺都合金子七拾五両指上申候、此内三拾四両弐分者、江戸表四ヶ寺様御礼等ニ遣可申由ニ而、我々共ニ被下置難有頂戴仕候、残四拾両弐歩之内、金拾両弐歩ハ当丑ノ暮ニ指上、客殿幷ニ鐘楼之御造営之払方之足シ金ニ被成、残リ三拾両ハ祠堂金被成、永々無紛失、此支分ヲ以年々少破之修復を可被成之段奉承知、重々御厚志難有奉存候、今度之報謝金ニ付、表向之願書之員数を以相違之儀一言茂申上間敷候、為後日如件、

延享弐年丑三月廿一日

魚沼村　常金寺(印)

今上村　覚貞寺(印)

同所　秀覚寺(印)

御本寺様

この一札をみると、三カ寺の申請史料は断片的にしか現存していないが、この時の新末寺の昇格申請は常金寺・覚貞寺・秀覚寺の三カ寺が一緒であったことがわかる。そのため同月付の三カ寺の連判状には次の如く記されている。

指合上申一札之事

拙寺共多年之願望ニ而、今度新末相願候処ニ、無相違被為仰付、同日之法流御相続受候故、我等共三箇寺儀ハ寺格之前後難定、本寺・末門・檀中相談之上、同格之四藹与相定被下候、依之ニ座位之儀者同年同衣色衣之住僧御座候節ハ、相互ニ格(隔)年ニ可仕候、若年数等多少茂御座候ハヽ、本山之年数次第ニ座位可仕候、右之通リ三ヶ寺得心之上相究候、向後座位ニ付、互ニ異論申間敷候、為後日連判一札如件、

延享二乙丑年三月

常金寺(印)
秀覚寺(印)
覚貞寺(印)

静栖寺様

この連判状をみると、この三カ寺は同日付で新末寺に昇格したので、延宝五年の末寺三カ寺についで同格の四藹となり、座位は隔年交替、または住職の本山在住年数次第とすることを誓約している。前述のように延宝五年の場合は座位を本寺側が制定しているが、この場合には基準が明確でないので話し合いになったのであろう。他の寺院の末寺同時昇格の場合にもこの事例は多くみられる[7]。

本来、本寺は自己の権限を留保するために門徒寺院の末寺昇格には反対であった。一方、門徒は末寺昇格が念願であった。そのため本寺は報謝金の高額化を目指すのが通例であった。静栖寺の場合、四十両の通例を、二十五両の報謝金で門徒の末寺昇格を認めたのは、江戸中期以降本寺側の経済力が低下していたため、堂舎の復興に多額の費用を必要とした。そのためかなり積極的に門徒の末寺昇格を認めたのであろう。門徒寺院にとっては二十五両もの報謝金を払っても末寺格になりたかったのであろう。檀家にとっても門徒の末寺昇格には一々本寺の意向を伺わなくても単独で葬儀、法事が執行できるので、寺と檀家が協力して高額の報謝金を負担したのであろう。

江戸幕府の宗教政策は現状維持を前提としている。寺院の本末制度も同様であり、新規の昇格や現状の変革は原則

として認めない方針である。その中で静栖寺は六カ寺もの門徒寺院が末寺寺院に昇格しており、近在の寺院に比較して江戸中期以降に勢力を伸張させたことは注目される。反面、静栖寺の場合、近在の新田準備にともない門徒寺院の経済力強化と、本寺静栖寺の経済力の低下と相関関係にあることは否定できない。

前掲(二一九頁)の表2末寺門徒変遷表にみられるように文政十二年(一八二九)の静栖寺末寺門徒起立書でも延享二年(一七四五)以降、静栖寺の本末関係に変化はみられず、この後江戸時代を通して本末関係は固定されている。

＊　静栖寺の史料閲覧についてはご住職の斉藤淳道氏はじめ埼玉県立文書館・徳永隆宣氏などにご高配いただいた。厚く感謝する次第である。

(1)　本書第六章の表1「息障院門中本末変遷表」(二〇〇〜二〇四頁)参照。

(2)　この史料の存在は大河内博稿「ある豪農の盛衰」(『同先生記念文集』)によった。史料閲覧にあたっては石川家・宮内正勝氏・八潮市立資料館の皆様にご協力をいただいた。厚く感謝する次第である。

(3)　表について、本書第八章の表3「埼玉の新義真言宗寺院の直末許可状一覧表」(二三二〜二三四頁)参照。

(4)　院室兼帯については櫛田良洪著『真言密教成立過程の研究』(一〇三四頁)参照。

(5)　本書(二三三頁)参照。

(6)　徳川家光の朱印状発給は県内では正保四年(一六四七)から慶安二年(一六四九)に集中している。『埼玉県史』通史編3、近世1(八〇二頁)参照。

(7)　本書(一九一頁)参照。

石川家所蔵延宝三年版「静栖寺本末帳」

「(表紙)
延宝三乙卯年七月十一日

武州葛飾郡松伏村

定水山　静栖寺

門徒中帳　」

（表紙裏）「武州葛飾郡松伏村定水山無量院開山元和九癸亥明海起立　公儀江書上申候」○裏書ハ補筆ナラン

一、本寺仁和寺御室御所
　　法流保寿院方

　　　　武州葛飾郡松伏村
　　　　静栖寺　覚雄（印）

中居山（○補筆）「末寺」金崎村 道善寺　堯宗（印）

飯湖山（○補筆）「末寺」飯沼 明善寺　宥典（印）

神護山（○補筆）「末寺」下柳 妙清寺　増宥（印）

宝光山　上柳 妙印寺　尊栄（印）

　　　　小平 栄福寺

八幡山　水角 永喜寺　真紹（印）

愛宕山　米崎 道性寺　堯遍（印）

山王山　赤崎 道珍寺　栄吽（印）

（○見消シ）「観音院ト公儀江書上申候」

松嶺山　金野井 声明寺　宥専（印）

青龍山　魚沼 常金寺　賢覚（印）

雨宝山　金杉寺 覚性寺　性海（印）

（○補筆）「境内御除地八反六畝歩」

座王山　金杉村 金蓮院　（印）

池流山　今上 覚貞寺
宥筭（印）

臨川山　今上 秀覚院
宥慶（印）

明王山　山崎 徳寿院

横内村　浄光寺
覚長（印）

○補筆「起立堯宗寛永元甲子天
御年貢地三反一畝歩」

松林山　妙泉寺
源海（印）

○補筆「下総国葛飾郡内領灰毛村」
常範寺

薬王山　三ケ尾 道安寺
宥遍（印）

○補筆「下総国葛飾郡小金領駒木村」
古間木 西禅院

慈雲山　松伏 観音寺
賢覚（印）

紫流山　松伏 西光院
融賀（印）

○補筆「武蔵国崎玉郡新方領大杉村」
楊柳山　六ケ村 妙音寺

○補筆「下総国葛飾郡庄内領三堀村」
三堀 妙珊寺

第八章　本末整備と法流相承

はじめに

五年間に亘る埼玉県の聖教文書調査が本年終了した。私はこの調査のお手伝いをさせていただいたが、県内の新義真言宗寺院に非常に多量な印信類が現存していることに驚かされた。そこで本章ではなぜ新義真言宗寺院にはこのように多量の印信類が現存しているのか、本末制度の整備過程でこれらの印信類がどのような役割を果していたのか、新義真言宗の法流相承を中心にこの問題を考えてみたい。

一　本末整備

私は県内の新義真言宗寺院の史料調査を実施しながら、京都や奈良の上方本寺から県内の有力寺院に出された直末寺の許可状が散見することに注目していた。これらの上方本寺からの直末許可状を編年体で整理したのが次表である。

表3　埼玉の新義真言宗寺院の直末許可状一覧表（マル付数字は閏月を示す）

年月日	直末許可	旧本寺	法流相承	典拠
寛永10年5月16日	新義真言宗本末帳を作成す			寛永本末帳
明暦2年12月13日	仁和寺松伏静栖寺を直末寺とす	不明		静栖寺文書
寛文9年⑩月9日	新義真言宗本末調査			寺院本末記

延宝3年1月5日	新義真言宗新本末帳を作成す			息障院本末帳
延宝3年7月17日	智積院安保西福寺を直末寺とす	不明	同年9月20日付中性院流印信あり	西福寺文書
延宝3年8月25日	報恩院大和田普光明寺を直末寺とす	無本寺	同日付報恩院流印信あり	普光明寺文書
延宝3年9月21日	智積院馬室常勝寺を直末寺とす	騎西竜花院	同日付中性院流印信あり	常勝寺文書
延宝3年9月21日	智積院鴻巣寿命院を直末寺とす	騎西竜花院	翌年5月7日付中性院流印信あり	寿命院文書
延宝4年7月4日	智積院深谷弥勒院を直末寺とす	不明		弥勒院文書
延宝5年3月7日	仁和寺安保吉祥院を直末寺とす	不明	同年3月10日付西院流印信あり	吉祥院文書
延宝6年5月16日	仁和寺与野円乗院を直末寺とす	京都仁和寺	同年5月23日付西院流印信あり	円乗院文書
貞享3年12月5日	無量寿院岩殿正法寺を直末寺とす	醍醐無量寿院		正法寺文書
貞享3年12月5日	無量寿院谷古田密蔵院を直末寺とす	醍醐無量寿院		密蔵院文書
貞享3年12月5日	無量寿院赤沼常楽寺を直末寺とす	不明		常楽寺文書
元禄2年10月13日	無量寿院加村金剛院を直末寺とす	小俣鶏足寺	同年11月27日松橋流印信許可さる	金剛院文書
元禄3年1月24日	光台院騎西竜花院を直末寺とす	醍醐光台院	前年4月28日付地蔵院流印信あり	竜花院文書
元禄4年10月2日	報恩院忍長久寺を直末寺とす	小俣鶏足寺	同年⑧月13日付報恩院流印信あり	長久寺文書
元禄4年10月2日	報恩院吉見息障院を直末寺とす	小俣鶏足寺	同年⑧月14日付報恩院流印信あり	息障院文書
元禄7年⑤月29日	仁和寺植田谷林光寺を直末寺とす	京都仁和寺		林光寺文書
元禄7年11月14日	無量寿院加村満福寺を直末寺とす	小俣鶏足寺		満福寺文書
元禄11年11月21日	三宝院高山常楽院を直末寺とす	醍醐三宝院		常楽院文書
享保6年2月23日	智積院秩父玉泉寺を直末寺とす	針形長久院	同日付中性院流印信あり	玉泉寺文書
寛永3年8月5日	仁和寺栗崎宥勝寺を直末寺とす	京都仁和寺		宥勝寺文書
安永8年4月26日	三宝院大桑大福寺を直末寺とす	篠崎普門寺		大福寺文書
弘化2年10月	仁和寺不動岡総願寺を直末寺とす	京都仁和寺		総願寺文書

この表を中心にして県内の新義真言宗寺院の本末制度の整備過程を考察してみたい。

直末許可の年代が延宝三年(一六七五)～元禄七年(一六九四)までの二十年間に集中している。なぜこの期間に直末許可が集中しているのであろうか。

延宝三年正月五日付の吉見息障院所蔵の新義真言宗触頭江戸四箇寺触状写には、

覚

一、寛永年中公儀江書上候本末之帳面、本寺附無之寺院数多就有之、於御奉行所不届被思召之間、分明本末可被書出事、

一、先年者本寺・末寺・門徒、御朱印所之分有増載之、或不書載之寺有之由、粗有其聞、尤無御朱印分者不書記之旨、此度者不依寺社領之有無、本寺・末寺・門徒所付等、委細帳面可被記之事、

一、末寺・門徒帳面書記之砌、本寺江門末共令衆会、厳密企僉議可為致判形、若恣本寺一分而於書載之者可為越度、此旨背之間敷事、

附、本寺之門末等迄、委可被記之也、

一、今度之帳面脱落有之而、向後本末出入出来候時、此方江致訴訟共、不可取上之間、可被入念事、

一、在々所々新義一派之分、不残此条々可被相廻也、若不往届等於有之者、隣寺之可為越度也、

右窺御奉行所御内意相触之間、不可有疎略也、従当春八月中迄之間、帳面相極、或使僧、或自身勝手次第可被差越者也、

延宝三年
卯正月五日　　　　　　　　　四箇寺(真福寺)　隆鍐

一　本末整備

武蔵国中

新義真言諸寺院中

(円福寺)隆敞
(知足院)俊盛
(弥勒寺)清長

とある。これによって延宝三年に新義真言宗の本末帳が作成されたことがわかる。しかもこの時の本末改めは、寛永の本末帳の不備を補正するために実施されたものであることがわかる。この触状をみると、延宝三年の本末帳作成について、江戸四箇寺は寺社奉行所の内意をうけて、各寺院の厳密な本寺付の記載、朱印の有無によらない全ての末寺・門徒の記載を主眼として、全国の新義真言宗の各本寺に、それぞれの本末帳の提出を命じ、門末各寺の記載は厳密にこれをまとめ、帳面脱落から後世本末争いが起らないように指示している。このような経過で作成された延宝三年の本末帳の原本が吉見の息障院に現存している。延宝三年の本末帳の原本は貴重なものである。延宝三年の本末帳の存在については、すでに玉橋隆寛氏が山形宝幢寺本末帳の存在を指摘されているが(1)、これ以外に管見ではこの息障院本末帳と浦和玉蔵院本末帳と静栖寺本末帳の存在を知るのみである。

更に延宝三年江戸四箇寺により関東新義真言宗寺院に対して厳格な本末改めが実施されたことは、直末許可状の中からも裏付けられる。馬室常勝寺所蔵の延宝三年九月二十一日付の京都智積院運敞直末許可状には、

武州馬室常勝寺者、開基已来雖沐根嶺之教雨、未掬中性之法水、因茲請為当院之末寺、所謂懇到也、且又今度於江府四箇寺、有諸寺本末之糺正之処、無他本寺之事明白之由、従真福寺副状到来故、無異議授与法流了、向後永可相守本末之法儀者也、仍許諾之状、如件、

智積院僧正

運敞(花押)

延宝第三乙卯九月廿一日

馬室
常勝寺円秀御房

とある。この年に江戸四箇寺による本末改めがあり、常勝寺は江戸四箇寺中の武蔵担当の触頭である真福寺隆敞から無本寺の証明をうけ、新規に新義真言宗の京都本山智積院運敞に願い出て、智積院の直末寺になっている。これと全く同じ直末許可状が近在の鴻巣の寿命院にもある。

その外に大和長谷寺所蔵の同日付の江戸四箇寺知足院尊如書状写に、

平井村大山寺之儀、古来之法流不分明付而、此般小池坊(長谷寺)御末寺ニ罷成度由、訴訟被申候間、御末寺ニ相極、帳面請取置所也、来春中小池坊御下向之砌、各取持法流之相承尤候、恐々謹言、

延宝三乙卯年
九月廿一日　　知足院
尊如　判

大山寺
門徒檀那中

とある。下野都賀平井村の大山寺は寛永本末帳に記載されていないが、延宝三年に長谷寺小池坊の末寺として帳面に登録されている。

元禄四年十月二日に忍長久寺と吉見息障院が醍醐報恩院の直末寺になる経緯については、拙稿「近世関東新義真言宗の本末制度の一考察―特に本末帳の整備を中心として―」(『印度学仏教学研究』第二七巻第一号、一九七八年十二月刊)、を参照していただきたいが、いずれも江戸四箇寺の本末改めに対処したものである。

そして元禄八年二月付の江戸四箇寺触状写(「慶長以来御朱印幷条目等写」所収)には、

一、先年茂相触候通、弥一派之寺院離門末幷新本寺取寺院、縦相対候共、其前辺此方江可被相達候、吟味之上於無相違者、可任其意、恣離門末幷本寺取仕及異論、畢竟其寺院之不為候間、向後右之趣堅相意得候様、各門末・又門末迄被申渡、可被印形取置候、若於違背者、沙汰之上、急度越度可申付候、

元禄八年二月　江戸四ヶ寺

真言新義諸寺院中

（中略）

とあり、元禄八年二月に江戸四箇寺は本末関係の確認をしている。おそらくこれ以前に延宝三年の本末帳を基本とした新義真言宗の本末調査はある程度終了していたものと思われる。そのため（二三三頁）前掲の一覧表（表3）に明らかなように延宝三年から元禄七年までの間に直末許可状が集中しているのであろう。

元禄十一年の高山常楽院の直末許可の経緯は分明でないが、それ以降の享保六年（一七二一）二月二十三日付の智積院智興直末許可状には、

武州秩父郡藤谷渕村会慶山玉泉寺者、雖為古来同国男衾郡鉢形町長久院之末寺、此度令離末、請加当嶺之末寺、長久院現住元意無相違之旨、其支証明鏡也、仍任其意許諾之訖、緜旃授印可、即与法流者也、自分以後永守本末之由緒、勿乱法儀之教風、仍約状如件、

中性院僧正

享保六年二月廿三日　智興（花押）

武州秩父郡藤谷渕村

玉泉寺智空御房

とある。秩父の玉泉寺はかつて鉢形の長久院の末寺であったが、享保六年に玉泉寺は田舎本寺の長久院から離末して、新たに上方本寺の智積院の直末寺になったものであり、在来の関東の田舎本寺が直接に上方本寺の直末寺になった場合と異なる。安永八年（一七七九）四月の大桑大福寺の場合も同様である。

これらの直末許可の年代をみると、寛永本末帳の本末関係は寺側からの自己申告であり、明確な例証を求めなかっ

た。そのため非常に杜撰であり、延宝三年以降元禄八年頃までの江戸四箇寺を中心とする新本末帳の作成は、実際の調査に基づいて実施されたために、各寺院共に明確な本寺の例証を必要とした。その本末改めに対応する証拠史料としてこれらの直末許可状が上方本寺からこの期間に集中的に発給されたものであろう。

2 直末許可

これは関東新義真言宗の在地の本寺(田舎本寺)が、自己の法流の本寺を求めて京都・奈良の法流本寺(上方本寺)の直末寺となることとである。例えば明暦二年(一六五六)十二月十三日付の松伏静栖寺所蔵の仁和寺門跡令旨には、

寿量院之事、永汲広沢流、可令属当門之直末寺之旨、令披露之処、不可有相違之旨、物法務宮御気色之所候也、仍執達如件、

明暦弐年十二月十三日　　　　(花押)奉

堯宗御房

とある。これは田舎本寺である松伏の寿量院静栖寺が、上方本寺である京都の仁和寺の惣法務宮から広沢西院流の法流をうけ直末寺になることを許された証文である。法流については後述するが、仁和寺・東寺は西院流、智積院は中性院流、醍醐報恩院は報恩院流、同無量寿院は松橋流等というように、上方本寺は各法流の宗家の役割を果して、法流相承権を独占している。そのため関東の田舎本寺は必ず上方本寺からどれかの法流を相承しなければならなかった。田舎本寺は在地で自己の末寺や門徒(門徒には原則として法流を相承しない)に法流を伝授して弟子を養成しなければならない。そのためには必ず幕府や江戸四箇寺が公認している上方の法流本寺をもつ必要があったのである。詳細は別の機会に述べたいと考えているが、関東新義真言宗寺院の行政支配は触頭である江戸四箇寺の管轄であり(2)、田舎本寺は行政は江戸四箇寺、法流は上方本寺から支配をうけたのである。本末改めは江戸四箇寺の指導をうけ、本末の証文と

して上方本寺から直末許可状をもらったのである。

上方本寺としては京都・奈良の古義真言宗の門跡格寺院が中心であるが、延宝年間以降になると新義真言宗の智山派の本山京都智積院が急激に進出する。なお埼玉ではあまり見られないが、関東各地では豊山派の本山大和長谷寺の直末寺もかなり見られる。これは関東の真言宗寺院は圧倒的に新義派寺院が多いことと、この本末調査を推進したのが、新義派の触頭である江戸四箇寺であったためにこのような結果を招いたのであろう。まだこの頃新義派の本山に智積院の運敞、長谷寺の良誉と学僧が出たことも要因であろう。

3　旧本寺

これは寛永本末帳に記載されている本寺である。前述のように寛永本末帳は杜撰であり、本寺が不明であるものもある。注目されることは上方本寺と共に田舎本寺である騎西の竜花院や小俣の鶏足寺の名が見えることである。直末許可と比較すると上方本寺は延宝年間以降も全く変化はないが、田舎本寺は全て本寺を変更している。竜花院は後述することにしてまず鶏足寺の場合を考えてみたい。

鶏足寺は寛永の「関東真言新義本末寺帳」をみると、

右鶏足寺者、関八州・奥州・信州・江州・讃州国々之慈猛、意教法流之惣本寺也、

とあり、鶏足寺は全国の意教法流の惣本寺で、中世には各地に多くの末寺をもち、江戸初期でも鎌倉極楽寺と共に数少ない関東の法流本寺であったことがわかる。

今試みに、寛永本末帳の武蔵国の鶏足寺の末寺を整理すると、次の上欄の如く十三ヵ寺である。下欄は寛政本末帳に記載されているかつて鶏足寺末であった十三ヵ寺の新しい本寺である。

忍成田　一乗院　　無本寺

忍長野　長久寺　本寺醍醐報恩院
吉見　息障院　本寺醍醐報恩院
加村　満福寺　本寺松橋無量寿院
騎西　金剛院　本寺醍醐報恩院
足立　金剛院　本寺松橋無量寿院
忍　遍照院　本寺仁和寺
井草　金乗院　本寺高野山竜光院
三保谷　光徳寺　本寺大塚護持院
西新井　惣持寺　本寺醍醐報恩院
百間　西光院　本寺醍醐三宝院
幸手　宝性寺　本寺和州小池坊
最勝院　最勝院の記載なし

このように武蔵の鶏足寺末はいずれも本寺を換えている。この外関東各地の鶏足寺末は一、二の例外を除き、いずれも鶏足寺末を離れている。貞享・元禄期の長久寺や息障院の書状の中に「本寺鶏足寺　但不通」という記載があるが、寛永の本末帳にもすでに上野の満善寺や北野寺の項に「近年本寺不通」と記されている。詳細は後述するが長久寺や息障院はその後鶏足寺との交流がなくなり、貞享三年の法流吟味の際、江戸四箇寺から不通を指摘され、元禄四年に法流を受け直して醍醐報恩院の直末となったのである。足立の金剛院も同様であり、他の寺院についても史料はないが、ほぼ同様な経過を辿って本寺を換えていったものと思われる。しかもその本寺は従来の田舎本寺から上方本寺が圧倒的に増加している。これは中世の田舎本寺は法流伝授権と末寺支配権の両方を有していたが、江戸幕府の法流支配と末寺支配の権力の分化をはかる政策により、田舎本寺の代表である鶏足寺は地域的な不便さも加わり、次第に寺が衰退して末寺が離れていったものと思われる。

騎西の竜花院については、寛永本末寺帳の寿命院・常勝寺・竜珠院の項に、

騎西竜花院ゟ為末寺之云分有之、

とあり、竜花院側がこの三カ寺の末寺化を主張していたようである。しかし前述の延宝三年九月二十一日付の智積院運敞直末許可状に明白なように本末改めに際して江戸四箇寺は寿命院・常勝寺の無本寺を認めており、竜花院の主張は認められておらず、最終的には竜花院を寛永の田舎本寺として扱う必要はないようである。

二　法流相承

本末改めの際に証拠となるのが直末許可状であることは前述した。それでは上方本寺側が直末許可状を発給する条件は何であったのであろうか。直末寺となった田舎本寺には例外なく上方本寺からの法流授与を示す印信が出されている。

例えば足立加村金剛院所蔵の元禄二年十二月二十一日付の醍醐松橋無量寿院（首尾）の院家弥勒院信栄添状には、

今度就被召加松橋無量寿院末寺、松橋流之印可依願望、去十一月廿七日周備能被受之、珍重之至候、然上者被汲法水事候間、弥以金剛院代々被罷上、於法脈相承者可為神妙候、穴賢、

元禄二年十二月廿一日　　弥勒院

信栄（花押）

武州足立郡下加村

金剛院空正御房

とある。これは同年十月十三日付の直末許可状に添えて出されたものである。寛永の本末寺帳をみると金剛院は従来小俣の鶏足寺の末寺であったが、鶏足寺が没落したために、この添状をみると金剛院から無量寿院の末寺化を願い出て、同年十一月二十七日に松橋流の印信を授与されている。しかも今後金剛院の歴代住持は醍醐に上り、松橋の法流を受けることを約束させられていることがわかる。金剛院にはこの時に授与された松橋流の印信は現存していないが、この時に直末許可の条件として法流が伝授されていたことがこの信栄の添状からも裏付けられる。

次に元禄三年正月二十四日付の騎西竜花院所蔵の醍醐光台院の直末許可状と法流許可状をみると次の如くである。

武州埼玉郡騎西領正能村竜花院儀、従先代光台院御直末寺候、弥励事教之行学、専御法流、全不可有疎略之趣、山務権僧正御札之処、仍如件、

元禄三年正月廿四日　上醍醐寺

実乗坊

弘恵(花押)

武州埼玉郡騎西領正能村

竜花院

武州埼玉郡騎西領正能村竜花院、今般登山及印可伝授、法流相続珍重親切之事ニ候、依之印信・血脈書出下置候、然者自今以後、其元後住相続之時、本寺江付届可有之者也、仍為向後一札如件、

元禄三年正月廿四日　上醍醐寺

光台院山務権僧正

定彜(花押)

武州埼玉郡騎西領正能村

竜花院

これは同日付で直末許可と法流許可が出された典型的な例である。手続きとしては法流許可が先立って直末許可がなされている。すなわち竜花院は光台院の法流である地蔵院流の印信を許可された上で、光台院の直末寺になっている。実際に竜花院は元禄二年四月二十八日付の光台院定雞から授与された地蔵院流の印信が現存しており、直末許可に先立って法流を授与されていたことが裏付けられる。竜花院は寛永本末寺帳にすでに光台院末と記されているが、本末改めに対処するために、この時に正式に法流をうけて直末寺の形式を調えたのであろう。前述した寿命院や常勝寺は対立したこの竜花院が古義の光台院末であったので、あえて新規に新義の智積院運敞から法流をうけ、竜花院との在地の本末関係を絶ったのかもしれない。ここでも法流相承が直末許可の条件になっている。

更にもう一例、元禄四年十月二日に吉見息障院が醍醐報恩院の直末寺となった経緯を考えてみたい。息障院は寛永の本末寺帳には「大本寺鶏足寺」とあり、かつて関東の小俣鶏足寺の末寺であった。ところが貞享三年八月二十六日付の息障院賢慶証状をみると、

差上ケ申一札之事

一、愚寺事本寺　御前帳ニ本寺鶏足寺、但不通与書付有之ニ付、今度法流御吟味被遊候処ニ、鶏足寺直末寺之筋目無之候間、鶏足寺方江其方末寺之証文筋目有之候哉与、御尋被遊候得共、鶏足寺此方ニ為本寺筋目無之由申上候ニ付、其趣鶏足寺ゟ手形各様御取、其上ニ而本寺之儀願申様ニ与被仰付候間、醍醐報恩院本末奉願候、申上候通被仰付難有奉存候、尤古来余本寺無御座候、為其一札如件、

貞享三丙寅年　　武州吉見領御所村
八月廿六日　　息障院
賢慶（花押）
同領今泉村

末寺　金剛院
惣門中
（江戸）四ケ寺様

とあり、息障院は当時本寺の鶏足寺とは不通となり、江戸四箇寺による法流吟味の際に指摘され、鶏足寺の諒解を得た上で、醍醐報恩院の末寺に本寺変更願いを出していることがわかる。

八月二日付の江戸四箇寺の真福寺宥鑁書状写をみると、

今度息障院先住（賢慶）ゟ願之法流之儀、知足院僧正（隆光）幷我々仲ケ間取持、報恩院御末寺被召加筈有之候、各大慶察入候、就夫当住（鍐亮）近来入院万事不自由可有之候間、法謝儀惣門中意入肝要候、今度大僧正（有雅）不時御座候、息障院繁昌候、多幸不可過候、以上、

（元禄四年）八月二日　　真福寺（宥鑁）

息障院　隠居（貞恵）
同　　惣門中

とある。この書状は「報恩院御末寺云々」とあり、後述の史料と合わせると、元禄四年のものであることがわかる。これをみると息障院は江戸四箇寺から従来の本寺小俣鶏足寺との不通を指摘され、新たに知足院隆光や江戸四箇寺の斡旋によって醍醐報恩院の末寺になることが決まっていたことがわかる。報恩院の末寺になるためには報恩院の法流を伝授されなければならない。そこで前報恩院住持有雅の関東下向をまって、江戸知足院道場で息障院住持鍐亮が有雅から法流を伝授されるのである。

元禄四年閏八月十四日付の息障院所蔵の報恩院流の許可灌頂印信をみると、

法印権大僧都鍐亮
授印可

金剛界　大率都婆印　普賢一字明

帰命（バン）

胎蔵界　外縛五股印　満足一切智智明

（アビラウンケン）

右於武州豊島郡江戸知足院授両部印可畢、

元禄四年歳次辛未閏八月十四日丙申奎宿金曜

大阿闍梨前法務前大僧正法印大和尚位有雅

とあり、息障院鏤亮は江戸の知足院道場で前報恩院有雅から報恩院流の法流を許可されている。息障院にはこの時の法流相承を示す閏八月一日付の印可加行表白、同十三日付の印信紹文、更に血脈等の一揃いが現存している。これらは典型的な寺付法流印信である。このように改めて前報恩院有雅から法流を許可された上で、同年十月二日付の同院所蔵の報恩院寛順の末寺許可状をみると、

武蔵国横見郡光明寺息障院事、任被申請之旨、自今已後可為醍醐報恩院末寺之由、依　院主権僧正御房仰、執達如件、

元禄四年十月二日　　宝幢院法印

権僧正（寛順）（花押）

岩殿山　　隆弁（花押）

息障院鏤亮御房

とあり、この時に息障院は正式に醍醐報恩院の末寺になっている。醍醐報恩院は古義真言宗に属する寺院であるが、上方の法流本寺として、これ以前から関東の新義真言宗寺院に多くの末寺許可状を与えている。息障院は貞享三年に

江戸四箇寺に願い出て一応報恩院の末寺になることを認めてもらったようであるが、形式的であり、正式なものではなかった。そこで本末帳の記載を訂正するためには、正式な手続きを経る必要が生じた。そこで前報恩院の有雅を関東に招請して、正式に報恩院流の法流伝授をうけ、田舎本寺としての格式を調えたのが、前述の印信と末寺許可状であろう。幕府公認の正式の法流伝授をうけなければ、息障院は本寺として所化の養成や、末寺への法流伝授をすることができない。そのため法流伝授が不明確であった関東の本寺格寺院はこぞって上方本寺に法流印可を求めたのである。同日付で報恩院から直末寺を許可された忍の長久寺にも息障院と全く同一の一連の史料が現存している。これらの息障院や長久寺の直末寺になる経緯をみると、法流相承が直末だけでなく、本末調査の基本史料となっていたことがよくわかる。

更に法流とは具体的に何を指していたのであろうか。元禄九年四月十六日付の長谷寺所蔵の延命寺証状をみると、

一札之事

武州埼玉郡提村延命寺事、小池坊(長谷寺)御末寺ニ無其紛候、依之、御公儀差上ケ候帳面ニ茂、其通従前々書付指上ケ置候、然共法流致紛失候歟、不分明候故此度御法流相承奉願候所、即印可受法被仰付頂戴仕候、為後証一札如件、

元禄九丙子年四月十六日

護持院役者
延命寺　快示(花押)
日輪院　海岸(花押)

小池坊英岳僧正様
御役者瑞元御房

とある。これによると提村の延命寺は長谷寺小池坊の末寺として本末帳にも記載されていたが、法流を紛失したため、再度小池坊英岳に願い出て法流相承を示す印信を受け直していることがわかる。これをみると本末改めの法流調査と

は単に法流相承を示す証文が存在するだけでは不充分で、印信そのものが寺に現存することが絶対条件であったことがわかる。そのために真言宗寺院では特に印信を大切に保管する必要があったのである。各寺院に現存する印信は特定の僧侶が自己の勉学のために諸流を遍学して多数の印信を授かった場合もあるが、原則として真言宗寺院の印信は寺付法流印信で本末改めと密接な関係があったものと思われる。そのため江戸時代には幕府から発給された朱印状を収める朱印箱と共に、印信を収納する法流箱が大切に保管されてきたので、新義真言宗寺院には多量の印信が現存しているのである。

（1）「延宝期における山形宝幢寺門末の確立」（『仏教史研究』第七号、一九七三年三月刊）参照。

（2）本書第十一章参照。

第九章　仙台藩における天台・真言両宗の本末改め

はじめに

東北地方の江戸時代の仏教教団史の解明はあまり進んでいない。東北の寺院は江戸から距離も遠く、経済的にもあまり恵まれなかった後進地域であるために、江戸幕府の寺院政策が徹底していない。そのため上方や関東の事例をそのまま東北寺院の研究に適用することは困難である。東北寺院の特殊性を充分考慮して研究しなければならない。

そこで本章では東北寺院固有の問題と思われる東北天台宗教団の本末制度の整備過程で起った平泉の中尊寺の院主と毛越寺の学頭隆蔵寺の帰属をめぐって、天台・真言両宗が争った事件を取り上げて東北寺院における本末制度の整備の様子を窺ってみたい。

本章で引用する史料は全て仙台の天台宗寺院である仙岳院に所蔵されている古文書である。仙岳院は江戸時代初期の承応三年（一六五四）に仙台城主伊達忠宗の命によって、仙台東照宮の別当寺院として新たに創建された寺である。仙岳院は創建と共に東北天台宗寺院の本山として、東北天台宗教団の中心的な役割を果している。仙岳院で特筆されることは創建当初から明治初期にかけて仙岳院が関与した東北天台宗寺院の動静を示す貴重な史料がほぼ完全な形で現存していることである。(1)

一　仙台仙岳院の創建

近世初期、寛永年間頃までの東北地方の天台宗寺院はそれぞれ孤立した存在で、そこには何ら有機的な支配関係もなく、確かな法流を伝えるものはほとんどなかったようである。それが承応三年に仙岳院が創建されて以降、関東本山である東叡山寛永寺の支配のもとに次第に体系づけられ整理されてくるのである。その際に在地で主導的な役割を果したのが仙台の仙岳院である。(2)

仙岳院の創建について、毘沙門堂公海の三号許可状には、

東照宮大権現者、公武鎮護之霊廟、安国利民之明神矣、於此陸奥之太守羽林藤原(伊達)朝臣忠宗、仰無彊之神徳、致無二之信敬、点于国内勝概之地、新築於社壇、将奉遷於　神祠、所以遣最教院権僧正法印晃海、遂尊神安座之嘉会焉、兼又擬捧不退之法味、創建一院之梵宇、而以請於三号、因茲称眺海山康国寺仙岳院、固是万代不易之衛護、武威繁茂之太本、蓋以在此而已

承応三甲午暦三月十七日　毘沙門堂門主前大僧正公海(花押)

とある。承応三年三月十七日、伊達忠宗は仙台に東照宮を勧請して、この日遷宮安座の法会を催した。東照宮は徳川家康を祠ったものであり、紀伊の徳川頼宣、加賀の前田光高をはじめ多くの諸大名が幕府への忠誠を表わすために建立したものである。伊達氏はすでに徳川氏と婚姻関係もあったが、東照宮の勧請にはやはりそうした意味あいもあったようである。父の政宗が城下に移した大崎八幡宮が豊臣秀吉を祀る京都の豊国神社を模しているのに比べて興味をひく。徳川幕府が開かれてすでに五十年、伊達氏も忠宗の代になると、自ら幕藩体制の中に、より積極的にとけこみ自己の存続をはかろうとしたようである。東照宮の仙台勧請には、そうした時代の背景が窺われる。その別当寺院として創建されたのが、この眺海山康国寺仙岳院であった。康国寺の寺号もまた家康の名に拠ったものであろう。

その遷宮供養にあたって、毘沙門堂門跡公海は江戸山王別当最教院晃海を派遣して導師としたのである。これによって忠宗は晃海を仙岳院の第一世とすることを願っている。しかしそれは名目上のことであって、その年の十二月にこれを継いだ天勇を事実上の開山と考えてよかろう。そして天勇が日光山観音院の住持であったことから、更に仙岳

院と日光との関係が出来てくるのである。その天勇が仙岳院に入院した直後に、輪王寺門跡守澄から出された仙台東照宮掟には、

陸奥国宮城郡眺海山康国寺

東照宮　掟

一、天下静謐之悃祈、国守安寧之丹誠、厳密可修之事、
一、恒例之礼奠、旦夕之勤行、不可有怠慢事、
一、始於別当至于寺僧、仏道之修学、釈門之威儀可嗜之事、
一、領内之台宗、神前之祭祀、法中之格式、可任学頭之下知事、
一、背国法輩、曽不可許容事、

右条々、堅可相守之、覃于永代不可違背者也、

承応四乙未年正月十七日　(守澄)(花押)

仙岳院

とある。第四条をみると、領内の天台宗寺院を東照宮の学頭である仙岳院が支配すべしと記されており、ここに仙岳院は近世東北天台宗寺院の中で本寺的な役割を果すようになってくるのである。

寛文五年(一六六五)十一月十八日付の仙岳院勧進願写には、

黒川之内前野村観音別当事、当寺之末寺ニ罷成度旨、訴詔(訟)申ニ付、当寺之儀者如御存之、新地ニ而末寺も無之候得者、御宮(仙台東照宮)末代迄之為御用之、任訴詔(訟)ニ末寺ニ召加可申与存候、

(寛文五年)十一月十八日　　仙岳院　重判

郡山七左衛門様

とあり、前野村の観音堂が仙岳院の末寺となっている。詳細は後述するが、二代天勇の時代には仙岳院と東北天台宗寺院の本末関係は活発ではなく、仙岳院は寛永寺の仲介役が多かったようである。寛文十三年五月に三代亮栄が入院する。

延宝五年(一六七七)十一月日付の仙岳院末寺許可状には、

陸奥国熊野山宗法寺者、従中古権現勧請之霊地、緇素渇仰之浄砌也、今般請属於　東照宮学頭(仙岳院)之門下、依之応其需加門葉畢、者自今以後不背本寺之下知、仏事勤行等不可有懈怠者也、

延宝五丁巳暦十一月日　　三部都法大阿闍梨竪者法印亮栄(花押)

とある。天勇の跡を継いで、仙岳院の支配権を拡大していったのがこの亮栄である。もっとも亮栄は早くから仙岳院におり、色々と天勇の下で活躍していたようであるが、特にこの延宝頃からの働きは注目される。この許可状をみると、延宝五年頃東北地方では寺院の本末改めがあったらしく、仙岳院住持亮栄は一迫鶯沢村の宗法寺が仙岳院に末寺成りを願い出たのに対して、その末寺成りを許可している。更にこの後江刺郡黒田助村の千養寺や大崎鶯沢村の妙円寺、また黒川郡吉岡村の放光院なども、この亮栄によって同じようにその末寺に加えられてきており、従来バラバラであった東北天台宗諸寺院が次第に整理されて教団として体系化が進んでいたことがわかる。それはまた仙岳院の勢力拡大ということになって、亮栄の活躍が目立ってくるのである。この亮栄、および次の亮寛の時代になると、仙岳院は伊達領内の天台宗寺院の本寺、又は触頭としての地位が確立してくる。

二　中尊寺・毛越寺の本末改め

寛文五年(一六六五)七月十六日付の伊達宗勝書状写をみると、

以上

奥州平泉之内中尊寺・毛越寺并達谷西光寺、従往古天台宗御座候而、于今神事祭礼、台家之法式相勤候、雖然只今迄本寺無御座候、今度本末御改之儀候之間、東叡山御末山ニ被成下候様ニと、衆徒中願申候、右三山之儀、何方ゟも他門之構無御座候段、我等領内之事候間、委存知候、右之趣　御門主様(守澄)江御取成頼入候、恐惶謹言、

寛文五年　　　　伊達兵部(宗勝)大輔　書判

七月十六日

(江戸上野)宝勝院

とある。寛文五年七月に江戸幕府は「諸宗寺院法度」を制定して、諸寺院の本末規制を強化した。そのため平泉の中尊寺・毛越寺・達谷の西光寺は従来天台宗でありながら無本寺であったので、領主伊達宗勝を経由して、三カ寺側より天台宗東叡山寛永寺の末寺となることを願い出ている。伊達宗勝は三カ寺が従来無本寺であったことを証明すると共に、伊達家の東叡山の宿坊宝勝院に、門跡守澄への取り成しを頼んでいるのがこの書状である。

　ここで注目すべきことは、この寛文五年に至るまで、東北平泉の中尊寺や毛越寺などが未だ本寺の定まっていなかったことである。中尊寺院主寺領由来書上によると、これまでの中尊寺は院主覚翁法印以下一山の衆徒中はその妻帯と手作によってわずかに坊跡を保っていたが(3)、院主と竹下坊・西谷坊を除いては、公的には寺院、寺僧として認められず、その抱地を検地されて、土民に交り百姓役を課せられる半僧半農的存在であった。また覚宥の代、明暦元年(一六五五)七月八日、忠宗の中尊寺参詣によって院主の寺領は加増され、都合三貫五百文である。これは仙岳院の脇院並みの所領である。毛越寺についても確証はないがほぼ同様のものであったと思われる。こうした経済事情を考えると、これまで中尊寺や毛越寺が東叡山の支配を受けなかったことも不思議ではない。しかしこの寛文五年まで本寺がなかったということには、やはり東北という地理的な問題が大きく影響していたと思われる。

　寛文五年十二月五日付の輪王寺門跡守澄令旨写をみると、

奥州平泉医王山毛越寺者、国中無隠累代旧跡、台家法流相続之道場也、雖然本寺未定故、請属于東叡之門下事、神妙之至也、依之今度被召加直末畢、者向後守本寺之法式、仏事勤行等不可有懈怠之旨、依　輪王寺宮一品親王(守澄)之仰、執達仍如件、

寛文五年十二月五日

(上野執当衆)住心院(実俊)判

円覚院(謙泰)判

毛越寺

とある。毛越寺は首尾よく願いを聞き入れられて東叡山の末寺になっている。中尊寺も同様に許可されており、西光寺は現在例証は確認できないが、三カ寺共に東叡山の末寺になったものと思われる。しかしこの末寺成りは中尊寺や毛越寺側から願い出たこととはいえ、元来自主独立の形で存在してきた地方寺院が、中央集権的な江戸幕府の寺院統制策によって東叡山寛永寺の支配を受けることになったのであって、それは幕府の封建的な支配機構の内に組み入れられたことを意味するものである。

ところが中尊寺や毛越寺は多数の衆徒の寄り集まった一山寺院であり、実状は複雑であったようである。中尊寺・毛越寺は一山としてはこのように天台宗を主張しているが、両寺の中心である中尊寺の院主と毛越寺の学頭隆蔵寺は真言宗の僧侶が住持であった。そのため寛文六年四月二十五日付の中尊寺衆徒中衆評書写によると、

江戸従　御奉行所、諸宗之法式不可相乱之旨御触之事、其上自東叡山、天台宗之分本末御改ニ付而罷登、当寺開基之様子、具ニ申上候、就其　兵部様(伊達宗勝)御添状被下候故、無相違直末ニ被仰付、則御証文頂戴仕候、仍当四月山王・白山両社之祭礼、衆徒中致会合、神事相勤候処、院主兎角被申、江戸へ罷登候而、兵部様江御暇可申上由被申へ共、台家之仏事・祭礼・戒師・導師・尤三季講演等、被成相交他宗候事、宗門之掟ニ相背候間、各右之趣可相心得之旨、仍衆義(議)如件、

寛文六年四月廿五日　　　　　　　　　　　　　　　　　衆徒名十七坊連署

とあり、東叡山の末寺となった直後から新規に全て天台宗支配を主張する衆徒十七坊と、従来の慣例遵守を主張する院主との対立があり、諍論になっていた。同年十二月二十三日付の仙台家老衆連署奉書写には、

一筆令啓達候、然者平泉中尊寺院主并衆徒中就訟ニ、当夏双方ゟ書物を以申上候意趣、一々入御被見候処、院主書物之趣者、一山之法式旧例之通ニ被　仰付被下度願之旨ニ候、此段者尤之儀ニ被　思食候、扨又衆徒中申分者、東叡山被附御門下候付而、削古立新法、各別ニ一山之修行可仕由、此儀者理不尽之様ニ被　思食候、畢竟東叡山借御威光、驕意を以挟我慢候仕方、非儀之至ニ候、

（中略）

右之一通、此度江戸同役中ゟ為　上意申来候付而、各江申渡候得共、弥以自今以後守此旨、神事祭礼随旧例、院主一同ニ相勤可被申候、其為ニ写如此候、以上、

寛文六年　　　　　　　　　　　　吉村数馬
　十二月廿三日　　　　　　　　　佐々木権右衛門
　　　　　　　　　　　　　　　　新妻隼人

中尊寺衆徒中

とあり、中尊寺衆徒の申分は全面的に否定され、旧例通り院主一同ということで決着が一応ついている。

ところが延宝八年十月二十九日付の仙台家老衆連署奉書写には、

中尊寺別当職、今度仙岳院兼帯ニ被　仰付、御知行五貫文新規御寄附被成下候間、御本帳ニ中尊寺別当与相付、肩書ニ仙岳院兼帯被　仰付之旨、相記之、当物成ゟ地形割渡、御黒印下書調之候様ニ可被申渡候、但、院主義（儀）不届之品有之、流罪就被　仰付候、院主寺屋敷仙岳院被下置之旨、御意之段、柴田中務（宗意）方ゟ申来候間如此候、以

上、

延宝八申
十月廿九日
佐々伊賀(定隆)
黒木上野(宗信)
大条監物(宗快)
小梁川修理(宗敬)

和田半之助殿
武田伊右衛門殿
大町清九郎殿

とあり、延宝八年になると、前回とは事情が一変して、中尊寺の真言宗の院主は追放され、領内天台宗の本寺である仙岳院の亮栄が中尊寺の別当職を兼帯することになる。これは仙岳院亮栄の勢力台頭と軌跡を一つにしており、天台宗の本末支配の徹底化を物語るものであろう。院主の追放流罪の理由として「院主不届之品有之」とあるが、前後の史料からみて、院主が殊更悪事を働いたとは思われない。おそらく東北天台宗教団の本末支配の徹底過程で、天台宗寺院の住持が真言宗の僧侶では具合が悪いので追放されたのであろう。更にそれまで院主の末寺であった中里村の永泉寺や舞草村の観福寺など六カ寺も、各々当住一代限りで天台宗に改宗させられている。これらは前述の仙岳院の本末整備と密接な関連をもつ事件であり、幕府の宗教行政が東北地方にまで波及したことを示すものである。

一方、毛越寺の学頭隆蔵寺の動向は、少し時代が降るが、元禄二年(一六八九)七月二十七日付の毛越寺衆徒中証文には、

(前略)
一、当時東叡山直末ニ被仰付候、其節兵部大輔(伊達宗勝)様御末書被成置時分、院主隆蔵寺者家老衆江被召寄、別而指支無御座末書被相出候ニ付而、則御本寺方へ納置、御本寺ゟ之御証文頂戴仕候、

とあり、毛越寺の場合は、寛文五年に天台宗の東叡山の末寺成りを願い出た際に、学頭である隆蔵寺の真言宗の住持

は、仙台の家老衆に異存なき旨の一札を提出しており、しかもその後の様子を見ても、隆蔵寺は他の天台宗寺院と同じように振舞っていたらしく、敢えて処分されるには至らなかったのであろう。

三　真言宗の巻き返し

元禄三年(一六九〇)五月十一日付の仙岳院亮寛の願書をみると、

(前略)

一、惣而先年ゟ諸宗共ニ、従公儀本末之御穿鑿被遊、本寺無之寺者新規本寺を取可申旨、節々被仰出、諸宗共ニ従本寺国々江御触相通候、就中四ケ年已前ニ江戸従真言四ケ寺廻文相通、無本寺之者ハ本寺之願可申旨申来候得共、其節迄者其身も東叡山を本寺と存罷有候故、本寺之願不仕候而、当年ニ罷成、本寺之願仕候ハ唯今迄無本寺ニ而罷有候段、公儀之御法度をも相背申者と可申哉之事、

(中略)

然上者隆蔵寺儀も雖為真言、東叡山御末山之毛越寺ニ罷有候上者、東叡山之外真言之本寺とてハ有之間敷事ニ而御座候、

(後略)

とある。これをみると貞享四年(一六八七)の本末改めまで、真言宗の江戸触頭である四箇寺の呼びかけに応じなかった隆蔵寺であるが、いつしか寛文五年の約束を忘れ、元禄三年になると毛越寺から独立して自己の所属に従い真言宗を主張し、その本寺を求めようとしている。それに対して東北天台宗教団の本山でもあり、触頭でもある仙岳院の亮寛は前来の証文を楯にとり、隆蔵寺の申し出を拒絶しようとしている。その際に一山寺院の場合は寺が問題になるのであり、吉野山や宇治の興聖寺のように天台宗寺院の中に他宗の僧がまじっている例は数多くあり、毛越寺の学頭隆

蔵寺の僧が真言宗であっても、天台宗の東叡山以外に本寺を持つ必要はないと仙台の家老衆に訴えている。

同年十二月十八日付の仙台家老衆連署奉書写には、

覚

平泉隆蔵寺本寺之儀ニ付而、最前貴僧幷真言宗三ケ寺ゟ被御申聞候天台・真言両支配之事ニ候故、御手前ニ而ハ如何様共難被仰付儀候、乍然一切両御本寺江打懸候様ニも如何ニ候、御両方御堪忍も被遊候而、内々ニ而事済申様ニ、上野役者衆(江戸天台触頭)・真言四ケ寺(江戸真言触頭)方江も御内意談候而、御取持をも仕見申度存、其段公儀使衆江為申登、御両方江御内々承候処、別紙之通御挨拶ニ候、

(中略)

右之通ニ候間、隆蔵寺事、弥只今迄之通、真言宗之僧住持仕、御下知ハ天台ゟ相談、住持替リ申節ハ、爰許(仙台)真言三ケ寺ゟ、江戸真言四ケ寺江被御申達、後住を御乞候而被相究候様ニ被成候へ者、真言之御支配寺も立申候而、何方も首尾能埒明申様ニ存候、貴僧無異儀思召候者、其通竜宝寺・定禅寺・千手院江も可申達事、以上、

(元禄三年)十二月十八日

冨田壱岐(氏編)
津田民部(春康)
大条監物(宗快)
柴田内蔵(宗意)

信解院(亮寛)

とあり、隆蔵寺側も仙岳院の申出を領掌せず、両方共に江戸に訴え出て、究極的には天台宗側の江戸の触頭である上野執当(役者)と真言宗側の江戸の触頭である四箇寺(真福寺・円福寺・根生院・弥勒寺)の争いになったようである。(4) それに対して仙台家老衆は示談にするように両者を説得している。これらの江戸の両宗の触頭の下で、在地でそれぞれ仙台藩の家老達と折衝したのは、仙台の触頭である天台側は仙岳院、真言側は真言三カ寺(竜宝寺・定禅寺・千手院)であ

る。これらの関係は図3の如くである。

仙岳院の史料をみると、この問題について仙岳院の住持信解院亮寛と仙台真言三カ寺との間で度々訴訟がくり返されているが、元禄六年十月二十九日付の信解院亮寛口上書写には、

御手紙致拝見候、平泉村隆蔵寺天台宗之由、拙僧方ゟ先年切支丹改方江書出差置候、然処竜宝寺（仙台真言三ケ寺）ゟも、右隆蔵寺真言宗ニ書出被指置候由、被仰聞之趣令得其意候、隆蔵寺最前宗門出入之儀御座候而、訴相出候段、被及御聞、両宗之内何之宗ニ相極候哉、切支丹改方へ檀那寺ニ御書上、御調候条、委可申進由、御尤ニ令存候、右隆蔵寺儀出入之節、寺者御下知・支配共ニ東叡山　御門主（公弁）ゟ被遊候故、寺者天台宗ニ相極候、住持之儀者真言宗ニ而候、兎角住持移替之時計、竜宝寺へ申達筈ニ候、兎角隆蔵寺ハ　東叡山御末寺ニ相極候間、其御心得ニ而御調可被成候、以上、

（元禄六年）十月廿九日　　信解院（亮寛）

油井茂兵衛殿

吉田仲兵衛殿

図3

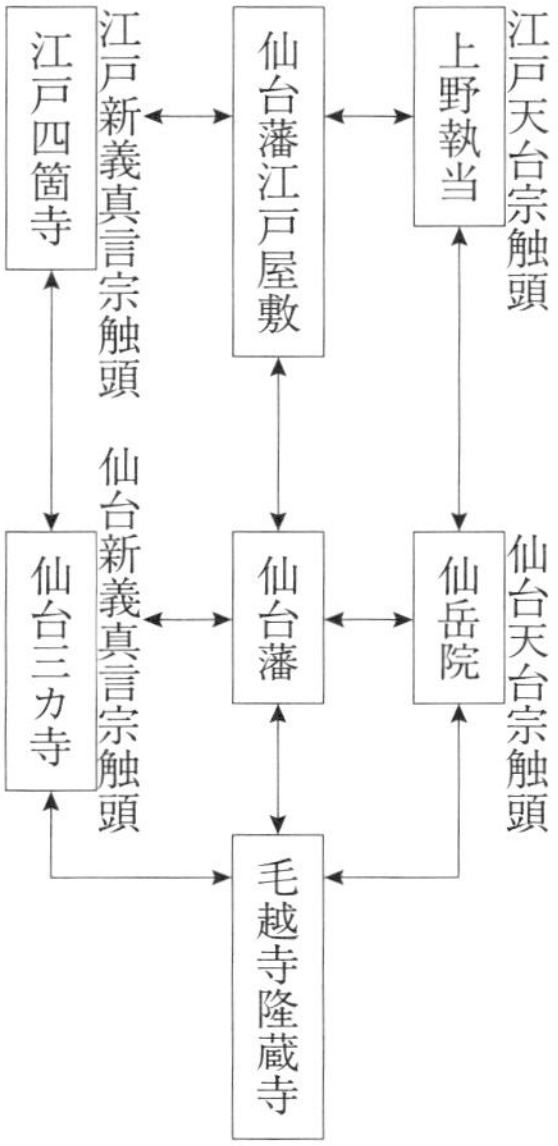

とあり、三年後の元禄六年十月に隆蔵寺一件は、寺は天台宗、住持は真言宗という折衷案で解決をみたようである。即ち寺は天台宗であるから毛越寺一山同様に本山東叡山から行政的な支配をうけ、住持は真言宗であるから仙台三カ寺の竜宝寺経由で真言宗僧侶から選出されることになった。

このような東北地方の江戸時代の本末改めの経緯をみてくると、江戸幕府の寺院政策の徹底が、関東地方に比較し

て時期的に遅れていることは当然ながら、幕府の本末制度の原則を曲げるような現実的な問題解決方法が依然通用していたことは非常に興味ある事実である。

(1) 宇高良哲・佐々木邦世編著『仙台仙岳院文書』(近世寺院史料叢書(三))参照。
(2) 佐々木邦世稿「近世東北における天台教団の動向」(『天台学報』第一〇号、一九六七年刊)参照。
(3) 佐々木邦世稿「近世寺院における妻帯僧の取扱いについて」(『天台学報』第一二号、一九七〇年刊)参照。
(4) 本書第十一章参照。

第十章　真言宗の触頭

一　新義真言宗

新義真言宗の江戸四箇寺の成立については、櫛田博士が『真言密教成立過程の研究』第三章第二節「触頭制度の確立」の中で、「触頭は世に四ケ寺といい、江戸愛宕円福寺、真福寺・本所弥勒寺・湯島知足院の四ケ寺で、家康の制定したものといわれる。慶長十五年はこの四ケ寺が建立か造営の恩典に浴した年であるが、触頭の職制は何等裏付けられない点にも四ケ寺の触頭職設置を早急にこの年であったと認める訳には行かない。然しこれより二十二年後の寛永九年三月十日に両能化元寿・秀算の四ケ寺と関東諸寺に宛てた記録があるから、寛永の初年にはこうした四ケ寺が触頭として成立していた点は認めてよいのである」と述べられている。これに対して坂本正仁氏は「真言宗新義派護持院僧録について(1)」の註(1)の中で、「管見では『本光国師日記』元和九年正月二十三日の条の、崇伝から智積院日誉にあてた書状によれば、智積院所化が江戸に直訴に及んだことに関し、崇伝は「当地四ケ寺之衆へも能々被仰談尤ニ候」と述べている。この時崇伝は江戸金地院に居り、「当地」は江戸である。故に「当地四ケ寺」は「江戸四ケ寺」のことであり、その成立年次の最下限が元和九年正月と考えることができる」と述べられている。

私も両氏の研究成果を踏えた上で、三点程新義真言宗触頭江戸四箇寺の成立に関する論考を発表している。「近世初期の新義真言宗教団(2)」の「江戸四箇寺の成立」の項で、江戸四箇寺個々の成立を順次検討することにより、円福寺の成立に視点を合せ、元和三年以降に江戸四箇寺は成立したと考え、更に『義演准后日記』所収の元和五年七月十一日付の弥勒寺に出された醍醐三宝院の直末許可状によって、弥勒寺の格式が整う元和五年七月以降の可能性が高いことを推論した。

次に「新義真言宗触頭江戸四箇寺制度の確立」[3]の中で、新出の武蔵吉見息障院文書を中心として、次の三点を考証した。(イ)江戸四箇寺の触頭制度の成立の下限は従来元和九年正月以前とされていたが、これを元和八年夏以前に遡らせることができる。(ロ)江戸四箇寺は成立当初から知足院・円福寺・真福寺・弥勒寺の四カ寺である。(ハ)初期の江戸四箇寺は、内外共に機能的に確立した組織ではなかった。

そしてこれらを踏まえた上で、新義真言宗の江戸四箇寺の触頭制度は元和五年七月以降、同八年夏までの間に成立したものと思われる。しかし成立当初の江戸四箇寺は京都本山智積院や関東有力寺院の従来からの慣習的な支配を一掃することができず、これらの勢力と妥協しながら宗門行政にあたっていた。しかも四カ寺内部でも知足院光誉在世中は他の三カ寺との間では、寺格の相違があり、四カ寺としてまとまった機能は多少阻害されていたようである。それが寛永九、十年頃になると各宗共に幕府の命をうけて自己の宗派の本末帳を作成することになるが、新義真言宗でもこの本末帳の作成過程を通して、名実共に江戸四箇寺の触頭制度が確立してくるのである。

更に「倉田明星院祐長について」[4]の中で、江戸四箇寺による触頭成立以前に、関東新義真言宗教団の中で、幕府や上方本山との仲介的な役割を果した武蔵倉田明星院祐長の活動を通して、彼が慶長十八年から元和三年頃まで関東新義真言宗教団の触頭の任務を果していたことを考証し、従来の私の見解を傍証した。

以上の拙稿三点によって、私は新義真言宗の江戸四箇寺の触頭の成立は元和五年以降、同八年夏までの間と考えている。そして四カ寺による触頭制度の機能が確立するのは寛永十年頃であろう。

なお、四カ寺の中で知足院は貞享四年(一六八七)七月以降、湯島の根生院と交替する。[5]

諸宗触頭制度の成立の中で、新義真言宗教団の江戸四箇寺はもっとも典型的なものであり、比較的考証史料も豊富であり、私のもっとも関心の深いところであるが、本章では全て先行論文に譲り、細かな考証は省略して要点だけを述べた。詳細については、先行論文をご参照いただければ幸いである。

二　古義真言宗

まず高野山の触頭である江戸在番の成立を考えてみたい。江戸在番には学侶方と行人方の両方がある。

「白金寺社書上」一の高野山行人方在番所・古義真言宗触頭の条に、

在番之儀者　大猷院様(徳川家光)御代慶安二年、衆監六人之内在江戸弐人宛可為交替之御旨、蒙　台命御黒印頂戴、毎歳春秋壱人宛在番交替仕候、定役僧壱人幷両寺役僧弐人宛・侍弐人宛、此外下男等相詰候事、

但、慶長五年従　大権現様(徳川家康)、於駿府文殊院当時興山寺ト申候、勢誉寺地拝領仕相詰罷在候、其後御当地御草分之砌、寛永四年於浅草地面弐千七百坪幷北御丸、文殊院応昌拝領仕、代々相詰罷仕候、元禄年中子細御座候而、右地面被　召上、同九年於白金台町、在番屋鋪拝領仕候事、

とある。高野山行人方は木食応其以来徳川家康と早くから交渉があり、文殊院勢誉や応昌が幕府との仲介役を果していた。ところが徳川家光の時代慶安二年(一六四九)に幕命によって二名宛の江戸在番が義務付けられ、これらの二名が江戸に常駐して触頭を勤めている。

「高輪二本榎通寺社書上」三の高野山学侶在番屋鋪の条に、

当在番之権輿は　大猷院殿(徳川家光)御代慶安弐年丑九月廿一日、両門主(宝性院・無量寿院)は隔年に壱人、廿ケ院の集議は比年弐人、輪番に参覲すべきの　鈞命による、尤慶安弐年より明暦元年まで七年の間は浅草日輪寺境内に借住、其節奉願、辱く此地を拝領し、永く輪番参覲の住所とす、

とあり、高野山学侶方も門主は隔年に一人、集議は毎年二人の江戸常駐が幕命によって決まっている。しかもその成立は行人方と同様に慶安二年九月である。これをみると幕府は高野山の行人方・学侶方に対して慶安二年同時に二人

宛の江戸常駐を義務付けたことがわかる。これは高野山が遠隔地であったため、幕府は事務の円滑化を計るために江戸に出張所の開設を要求したのであろう。この出張所が発展したものが古義真言宗の両江戸在番である。また高野山聖方の触頭については次の如くである。

「本所寺社書上」一の高野山大徳院宿寺の大徳院の条には、

右大徳院之儀者古義真言宗高野山聖方諸国末寺惣触頭ニ而　公儀　御尊牌所ニ御座候、往古年月不知、神田辺ニ而初而宿寺居屋鋪拝領仕罷在候由ニ御座候、然ル処寛文六午年中右屋鋪替被仰付、本所猿江ニ而何跡候哉、代地被下置候処、居屋鋪遠方ニ付替地奉願、貞享元子年南本所元町続ニテ替地拝領仕候、

とあり、聖方の場合は大徳院の江戸宿寺が発展して大徳院の呼称のもとに触頭を勤めている。聖方触頭の成立の下限は寛文六年（一六六六）以前であるが、大徳院の場合も学侶方・行人方両様慶安年間にはすでに触頭の機能を有していたのではないかと考えている。

三　関東古義真言宗

次に関五カ寺の制について考えてみたい。これらの五カ寺が関東の触頭を勤めていた確実な典拠は享保七年の『憲教類典』所収の「諸寺院江被仰出候掟書」だけである。しかし多少寺院の出入りがあるが、寛永十年の古義真言宗の本末帳(6)の奥書には般若院・金剛王院・荘厳院など六カ寺が連署しており、新義真言宗同様、このころまでに関東の有力寺院を中心とした触頭制度が確立していたものと思われる。但、江戸常駐の寺院ではなく、関東の有力寺院がそのまま触頭役を勤めたところに無理があり、最後まで触頭寺院が固定されなかった。

四　関東真言律宗

「湯島寺院書上」の関東真言律宗惣本寺の霊雲寺の条には、

右者元禄四年辛癸八月廿二日開基浄厳和尚新規ニ寺地拝領仕候、
右者同年閏八月　常憲院様（徳川綱吉）建立ニ而天下之御祈願所ニ被　仰付、同六年癸酉十一月、於当国多麻郡寺領百石之御朱印頂戴仕、同七年甲戌六月関東真言律宗之惣本山ニ被　仰付候、

とある。霊雲寺は幕府の新寺建立禁止の方針の中で、元禄四年（一六九一）に将軍徳川綱吉の助成で新たに建立された寺であることがわかる。しかも同七年には関東真言律宗の本山、即僧録に任命されている。これは開山浄厳が高僧の誉れが高かったことにもよるが、浄厳の戒律堅持振りが、幕府の仏教統制策と適応したので特に登用されたのであろう。

いずれにしても霊雲寺の触頭就任は他よりも遅く極めて例外的な事例である。

（1）『仏教史研究』八号参照。
（2）本書第二章参照。
（3）本書第十一章参照。
（4）本書第三章参照。
（5）『文政寺社書上』の「湯島寺院書上」根生院の条参照。
（6）『大日本近世史料』「諸宗末寺帳」上所収。
（7）『近世関東仏教教団史の研究』第五章第二節参照。

第十一章　新義真言宗江戸四箇寺の確立

一　江戸四箇寺の成立

新義真言宗の江戸四箇寺の成立については、櫛田博士が『真言密教成立過程の研究』第三章第二節「触頭制度の確立」の中で、「触頭は世に四ケ寺といい、江戸愛宕円福寺・真福寺・本所弥勒寺・湯島知足院の四ケ寺で、家康の制定したものといわれる。慶長十五年はこの四ケ寺が建立か造営の恩典に浴した年であるが、触頭の職制は何等裏付けられない点にも四ケ寺の触頭職設置を早急にこの年であったと認める訳には行かない。然しこれより二十二年後の寛永九年三月十日に両能化元寿・秀算の四ケ寺と関東諸寺に宛てた記録があるから、寛永の初年にはこうした四ケ寺が触頭として成立していた点は認めてよいのである」と述べられている。これに対して坂本正仁氏は「真言宗新義派護持院僧録について」（『仏教史研究』八号）の註(1)の中で、「管見では『本光国師日記』元和九年正月二十三日の条の、崇伝から智積院日誉にあてた書状によれば、智積院所化が江戸に直訴に及んだことに関し、崇伝は「当地四ケ寺之衆へも能々被仰談尤ニ候」と述べている。この時崇伝は江戸金地院に居り、「当地」は江戸である。故に「当地四ケ寺」は「江戸四ケ寺」のことであり、その成立年次の最下限が元和九年正月と考えることができる」と述べられている。

私も両氏の研究成果を踏まえた上で、「近世初期の新義真言宗教団」（本書第二章）の「江戸四箇寺の成立」の項でいささか私見を述べたことがある。

本章と重複する部分もあるが、新出の吉見の息障院文書の史料価値を明確にするため要点だけを略述すると次の如くである。

江戸四箇寺成立以前に関東の新義真言宗寺院の中で触頭的な役割を果していたのは、武蔵の倉田（現、桶川市）の明星院である。例えば『本光国師日記』の慶長十八年五月二十日の条（本文は第二章六の四九頁所収）をみると、これは天台系の本山修験と真言系の当山修験が武蔵国内における七五三祓役の徴集権をめぐって争った際に、両門跡である聖護院と三宝院に家康から修験道法度が二通ずつ出されているが、勝利を収めた関東の真言宗寺院は、倉田明星院祐長の申請によって、関東新義真言宗法度が同時に制定されている。この法度は家康から関東新義真言の諸本寺宛に出されているが、本紙は明星院に現蔵されており、実際は申請者の明星院祐長に渡されたのであろう。明星院所蔵の天正十九年六月六日付の伊奈忠次の手形をみると、明星院は近在の無量寺閼伽井坊と合併した寺であり、明星院自身はさして由緒寺院のようには思われない。ただ住持の祐長が、当時の新義真言宗教団の第一人者であり、しかも家康の信任厚い智積院日誉と百間の西光院時代兄弟弟子であった。おそらくこの法度は日誉と祐長の人間関係によって家康の力を背景にして出されたものであろう。そのためか、明星院が関東の新義真言を代表する触頭的な役割を果したのは、祐長在任中の短期間である。祐長在任中でさえ『本光国師日記』慶長十九年二月二十一日付の崇伝書状（本文は第三章二の五一頁所収）をみると、浦和玉蔵院・中野宝泉寺・西新井惣持寺といった武蔵の有力寺院が明星院になにか不満を持っていたらしく連署して駿府の崇伝の許に訴えていた。崇伝はこの書状と全く同趣旨のものを知足院光誉にも出しており、理由は明白でないが、新興の明星院祐長の強引なやり方に対して在来の関東の有力寺院が不満をもったのであろう。後述する真福寺・知足院・円福寺・弥勒寺の江戸四箇寺の触頭制度の成立との関係であるが、このように慶長十八・九年頃明星院が触頭的な役割を果しており、しかも玉蔵院・宝泉寺・惣持寺等の在来の有力寺院が明星院と対立しているところをみると、まだ江戸四箇寺による触頭の制度は成立していなかったものと思われる。

明星院が触頭的な役割を果していたと思われる最下限の史料は『義演准后日記』の元和元年九月朔日・二日・三日の条（本文は第三章二の一一一頁所収）をみると、元和元年七月家康から諸宗寺院法度の一環として出された真言宗法度を関東の真言宗寺院に伝達する方法を三宝院門跡義演は智積院日誉に相談している。そしてこの法度の写は義演が裏判をして、日誉経由で倉田明星院・浦和玉蔵院・江戸真福寺の三カ寺に出されることになった。しかし日誉の申入れにより真福寺は取り止めになった。これをみると真福寺がかなり台頭してきたようであるが、依然明星院や玉蔵院が当時の関東の新義真言宗寺院の代表であったようである。

一方、真福寺・知足院・円福寺・弥勒寺の江戸四箇寺はそれぞれ何時頃から台頭してきたのであろうか。

『義演准后日記』慶長十五年四月十四日の条に、

十四日、青山富六来、知足院来、真言宗也、宿坊申度トテ真福寺ト相論了、雖然真福ハ最前箱根マテ使僧申入、先約ニ付不及力真福ニ相定了、仍知足院不足ノ体也、

とある。慶長十五年四月の義演の第一回江戸下向に際して、江戸真福寺は箱根まで使者を出して、義演に真福寺を宿坊とするよう申し入れている。そこで義演は真福寺に宿泊することになったが、その後知足院が義演に宿泊するように申し入れ、真福寺と知足院の争いになり、先約により真福寺の勝利となっている。この頃、真福寺と知足院が江戸を代表する真言宗寺院であったようである。更に慶長十八年六月三日には徳川秀忠は特に義演の泊っている新造の真福寺に出かけている。おそらく真福寺の新造には秀忠の助成があったものと思われる。

『義演准后日記』慶長十八年六月十六日の条には、

注連祓法度状四通、知足院江相渡之、関東触可申由雖仰之、文言出入在之、俄難改故、只一通渡之、

(法度案文略)

修験道両御判写、同知足院へ渡之、明星・玉蔵・一乗・真福へ可遣由仰了、

とあり、修験の注連祓法度が知足院光誉に渡され、関東中に触れるようにといわれている。この時は倉田明星院・浦和玉蔵院・水戸一乗院・江戸真福寺に遣わすようにいわれており、これらの寺院が関東の真言宗寺院を代表していた

ようである。知足院はすでにこの時点で触頭的な役割を果しているが、前述の如く江戸四箇寺の制度は成立していない。『本光国師日記』をみると、この頃知足院光誉は度々駿府・長谷寺・高野山に出かけたり、義演から法流伝授をうけようとしたり、大坂の陣に供奉するなど非常に幅広い活動をしている。例えば元和二年の『本光国師日記』をみると、七月二十八日には箱根別当金剛王院の後住について、同八月二十三日には京都北野千本養命坊のことについて天海と争ったり、同十月十九日には相模大山八大坊後住について、同二十八日には京都上品蓮台寺正意房死去につき後住のことについて、同十一月十七日には大和三輪先達後住のことについて等々、知足院光誉は崇伝と連絡をとっており、光誉は新義・古義をとわず真言宗内における幕府の触頭的な役割を果していたことがわかる。しかし光誉の役割は、確証はないが、秀忠の乳母おにしの子とされるなど、光誉は崇伝や奥年寄おにしと密接な交渉をもっており、彼の個人的政治手腕によっているところが多く、江戸四箇寺の権能を越えているところもあり、何年から江戸四箇寺入りしたか明白でない。

円福寺は下妻円福寺俊賀が、一山内の公事の責任をとって隠居した従来の江戸愛宕別当遍照院の神証に代って入寺し、寺名も円福寺と改名したのである。そのため円福寺の成立は俊賀がいつ愛宕の住持になったかを考える必要がある。『本光国師日記』元和二年十二月十五日付の崇伝書状案には、

一書令啓達候、(中略)来春ハ早々罷下、可得御意候、御前御次而之刻ハ、御取成所仰候、随而為上意、円福寺被罷下候、其地愛宕之住持被仰付旨、円福寺物語にて承候、別而忝由被申事候、(後略)

十二月十五日

松平右衛門佐《(正綱)》様　人々御中

とあり、元和二年十二月、幕命によって下妻円福寺俊賀が愛宕の住持に任命されている。しかし卯月三日付の松平正綱書状には、

尊書殊ニ木綿踏皮五足被懸御意候、遠路寄思食辱存候、随而内々御訴訟之儀円福寺俊賀被仰候段、具ニ承リ候、併日光遷宮ニ付テ為御迎駿州へ罷越、彼地より致御供、参方ニ致候故御馳走不申上候、乍去近日御上洛候条、於上方可得御意候、恐惶謹言、

卯月三日　　　　松平右衛門佐　正綱(花押)

智積院様　尊報

とある。この書状は日光遷宮の経過から考えて元和三年のものであり、俊賀の愛宕住持成りは順調ではなく、この頃に正式に決定したようである。そのため愛宕円福寺の成立は元和三年四月以降であろう。円福寺の寺格は、幕命により俊賀が入った寺であり、日誉門下の三傑の一人といわれる俊賀の実績から考えて、成立後すぐに江戸四箇寺的な役割を果すことは可能である。しかし元和三年四月以前には愛宕円福寺はなかったはずである。ここでも円福寺俊賀と幕府年寄衆松平正綱との結び付きが予想される。

弥勒寺については史料が少ないが、『義演准后日記』慶長十八年六月五日の条をみると、江戸弥勒寺宥鑁が義演から法流を印可されており、これ以前に弥勒寺が成立していたことがわかる。また同日記の元和五年七月十日の条に、

武州江戸弥勒寺者、法印宥鑁新構之為密法之地、則依令蒙当御門主之印可、補直末寺、被遣御筆之血脈訖、自今以後励事教之行学、可専御当流之興隆旨、三宝院准三宮御気色之所候也、仍如件、

元和五年七月十一日　　　成身院　演賀　在判

弥勒寺

とある。これをみると、弥勒寺は宥鑁によって創建された寺であり、成立後すぐに義演の印可を受けたとあるので、慶長十八年頃に成立した新興の寺であり、元和五年七月に醍醐三宝院の直末寺となり、寺格が調うのである。弥勒寺宥鑁は下総国香取の出身であり、秀忠付の年寄衆の領主安藤対馬守重信の推挙によって江戸に寺を建立したといわれ

ている。このように江戸四箇寺はなんらかの形で徳川秀忠と接点をもっていたことは極めて注目される。

　これまで江戸四箇寺の個々の成立年次と寺格について順次検討してきたが、江戸四箇寺触頭制度の確立は、個々の寺の成立年次から考えると、円福寺俊賀の愛宕住持成りからみて、元和三年四月以前ということはありえない。更に四カ寺個々の寺格から考えて、私はもっと積極的に弥勒寺の寺格が確立する元和五年七月以前に、江戸四箇寺の触頭制度はなかったのではないかと考えている。

　以上によって私は江戸四箇寺触頭制度の成立の上限は元和五年七月以降でなければならないと考えている。

　一方、江戸四箇寺成立の下限は何年であろうか。

既にこれは坂本氏によって指摘されているが、『本光国師日記』所収の元和九年正月二十三日付の崇伝書状案には、

　正月十一日之尊書両通、同廿三日令拝見候、為年頭之御祝儀銀葉一片芳恵、御懇志之至、不知所謝候、如御紙面、貴院之所化衆、旧冬直訴被仕由承及候、具之儀ハ不存候、何角申分出来之体笑止ニ存候、不及申候へ共、御分別ニ過間敷候、当地四ケ寺之衆へも、能々被仰談尤ニ候、拙老儀、依体春中可罷上候、猶御使者へ申渡候条、不能詳候、恐惶謹言、

　(元和九年)正月廿三日　金地院――

　智積院　尊報

とあり、智積院日誉に対して、崇伝は智積院の所化が直訴したことは大変遺憾であり、裁許については当地四カ寺に相談するようにといっている。この当地は坂本氏が主張されるように、崇伝の行動から考えて、江戸のことであり、「当地四ケ寺」は「江戸四ケ寺」のことである。この公事の裁許は後の江戸四箇寺の権能と一致しており、元和九年正月には江戸四箇寺の触頭制度が成立していたと考えてよいのではなかろうか。

　これによって、私は新義真言宗の江戸四箇寺の触頭制度は元和五年以降、同九年正月以前に成立したものであろう

と前掲論文中で主張してきた。

二　江戸四箇寺の成立年次

これまでの研究により江戸四箇寺の触頭制度が元和九年正月以前に成立していたことが明白であるが、成立当初の江戸四箇寺については実情が明確でなかった。ところが、吉見の息障院から見つかった元和八・九年、寛永元年の息障院と金剛院の本末争いに関する一件史料六点の往復書簡は、初期の江戸四箇寺の実情を解明するのに格恰の史料であり、順次紹介を兼ね、内容を検討してみたい。

息障院所蔵の寛永元年四月三日付の武蔵諸本寺廻状（本文は第六章一の一八〇頁所収）をみると、寛永元年四月に吉見の息障院の末寺金剛院が本寺に違背したため、京都の本山智積院日誉の命によって、金剛院は一宗追放になっている。しかも本寺息障院深秀はこの命を伝える日誉書状を証拠として、江戸四箇寺と武蔵の諸本寺に廻状を出し、加判を求めている。加判している最初の四カ寺が、いわゆる江戸四箇寺であり、他の四十カ寺はいずれも寛永十年の「関東真言宗新義本末寺帳」に記載されている武蔵の本寺格の寺院であり、このような方法で最終決定である金剛院の一宗追放は武蔵諸寺院に伝達されていったようである。

なお、本書状は紙質、花押等からみて写のように思われ、紙の継目にも若干出入が認められるが、次の孟春十五日付の日誉書状、二月二十七日付の深秀書状によって、このような廻状が出されたことが確認できるので、内容的には充分信頼することができる。

ところで息障院と金剛院の本末争いは、元和八年に智積院日誉が関東に下向した頃からすでに問題になっていたようである。息障院所蔵の八月十四日付の日誉書状には、

　尚々、其表連判之衆、不及是非儀候、悪僧共之申儀を承引候而連判之儀、各々無分別之至候、於爰元悪僧不

申出候間、従此方も不及存候、以上、

好便候条一書令啓達候、貴寺金剛院と出入之儀ハ当寺公事ニ取紛候而、是非之沙汰無之候、知足院と此中不和罷成候間、軈而和談可申候間、相談申候て、委可申達候、随而徒者共其表連判仕候由承及候、貴寺連判不被成候由忝存候、於爰元其連判ハ一円沙汰不申候、擯出之者共別帋申入候、愚老於爰元御前之仕合者不相替候、長久寺へ此等之趣頼入候、恐々謹言、

（元和八年）八月十四日　　　　智積院　日誉（花押）

息障院　御同宿中

とある。本書状の年代推定であるが、日誉が「当寺（智積院）公事ニ取紛候而、是非之沙汰無之候」といっており、具体的な裁許をしておらずもっとも初期の手紙であることがわかる。そしてこれは前述の『本光国師日記』の元和九年正月二十三日付の智積院宛の崇伝書状の中で、「如御紙面、貴院之所化衆、旧冬直訴被仕由承及候」とあるように、元和八年の冬頃智積院内で所化衆の公事が起っていたことを指しているのであろう。元和九年の可能性もあるが、元和九年と推定される次の霜月十六日付の日誉書状の中で、「金剛院末寺之出入之儀、去夏愚老以異見末寺相究候処」とあり、更に前述の寛永元年四月三日の廻状の中で、「去々年、智積院御下向之時訴訟申候処」とあることにより、元和八年のものと考えられる。この頃の日誉は息障院から金剛院との本末争いを訴えられても、智積院の公事や、江戸知足院光誉との不和などにより、即座に争いを裁許できるような状態ではなかったようである。

同じく霜月十六日付の日誉書状には、

尚々、先々一往金剛院へ申届候而、追而委可申達候、以上、

両度之来札令披見候、金剛院末寺之出入之儀、去夏愚老以異見末寺相究候処、金剛院違変之由案外至極候、従貴寺之一ツ書、又江戸四ケ寺返札之写、披見令得其意候、乍去一往金剛院同門中へ遣書札、依其返状江戸四ケ寺へ

一往談合申、擯出之書状可進之候、少も疎意者不存候、将亦去夏金剛院へ相渡候墨付之写可進候得共、案書今程置失申候間、無其儀候、文言ハ大体貴寺へ進趣候、以来貴寺・金剛院住持之事ハ、灌頂執行血脈相承候者、器量之方へ符属可有之由述候、委者重而可申入候、恐々謹言、

霜月十六日　　　　　　　　　　　　智積院　日誉（花押）

息障院　御報

とある。これは内容的に元和九年のものである。これをみると、息障院と金剛院の本末争いは元和八年夏、智積院日誉の意見によって一応金剛院が末寺に決定していたことがわかる。しかし金剛院は再度この決定に背いており、息障院は一ツ書の訴状と同趣旨の江戸四箇寺の書状をつけて金剛院の不法を智積院日誉に訴えている。これに対して日誉は金剛院側の意見を再度聞き、更に江戸四箇寺と相談の上で、不法が事実ならば金剛院の一宗擯出の決定を伝達すると答えている。日誉も関東のことは不案内らしく慎重な態度をとっている。

本末争いの経過はさておき、本書状は江戸四箇寺の成立を考える上で非常に重要なものである。これ以前に元和九年正月二十三日付の崇伝書状の中に「当地四ケ寺」とあったことは前述したが「江戸四ケ寺」という言葉が出てくるのは、管見では最初の史料である。しかもこの江戸四箇寺は関東の新義真言宗寺院の本末争いに際して、京都の本山智積院に添状を出したり、裁許に際して智積院と相談するなど、後の江戸四箇寺の触頭制度の前身的な役割を果している。これは智積院が関東の状況について不案内であったというだけではなく、すでに江戸四箇寺の触頭制度が機能していたものと思われる。しかし後の寛永九年頃の江戸四箇寺の権能を比較すると、この時点では武蔵の新義真言宗寺院の本末争いの訴訟を、息障院深秀の申入れにより、直接智積院日誉が取り扱っており、江戸四箇寺には最終決定権はなかったようである。逆にいえばこの頃江戸四箇寺の触頭制度があったとしても、一般にはあまり浸透しておらず、息障院は旧来の慣例通り智積院日誉の下向をまって、直接日誉に裁許を願い出るような認識しかなかったのでは

ないかと私は思っている。

次に孟春十五日付の日誉書状（本文は第六章一の一八三頁所収）をみると、本書状は、前述の元和九年霜月十六日付の日誉書状を踏まえて、日誉が金剛院の一宗追放を息障院に伝達しているものである。そしてこの決定を江戸四箇寺や武蔵・上野両国の諸寺中に廻状をもって触れ廻すようにいっている。この日誉の命をうけて作成されたのが、前述の寛永元年四月三日付の廻状である。そのため本書状は寛永元年正月十五日のものということになる。これによって元和八年夏から続いていた息障院と金剛院の本末争いは金剛院の一宗追放という形で結着がつけられたのであるが、私はこの本末争いについて、慶長十七年八月六日付の関東八州真言宗留書（『三宝院文書』）の連署には、両者共署名しており、従来息障院と金剛院は、それぞれ個々に独立しており、具体的な本末関係はなかったのではないかと推定している。それを幕府の寺院政策の枠の中で本末の規制が実施されてくると、法系的、地域的な結合の中で、本末関係が明確に打ち出されてくる。この過程の中で近在した息障院と金剛院の争いが起ったものと思われ、必ずしも金剛院側に非があったとは思われない。しかし一度本山側で決定したことは絶対であり、その命に従わなかった金剛院は一宗追放となったのであろう。ここでも幕府の封建的な宗教行政の一端がうかがえる。

更に息障院深秀が日誉の決定を江戸四箇寺に伝達しているが、この伝達方法が非常に注目される。

二月二十一日付の江戸の知足院光誉書状には、

以上

遠路御使札過分至極候、仍貴寺之末寺金剛院、先年智積院御下向之時分、御取扱にて末寺ニ相定、双方へ書付御出候事、其砌智僧正愚僧式ニも御物語候故、能々存候処、無程構非分出仕不被申候ニ付、此度従智積院、彼金剛院可有擯出之旨、御紙面之通令得其意候、誠悪僧不及是非候間、急度可被仰付候、恐々謹言、

二月廿一日　知足院（光誉）（花押）

息障院　御返報

とある。これは第四章で前述した知足院光誉から息障院深秀に宛てられた書状であるが、光誉は寛永元年十二月に没しており、内容からみて寛永元年のものである。これをみると知足院光誉は元和八年に日誉が関東に下向し、息障院と金剛院の争いを裁許した時に、日誉から相談をうけていたことがわかる。そのため今回の日誉の決定に際して、息障院からの連絡をすぐに承認している。前述のように光誉は元和八年頃日誉と対立していたようであるが光誉は早くから真言宗内の触頭的な役割を果しており、日誉も光誉には一目置いていたようである。更にこのことは二月二十七日付の息障院深秀書状の宛所と対比してみればより明確である。同書状には、

以上

急度以書状申上候、仍而従智積院僧正御状被下候之間、則申届候、去々年申候愚僧末寺金剛院事、智積院御扱被成候処を合点申候而、罷帰候上違変仕候、然間去年中智積院江其由申上候処ニ、当年中擯出之御状被下候、同江戸四ケ寺江与被仰越候間申届候、則御連判候而可被下候、爰元諸院へも連判可申請候、連判相極候上、江戸江持参申候而可懸御目候、諸余不廻思慮申達候、恐惶敬白、

息障院　深秀(花押)

二月廿七日

円福寺(俊賀)法印御房

真福寺(照誉)法印御房

弥勒寺(有鑁)法印御房　御同宿中

とある。これも内容からみて寛永元年のものであろうが、息障院深秀は江戸四箇寺の内、知足院光誉には、事前にしかも単独で了解を求めているが、他三カ寺にはその後に日誉の裁許を伝達している。これをみると、江戸四箇寺といっても日誉や深秀の対処の仕方からみて知足院光誉と他の三カ寺とでは差異があったようである。これも後の触頭江

戸四箇寺の機能から考えると初期の極めて例外的な姿である。これは寺の格ではなく、光誉個人の力量によるものであろう。しかし江戸四箇寺としては非常に不完全な形であり、初期の例外的な姿であろう。

ここで問題になるのは江戸四箇寺の成立年次であるが、前掲論文の中で私は元和五年七月以降元和九年正月以前であると述べたが、本書状をみると、「去々年中候愚僧末寺金剛院事」とあり、本書状を寛永元年とすると、去々年は元和八年であり、これらの三カ寺は元和八年夏の両院の本末争いから関係していたことがわかる。更に前述の二月二十一日付の知足院の光誉書状によれば、光誉は最初からこの本末争いには関与していたことが明白であり、寛永元年同様不完全な形であるが、江戸四箇寺の全てが、この争いに関与しており、元和八年夏以前には江戸四箇寺の触頭制度が存在していた可能性が強い。しかもこの江戸四箇寺は最初から知足院・真福寺・円福寺・弥勒寺であったことがわかる。しかし成立当初の江戸四箇寺は内部的にも不統一で、外部的にもあまりその機能が徹底せず、旧来通り智積院日誉の干渉をうけるなど、まだ絶対的なものではなかったようである。ただ日誉や光誉といった個人的政治手腕によって問題解決を図ってきた教団が知足院光誉を江戸四箇寺の枠の中に組み込み、組織的、機能的に問題解決にあたろうとしていた姿勢は認めることができる。しかしこれも幕府の宗教行政の枠の中で方向付けられたものである。ただより強大化した関東新義真言宗教団が必要に迫られて、このような組織化を図ったことも時期的に一致したのであろう。

以上、従来の研究成果を基本として、新出の息障院文書を中心として、初期の江戸四箇寺について検討を加えてきたが、次の三点が明白になった。

一、江戸四箇寺の触頭制度の成立の下限は従来元和九年正月以前とされていたが、これを元和八年夏以前と遡らせることができる。

二、江戸四箇寺は成立当初から知足院・円福寺・真福寺・弥勒寺の四カ寺である。

三、初期の江戸四箇寺は、内外共に機能的に確立した組織ではなかった。

三　江戸四箇寺制度の確立

成立当初の江戸四箇寺が機能的に確立したものではないと述べてきたが、それではいつ頃江戸四箇寺の機能が内外共に確立するのであろうか。このことについて考えてみたい。

山形県長井市遍照寺所蔵の筑波山知足院等七カ寺連署書状写には、

急度申入候、仍真言宗湯殿先達堅停止之旨、従　三宝院御門跡被仰出之由、武州明星院去正月廿八日之触状、先月中旬当地来着候之間、不審ニ存、則以飛札　三門様へ御尋申上候処ニ、曽不被仰出之由御書出之返状参候、但安保宝蔵寺と申小僧、去年上洛仕、真言宗湯殿行人以外公事有之候由、申上候処、諸事近年如有来可然之由、御諚候得者、彼者令下国、明星院致密談、従当年真言宗先達堅無用之由廻候儀、誠以掠上犯下之企、彼両人一宗之悪僧不及是非儀ニ候、所詮従　相国様御代如有来、真言先達異儀有間敷候間、各其御心得尤ニ候、恐々謹言、

筑波山　知足院　判
西新井　惣持寺　同
蕨　三学院　同
中野　宝泉寺　同
江戸　真福寺　同
同　弥勒寺　同
同　円福寺　同

五月三日

常州
諸真言宗
各御同宿中

とある。筑波山の知足院の別院が江戸知足院であるので、この書状は江戸四箇寺と武蔵の有力寺院三カ寺が連署して、

湯殿先達に関する倉田明星院と安保宝蔵寺の非法を常陸の真言宗寺院に伝達しているものである。本書状は修験史料として重要なものであるが、それは別の機会に譲り、本章では江戸四箇寺関係のことについてだけ述べることにする。

まず本書状の年代推定であるが、江戸四箇寺の連署からみて元和五年以降のものであろう。下限は「三宝院御門跡」とあることにより義演准后が死ぬ寛永三年閏四月以前のものということになるが、五月三日という日時から考えて関東のことであるので、寛永三年迄可能であろう。この期間で「安保宝蔵寺と申小僧、去年上洛仕」とあるように、三宝院義演と安保宝蔵寺とが交渉をもったのは、寛永二年八月に宝蔵寺の盛胤が義演から印可をうけ、三宝院から当山方修験法度を渡されているときだけである。安保吉祥院所蔵の当山修験法度には、

当山山伏諸法度未断由候間、可然仁体於有之者可申上候、其器量被　御覧似相之奉行可被　仰付事、

一、本山山伏雖為壱人、申掠当山江引申者於有之者、可被成御成敗之事、

一、当山山伏本山江以権威引取後、於有之者、御墨印趣随分申理可相済、但於本山無同心者、有様目安調可申上事、

一、当山山伏諸法度乱者於有之者、随分異見可申、不同心者、有様可申上事、

一、諸事不得　御意、私仁不申付事、

一、上武蔵、除江戸・上野・下野・常陸四ケ国、右之通可相触旨被　仰出所也、

寛永弐年

八月八日

三宝院御門跡奉行

喜多村筑後正成(花押)

侍従法眼　経信(花押)

成身院法印演賀(花押)

〔宝蔵寺〕

とある。この法度は宛所を切り取られているが、本来は宝蔵寺に宛てられたものであったと思われる。それは同六日

付の宝蔵寺盛胤の義演からの印可状が近在の橋本家に残っており、宝蔵寺が廃寺になった際流出したものであろう。これをみると宝蔵寺は当山修験の上武蔵・上野・下野・常陸の四カ国の触頭に三宝院から任命されていたことがわかる。寛永二年八月に三宝院と宝蔵寺がこのような交渉をもっていたことから考えて、五月三日付の知足院等連署書状は、これ以降の寛永三年のもののように思われる。

この書状を寛永三年のものと推定することが許されるならば、この時点でもなお江戸四箇寺と関東有力寺院三カ寺が連署して明星院や宝蔵寺の申入れに対して異議を申し立てていることがわかる。明星院は早くから関東有力寺院と対立していたようであるが、ここでも対立していたことがわかる。しかしこれ以外に江戸四箇寺の触頭制度の成立以降明星院の動向は明確でなく、事実上はこれらの寺院にとって替られていったのであろう。

『和州豊山長谷寺古今雑録』所収の「惣而四ケ寺之事」には、

其古は江戸ニ而四ケ寺と申事も無之、一派之談合評議は、中野宝仙寺・西新井惣持寺・倉田明星院迄、以上七ケ寺にて事相済すなり、然るに御当家罷成、此四ケ寺一派の触頭被　仰付、

とある。この書は元禄十年に長谷寺の学僧英岳によって書き上げられたもので、どのような根拠によって江戸四箇寺の由来を書き上げたか不明であるが、初期の江戸四箇寺は単独ではなく、関東有力寺院と共同で宗門行政にあたっていたことは事実であり、寛永三年の時点でもなお充分にその余韻を残していたことが、五月三日付の七カ寺連署書状によってうかがわれる。

それではいつごろから江戸四箇寺の機能が確立したのであろうか。寛永九年霜月七日付の常陸真壁の楽法寺所蔵の江戸四箇寺奉書(本文は第二章一〇の八二頁所収)をみると、寛永九年になると、江戸四箇寺単独で常陸の楽法寺と法蔵院の本末争いを裁許し、法蔵院を末寺に決定している。『本光国師日記』の寛永九年九月三日付の道春書状案には、

一筆令啓達候、仍五山・十刹・本寺・末寺御書立候而可被下候、其寺々之領知之高をも、同御書添而可被下候、

御尋之儀ニ御座候間、御存(知脱カ)被成候分被仰付、御目録頓而待入候、猶奉期参拝之節候、恐惶謹言、

九月三日　道春　在判

〆(崇伝)国師様　人々御中

とあり、寛永九年九月頃から幕府の命によって本末帳の作成の準備が始められていたことがわかる。この場合は臨済宗であるが、当然各宗共にこのような命令が出されていたものと思われる。新義真言宗も同様であったと思われ、後述する寛永十年の本末帳にも法蔵院は、楽法寺の末寺と記載されており、この両寺の本末争いは、寛永九年十一月であり、本末帳の作成過程で起った紛争であろう。

更に高尾薬王院所蔵の五月二十日付の江戸四箇寺奉書には、

猶々、於真言宗者破戒之儀一大事之儀ニ御座候間、能々御穿鑿所仰候、正音謬候者、如沙門制法可申付候、又百姓衆不実之儀申懸候者、為法度之間曲事被仰付可被下候、以上、

一書令啓上候、仍武州高尾山有喜寺門徒普門寺与申者、近年違背本寺之由、有喜寺来府候而訴訟ニ付、普門寺召寄様子承届候間、向後者無異儀致出仕候様ニ可申付段ニ相究候処、其後普門寺方之百姓共参府候而申様者、有喜寺門徒正音与申者ニ女難候間、普門寺有喜寺へ出仕相留候、女難之儀申懸人者、浄土宗ニ俊慶与申者ニ候由、百姓衆申候条、則俊慶召寄対決承届候処、正音女難儀不存候間、努々百姓衆へ不申由、俊慶申候、然者出家計之儀候者猶令紀明、落居雖可申付候、百姓等訴人ニ出候間、御六ケ敷候共被遂聞召、急度被仰付可被下候、恐惶謹言、

五月廿日

真福寺　照誉(花押)
弥勒寺　宥鑁(花押)
知足院　栄増(花押)
円福寺　俊賀(花押)

御奉行所

とある。この奉書は、『結網集』によると、弥勒寺宥鏝は寛永十年に没して、隆長が住持となっていることからみて、寛永十年以前のものであろう。知足院が栄増とあるので、光誉没後寛永二年以降のものである。この間何年のものか明白でないが、有喜寺が直接江戸四箇寺に訴訟していること、また、四カ寺が単独で裁許していることから考えて、比較的この期間でも後半のものであろう。更に江戸四箇寺の触頭制度の確立をもっとも端的に示しているのは、寛永十年に作成された「関東真言宗新義本末寺帳」の奥書である。同奥書(本文は第二章一〇の八二頁所収)をみると、江戸四箇寺が中心となってこの本末帳を作成していたことがわかる。これらの史料をみると、名実共に触頭としての江戸四箇寺の機能が確立したのは寛永九年以降、特に寛永十年の本末帳の作成過程において幕府の寺院政策を背景として確立したのではなかろうか。そのためか、これ以降、江戸四箇寺と関東の有力寺院が連署した史料は見当らない。これ以降は息障院や長久寺等の有力寺院さえ、この本末帳の記載について江戸四箇寺から詰問され、元禄四年十月には、鶏足寺末を醍醐報恩院末に改めているほどである。

ま と め

これまで述べたように、新義真言宗の江戸四箇寺の触頭制度は元和五年七月以降、同八年夏までの間に成立したものと思われる。しかし成立当初の江戸四箇寺は京都本山智積院や関東有力寺院の従来からの慣習的な支配を一掃することができず、これらの勢力と妥協しながら宗門行政にあたっていた。しかも四カ寺内部でも知足院光誉在世中は他の三カ寺との間では、寺格の相違があり、四カ寺としてまとまった機能は多少阻害されていたようである。それが寛永九、十年頃となると各宗共に幕府の命をうけて自己の宗派の本末帳を作成することになるが、新義真言宗でもこの本末帳の作成過程を通して、名実共に江戸四箇寺の触頭制度が確立してくるのである。

これは幕府の寺院統制策ともよく合致している。幕府はそれぞれの一宗の本山内部の紛争解決、或いは寺領安堵というような形でまず伝統的な本山を自己の支配下に置き、最初は従来の伝統的な本末関係を利用して教団の統制をはかっている。それが次第に軌道にのってくると、中央集権的な支配体制をより強化するために従来どちらかといえば、京都周辺に集中していた本山を遠ざけ、幕府の所在地周辺の有力寺院を新たに登用して、教団運営の実質的な権限を移行した。これは伝統的な権威をもつ上方の本山の力を牽制すると共に、幕府の息のかかった新興寺院を登用することによって、幕府の威信の徹底化と事務の円滑化をはかろうとしたためであろう。新義真言宗の江戸四箇寺の触頭制度の成立経過は時期的にみて幕府の寺院統制策にまことによく順応している。これらは宗門行政の実質的な支配権が幕府側にあったことを如実に物語っている。

第十二章　江戸幕府の寺社朱印状の再給付手続きについて

――武蔵松伏宝珠院の事例を中心に――

一　初期の再給付手続きについて

武蔵の伊草金乗院所蔵の正保四年（一六四七）四月三日付の住持覚了の二通の朱印頂戴願書控によると、

大古当院御朱印願旨趣

東照権現様（徳川家康）　御朱印、天正十九年辛卯十一月頂戴、其後書上之儀、当院先住幸俊代四十年（慶長十三年）已前、右権現様御朱印焼失仕候ニ付、度々御願申上候所、是迄不相叶、今般御朱印頂戴之儀奉願上候、以上、

正保四年亥四月三日　　金乗院　覚了　判

松平伊豆守様（信綱）　御役人中

武蔵国比企郡伊草之郷金乗院寺領高拾五石之所、権現様御寄附被成　御朱印致頂戴候処、私五代以前九州薩摩之国尭依（幸俊カ）と申住寺（持）、四拾年已前火事致出来、御朱印焼失仕候付而、数年御訴訟申上候得共相叶不申候、今度御次而ニ御朱印頂戴仕度候、已上、

正保四年亥四月三日　　伊草 金乗院覚了（花押影）

安藤右京進殿（寺社奉行、重長）

松平出雲守殿（寺社奉行、勝隆）

「表書(裏書)之通相尋候処、右之趣之由候、寺領之儀遂穿鑿候所紛無之候、御朱印之儀被仰上可被遣候、以上、

松平伊豆守　」

とある。これらをみると、金乗院は天正十九年（一五九一）十一月に徳川家康から十五石の朱印状をもらっていたことがわかる。ところが四十年前の慶長十三年（一六〇八）にその朱印状を火事で焼失してしまい、正保四年に住持覚了は領主松平伊豆守信綱の裏書を添えて、寺社奉行に金乗院の朱印状の再給付を願い出ている。この二通は後世の写しであるが、同院所蔵の翌年の慶安元年（一六四八）八月十七日付の徳川家光朱印状には、

武蔵国比企郡金乗院領同郡伊草郷之内拾五石事、任先規寄附之訖、全可収納、幷寺中竹木諸役等免許、如有来不可有相違者也、

慶安元年八月十七日　(徳川家光)(朱印)

とあり、金乗院は二代将軍徳川秀忠の朱印状はないが、三代家光から朱印状を、この願書通りに再給付されているので、これらの記載は信用してよいと思われる。

同じく武蔵の児玉成身院所蔵の貞享二年（一六八五）と推定される朱印地由緒書覚には、

覚

武州那賀郡中沢郷之内小平村成身院寺領之事、権現様(徳川家康)御朱印頂戴所持仕候処ニ、六十八年(貞享二年)已前元和三年寺炎上之時、住寺(持)留守ニ而御座候故、御朱印焼失仕候、四十三年已前寛永十九年諸国寺社領之御朱印被下ニ付、右之趣小平村之地頭安藤彦四郎(直政)以証文、大猷院(徳川家光)様御朱印頂戴仕候、以上、

とある。さらに同院所蔵の寛永十九年（一六四二）閏九月二十七日付の朱印状写書上には、

寄進　成身院

武蔵国那賀郡中沢郷之内拾石事
右令寄附畢、殊山林寺中可為不入者也、仍如件、
天正十九年辛卯十一月日
御朱印之表如此御座候キ、御朱印ハ廿六年(元和三年)以前巳ノ年炎上仕候、拾石之所ハ、於于今寺納被仕候義(儀)、紛無御座候、
為其如件、
寛永拾九年壬午潤(閏)九月廿七日　小平村　根岸又兵衛
清水内蔵助
根岸孫右衛門
新美久左衛門殿

とある。これらをみると、朱印地由緒書覚の通り、成身院は天正十九年十一月に徳川家康から十石の朱印状をもらっていたが、元和三年(一六一七)に寺が火事になったときに、その朱印状を焼失している。そのため寛永十九年に寺側は領主安藤直政の証文を添えて、朱印状の再給付を願い出ている。成身院所蔵の寛永十九年九月二十四日付の三代将軍徳川家光の朱印状写をみると、

当院領武蔵国那賀郡中沢郷之内拾石事、任先規寄附之訖、全可収納、幷寺中山林竹木等、弥不可有相違者也、
寛永十九年九月廿四日　御朱印
成身院

とあり、この成身院の場合も由緒書覚の通り、即座に朱印状が発給されている。このように両寺共に火事で朱印状を焼失したが、領主の証文を添えて願い出て、朱印状を再給付されている。[1] この一例だけでも明白であるが、領主自身が再給付に具体的に関与している事例を紹介したい。

一　初期の再給付手続きについて

武蔵の川里雲祥寺所蔵の寺社奉行三人の在任期間から考えて、寛永十九年(一六四二)と推定される卯月朔日付の大

河内久綱書状には、

　以上

一書啓上仕候、武州崎西之雲祥寺領三拾石之　権現様天正十九年之御朱印一通、并慶長之御朱印御座候処ニ、先住持呑秀代ニ焼失仕候、此段拙者御代官之時分能存候、右之寺領崎西之群（郡）上崎村之内、於中嶋三拾石之所、寺中山林竹木至于今無相違寺納被仕候、此度御朱印頂戴被申候様ニ御肝煎被成可被下候、為其如此申入候、恐惶謹言、

（寛永十九年）卯月朔日　大河内金兵衛　久（久綱）（花押）

（寺社奉行衆）安藤右京進（重長）様
堀式部少輔（直之）様
松平出雲守（勝隆）様
人々御中

とある。雲祥寺の場合は領主大河内久綱が直接寺社奉行に朱印状の再給付を依頼している。雲祥寺にこのときの朱印状は現存していないが、本末帳[2]には朱印寺と記されているので、朱印状が再給付されたことがわかる。

そこで三代将軍徳川家光の朱印状の給付過程について確認してみたい[3]。

上野の渋川真光寺所蔵の霜月十日付の天海書状には、

（端裏書）「〆　井伊兵部少輔殿人々御中　大僧正天海」

尚々、頼入候、以上、

一筆令啓候、然者渋川真光寺領高五拾石者、従権現様拝領被申候へ共、御朱印無之候、就其今度守護之御方書付取候へ者、相済之由ニ候間、乍御六借、末代之事候間、被遊可給候、知行拝領之様子、我等淵底存候、恐惶謹言、

（寛永十三年）霜月十日　天海（花押）

とある。これをみると、真光寺は徳川家康の時代から五十石の寺領を拝領していたが、将軍からの朱印状はもらっていなかった。ところが今回は守護（領主）の知行証文があれば、朱印状が発給されることになった。そこで天海は在地の白井領主である井伊兵部少輔直勝に是非証文を発行してくれるようにと依頼している。

さらに同寺所蔵の十一月十一日付の井伊兵部少輔直勝書状には、

尚々、従大僧正（天海）私方へ被下候状、則為持遣候、以上、

上州渋川村真光寺領五拾石者、私三万石之高之内ニ而付可申候由、先年御年寄中ゟ被仰下候而、則五拾石彼寺中へ相渡申候、今度御朱印訴訟之義（儀）付而、我等方ゟ右之旨添状可仕由、従大僧正被仰下候間、如此御座候、恐惶謹言、

（寛永十三年）十一月十一日　井伊兵部少輔　直勝（花押）

（寺社奉行衆）安藤右京進（重長）様
松平出雲守（勝隆）様
堀　市　正（利重）様
人々御中

とある。天海の依頼をうけた井伊直勝は幕府の寺社奉行衆に対して、自己の領内にある真光寺領五十石は先年幕府の年寄中から命をうけて寺領として渡した。今回朱印状発給について大僧正天海から依頼をうけたので、その旨を証明する添状を提出するといっている。これらを拠り所として、天海は寺社奉行衆に真光寺への朱印状の発給を願い出ているることがわかる。

『寛文朱印帳』所収の真光寺への朱印状には、

当寺領上野国群馬郡渋川村内五拾石事、任寛永十三年十一月九日先判之旨、全収納不可有相違者也、仍如件、

寛文五年七月二日　　御朱印（徳川家綱）

とあり、寛永十三年十一月九日に真光寺は初出の朱印状をもらっている。

このように三代将軍徳川家光の朱印状発給は、前代の朱印状がなくても、今回領主の証文があれば発給したようであり、金乗院・成身院・雲祥寺は共に領主の証文を添えて、朱印状の再給付を願い出ており、前代の朱印状を火事で焼失したことは完全な否定要因にならなかったようである。

二　元禄十三年の事例

『祠曹雑識』[4]巻四十四に、寺社御朱印の焼失・流失・紛失の事例が所収されている。その中で焼失した朱印状が再発給された特異な元禄十三年（一七〇〇）二月の事例を紹介してみたい。

覚

元禄十一寅年九月六日、東叡山御本坊類焼ニ付、日光・東叡山・滋賀院三ケ所、御代々之御朱印焼失、翌卯年十二月御書替之儀、大明院（日光門主公弁法親王）之御方依御願、辰二月廿三日御書替　御朱印被進候、

伯州　大山寺
江州　観音寺
湯嶋　喜見院
山形　柏山寺
総州八幡　法漸寺
上州（ママ）　妙義山

此六ケ所　御朱印、右同時於東叡山焼失付、是又大明院之御方依御願、同事ニ御書替被成下候、此外之寺社領御

朱印焼失、流失、紛失等之寺院、御書替願出候節、於奉行所承置、御朱印御改之御序モ御座候ヘハ、御書替被成下候類例者御座候得共、早速御書替被下置候先例無御座候、

次に『常憲院殿御実紀』巻四十一の元禄十三年二月二十三日の条に、

日光門主公弁法親王に、日光・東叡山并に中堂・滋賀院領の御判物、伯耆国大山寺・上野国妙義山石塔寺・近江国芦浦観音寺・下総国八幡法漸寺・出羽国山形柏山寺・武蔵国湯島喜見院・谷中感応寺・碑文谷法華寺寺領の御朱印をつかはさる、これは去年の火災に、本坊の什物ことごとく火にあひしとき、前々給はりし御判物どもみな焼失しによて、あらため下さるる所とぞ、

とある。元禄十一年九月に東叡山本坊が火事で焼失した際に、本坊にあった日光・東叡山・滋賀院の三カ所の代々の朱印状と、全国の有力天台寺院六カ寺の朱印状が同時に焼失した。これらは一括して東叡山本坊に保管していて焼失したようである。それが日光門主公弁法親王の特別な願い出によって、元禄十三年二月二十三日にすべての朱印状が書き替えて再給付されたことがわかる。『祠曹雑識』の記載をみると、このように特別に早速再給付されたのはこのときだけだと記してある。一般的には次の朱印状の書替のときに再給付されたようである。

三　松伏村宝珠院の事例

『祠曹雑識』巻四十四には江戸時代後半に朱印状を焼失した寺の名前が列挙されている。この中に武蔵の松伏村宝珠院も含まれている。

六月十四日左近将監殿御附札ニ　御朱印之儀、追而御序之節可被下候間、願之者共可被相返候、

御朱印焼失例

寛保元酉常州真壁真徳寺

延享二丑武州鴨居村林光寺
宝暦三酉野州都賀宝城寺
同八寅同州足利郡粟谷村正蓮寺
同年武州多摩郡泉村泉滝寺紛失見出
同九卯常州新治郡戸崎村松栄寺
同十一巳三州寺津妙光寺
明和四亥武州横山村妙楽寺
同九辰浅草唯念寺水入
安永五申常州茨城郡徳蔵村徳蔵寺
同年甲州鎮目村保雲寺
同六酉下総国尼崎村遍照院
寛政元常州茨城郡石塚村薬師寺紛失
同四子武州多摩郡山田村広園寺
同五丑同州同郡長房村長泉寺
同八辰同州松伏村宝珠院
同年野州宇都宮光明寺
同九巳武州葛飾郡小松川村浄法寺
同十一未上州下牧村玉泉寺
同年武州秩父郡我野村忠澄庵

同年下総国結城郡山川新宿村結城寺末上山川村慈眼寺
享和元酉下総国香取郡宮本村王子明神神主飯田丹後宅
コノ後三十余年ノ記載、他日検閲采録スヘシ、天保癸巳（四年）伊豆山般若院自火　御朱印焼失ノ事ニ因テ、古キ例ヲ抄ス、

これは天保四年（一八三三）に伊豆山般若院が朱印状を焼失した際に、その前例を調べた記録である。これらの寺院は朱印状を即座に再給付されたのではなく、御序之節、すなわち次の将軍の朱印状発給の際に、従来通り発給が認められたようである。

宝珠院には幸いなことに「御朱印焼失届書並御書替願記録」(5)と題するこのときの詳細な記録が現存している。貴重な記録であり、当時の朱印状の再給付の手続きが明白になるので、史料を紹介しながら、この間の経緯を考えてみたい。

まず「御朱印焼失届書並御書替願記録」の最後に、

一、右願中之記録御座候得共、日記同様ニ而少々余事モ書交へ、其外略語等有之候故、入ルモ御覧（マヽ）ニ奉恐入候間、右記録之内要用之廉々取調へ、抜書仕奉差上候、尤旧記御用之節者、早速差上可申候、以上、

天保九戊年二月　武州葛飾郡松伏村
宝珠院　快祥

とあり、この記録は天保九年（一八三八）に宝珠院の快祥が旧記類の中から要用部分を一件記として整理したものであることがわかる。以下この記録によって、宝珠院の朱印状再給付の経緯を見てみたい。

同記録所収の寛政八年（一七九六）三月に宝珠院が火災により朱印状を焼失した直後に、寺社奉行に提出した一連の届書は次の如くである。

乍恐書附を以奉申上候

一、毘沙門堂領
御朱印　六通　　高三石

一、本堂　竪九間　横六間　　宝珠院

一、毘沙門堂　　三間四方

一、庫裏　竪六間　横四間

一、座敷　竪五間　横三間半

一、木小屋　竪四間　横三間

一、裏門　竪弐間半　横壱間半

右焼失仕候　此外隣家孫右衛門ト申者之物置壱ケ所類焼仕候、其外類焼無御座候、

一、土蔵　此節普請ニ取懸リ罷在候、

一、表門

此二ケ所相残候、

右之通リ当三月五日夜焼失仕候、同日夕方台所大釜ニ而湯涌し候跡、能々しめし候得共、消し残有之候哉、同日夜九ツ半時頃、火燃へ上リ候を、寺内之者一向不存、打伏罷在候処、隣寺静栖寺ニ而見付、早鐘撞候故、寺内打驚起出候得者、右竈ゟ火燃上リ候様子ニ而、台所者勿論茶之間迄一面ニ火ニ罷成、折節東風烈敷居間之方へ吹込候間、致仰天立退可申存候処、御朱印蔵修覆ニ取懸リ罷在候間、居間之床之間へ　御朱印持参仕置、守護仕罷在候間、　御朱印乍致所持、雨戸を明ケ候内、煙ニまかれ打倒罷在候を、近所之者駈付被引起、漸々外へ迯出候節、側ニ有之候箱を　御朱印箱と相心得抱出候処、村役人追々駈付、　御朱印相尋候ニ付、心附見候得者、印信箱ト取違持出候間、右打倒候処之火をしめし相尋候得共、最早焼失仕奉恐入候、尤外ニ怪家等者無御座、本尊者

取出候得共、大切之　御朱印焼失仕候段奉恐入候ニ付、本寺金剛院一同御届ケ奉申上候、以上、

寛政八辰年三月　　武州埼玉郡末田村　金剛院

煩ニ付代　真長院

同国葛飾郡松伏村　宝珠院

煩ニ付代　花光院

寺社御奉行所

前書之通、寺社御奉行所様へ御届ケ申上度奉存候間、何卒御添簡被成下候様奉願上候、以上、

寛政八辰年三月　　武州埼玉郡末田村　金剛院

煩ニ付代　真長院

同国葛飾郡松伏村　宝珠院

煩ニ付代　花光院

真福寺様御役者中

右之通リ御奉行所へ壱通、御触頭様へ壱通、御四箇寺名当壱通相認メ候、御役寺月番根生院様（江戸四箇寺）ニ候間、真福寺様御添簡ニ而、根生院様へ被遣候、根生院様ヨリ、則届書を相添、御役僧被遣、真長院・花光院共御奉行所（寺社）松平右京亮（輝和）様へ差出候、御奉行所へ届書幷　御朱印手目録相添へ差上候、

覚　御朱印手目録（朱書）　奉書半切ニ而認メ候

御朱印　高三石　武州葛飾郡松伏村　宝珠院
一、大猷院様《（徳川家光）》　御朱印壱通
　慶安元年九月十七日
一、常憲院様《（徳川綱吉）》　御朱印壱通
　貞享二年六月十一日
一、有徳院様《（徳川吉宗）》　御朱印壱通
　享保三年七月十一日
一、惇信院様《（徳川家重）》　御朱印壱通
　延享四年八月十一日
一、浚明院様《（徳川家治）》　御朱印壱通
　宝暦十二年八月十一日
右五通、天明七年御改之節、差上候手目録之控ニ御座候、
一、当　上様《（徳川家斉）》　御朱印壱通
　右之通ニ御座候、以上、
　　御奉行所へ者十一日ニ差出候、

これをみると、宝珠院は寛政八年三月五日の夜に、自火にて本堂以下を焼失し、居間にあった朱印状も焼失していることがわかる。そのことを宝珠院は本寺末田村の金剛院⑥と連署して寺社奉行所に届け出ている。届け出に際して、新義真言宗の武蔵国担当の触頭である江戸真福寺⑦に添簡を願い出ている。そして真福寺の添簡を添えて、総触頭の江戸四箇寺の当月の当番である根生院⑧を経由して、当時の寺社奉行の当番松平右京亮輝和に、朱印状の手目録を添えて

届け出ている。
これに際して、江戸四箇寺は宝珠院に対して次のような申渡をしている。

申渡

武州葛飾郡松伏村　宝珠院

右者当三月五日夜自火ニ而　御朱印并什宝等致焼失候ニ付、逼塞申付候間、訖度可相慎候、

辰三月十一日

差上申御請一札

一、拙寺儀、当三月五日夜自火ニ而　御朱印并什宝等焼失仕候ニ付、御別紙を以逼塞被仰付候条、訖度相慎可申候、仍而御請書差上申所、如件

辰三月十一日　　松伏村　宝珠院

御四箇寺様

御役者中

このように総触頭である江戸四箇寺は宝珠院に逼塞を命じている。宝珠院は江戸四箇寺宛に請書を提出している。
当初逼塞日数は六、七日を予定していたようであるが、同記録をみると、

四月廿八日　弥勒寺（江戸四箇寺）様御役者、御奉行所へ御免伺ニ被出、
五月朔日　　逼塞御免、於弥勒寺様ニ被　仰付候、

とあり、江戸四箇寺の担当が月番により根生院から弥勒寺に代っているが、五十日間ほど経過した五月朔日に寺社奉行の許可を得た上で、宝珠院は逼塞を許されている。

逼塞が許されてから宝珠院は朱印状の書替を寺社奉行所に願い出ている。当初江戸四箇寺経由の願書を作成したが、寺社奉行役人関源八の内意により、寺社奉行へ直願の形式に改めて、寛政八年五月付で願書を提出している。同じく同記録所収の願書控には次のように記されている。

乍恐書附を以奉願上候

一、武州埼玉郡末田村中嶋金剛院末同国葛飾郡松伏村宝珠院奉申上候、拙寺焼失之儀、先達而御届奉申上候通、去ル三月五日夜九ツ時、庫裡ヨリ火出候を、寺内不残熟睡仕候而、一向不存、隣寺静栖寺ニ而見付、早鐘撞候故、驚起出候処、折節東風烈敷、最早屋根一面ニ燃へ上リ、庫裏ヨリ座敷へ火懸リ候、殊ニ此節　御朱印蔵修覆中ニ而、居間之床之上ニ　御朱印箱居置、守護仕候間、あわて候而居間へ駈込、　御朱印箱・法流箱・印信箱抱出候得共、抱兼候故、法流箱・印信箱者捨置、　御朱印箱而已抱出候処、煙ニ被纏途を失ひ、火気ニ当致気絶居候を、追々駈付候もの共、舁出し呼活候得者、　御朱印御朱印ト申候故、側ニ有之候箱之儀ト相心得持出、守護仕罷在候、其後隣寺幷村役人等　御朱印相尋候ニ付、則守護仕候箱能々相糺候処、印信箱ニ而　御朱印箱ニ者無之、一同驚入、最前倒居候処へ、大勢相懸リ火消し留メ、篤ト相尋候処、桁下ニ相成候事故、最早焼失仕、　御朱印之儀灰塵ト罷成相分リ不申候、大切之　御朱印焼失仕候儀、申訳も無御座仕合、奉恐入候得共、　御朱印焼失之儀者、別而歎ケ敷奉存候間、乍恐御書替奉願上候、右願之通、何卒御慈悲を以　御朱印御書替被成下頂戴被為仰付被下置候ハハ、拙僧儀者不及申上ニ、本寺一同難有仕合奉存候、以上、

寛政八辰年五月　　武州葛飾郡松伏村　宝珠院

同国埼玉郡末田村

宝珠院煩ニ付代　花光院

寺社　　同国同郡末田村

御奉行所　　　　　　　　　　　　　　　　　　本寺　金剛院

前書之通、寺社御奉行所へ奉願上度奉存候間、御添簡奉願上候、以上、

寛政八辰年五月　　　　　　　　　　　　武州葛飾郡松伏村　宝珠院

同国埼玉郡末田村

宝珠院煩ニ付代　花光院

御四箇寺　　　　　　　　　　　　　　　　同国同郡末田村中嶋

御役者中　　　　　　　　　　　　　　　　本寺　金剛院

このように宝珠院は逼塞が許されてから、改めて江戸四箇寺の添簡を付けて、朱印状の書替を願い出ている。江戸四箇寺の添簡は次の如くである。

奉願口上書

一、武州埼玉郡末田村金剛院末同国葛飾郡松伏村宝珠院　御朱印焼失ニ付、別紙書付之通御書替奉願上候、尤重キ御願ニ御座候得共、何卒御慈悲を以　御朱印御書替被為成下候様、拙寺共一同奉願上候、右願之通被為仰付被下候ハハ、難有仕合ニ奉存候、以上、

辰五月　　　　　　　　　　　　　　　　　弥勒寺

根生院　無住

寺社　　　　　　　　　　　　　　　　　　真福寺

御奉行所　　　　　　　　　　　　　　　　円福寺

その結果、同記録の五月二十七日の条をみると、

五ツ時青山下野守（寺社奉行、忠裕）様御宅へ、御役寺様方幷金剛院・花光院一同罷上ル、御奉行様御列席ニ而御月番殿様被仰渡候、
　宝珠院　御朱印焼失御書替願、追而可及沙汰ト被仰渡候、

とあり、宝珠院の朱印状の書替願は寺社奉行に受理されたことがわかる。そして七月六日の条をみると、

正五ツ時、右京亮（寺社奉行、松平輝和）様御宅へ、右列参、御奉行様御列席ニ而、御月番之御殿様ヨリ御申渡、左之通リ、
　宝珠院　御朱印焼失ニ付、御書替願老中へ伺候処、追而御序之節、御書替被仰付、
右之通リ被仰付、難有段御礼之上、何か御書付ニ而も御渡リ候哉、弥勒寺様ヨリ関源八殿御問被遊候得者、源八殿被仰候者、御列座、殊ニ御老中へ御伺之上、被仰渡候得者、不及書付等ニ旨被申候、

とあり、このときに宝珠院の朱印状は「序之節」に書き替えてもらえることになったことがわかる。

しかし宝珠院に現存する朱印状をみると、天保十年（一八三九）九月十一日付の十二代将軍徳川家慶の朱印状の原物が残っている。

武蔵国葛飾郡松伏村宝珠院毘沙門堂領院中境内三石事、幷竹木諸役等免除、如有来永不可有相違者也、
　天保十年九月十一日　（徳川家慶）（御朱印）

これ以前のものはすべて写しであり、一度焼失した朱印状は再給付されていない。焼失した朱印状は書替願を受理されることによって、実態は次の代からの朱印状の給付が保証されたということのようである。この記録によって宝珠院が焼失した朱印状を再給付されるまでの一連の手続きがよくわかる。

たまたま、私が近年整理を続けている増上寺所蔵の役所日鑑の天明六年（一七八六）十月十四日の条に[9]、寺社奉行の松平右京亮輝和の役人たちが浄土宗の触頭である増上寺の所化役者二名に、浄土宗で自火にて朱印状を焼失した寺院についての対応を問い合わせている往復書簡が所収されている。真言宗の宝珠院の事例の参考になるので紹介してお

きたい。

一、松平右京亮（寺社奉行、輝和）殿役人ゟ三名手紙来、左之通、

以手紙致啓上候、然者自火ニ而　御朱印焼失之寺院有之節者、本寺・触頭ゟ預り之上、逼塞御申付、其段奉行所へ御届出候趣ニ御座候、右預り者組合寺等江御預ケ置御座候哉、致承知度候、尤奉行所ゟ咎メ与申者別段無之、本寺・触頭ゟ逼塞申付候計ニ而相済候事と存候、近例承度候間、否御報御申越可被下候、尤急ニ難相知候ハヽ、明朝五時頃迄ニ御申越候様ニ致度候、以上、

十月十四日

（松平右京亮役人衆）高木悠助

関孫三郎

神谷弥平

（増上寺所化役者衆）寂信様

法月様

以手紙致啓上候、然者昨夜御尋被仰聞候寺院自火等ニ而　御朱印焼失有之候節、取計方之儀相糺候処、先例書留無御座候、尤支配下之寺院　御朱印之有無ニ不抱、自火焼失之次第ニより、慎等夫々申付候儀ハ、一宗之通規ニ御座候、勿論　御朱印寺之分、火急之節迚も　御朱印随分太（大）切ニ護持仕立退候様手当、平日心掛罷在候様、兼々厳敷申渡置候得共、万一　御朱印焼失御座候節者、組預逼塞訖度申付置候上、御咎メ之儀者御奉行所へ相伺、諸事御差図を得、取計可申心得ニ罷在候、前書之趣先例書留無御座候ニ付、外々へ有無相糺候儀も御差急之儀ニ付、迚も間ニ合不申候、依之右之段、為可得御意如此御座候、以上、

十月十五日

（増上寺所化役者衆）二名

（松平右京亮役人衆）三名

このように江戸時代の後期になると、自火にて朱印状を焼失した寺院に対する処置は、本寺または触頭から当該寺

院に逼塞を命ずるという形式が確立していたようである。寺社奉行からは特別な処分はなかったようである。前述の真言宗の宝珠院の場合も触頭である江戸四箇寺から逼塞を命じられ、許されてから朱印状の書替願を江戸四箇寺と共に寺社奉行に願い出ている。

江戸時代初期の朱印状の再給付過程をみると、朱印状を自火にて焼失した責任よりも、領主の保証があるかないかが問題であり、領主の証文さえあれば、三代将軍徳川家光の朱印状が給付されている。

元禄年間の場合は焼失した朱印状そのものが再給付されており、日光門跡の特別な力が働いたもので例外である。ところが、江戸時代後期になると、朱印状の再給付には領主の証文のような世俗的な手続きは問題にならず、各宗教団内部の自律的な規則によって、朱印状の再給付が許されている。しかし元禄十三年の事例を除いて、いかなる理由があろうとも一度給付された朱印状そのものが再給付されることはなかった。宝珠院の場合のように書替を認めただけである。それも即座にではなく、「序之時」すなわち次の将軍の朱印状の給付を許可するということであり、江戸時代後期になると朱印状の給付もかなり形式化してきたことがうかがわれる。

（1）　寛永・慶安期給付の朱印状は次のようなものが多い。

当寺領武蔵国足立郡殖絶之内拾石事、任天正十九年十一月日、元和三年五月十一日両先判之旨、永不可有相違者也、

寛永十三年十一月九日(朱印)

林光寺

このように先判の給付年月日が記されているものが多い。このときに初出のものは金乗院や成身院のように「任先規」とある。しかし天正十九年十一月日付で朱印状が給付されている川島の広徳寺の朱印状には、

大御堂武蔵国比企郡美尾屋之内五石之事、任先規令寄附之訖、全可収納、幷寺中諸役等免除、弥不可有相違者也、

寛永十九年八月十七日

（朱印）

とある。このような徳川家光の朱印状の事例もあり、金乗院・成身院の朱印状に「任先規」とあるだけで一概に新規扱いであったと判断することはさけておく。

（2）寺院本末帳研究会編『江戸幕府寺院本末帳集成』（雄山閣出版）二九五頁参照。

（3）拙稿「南光坊天海の天台宗寺院への朱印状斡旋」（『南光坊天海の研究』所収）。

（4）福井保氏の解題によると、本書は収録された記録の内容年代から推定して天保五年の成立と考えられる。本書の編集者とみられる「麻谷老愚」の姓名は不詳である。本書中の断片的な記事によれば、文政十三年から天保八年まで寺社奉行の職にあった間部詮勝の家臣で、選ばれて寺社役となり、七、八年の間、寺社奉行所に勤務していた人物らしい。その人が同奉行所の書類を披閲する立場にあったのを利用して、興味を覚えた記録類や職務上の見聞等を個人的に筆録したのであろうと記されている。

（5）本史料の引用にあたっては宝珠院と松伏町教育委員会に特別の配慮をいただいた。厚く感謝する次第である。

（6）宝珠院の本末関係については前掲註（2）の中一五一一頁参照。

（7）新義真言宗の江戸四箇寺の分国制度は次のごとくである。

分国支配覚

上野国、下野国、常陸国、相模国、伊豆国　右根生院配下
下総国、越後国、陸奥国、出羽国　右弥勒寺配下
武蔵国、甲斐国、信濃国、駿河国、遠江国　右真福寺配下
安房国、上総国、山城国、大和国、河内国、
伊賀国、伊勢国、尾張国、近江国、美濃国、
越前国、佐渡国、播磨国、讃岐国、伊予国、
土佐国、肥前国、肥後国、日向国、薩摩国　右円福寺配下

（8）江戸四箇寺の月番は次のごとくである。

月番

一、正月　二月　三月　右三ヶ月根生院
一、四月　五月　六月　右三ヶ月弥勒寺
一、七月　八月　九月　右三ヶ月円福寺
一、十月　十一月　十二月右三ヶ月真福寺
閏有之節者四ヶ月相勤候

（9）拙編『増上寺日鑑』（文化書院）一巻、二巻、三巻、四巻、五巻、六巻が刊行されているが、天明六年の役所日鑑は四巻に所収されている。

〈講演録〉江戸時代の触頭制度について

――特に真言、天台、浄土宗を中心に――

現在、江戸時代の仏教教団のことについて、智山の若い先生方がご研究だということでございますけれども、だいたい江戸幕府の仏教政策というのは、それ以前の中世以来の伝統をひきながら、江戸幕府が新しいかたちの統制を加えてきております。例えてみますれば、古代、中世から話しだすと際限がありませんから、近世の直前の戦国時代くらいから少し移り変わりをお話させていただきますと、まず戦国時代で有名な織田信長による比叡山の焼き討ちとか、こちらのお宗旨にもかかわる豊臣秀吉の根来の焼き討ちとか、そういうようなことが、戦国時代には行なわれております。

そのことはどういうことかというと、逆説的に言えば、戦国時代ぐらいまでの仏教教団というのは、世俗の勢力に対抗しうるだけの、まだ一定の力を持っていた。言ってみますれば、本願寺の一向一揆などに現れてくるように、一向宗にしろ、あるいは比叡山にしろ、根来にしろ、それぞれが一定の力を持っていたので、為政者、政権担当者がそれぞれに弾圧を加えていった、ということでございました。

それが江戸時代に入ってまいりますと、徳川家康ぐらいを例にとりますと、家康は非常に荒っぽい処置はとっておりません。けれども、江戸幕府に一貫して流れている精神というのは、どちらかと言えば、中世以来、自主独立の伝統的な宗教的権威を有していた各仏教教団を、封建的な支配体制の枠の中にいかに組み込むか、というかたちで江戸幕府はずっと努力をしております。いかに宗教的権威を削いで封建的な支配体制の枠の中に各仏教教団、本山を取り込むかということに、非常にエネルギーを使っておりました。

各教団とも古代、中世以来一貫して、本山、末寺という本末制度があったわけでございますけれども、この本末制度というのは、法流などの師資相承に基づき形成されたものが多くて、地域が限定されない、非常に広い範囲にわたっていることもある、というようなことで、江戸幕府はそういうような広い範囲にわたって教団内部で独自に作り上げていた本末組織というものを、これからお話をする江戸の寺社奉行というものを設置して、寺社奉行が一元的に全教団を統括する。その際に、各教団の中で、本寺、本山ではなくて、江戸の幕府の寺社奉行が統括しやすいお寺を選んで、そこを命令、伝達の要点、触頭、お触れを流すキーポイントにして、教団の統治組織を再編成する。教団を江戸幕府の封建的な支配体制の枠の中に組み込む。本末制度だと、「何々の国、何々の国」といっても、師弟関係は多岐に全国に及んでいることがあって、本末関係が複雑になっております。そこで、その大名はそこの領国の中では自分の息のかかったお寺を触頭に登用することによって、一国内はその触頭に命令を出せば、その命令が自分の領内には徹底する。本末制度とは違って、触頭制度というほうにウエートを江戸幕府は持っているということです。

そこで、そういうようなものが、いつどのようにしてどういうふうに成立したかということを、ここでは少しお話をさせていただきます。

ここは智山の方が多いと思われますので、仮に今の経過を具体的な例で申し上げますと、よくご存知のように、根来が焼き討ちにあってから、専誉と玄宥のお二人がそれぞれ長谷とそれから智積院というかたちで新しく分かれて、長谷と京都にそれぞれ本山を建てられた。

どういうふうにしてその両本山が江戸幕府の統括の枠の中に入っていったかというと、両本山とも、本山内部のトラブルであるとか、江戸幕府から所領安堵を受ける、寺領を安堵してもらう、朱印状を給付してもらう。そういうような時に、徳川家康すなわち江戸幕府の干渉を受けるようになっていく、というようなかたちで、本来そういう世俗的権威からは独立していたものが、江戸時代に入ってくると、どうしても一山内部で起こったトラブルを自主的に解決できないために、江戸幕府の判断を仰ぐ。その際に、法度を制定する。智積院法度にしろ長谷寺法度にしろ、そういう法度を制定するわけですけれども、必ず幕府の介入を仰ぐ。さらに朱印状で寺領を給付してもらう時にも、必ず幕府の認証を得なければいけない、というようなかたちで、智積院の場合で言えば、最終的には江戸時代の初めに徳川家康に御前論議で一番お眼鏡にかなった日誉が選ばれて智積院に入って、智積院を幕府との密接な関係の下に非常に大きな力を持つ寺に成り上げていくというようなかたちで、どちらかと言えば、従来教団が自主的に運営していた教団、本山の権威というものを家康は非常に上手な方法で名目を付けて、喧嘩などしませんけれども、実質的に、本寺、本山、教団の自主権を取り上げて、だんだん幕府の支配機構の枠の中に入れてきています。

というようなことで、せっかく資料を配りましたので、要点だけ追いかけさせていただきますけれども、「はじめに」というところで、ここのところで、江戸幕府の寺社行政として、そこにも書いておきましたように、江戸幕府ができて、ごく草創期の江戸幕府の寺社行政というのは、全阿弥が家康の命令を受けて、関東では寺社行政を担当しております。全阿弥と名乗っておりますけれども、内田正次という人物で御伽衆の一人ですから、お坊さんではない方ですけれども、その方が初期の寺社行政は担当します。

その後、金地院崇伝、ここからすぐそばにあります、東京タワーのこっちにあるあの金地院の崇伝、あるいは板倉勝重なんかが初期の江戸幕府の寺社行政を担当しますけれども、それらは人によってやっていた。それが三代将軍家光の寛永年間に入ってまいりますと、幕府の職制として、寺社の行政を担当する寺社奉行というものが制定され、今までは人によっていろいろやっていたことを、寛永年間、三代将軍家光の時代に入ってくると、幕府の職制の中に寺社奉行というものが設置されて、寺社奉行は全教団の統括をする、というかたちに変わっていきます。

この寺社奉行から下に下される命令を受けて、さらに下の寺院に命令を触れていく、その中間の役割を果たす、それが触頭と呼ばれるもので、その触頭には江戸の触頭もあれば、各大名の地域ごとの触頭もある、というようなかたちでございます。

ここのところでは、各藩の各大名が統括した個々の触頭までやると際限もなくなってしまいますので、江戸幕府の寺社奉行が直接管理をした、それぞれの宗派のもっとも中心的な大本となる触頭を主として今回は論じてみたいと思います。

しかし、触頭にも宗派の大本になる触頭、智山の宗派で言えば江戸四箇寺みたいなもの。さらにそれがそれぞれの国へ行って、またそれぞれの領国の中での触頭みたいなもの、本寺から触頭に権能が変わっていきますので、本寺の権能というものと、触頭の権能というものが非常に重複しますので、寛文年間くらいまでは、本寺と触頭がたびたびぶつかる。けれども、最終的に、触頭のほうが江戸幕府の後ろ盾を持っておりますから、だんだん触頭のほうが事務上の権能を持つようになってきました。

他の宗派の例で申しますと複雑になりますから、私の所属をしております浄土宗の例で言いますと、今言ったことは、浄土宗の総本山は江戸時代、間違いなく知恩院でございます。増上寺は関東本山ですけれども、増上寺が……住職じゃないんですが、増上寺の役者たちが触頭として全国の浄土宗寺院の総統括をいたします。江戸時代に入ってくると、教団運営の実質的な権限というのは、知恩院は名目的な存在になって、増上寺の触頭が実質的に浄土宗教団を運営してしまう、というふうなかたちの例に入っていきます。

まあ、そこはちょっとまた後から言うことにして、そういうふうに、江戸時代に寺社奉行という教団を統括する、寺院を統括する江戸幕府の組織ができて、その組織のもとで幕府の命令を受け、さらにそれを教団全寺院に連絡をしていく、伝達をしていく、それが触頭です。ここでは、各教団を代表する江戸の触頭を主として問題にいたします。

触頭というのは、また逆に一般寺院から、上にいろいろと申請をする時にも本寺ではなくて触頭経由で申請することが多くなっていきます。一般寺院は触頭の意向を無視することができないという、ちょうど上からと下からの中間的な教団運営の役割を果たしますので、江戸の中期以降には触頭というのは各教団の運営の上では、非常に重要な役割をいたします。

その辺りのことがプリントに書いてありますけれども、江戸幕府の仏教教団統制策として、従来、本山、本寺から末寺への命令伝達の組織として本末制度が存在しました。このことは皆様がよくご存知だと思います。各教団ともに本寺というものがあって、本寺が伝統的に教団を統括していた。

しかしこの本末制度の源というのは遠く古代、中世にまで遡り、特に江戸時代の先蹤たる中世の本末関係は、さっき冒頭に申し上げましたように、法流の師資相承に基づいて形成された本末関係の寺院が多い。そのために地域に限定されず、時には数カ国に亘る支配形態を構成していた。そのためこれは江戸時代の一国一地域を区画する大名領国、あるいは幕藩体制下では、そうした伝統的な本末制度は数国に亘ってしまいますので、江戸幕府の組織形態とは相容れない点があり、ここに一国あるいは一地方を限る同宗派寺院の統制支配組織である触頭制度、こういうものにウエートが置かれだしました。

江戸幕府の幕藩体制というものが強化されるにしたがって、各宗派内の、いわゆるさっき言った伝統的な本末制度よりもこの江戸幕府の後押しによる触頭制度のほうが重要視されるようになってきた、ということころが、まず今日申し上げる要点の一つでございます。

このことについてはいろんな研究があって、どの宗派ではどうだこうだということを申し述べておりますけれども、その辺りのところは時間の関係で飛ばさせていただきまして、次に江戸時代の各宗派の触頭の組織、寺院について一覧表を整理しております(三一一～三一三頁、表4参照)。そのことを説明しながらいくつかのことを申し上げたいわけでございますけれども、この表がどういう史料に基づいて作成されているかということで、恐れ入りますが、ちょっと表の前の説明に戻らせていただきました。

さっきご覧いただいた表4というものは、「憲教類典」享保七年(一七二二)に「諸寺院江被仰出候掟書」、そこに所収されているものと、享和二年(一八〇二)編纂にかかる「諸宗階級」、これは皆さんがよくご覧になることがあると思います。「諸宗階級」というのは、江戸時代のいろんな宗派の寺院についてのランクが書いてある大変便利な本です。そういうところの記載を中心にして整理したものであります。「憲教類典」と「諸宗階級」と違うところは、古義真言宗の関東の五箇寺、この取り扱いが一部違うだけで、あとはほとんど一緒でございますから、もう享保七年以前にこの触頭の表の原型は成立していたと考えられます。

以下この表4の説明に入っていき、気がついたことを申し上げますけれども、表をご覧いただきたいんですが、そこに上から宗派、本山、触頭、住所、触頭寺院というふうな表の分け方をしておりますので、それに基づきながら解説を加えていきますけれども、「宗派」の項では天台宗や浄土宗は単一の触頭であるのに対して、他は宗派内の事情を反映してか、派別に触頭が設置されている。浄土宗でも古くは鎮西とか西山とかいろいろ派があるんでございますけれども、さらに江戸時代の触頭というのはここでも白旗とか名越とかいろいろ派があるんですが、そういうものを超えて、元締めは増上寺が、増上寺の役者なんですけれども、増上寺がともかく触頭の地位を占めている。

それに対して真言宗は、まあとりあえず江戸時代の史料の表記でございますから、古義真言宗とか新義真言宗という、今、この名称が特定の宗派を指すこともありますので、正しいかどうかは別にして、史料の中に出てくる表現で言わせていただきますけれども、このようなかたちで古義とか新義とか真言律宗とか、禅宗の場合にはまた五山が複雑で……。というかたちで、曹洞宗は可睡斎、遠江だけ別ですが、ほかはまあ一本化いたします。日蓮宗は非常に派手に分かれています。

そのようなかたちで、どうも江戸時代の教団の実情が反映して、宗派で一本化できていたところと、宗ではなくて、派でそれぞれ触頭をおいていた。いろんなことはあるんですけれども、宗派で一本化が江戸幕府の狙いであったはず

表4　諸宗江戸触頭一覧表

〔宗派〕	〔本山〕	〔触頭〕	〔住所〕	〔触頭寺院〕
天台宗	近江延暦寺	寛永寺執当	上野〈江戸〉	寛永寺
浄土宗	京都知恩院	増上寺役者	芝〈江戸〉	増上寺
真言宗 古義真言宗	紀伊高野山	高野山学侶在番	二本榎〈江戸〉	
		高野山行人在番	白金〈江戸〉	
		高野山聖方	本所〈江戸〉	大徳院
	京都東寺 京都仁和寺 京都醍醐寺	関東五カ寺	伊豆〈伊豆〉	般若院
			箱根〈相模〉	金剛王院
			鎌倉〈相模〉	荘厳院
			大山〈相模〉	八大坊
			王子〈武蔵〉	金輪寺
新義真言宗	京都智積院 大和長谷寺	江戸四箇寺	本所〈江戸〉	弥勒寺
			湯島〈江戸〉	根生院（元知足院）
			愛宕〈江戸〉	円福寺
			愛宕〈江戸〉	真福寺
関東真言律宗	江戸霊雲寺		湯島〈江戸〉	霊雲寺
臨済宗 五山派	京都五山	金地院役者	芝切通〈江戸〉	金地院
妙心寺派	京都妙心寺		芝〈江戸〉	東禅寺
			牛込〈江戸〉	松源寺

			浅草〈江戸〉	海禅寺
大徳寺派	京都大徳寺	東海寺役者	品川〈江戸〉	東海寺
曹洞宗	越前永平寺	関三箇寺	富田〈下野〉	大中寺
			（三田）〈江戸〉	大中寺宿寺
			越生〈武蔵〉	竜穏寺
			（麻布）〈江戸〉	竜穏寺宿寺
			国府台〈下総〉	総寧寺
			（小日向）〈江戸〉	総寧寺宿寺
				芝　泉岳寺
				愛宕青松寺
				橋場総泉寺
				（江戸三カ寺）
	遠江大洞院	可睡斎	遠江〈遠江〉	可睡斎
黄檗宗	宇治万福寺		白金〈江戸〉	瑞聖寺
			深川〈江戸〉	海福寺
普化宗			小金〈下総〉	一月寺
			青梅〈武蔵〉	鈴法寺
時宗	藤沢清浄光寺		浅草〈江戸〉	日輪寺
日蓮宗 身延派	身延久遠寺		下谷〈江戸〉	宗延寺
			下谷〈江戸〉	善立寺
			谷中〈江戸〉	瑞林寺
本門寺派	池上本門寺		二本榎〈江戸〉	承教寺
			二本榎〈江戸〉	朗惺寺
本国寺派	京都本国寺		谷中〈江戸〉	宗林寺
			浅草〈江戸〉	幸竜寺

			本所〈江戸〉	法恩寺
本成寺派	越後本成寺		丸山〈江戸〉	本妙寺
			芝〈江戸〉	長応寺
妙満寺派	京都妙満寺		品川〈江戸〉	妙国寺
			品川〈江戸〉	本光寺
			浅草〈江戸〉	慶印寺
中山派	中山法華経寺		谷中〈江戸〉	妙法寺
久昌寺派	水戸久昌寺		駒込〈江戸〉	大乗寺
浄土真宗 西派	京都西本願寺	本願寺築地輪番	築地〈江戸〉	本願寺
東派	京都東本願寺	浅草本願寺輪番	浅草〈江戸〉	本願寺
高田派	伊勢専修寺		浅草〈江戸〉	唯念寺
			浅草〈江戸〉	称念寺
			桜田〈江戸〉	澄泉寺
仏光寺派	京都仏光寺		下谷〈江戸〉	西徳寺
修験宗 本山派	京都聖護院		赤坂〈江戸〉	大乗院
当山派	醍醐三宝院		青山〈江戸〉	鳳閣寺

ですけれども、必ずしも教団の内情によって、きれいに整理しきれていないというところがあります。

次に、この表を見ながら、さっき言いましたように、宗派、本山、触頭、住所、触頭寺院ということを言っていますので、少し、天台宗、真言宗、浄土宗に限ってこの表を具体的に見て、ご説明をさせていただきます。

例えてみますれば、天台宗の場合にはご承知のように本山は延暦寺です。ところが触頭はこれから説明しますけれども、寛永寺に置かれます執当というものが触頭職にあります。どこかと言えば、寛永寺執当という名前のように、上野の寛永寺の中にあります。ただしこれは寛永寺のご門跡ではありません。あそこにいた有力なお坊さんが執当という役職で実質的に触頭役を勤めています。あとで個々の例は説明しますけれども、あそこでは、晃海という天海の弟子のお坊さん、豪倪なんていうやはり天海の弟子の有力なお坊さんたちが、最初にこういうふうに執当職として天台宗の運営にあたっております。

それから、次の浄土宗のところを見ていただきたいんですけれども、これもご承知のように、京都の知恩院が本山でございますけれども、触頭は増上寺の中の役者、これも後で説明しますけれども、役者の中には所化役者と寺家役者、二名二名、四名というかたちになっていまして、増上寺で勉強していた所化のお坊さんたちの中の有力な者が二人、それから増上寺の一山寺院の住職になっている者の中から二人。所化役者、寺家役者というかたちで四名が一宗の運営にあたる、というかたちをとっています。

ちょっと飛ばしていただきまして、新義真言宗の場合には智山、豊山というかたちで、本山は智積院と長谷寺です。しかし、触頭は江戸四箇寺です。四箇寺は初期の段階では弥勒、知足、円福、真福、この四箇寺が触頭としてあります。新義真言の場合にはこの四箇寺のご住職がそれぞれ触頭をお勤めでございます。

ここへいく経緯が真言の場合でもまた後でお話する機会があろうかと思いますけれども、関東地方ではこれは寛永年間、三代将軍家光ぐらいになってから、新義真言の江戸四箇寺という制度はできてまいります。そこへくるまでに、もうちょっと家康の早い頃に、関東の新義真言宗教団の中で本末のトラブルを捌いておりましたのは、倉田の明星院の祐長というお坊さんがいます。この祐長が捌いておりますので、ごく慶長年間の早い時期は関東における新義真言宗のそういう触頭的な役割を祐長が勤めていた。なぜかというと智積院の日誉と兄弟弟子で、日誉の意向をうけていた。日誉は家康のおぼえがあの頃もっとめでたかった。そういう人間関係で、日誉との関係の中で、祐長が力を持っていたと思います。

祐長が亡くなった後、今度は新義真言の中でどのお坊さんが一宗の支配に関東で力を持っているかというと、知足院に光誉というお坊さんがいます。この方は年寄衆の土井利勝と非常に密接な関係を持っていて、幕閣に非常に強い影響力を持っておりました。何かトラブルがあると、光誉が出てくる。それがだいたい元和年間の後半くらいになると、光誉が単独でやることなく、江戸四箇寺で物事の対応をしだします。新義真言ですから、智山からも豊山からも出ております。あの頃はそういう明確な区分はないですから。

だから、言ってみますれば、日誉がどこで勉強したかといえば、多分に長谷で勉強しておりますから、あの頃、どちらで勉強したからどちらだということではなしに、かなり自由に動いているのを知っております。ですから、江戸四箇寺も一応後の流れでいけば、それぞれの区分はありますけれども、この時点で、どっちが豊山系、どっちが智山系ということはありません。後世の言い方をすれば、円福、真福が智山系で、弥勒が複雑で、知足院、根生院が明らかに豊山系ということになるんですけれども、それは後の区分でございまして、かなりおおらかだった。

こういうふうなかたちで、三つだけの宗派の例で申し上げておりますけれども、基本的には本寺ではないところに触頭がまずきている、ということ。本寺から触頭は従来とは別のかたちの組織に変わってきている。

それから、この表の住所のところをご覧ください。圧倒的に江戸が多うございます。圧倒的に触頭というのは江戸が多うございます。例外を言えば、古義真言の関東五箇寺、伊豆だとか相模だとか武蔵だとか出てきますけれども、これは明らかに中世の伝統寺院が一時期、江戸初期にこのままやっていたようですが、後になるとこの古義のほうはかたちが消えてしまいます。

次に曹洞宗の話をちょっとだけしますけれども、曹洞宗は関三箇寺といって、関三箇寺が実質的に全部押さえております。富田（下野）の大中寺、越生（武蔵）の竜穏寺、国府台（下総）の総寧寺、これが関三箇寺と言いまして、ずっと中世以来、これが曹洞宗の中心寺院、行政上の……総持寺とか何とかじゃなくて、行政のほうではここが力を持っております。

しかし、その寺でさえ、江戸時代に入りますと、江戸に宿寺《やどでら》、宿寺《しゅくでら》と言って江戸に出張所を設けております。わかりやすく言ってしまいますと、江戸の幕府の寺社奉行から命令が出された時に、いちいちそんな遠くへ命令を出さない。江戸にあるそれぞれの宗派の寺院に直接命令を出して、それから宗派内に命令を伝達するということが基本でございますから。かつて、曹洞宗教団の中で、伝統的に関三箇寺で行政権を握っていたところも、そんな田舎にいては、つまり越生や国府台にいたんでは、幕府から相手にされませんから、だからちゃんと江戸に出張所を作っている。言ってみれば、高野山が江戸に在番、出張所を出してくるのと同じことですから、遠くにいたんではダメなんで、ちゃんと江戸に出張所を設けて、そこで命令を受ける。それでも曹洞宗はもどかしかったようでございますので、その下のところにお隣さんの青松寺や泉岳寺や総泉寺という江戸の曹洞宗の有力寺院を特別に江戸の三箇寺というふうに設けています。関三箇寺がやっているんだけれども、なおかつ江戸に三つ特別の寺を設定して、江戸の曹洞宗の行政をやらせている。というふうに基本的に従来の組織とは別に、江戸幕府が江戸に拠点を置いて、幕藩体制を維持し、江戸に寺社奉行がありますので、寺社奉行は基本的に各宗の触頭は例外を除いて、江戸に触頭寺院を集中させます。

ということで、そのさっき言った智山の宗派の例で言えば、倉田の明星院は埼玉の桶川の在ですから、あそこがそんないつまでやっていられるわけはない。人もいなかったということも認めますけれども、結局、江戸時代には江戸に中心が移ります。これもまたここでお話することが適当かどうかわかりませんが、真福寺や円福寺、弥勒寺、知足院が江戸の場所においてどれくらいの由緒を持っていたかということは、かなり私は古い時代からのことについては問題があると思っております。そんなに古くからそれぞれの新義真言の江戸四箇寺が江戸で有力ではない。もっと言えば、弥勒寺や知足院はいつどういうかたちでできたか、円福寺もいつできたかというのも。弥勒寺は元和五年頃に宥鑁によって創建された寺でございます。知足院は、筑波の知足院が江戸初期の慶長年間にここに移りました。それから円福寺も元和三年頃に俊賀が作りました。その中で比較的早い時期から、真福寺が力があったんだなあということは、史料から知っていますけれども、それでも、特別なほどのことはなかったはずです。けれどもこれらが江戸城の近所にあって、しかも新義真言宗の江戸四箇寺と呼ばれるようなところのご住職方が非常に有力な方と、幕閣の有力者、例えてみますれば、光誉が土井利勝と非常に接点があったとかというふうに、そういう人間的な交流がありましたので、江戸四箇寺が選ばれてくるんじゃないか。

そのほかに、関東の七箇寺ぐらいが、もうちょっと慶長年間の早い時期にトラブルを起こした時に、連署をしている寺も知っておりますけれども、どうもそういう寺が触頭に選ばれてくるんじゃなくて、江戸のお城にごく近いところの、幕閣の有力者と接点を持った寺が、選び出されたように思われます。

まあ、例外として、虚無僧の普化宗が江戸以外、小金に一月寺とそれから青梅に鈴法寺という、これはまああありますけれども、それほど教団として大きなものではなかったので、そこまで統制は加えられなかったんだろうと思います。

そういうようなかたちで、まず一つ申し上げたいことは、これから何が見えてくるかというと、京都や各地にあった伝統的な有力寺院よりも、江戸城に近在した新興のそれぞれの宗派の寺院が積極的に触頭職に任命されているということ。増上寺や寛永寺の場合でもそこは住職ではなくて、そこにいた有力なお坊さんたちが、ずっと交代で触頭職に任命されている。そういう中で、新義真言の場合では、江戸四箇寺の住職が即触頭役をやっているというところがちょっと他の宗派と違ったところがございます。ということは、逆説的な言い方をすると、その頃の関東の新義真言の中でスーパースターはいなかったんだと、ここで言うと怒られるかもしれませんが、それに近いニュアンスを持っております。

表の終わりのほうへ少し説明を加えていきますけれども、そこの「本山」の項で霊雲寺以外、真言律の霊雲寺以外は全て江戸の所在寺院でないということは表を見ていただければわかります。これも、霊雲寺、真言律ですけれども、江戸幕府は霊雲寺は別格扱いです。どういうことか。江戸時代には各宗ともお坊さんの風俗が乱れ、江戸幕府というのは江戸の後期になると、各宗の律を非常に大切にしてくれます。真言で言えば真言律、天台で言えば安楽律、浄土で言えば浄土律というようなかたちで、江戸幕府はお坊さんのあるべき姿というものを律僧、戒律を厳守するお坊さんたちに一つのイメージを持っていたと思います。江戸時代のお坊さんは風俗が非常に乱れていて、風俗に関する取締りの命令が数多く出されています。何回も出されたということをどう捉えるかということなんですが、幕府が非常にそういう意識が強い。

あの頃の法令というのは、泥棒を見てから縄をなったりするから、また事が起こってから縄をなったりしていますから、何回も法令を出したから、江戸幕府は非常に厳しいスタイルでお坊さんを取り締まったんじゃないか。実際はお坊さんが非常に乱れているから幕府は何回も法令を出した。

それと同じような見方を私は別の問題でもするんですが、江戸幕府は何であんなにキリシタンの弾圧に厳しかったか、宗門改めや寺請けをなんであんなにやったか。それぐらい潜在的に隠れキリシタンが強かったから、江戸幕府は徹底したんだというふうに。それと同じことで、風俗に対するお坊さんの禁止令があんなに数多く出るのは、残念ながらお坊さんがかなり乱れていたから……。そういうことを、幕府は幕府の公権力で統制するのではなくて、意識的に律のお坊さんを積極的に登用することによって、教団内部からの統制を図るように、仕向けた節が多分にあります。

どこからそういうことが言えるかというと、基本的には元禄年間以降、江戸の町の中では新しいお寺は新寺建立禁止なんです。何でか。江戸幕府にとってお坊さんとお寺は非課税、非課税対象のものですから、江戸幕府はお寺やお坊さんが増えることを望んでおりません、残念ながら。だから、新寺建立禁止といって、ある時代に新しい寺の建立禁止令を出して、江戸の御府内では、よほどのことがない限り、新寺建立は禁止しております。そういう背景の中で、霊雲寺や真言律のお寺や安楽律や浄土律のお寺というのは、例外処置をとります。ですから、この霊雲寺というのは江戸時代の中頃にできるんですけれども、幕府があえて積極的に真言律を江戸府内で取り立ててやろうと思うから、江戸府内のお寺を基点にして一つのサークルを作っている。だから、霊雲寺派というのが今でも多分おありになるんですね。それはそのような、同じ真言の中でも、これができたのも新しいですから、だから即本寺がそこにある、ということが一つあります。

それ以外は、教団が伝統的に本山を持っておりますから、残念ながら江戸は家康が入ってから発展したところですから、教団のほうがはるかに歴史が古うございますから、天正十八年（一五九〇）くらいに江戸の町というのはそれ以降発展するので、教団はもっと前からずっと力を持っていても……組織を持っておりますから、だから伝統的な本寺、本山というのは江戸になくていいということになってまいります。

そこに書いておきましたように、霊雲寺というのは元禄四年（一六九一）、浄厳律師が幕府の強力な助成のもとに新設されました。霊雲寺はできた直後から幕府の祈願所だったんです。ここは惣本山、即触頭というふうに、霊雲寺に関してはできた当初から幕府公認の一定の権限が与えられている。これはこの表を見ていただければわかるように、非常に霊雲寺の取り扱いが例外だということの裏付けになっている、ということです。

それから、次のところへいって、「触頭」は、その三番目の項です。三番目の触頭は、いろんな名称があります。執当、これは天台の寛永寺の場合には最初は役者と言っておりますけれども、江戸時代を通しては触頭のことを寛永寺では執当と言っております。増上寺では役者と言っております。それから、在番というのは言ってみますれば、高野山では遠くて江戸幕府への対応ができませんから、江戸幕府は高野山に対して、江戸に出張所として在番を命じます。同じように真宗の場合にも輪番というようなかたちで江戸に出張所を設けさせて、そこで対応しております。というふうに、あるいはまあ宿寺というかたちで曹洞宗のように、それぞれ富田や国府台や越生に関三箇寺は認めているけれども、江戸に出張所を作らせている。

いろんな名称がありますけれども、中身についてはさっき言いましたように、幕府から出された寺社奉行の命令をそれぞれ受け持つ宗派に区分けして命令伝達をする。あるいは下から上がってきた申請を最終的に整理して寺社奉行に答申するというようなことが多いようでございます。

その「触頭」から数えて三行目、例えば天台宗の場合は寛永寺の門跡、それを補佐する有力な院家、あそこには塔頭がたくさんありますので、塔頭の住職になっている。ただし住心院とか楞伽院とか覚王院とか、というふうな院家号は持っておりますけれども、執当たる院家は、塔頭の住職ではございません。非常に複雑なことを言います。何とか院、何とか院というと、多分あそこにはたくさん院がありますから、塔頭が何々院と言っておりますから、その塔頭のご住職かと思われるかもしれませんけれども、院家号は持っておりますが、塔頭住職ではございません、執当は。まあ、寛永寺や増上寺の場合、言葉が悪いんですが、塔頭住職になった方は、学頭寺院の塔頭の住職でない限り、「一丁上がり」なんですね。もう、塔頭寺院の住職になった方はその上の寺院への昇進はないんです。

浄土宗で言えば、もう檀林という組織は、智山でもありますけれども、檀林という組織は、檀林で香衣檀林、紫衣檀林、それから江戸の檀林というのがあって、そういうところを順番に上がってこないと、本山の増上寺や知恩院の住職にはなれない。しかし、そんなの待っていられなくて、いろんな諸般の事情があって、一定のキャリアの時に塔頭寺院の住職になってしまうと、経済的な身分は安定するんですけれども、それ以降そのポジションのままで上の寺院への昇格はなくなる。

これは寛永寺の場合でも、塔頭寺院の住職になってしまえば、各大名のお抱えにはなりますけれども。天台でも檀林がありますから、そういうところを経由して上がってこないと、有力寺院の住職にはなれない。もっとも寛永寺の場合には門跡ですから、親王でないとなれないという限定もありますけれども。

今、寛永寺の執当の話をしていますから、寛永寺の場合には、門跡ではなくて門跡を補佐する有力な所化の中の学僧が選ばれて、その人たちが院家号を持っております。けれども、その院家号が塔頭の院家ではないということだけ補足をしておきます。

それから、浄土宗の場合、増上寺の住職の下でたくさん所化が勉強しておりますけれども、その所化の上座の中から二人、これがそこにありますように所化役者という名目で勉強しているお坊さんたちの中から二人、それから増上寺の山内の坊中、塔頭の住職になっている者から二人、住職になっていますから寺家役者、これが両方で一宗の管理を触頭としてやっております。

増上寺がなぜ所化の有力者二名の他に塔頭住職二名が入ってくるかというと、御霊屋領といって、増上寺は世田谷から川崎のほうにかけて、莫大な増上寺の寺領、将軍家の御霊屋の所領を持っておりますので、そちらのほうの世俗的な管理は勉強中のお坊さんではなくて、一山の住職になった中の長老クラスが、そういう経済的な、世俗的な管理をやっている。もともとは一宗の中のランク付けでいけば、所化役者のほうが上で、寺家役者のほうが領域が狭い、という区分があります。まあでも一応これは、両方から出ている例です。

それから、古義真言の高野山の場合には、秀吉や家康以来の慣例によって、学侶、行人、聖方、そういうのが別々に江戸に寺僧を出張させて、いわゆる在番というかたちでです。ところが、慶安二年(一六四九)、江戸幕府の命令によって本山派遣の寺僧は各々二名ずつ、それを在番としなさい。一回一回出張させたんじゃ、物事が不自由だから、江戸に在番として常駐させろというのが、慶安年間、家光の時にそうなった。そこで、それぞれ触頭を勤めている。そのため名前を付けられず、学侶の在番とか行人の在番とかそういうふうに呼ばれている。

それから、臨済宗の五山派の場合には、金地院は伝統的に家康の時から金地院崇伝がやっていた関係で、その系統を引きますので、金地院が、京都の金地院が出先機関、ちょうど東京タワーの下のところにある、あれが京都の五山の江戸における出先機関として、そこが事務を触頭としてやっています。ただその後は、二行目のところにいきますけれども、江戸金地院内の所化二名、住職でなくて所化二名が役者として自派の触頭を勤めている。

真宗の場合には江戸の両本願寺が京都の本山の出先機関であり、本山から派遣された寺僧二名ずつが輪番というかたちで真宗は触頭役を勤めている。まあこれなどは、ある意味では高野山と同じように在番的なかたちを輪番と言っているだけです。

これ以外の宗派では寺そのものが触頭を勤めている。確定することは難しいんですが、一般的には有力寺院では触頭役は住持そのものではなく、所化や寺僧が触頭役を勤めていたと思います。

さっき言ったように、智山派の場合には、江戸四箇寺というかたちですけれども、住職が多分、そのまま触頭役を勤めたから、どこかスーパースターがいなかったんだろうと考える、その理由です。

これは住持を宗教活動に専念させるとともに、反面、住持への権力の集中化、住職に世俗の権利も与えたら、絶対的になってしまうんで、住職への権限の集中化を多分江戸幕府は避けているんだと思います。

次に、「住所」の項では各触頭ともさっき申し上げましたように、圧倒的に江戸に集中しております。例外は古義真言宗の関東五箇寺と曹洞宗の関三箇寺と普化宗の二箇寺。さっき言いましたように曹洞宗の関三箇寺は、江戸の出先機関たる宿寺を持っておりまして、さらに関三箇寺とは別に青松寺や泉岳寺や総泉寺の江戸三箇寺というのさえ持ってカバーしている。

古義真言宗の関東五箇寺は、後の「諸宗階級」ではもう記載がなくなっておりますので、多分江戸時代のある頃に、そんな遠いところ、多分寺社奉行はいちいち相手にしなかったと思いますので、実質的に消滅したんじゃないかと思います。

そういう中で曹洞宗の遠江可睡斎、これは秋葉神社の別当です、可睡斎……火伏せの神。どうも曹洞宗の中でも最後まであの信仰というのは大変なもので、曹洞宗でありながら関三箇寺とは別に遠江の火伏せで秋葉神社の別当である可睡斎が別枠で最後まで頑張ったようです。まあ、これはある意味では例外だと思います。

「触頭寺院」の項では、大きく分けて単独の寺院が勤めている宗派と、複数の寺院で合議制で勤めている。まあ交代でです。それ以外の例もちょっとありますけれども、まあそれは伏せて、伏せてというか省略をしておきます。

そこで私の本の書いた順番で失礼なんですが、私は全宗派をいちいちやったんですけれども、ここではこの順番に従って、天台、浄土、真言というふうに、もう少し初期の触頭がどういうものであったかという中身について整理をさせていただきます。

天台宗の触頭の成立、「祠曹雑識」といって、江戸幕府の役人たちが、有職故実、寺社行政に関する先例をまとめた控えがあります。そういう中で、享保十四年(一七二九)に寛永寺の執当である恵恩院、これは院号を持っていますが、恵恩院なんていう塔頭はございません。そこの智洞というお坊さんが寺社奉行に提出した寛永寺の執当というものはどういう由来を持っているか、ここでいちいち史料を読むことはないと思いますので史料は飛ばして、その書上げを見てまいりますと、寛永寺の執当というのは寛永年間に、将軍家光の時代に天台宗の惣録司として、幕府から任命された。最初の執当というのは金剛寿院、後に最教院に入りますけれども、この晃海という人物であったと記されています。この晃海というのが家柄も良いお公家さんの出身ですし、南光坊天海の子飼いの弟子です。この方が最初に執当として任命されています。

当初は上野役者と呼ばれていた。さらに『大日本仏教全書』中に、「執当譜」というのが、あるところまで……江戸時代全部ないんですが、途中まで執当譜一覧というのがありますので、そこの説明を見てまいりますと、最教院、または金剛寿院ですけれども、晃海が、南光坊天海の在世中から双厳院豪倪とともに天海を助けて天台宗教団を運営していた。寛永二十年（一六四三）に天海死後は、後任の若い毘沙門堂門跡の公海を補佐するため、将軍徳川家光から役者に任命されているということを考えますと、まあ天海というスーパースターが亡くなった後、若い毘沙門堂の公海が門跡として寛永寺並びに関東天台の運営にあたる時に、こういう天海以来の有力な弟子が補佐役として任命された。結局それが触頭になっていきますので、全国一円の行政まで担当してしまう。だから、幕府に何かトラブルや訴訟があって、願い出る時には、この執当たちの意向にそって申請しなければいけない、というようなことです。

寛永寺というのは寛永年間に作られた全国の歴史の中から言えば、非常に新しい寺ですけれども、寛永寺がスーパースターになって、多分、これもどこかで述べたことがあるんですけれども、天台宗の場合には、各宗ともに何回か江戸初期に本末帳（本寺末寺のリスト）を作成するんですけれども、あるいはそれぞれの宗派の、たとえば「新義真言宗法度」とか「浄土宗諸法度」とか、いろんなかたちで江戸幕府は法度を制定するんですけれども、天台宗はおもしろいんです。全教団の法度を最後まで制定できないんです。慈恩寺法度、千妙寺法度、関東天台宗法度とか、ごく限定された法度がたくさん出ています、けれども天台宗は一宗を統括するような法度、そういうものは出ておりません。どうも天台宗のある時代までのいろんなことを見ておりますと、法流やいろんなことが絡んで非常に複雑でございまして、天台宗は在地の関東の有力な本寺というものがなかなか幕府の寺社行政に馴染まなかったようです。従わなかったようです。そこで幕府は何を考えたかというと、伝統的な関東の有力寺院の権威を超える、もっとスーパースターの寺を作って、そこのもとに関東天台を再編成しなおした。

その辺りを、天海はいくら自分が実力があっても自身の命令ではうまくいかなかった。そこで寛永寺に門跡を迎える。門跡寺院という格式のもとに、関東の天台宗寺院の再編成を目指したんだろうと私は考えております。

門跡寺院で触頭になってくると、関東の伝統的な天台の有力寺院も喧嘩するわけにはいかなくなって、ようやく寛永寺のいろんな命令が関東に伝わっていく、広まっていくということがあったようです。ですから、天海というお坊さんが、ともかく一〇八歳ぐらいまではどの史料でも勘定できるというとんでもないスーパースターですから、江戸幕府の歴代将軍というか、家康の時からもう長老として扱われていた。次が秀忠、その次が家光ですから、その三代にわたって長老として別格扱いされるんです。

ものすごい……まあ加持祈禱にも優れたこともあるんですが、長命であって、いろんなことをやったということがもう一つ天海の権威を知らしめた。長命であった。今でも百いくつはびっくりすることですから。しかもそれで、四十年間くらい、ずっと幕閣に関わってますから。その彼が自分の力をもってしても、関東天台の統率がうまくいかない。どうするかということで、考え出したのが寛永寺という門跡寺院の設置なんだろうと、私は思っております。

寛永寺の設立をもっと意義深く考えなければいけないところもあるんですけれども、こういうものを見ていると、行政的にはそういうことも関わったかなあと思っております。

そのようなことで、全体として何が言えるかというと、天海が寛永二十年に亡くなっておりますから、その頃に、それ以前から役職としてはあったけれども、天海死後、寛永寺に執当という役職が置かれたのではないか、というようなこと。それが触頭と呼ばれたようです。それからこれはついでですから言っておきますけれども、明治になり寛永寺は新政府から睨まれますから、その時に一時だけ千駄木の世尊院へ触頭役が移ったことがあります。けれども基本的には寛永寺の院家、二、三名が、基本的には二名、例外で三名のことがあるぐらいで、ずっと触頭を勤めております。

それから浄土宗の場合には、さっき言いましたので、要点だけ申し上げますと、増上寺の役者というのは、だいたい、勉強していた所化のお坊さんの長老のほうから二人、それと一定の年齢で山内の住職になった塔頭寺院住職から二人、所化役者、寺家役者、計四名というかたちで、仕事をしております。

だいたい増上寺の役者は十四世の桑誉了的、あるいは十七世の照誉了学。その頃、まあこの二人とも、幕府の幕閣のリーダーであった土井利勝の覚えが非常にめでたかった、将軍よりその辺りの力が強かったお坊さんですけれども、その頃から、もうそのようなことがあったようですが、どうも増上寺側の史料を整理していくと、寛永十二年（一六三五）だと思われます。寛永十二年というのはそこに書いておきましたように、幕府の寺社行政上、十一月に江戸幕府で寺社奉行というものが制定されますので、増上寺の場合には、将軍家、徳川家のお抱えの寺院ということがありましたので、幕府に寺社奉行が設置された時、その時に浄土宗側の増上寺のそういうことを担当していた人たちを、役者として触頭に任命したように思われます。比較的各宗派の中で、もっとも江戸幕府の寺社行政に順応しているというか、良い悪いは別にして、浄土宗はお抱えの宗旨ですから、大変よく江戸幕府の指示は守っております。

せいぜい増上寺が江戸幕府に楯をついているのは、徳川家の菩提寺でありながら、三代将軍家光以降、歴代の将軍の葬儀がみんな寛永寺に、どんどん行ってしまいますので、その時に、そんなことをしたら大権現さん、東照宮のご遺訓はどうなるのかと言って、抗議することが精一杯で、途中でそれだとトラブルが起こるから、じゃあここから後の将軍は、誰と誰がこっちへ……増上寺のほうにして、かたちの上では六人六人が増上寺と寛永寺に御霊屋を作るとか、そういうふうに江戸幕府の後半になると、歴代将軍の中にバランスをとった人物もいますから、基本的に増上寺というのは浄土宗、浄土宗というのは江戸幕府にもっとも良く従った宗派でございます。徳川家の菩提寺であったということで、こういうことでもわりと寺社行政に順応しております。

まあそこのところで、いろんな日記から見て、いろんなことがあって……と書いてありますけれども、少し飛ばさせていただきまして、要するに、増上寺は寛永十二年、ないし十三年、幕府に寺社奉行が設置されたといわれる頃に、増上寺側も従来の慣例を成文化して触頭という役職を設けたようだということでございます。

次に少し先へ飛ばさせていただきまして、新義真言宗のところですけれども、触頭については、早くは櫛田（良洪）先生が『真言密教成立過程の研究』の「触頭制度の確立」という中で、触頭は世に四箇寺といい江戸愛宕円福寺、同真福寺、本所弥勒寺、湯島知足院の四箇寺、家康が制定したものと言われている。慶長十五年(一六一〇)はこの四箇寺が建立か、造営の恩典に浴した年であるが(必ずしもそうでもない。もう少し遅い寺がいくつかあります)、幕府の職制は何等裏付けられない。四箇寺の触頭職設置を早急に慶長十五年というわけにはいかない。しかし、これよりも二十二年後の寛永九年(一六三二)の三月十日に両能化の元寿・秀算の四箇寺と関東諸寺に宛てた文書が残っております。こういうのがあるから、寛永の初め頃までには、この四箇寺が触頭の役職になっていたことは認めてよいというかたちで、寛永の初めぐらいまでに、新義真言宗は江戸のこの四つの寺が触頭を勤めていたことになるであろう、ということを記されています。

その後から、坂本(正仁)先生が、「真言宗新義派護持院僧録について」(『仏教史研究』八)という論文の中で、註の中で、管見……自分が調べた限りでは、『本光国師日記』……これは金地院崇伝の日記です。江戸幕府の寺社行政を担当した金地院崇伝の日記の中に、そこの元和九年(一六二三)正月二十三日の条に、崇伝から当時の智積院の日誉僧正に宛てた手紙によると、智積院の所化が江戸に直訴に及んだことに関して、崇伝は「当地四カ寺之衆へも能々被仰談尤ニ候」、要するに、江戸四箇寺とよく相談して智積院の所化の訴えは対応するように、と述べている。この時、崇伝は江戸金地院にあり、「当地」は江戸であり、ゆえに「当地四カ寺」は江戸四箇寺であって、その成立年月の最下限は元和九年正月というふうに、もう少し櫛田先生のお考えを具体的に述べられております。

埼玉県の吉見に息障院というお寺がありますけれども、そこから大量に近世初期の書状、手紙類が出てまいりました。その中で、この江戸四箇寺の成立に関する史料がありまして、私も両氏の研究成果を踏まえた上で、三点ほど江戸四箇寺の成立に関する論考を発表しております。そこで、江戸初期の新義真言宗教団、これは主として日誉僧正を取り上げて、日誉僧正がどのように関わられたか。さっき言ったこの論文の中で、江戸初期の関東の寺社行政の仲介役は明星院の祐長がやっているよ、ということはこの本の中に書いてあります。具体的にどのようなトラブルをどのように捌かれていたかという事例もそこに出しています。

その後の……まあそこも「江戸四箇寺」の項で述べたということ。それから、江戸四箇寺個々の成立を随時検討することにより、円福寺の成立に視点を定めて、どうも櫛田先生は慶長十五年とおっしゃったけれども、円福寺は元和三年（一六一七）じゃないかと、これは根拠があります。

さらに『義演准后日記』、これは醍醐三宝院義演の日記ですけれども、彼の日記の中に、元和五年（一六一九）の七月十一日に弥勒寺が醍醐三宝院の直末になることを願い出ているのがあります。だから、そういうことから言って、もっと降って弥勒寺が格式が整う元和五年七月以降か、そんなことも想像しましたが、さらに次に「新義真言宗触頭江戸四箇寺制度の確立」という論文の中で、いちいち細かいことは省略していきますけれども、さっき申し上げましたように、この本の中にこの論文もちゃんと引用してありまして、それぞれの出典も全部挙げておきましたので、その中で新しく出てきた史料を整理した結果、江戸四箇寺の触頭制度の成立の下限は、従来、元和九年正月とされていたけれども、これを元和八年の夏よりも前までに遡らせる。江戸四箇寺は成立当初から知足院、円福寺、真福寺、弥勒寺の四箇寺であったことはこれらの史料で特定できる。ただし、さっき言いましたように、この初期の江戸四箇寺というのは、まだ知足院に光誉というお坊さんがいて、この方が非常に土井利勝と接点があって、江戸幕府の中でも女中衆なんかとも接点を持っていた方なんで、どうも江戸四箇寺といいながら、完全に四箇寺が並んだかたちの権能であったかどうか、まだ検討する余地がある、ということが残っております。

ということは逆に言うと、人間関係で組織ができていたのであって、まだこの江戸四箇寺が機能として、触頭の機能としてきちっと……後にはどの地域はどの寺が、何月から何月まではどこが、と機能が確立するんですけれども、そういう点で初期の段階ではまだ問題が残るよ、と言っております。

そしてこれらを踏まえた上で、新義真言宗の江戸四箇寺の触頭制度は、元和五年七月以降、おそらく元和八年夏まで、三年ぐらいの間で成立した。

成立当初の江戸四箇寺というのは、智積院や関東有力寺院の従来からの慣習的な支配を一掃することができず、これらの勢力と妥協しながら宗門行政をしていた。しかも、四箇寺内部でも知足院光誉在世中は、他の三箇寺との間で寺格の相違があり、さっきも言ったように四箇寺がまとまった機能は多少阻害されていた。しかし、寛永九年、十年、もっと言えば十二、十三年が幕府の寺社奉行ができる時ですから、その頃になると、本末帳を作成して、きちんとしたかたちになっております。

それから次のところは、「倉田明星院祐長について」も一つ論文を書いたことがありまして、そこのところで祐長という人が智積院の日誉僧正の意向をうけて、関東の真言宗寺院のトラブルをどういうふうに捌いていったか、具体的なことをそこで説明をさせていただいた、ということでございます。

さらに蛇足でございますけれども、知足院は、貞享四年（一六八七）に湯島の根生院と交替する。という中で、新義真言宗の場合には、多分まだ新しい史料が出てくるだろうと思われますので、そういう史料を丹念にご整理いただくと、私の推測の中から、もっと具体的な年号が出てくる可能性もあるし、いったいいつから四箇寺が肩を並べたかというようなことでもお調べいただく余地は充分にあるだろうと思いますけれども、ちょっとだけ違うのは、増上寺や寛永寺は本寺が単独で触頭役をやって、住職ではなくてその下の者をその職務に就かせていた、というようなことが、真言さんの場合には四箇寺という複数であり、しかも合議制で住職が触頭をやっているというところに、少し乱暴な言い方をすると、その頃の関東における教団としての力というものは、多少疑問視するところが残るかな……と言い過ぎたところがありますけれども、そういうことと関わるだろうと、そういうふうな気もいたします。

時間のこともありますので飛ばさせていただきまして、この私の本の中では全部の宗派を検討いたしました。全部の宗派の触頭の成立について検討しましたけれども、ここではそういうことを全部ご説明する必要はなかろうかと思いますので、そういうことの調査をした結果、どんなことが言えたか、というかたちのまとめのことを、「諸宗江戸触頭の類型」、江戸の触頭寺院ってどんなパターンが多いのか、どういう寺が触頭になっているのかということを少しまとめさせていただきました。

ここでは、江戸の諸宗の触頭寺院の類型を分析して、これらを通して江戸幕府の寺社行政というものを考えてみました。触頭寺院の類型というのは千差万別であり、必ずしも図表化することには問題がありますが、便宜上、共通項・共通性の多いと思われる別記の五項目に分類してそれぞれの触頭寺院を区分してみました。

基本となった史料は文政十一年(一八二八)、江戸府内の各寺社が幕府に提出した「文政寺社書上」です。これは江戸の御府内だけしかありません。江戸の御府内にあった寺院はその寺の草創からいろんなことが大変細かく出ています。「文政寺社書上」という史料集が、内閣文庫に三〇〇冊ぐらいあります。その中で、御府内、かなり限定されますよ、江戸の御府内の寺の歴史については、寺史を調べるのに非常に恰好な史料集があります。浄土宗と天台宗は活字になっております。多分、智山のお宗旨、真言は「文政寺社書上」は活字になっていないと思います。

もともと、江戸御府内にあったお寺は、大地震でみんな焼けているわけですから、史料が残っていないわけですから、もっとも適切なその時に書き上げた記録がそのまま残っているわけですから、まあその……これからの寺社の分類のパターンを作るのに、何を見てこの分類をしたか、その根拠は江戸の御府内の寺が多うございますので、「文政寺社書上」という御府内の寺社の書き上げた記録を基にして、データを整理すると、表5のようになります。代表的なものを五つのパターンで考えてみました。

Aというのは在来の関東の有力寺院。徳川家康が江戸に入ってくる以前からの関東地方の伝統的な有力寺院であったと思われる寺。それからBの区分というのは、新興の……新しく建てられた江戸の有力寺院。それからCというのは、京都や駿府等、他から江戸に移ってきた寺院。それからDというのは、高野山とか本願寺とかに代表されるように、上方本山の江戸の出先寺院。それから、Eはさっき言ったように、江戸初期の幕閣……年寄衆の有力者たち、そういうような者と接点を持っていた、幕閣の関係した寺院。この五つが非常に類型的に多く見られたので、この五つで区分を……整理をしてみました。

そこに書いてありますように、Aに相当する在来の関東の有力寺院、これは天正十八年（一五九〇）八月、徳川家康の関東入国以前から関東地方で有力な勢力を持っていたと思われます。この表では、Aに相当する寺院は十一箇寺挙げられています。大別をすると、江戸府外と府内の寺に区分ができます。府外の寺として挙がるのは、さっき言ったように、教団として多少統合性がうまくいかなかったと思われる、古義真言の関東の五箇寺。これは江戸の後期にはもう触頭制度そのものが機能していなかったと思います。

それともう一つ、曹洞宗の関三箇寺の総寧、大中、竜穏ですけれども、これはさっき言ったように、それぞれ関東各地に分散していますけれども、江戸に宿寺というかたちで出張所を設けている。だから、この十一箇寺のうち、曹洞と古義真言は例外で、その他にもともとあった青松寺とか日輪寺とか法恩寺とか、ごく少数だけ伝統的な有力寺院が任命されている。

Bで江戸の新興の有力寺院、家康が関東に入ってから作られたと思われる、そういう新興の寺院というかたちで言いますと、ご覧いただければわかるようにBが圧倒的に多くなります。寛永寺さんは明らかにそうでございます。増上寺の場合にも、私の出身の宗派の寺で関わっておりますからストレートに申し上げますと、もちろんもっと早い時代から江戸に寺があったことは承知をしておりますが、増上寺があれだけ大きくなり得たのは、ためらいもなく将軍家の菩提寺になったからです。

江戸初期の史料だと関東の浄土宗の本山は鎌倉の光明寺でございます。増上寺なんかは諸檀林の一つでございます

表5　触頭寺院の類型

寺名	A	B	C	D	E	寺名	A	B	C	D	E
寛永寺		○			○	一月寺					
増上寺		○			○	鈴法寺					
高野学侶在番				○		日輪寺	○				
高野行人在番				○		宗延寺		○	○		
高野聖方				○		善立寺		○	○		○
般若院	○					瑞林寺		○			○
金剛王院	○					承教寺		○			
荘厳院	○					朗惺寺		○			
八大坊	○					宗林寺		○			
金輪寺	○					幸竜寺		○			○
弥勒寺		○				法恩寺	○				
根生院		○			○	本妙寺		○	○		
円福寺		○			○	長応寺		○			
真福寺		○			○	妙国寺					
霊雲寺		○			○	本国寺					
金地院			○	○	○	慶印寺		○			
東禅寺		○			○	妙法寺		○			
松源寺		○			○	大乗寺		○		○	○
海禅寺		○	○		○	築地本願寺				○	
東漸寺		○			○	浅草本願寺				○	
大中寺	○			△		唯念寺		○			○
竜穏寺	○			△		称念寺		○			
総寧寺	○			△		澄泉寺		○			
泉岳寺		○			○	西徳寺		○		○	
総泉寺		○				大乗院		○			
青松寺	○					鳳閣寺		○	○	○	
瑞聖寺		○			○						
海福寺		○				総計54カ寺	11	33	6	9	18

から。それが、ある時代から増上寺が光明寺の上になります。それは権能が非常に増上寺に集中し、将軍家の菩提寺になったということと無関係ではない。だから江戸期以降、徳川家康と接点をもって急激に発展した、というような寺でございます。そういうようなかたちで、弥勒、根生、円福、真福、そういうところもそうだと思われます。

まあ、見ていただいてわかりますように、Bに相当する……必ずしも江戸の地で歴史が古いわけではないけれども、後からEと重なるように、幕閣の有力者が何かの理由で、非常に力を持った江戸の新しい有力寺院を、江戸幕府が積極的に触頭寺院として登用したように思われます。

それからCの区分でございますけれども、京都・駿府、他から江戸へ移転した、そういう寺もいくつかございます。たとえてみれば、金地院のように、金地院なんていうのは複雑でございまして、駿府で家康が大御所政治をやる。その時に、京都から駿府に招いた。さらに駿府から江戸の東京タワーの下に来るという、何回も移っています。まあ、そういうふうなかたちのお寺です。

それから、Dは、上方本山のさっき言ったように出先です。それは高野山だとか本願寺だとかそういうかたちのもの。これが……まあ個々の言い方をしますれば、かつて戦国時代ぐらいまでは、それぞれの本山はそれぞれの立地条件の場所でがんばっておられたけれども、江戸時代に入ってくると、江戸に出先機関を設けて、幕府の指令を待たないといけないような状況に、完全にもう支配下に行政的には入れられている、ということになっている。

するとおもしろいのはEで区分しました幕閣の関係寺院。幕閣の年寄衆、大名たちと接点を持った寺。これが幕閣関係者の保護を受けていたと思われる。このタイプはBと結びついています。そういうことで、こういう寺が積極的に江戸幕府の触頭に選ばれたのは、江戸幕府の命令、伝達経路とすれば、もっとも幕府の意向が反映しやすかった寺、というようなことになるのではないかと思います。

なお、全部の触頭寺院が区分できるのではなくて、これらが複雑に絡まり合っている、ということが言えます。最後にこの表からもっともはっきり言えることは、諸宗の中央の触頭寺院というのは、B・D・E、すなわち新興の有力寺院、それから上方本山からの江戸への出先機関、幕閣の関係寺院、こういう類型が触頭全体を見ていくと、圧倒的に多いということがトータルとして申し上げることができます。

これらの寺院に共通することとしては、触頭というのは、幕府の所在地である江戸に寺があることが基本です。その中で、江戸幕府関係者の息のかかった寺院か、遠方の本山が幕府の意に沿うべく、江戸に派遣した出先機関の寺院かであります。その反面、在来の、これまでの有力寺院や本山が触頭という役から遠ざけられていることも物語っています。

というようなことで、さっき申し上げてきたことを整理してまとめますと、そこのまとめのところで一通りのことを書いておきましたので、申し上げたことの確認になりますけれども、これまで、諸宗の江戸触頭寺院の成立と変遷というものを整理してきましたけれども、触頭制度の整備過程は、江戸幕府の宗教政策を忠実に反映している、そういうふうなことが簡潔に現れています。幕府はそれぞれ一宗本山内部の紛争解決、あるいは寺領安堵というようなかたちでまず伝統的な本山を自己の支配下におく。これが家康のとった政策であって、信長や秀吉のように、武力的に伝統的な教団を弾圧するんじゃなくて、何らかの関係で接点を持って、徐々に本山、本寺、そういうところに介入をしていく。だんだん自分の支配下の枠の中に入れていく。

最初は従来の伝統的な本末制度を利用して教団の統制をはかっていく。最初はそれほど強引な処置はとっていない。しかし、それが次第に軌道にのってくると、中央集権的な支配体制をより強化するために、どちらかといえば京都周辺に集中していた本山、本寺というものを遠ざけて、幕府の所在地である江戸周辺の有力寺院を新たに登用して、教団運営の実質的な権限を、触頭に任命して、実質的な権限を移行させた。これは、伝統的な権威をもつ上方の本山の力を牽制するとともに、幕府の息のかかった新興寺院を積極的に登用することによって、江戸幕府の威信の徹底化ということと、それから江戸幕府の事務の円滑化、そういうことをはかろうとした、そういう狙いがあったんだろう、と。その中心的な役割に据えられたのが、江戸の触頭です。

江戸の触頭機構というのが確立したのが、江戸幕府の諸制度の確立期である。寺社奉行そのものは寛永年間に成立していますが、江戸のいろんなものは寛文年間にだいたいまとまったといわれておりますので、その頃に触頭制度というものも整備されて、従来の本末制度から江戸時代には触頭制度というものが中心的な教団運営の組織体になっていたんじゃないか。

どちらかと言えば、各寺院、各宗派ともに本末制度には大変ご興味があるようでございますけれども、触頭というのはあまり触れたくない問題のようでございまして、触頭についてあまりおっしゃるところは少ないように思いますけれども、実質的にそのほうが江戸幕府の流れと寺社行政の流れは一体化するんだというようなことを……。

ちょっと早いですが、まあ質問を受けるということですので、大変雑駁に飛ばしたところも多数ありますが、まあ足らないところはいつでも……すでに書いたことでございますので、ご説明を付け加えさせていただくということで、とりあえず以上で私の発表を終わらせていただき、足らないところはご質問を受けさせていただきたいと思います。

〈史料紹介〉護国寺快意書状

ここに所収した護国寺快意書状二十点は、私が数年前に神田の古書展で購入したものである。伝来は不明であるが、これらの書状の宛所からみて、もとは桂昌院ゆかりの京都善峰寺にあったものではないかと思われる（補注）。内容的には特筆すべきものではないが、未発表の史料であるので、近世の新義真言宗豊山派史研究に少しでもお役にたてればと思い公開した次第である。

次に史料解読の参考として、護国寺快意の簡単な経歴を『豊山年表』から抜粋して紹介しておきたい。

貞享三年（一六八六）快意長谷寺寺中梅心院に住する。元禄八年（一六九五）二月梅心院快意大和室生寺を兼帯する。同年七月快意江戸弥勒寺住職となる。同八年十一月快意護国寺第三世となる。同年十二月護国寺快意権僧正となる。同十年七月快意正僧正となる。宝永三年（一七〇六）快意大僧正となる。同四年二月護国寺快意護持院に転ずる。同六年六月護持院快意隠居を許される。同八年快意成満院に入住する。正徳三年（一七一三）春、成満院快意江戸を去り、大和法喜寺に隠棲する。享保九年（一七二四）七月快意入寂する。

補注　当初、大和室生寺のものではないかと推測したが、近年、坂本正仁氏によって『護国寺日記』が刊行され、成就坊と民部卿は京都善峰寺の関係者であることが判明したので、本章では訂正した。

追記　これらの史料は私の手許にあるよりも、ご縁の深い護国寺にある方が効果的であると考えて、平成二十八年十月に一括して護国寺に寄贈させていただいた。

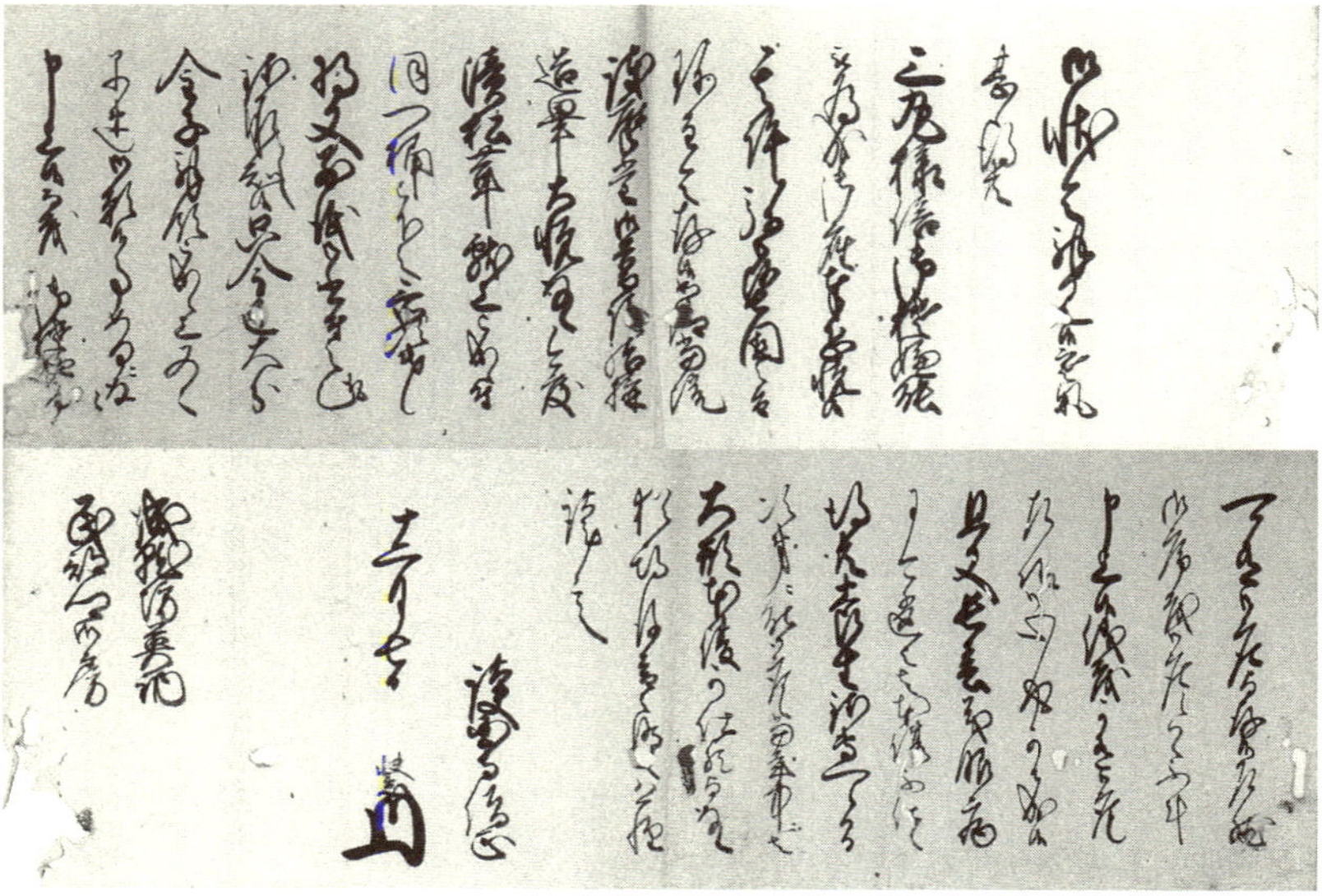

1　護国寺快意書状（折紙）

御状令拝見候、寒気／甚候得共、／三丸様(桂昌院)倍御機嫌能／
被為成御座、奉恐悦候、／其許弥御堅固之旨／珍重令存候、
如仰当院／護摩堂御普請(元禄十四年)、結構／造畢大悦存候、今度／潰
松茸献上被成候付、／同一桶被下之、忝次第候、／将又別
紙御書付之趣／致承知候、只今迄大分／金子拝領被成候上、
又々／早速御願候事、如何ニ存候、／申上候而茂　御機嫌
如何／可有御座与存候、乍然／御序茂御座候ハヽ、不計／
申上候儀茂可有御座候、／左様御心得可被成候、／且又長
春義眼病／干今透与者本復不仕候／得共、養生致専一候間、
／次第ニ能御座候、当年中ニ者／大形本復可仕歟与存候、
／猶期後音之時候、恐惶／謹言、／

(元禄十四年)十二月七日　　護国寺僧正　快意(花押)

(善峰寺)成就坊英衲

民部卿御房

○元禄十四年十月二十二日護国寺護摩堂の堂供養を行う。
○快意の護国寺在住期間は元禄八年十一月より宝永四年二月まで。
○快意、宝永三年十二月十一日大僧正就任。

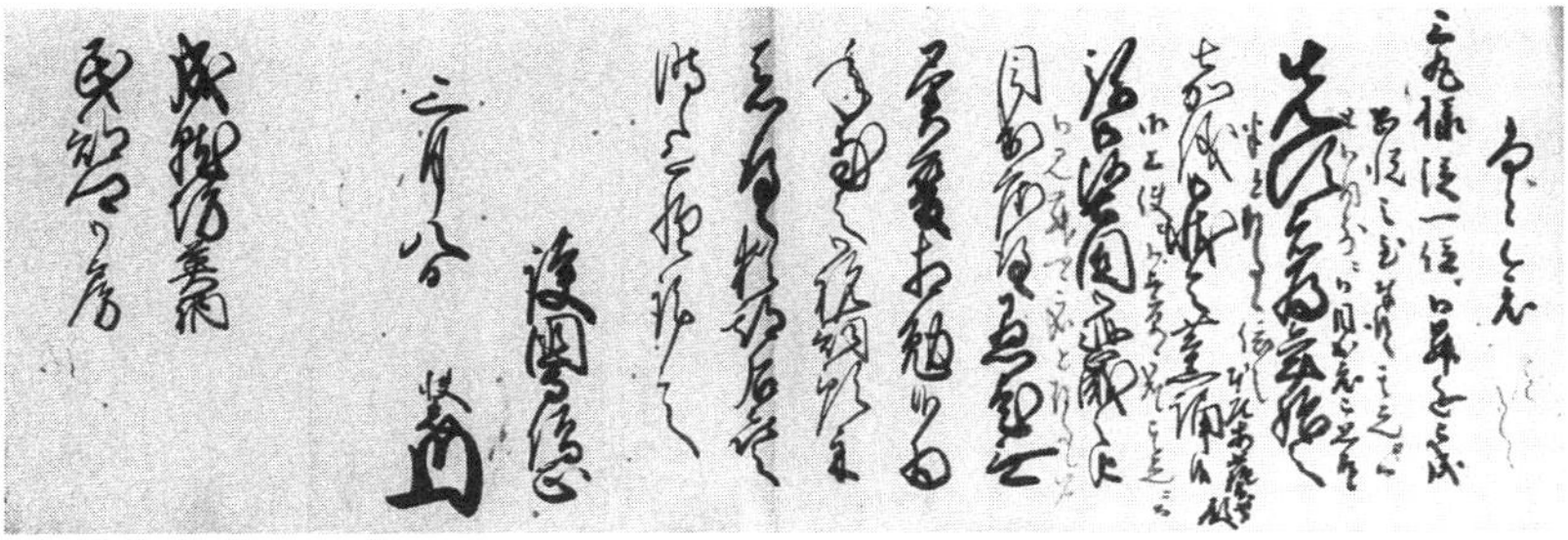

2　護国寺快意書状（折紙）

尚々、今度／　三丸様（桂昌院）従一位（元禄十五年三月）ニ御昇進被成、／恐悦之
至奉存候、其元ニ而／も御同前ニ御目出度被思召候／
半と存事候、依之本庄安芸守（資俊）殿／　御上使ニ御上京被
成候、其元ニ而／御見舞可被成と存事候、以上、／
先頃者為年始之／嘉儀、御状令薫誦候、／弥御堅固御越歳
之由、／目出度存候、愚老無／異変相勉候、為／年甫之御
祝詞預示／忝存候、猶期后喜之／時候、恐惶謹言、／
（元禄十五年）三月八日　　　　護国寺僧正　快意（花押）
成就坊英衲
民部卿御房

○元禄十五年三月桂昌院従一位となる。

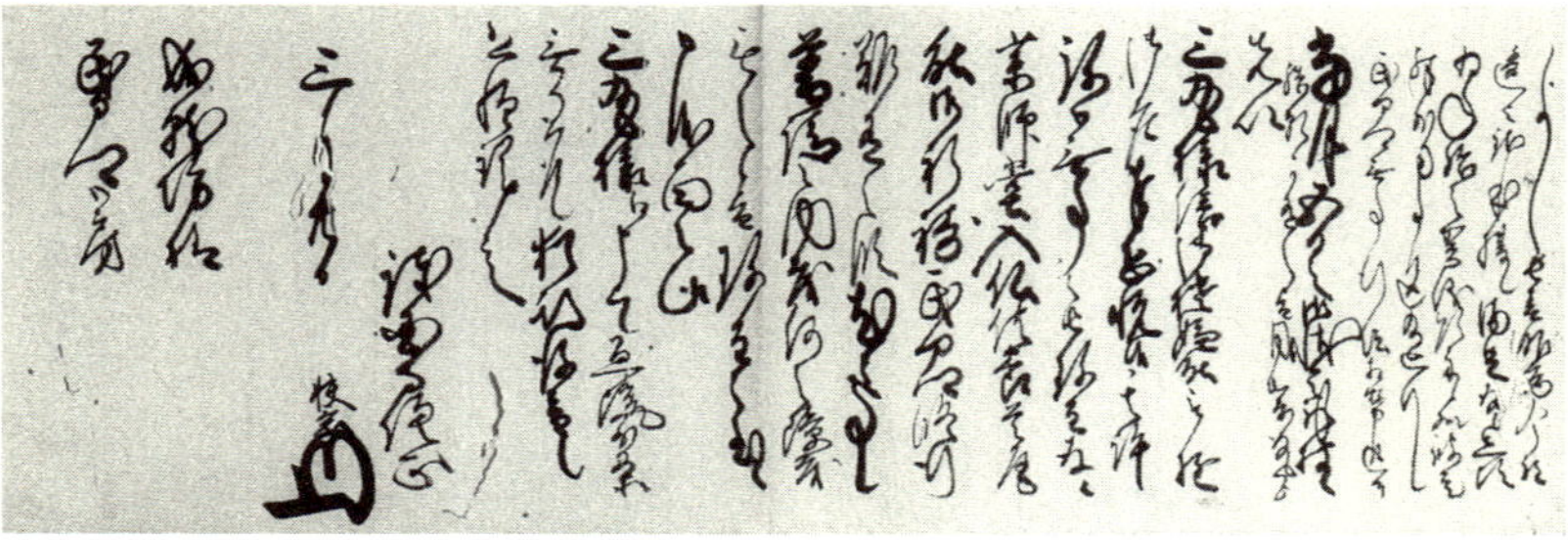

3　護国寺快意書状（折紙）

尚々、長春眼病今程／透与致本復候、満足存候、先頃／為年始之賀儀預示候処、彼是／殊外用事取込及延引候、／民部卿無事行法相務、追付／結願可有之旨、目出度存候、以上、／

当月五日之御状令拝披候、／先以／　三丸様（桂昌院）倍御機嫌能被遊／御座、奉恐悦候、其許／弥御無事之由珍重存候、／薬師堂（元禄十四年八月）入仏供養首尾／能御祈禱、民部卿修行／難有之段、尤之事候、／普請之内茂何之障茂／無之候旨珍重之至候、／御紙面之趣、／　三丸様江申上候、愚院別条／無御座候、／猶期後音候、恐惶謹言、／

三月（元禄十五年）廿日　　　護国寺僧正　快意（花押）

成就坊様

民部卿御房

○護国寺薬師堂　元禄十四年八月入仏供養を行う。

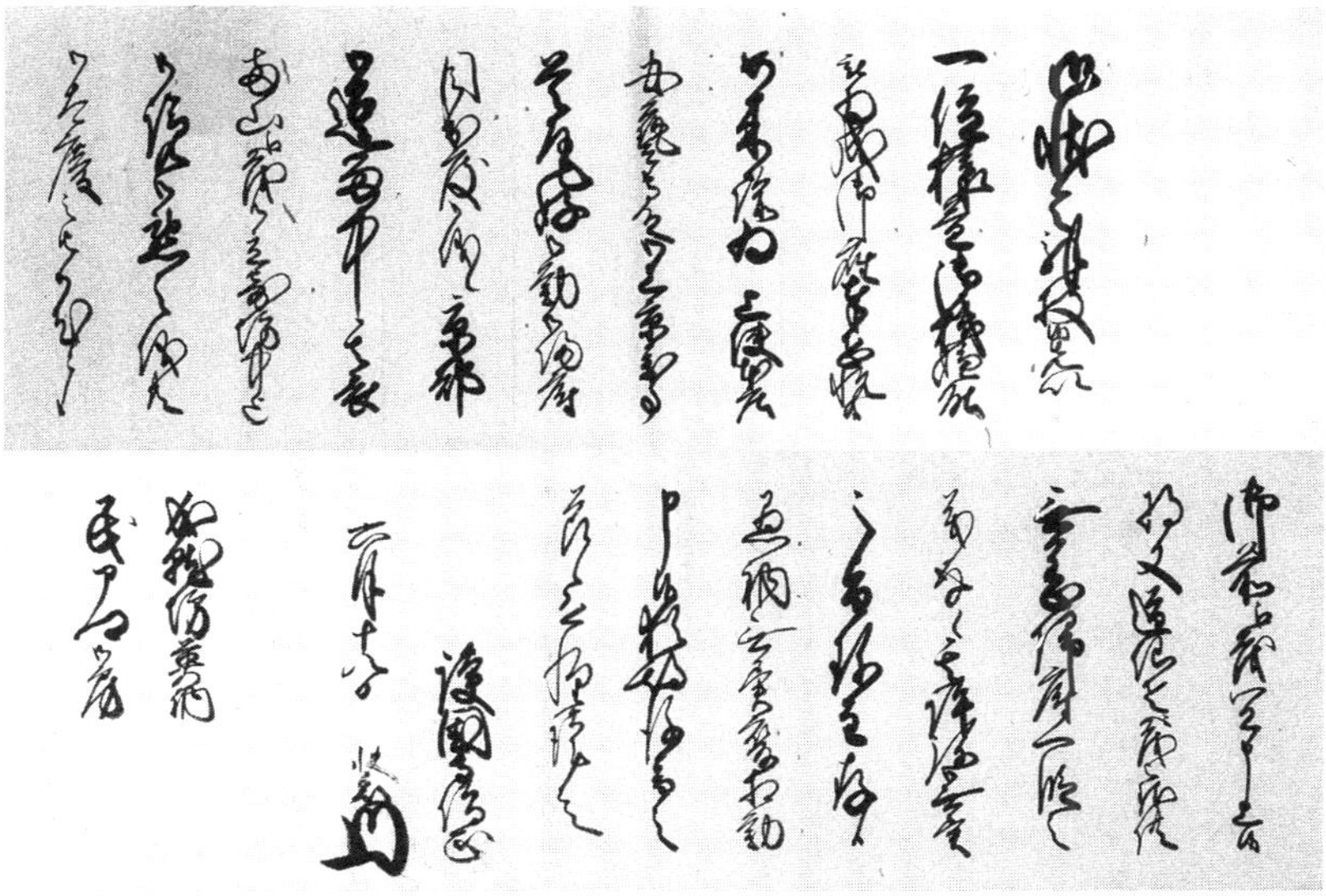

4 護国寺快意書状（折紙）

御状令拝披候、先以／一位様（桂昌院）益御機嫌能／被為成御座、
奉恐悦候、／如来諭、為 上使本庄／（資俊）安芸守殿御上京（元禄十五年）、万
事／首尾好御勤御帰府、／目出度御儀候、京都／御逗留中、
其表／両山（長谷寺・智積院）江茂御立寄、坊中迄／御覧、御懇之儀共／御太（大）
慶之由御尤ニ候、／御前江茂宜申上候、／将又道仙老ニ茂
被致供、／無恙帰府、一段之／義存候、其許弥御無異／之
旨珍重存候、／愚衲無異変相勤／申候、猶期後音之／節候、
恐惶謹言、／

（元禄十五年）六月十八日　　護国寺僧正　快意（花押）

成就坊英衲

民部卿御房

○桂昌院の一位就任は元禄十五年三月、死亡は宝永二年六月。

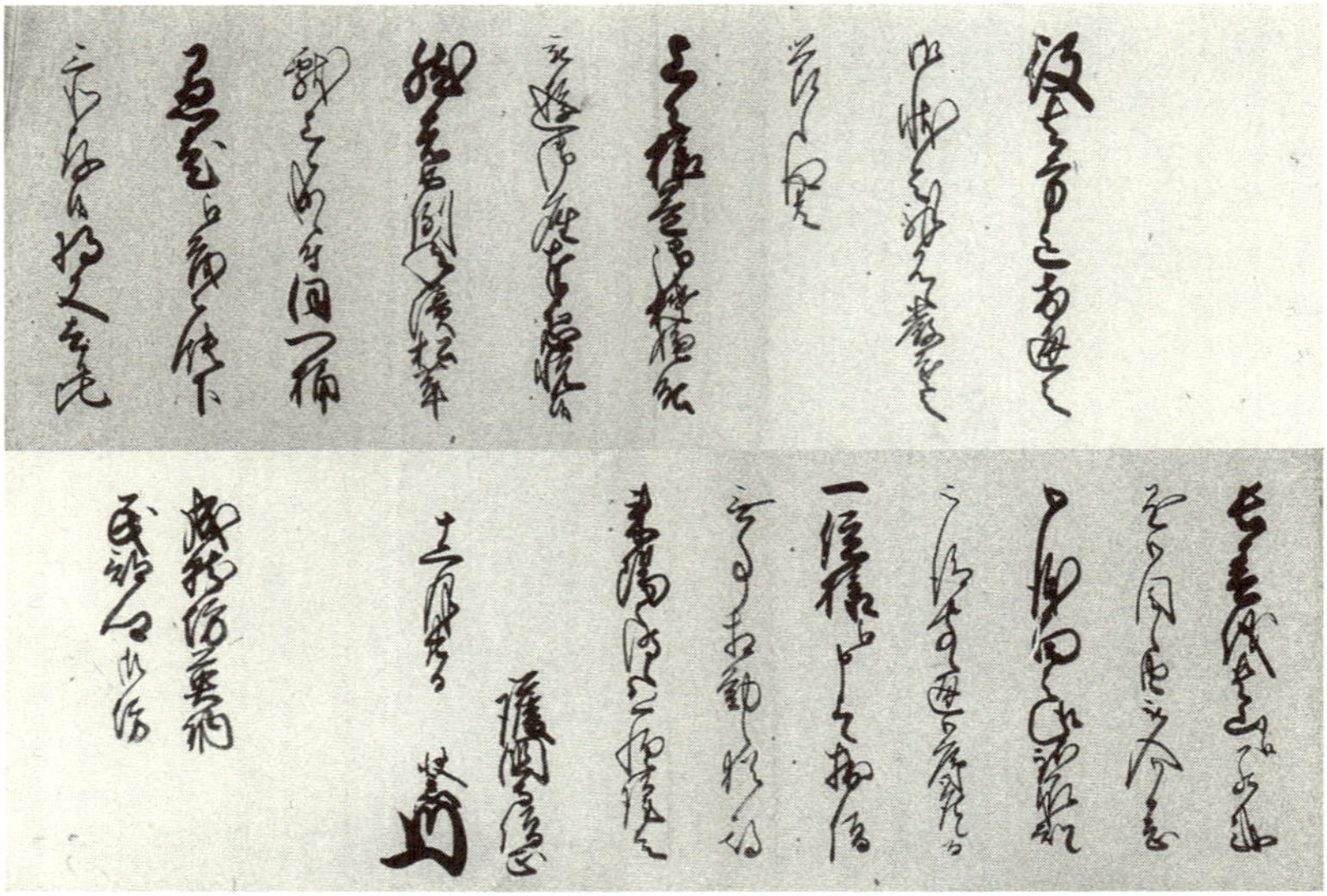

5　護国寺快意書状（折紙）

役者方迄両通之／御状令拝見候、厳寒之／節候得共、／
上々様（徳川綱吉・家宣）益御機嫌能／被遊御座、奉恐悦候、／然者如例年漬
松茸／献上被成候付、同一桶／愚老江茂被饋下／忝存候、
将又去ル比／長春儀貴山江罷越、／懸御目候由、被入御念
／御紙面之趣致承知候、／被仰聞候通御序御座候而、／
一位様（桂昌院）江申上候、拙僧／無事相勤候、猶期／来陽之時候、
恐惶謹言、／

（宝永元年）十二月廿日　　護国寺僧正　快意（花押）

成就坊英衲（房）

民部卿御坊

○桂昌院の一位就任は元禄十五年三月、死亡は宝永二年六月。

○徳川家宣、宝永元年十二月綱吉養子となり、西ノ丸へ入る。

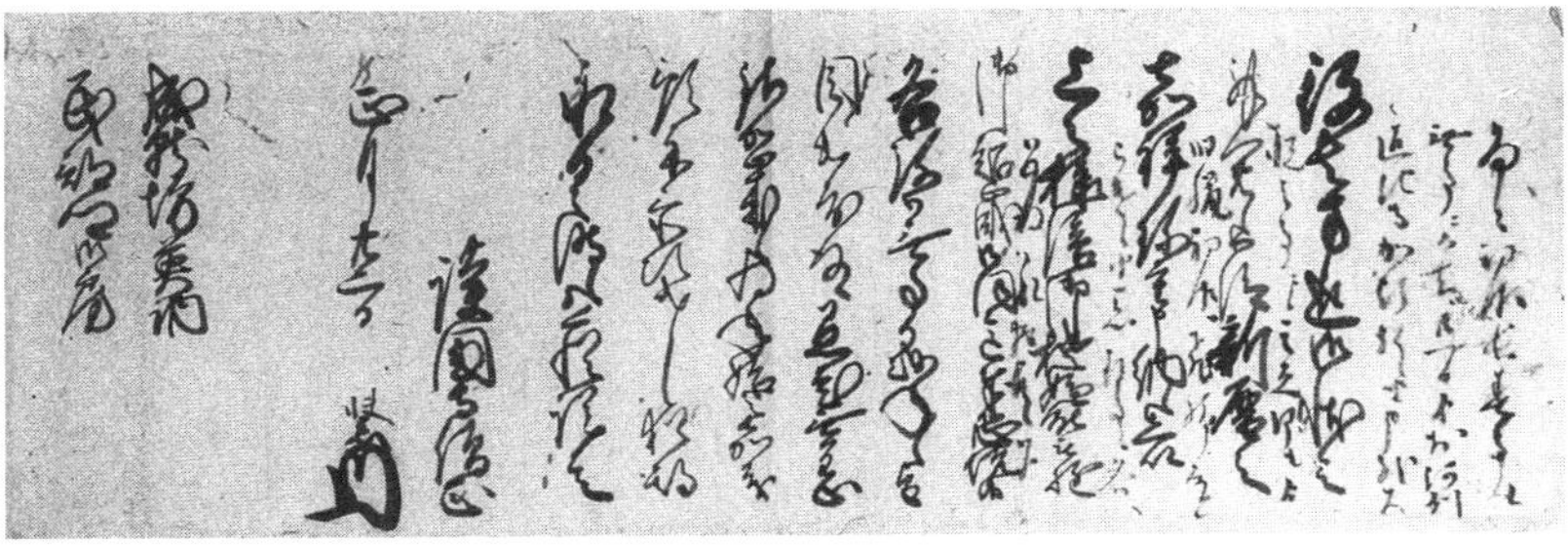

6　護国寺快意書状（折紙）

尚々、初瀬長春事も／無事ニ而、去ル廿一日ゟ於河州
／通法寺、加行仕候由申越、大／悦之事ニ候、其元何
もゟ／旧臘初瀬へ飛脚など／被遣候由、忝存事候、各
へ／御心得御礼頼存候、以上、／

役者方迄御状令／拝閲候、如仰新暦之／嘉祥珍重申納候、
先以／上々様（徳川綱吉・家宣）倍御機嫌能被遊／御超歳、御同意奉恐悦候、
／各弥御無事御越年之旨、／目出度存候、愚老無恙／致加
歳候、為年始之嘉義／預示忝次第候、猶期／永日之時候、
恐惶謹言、／

正月廿二日（宝永二年～同四年）　護国寺僧正　快意（花押）

成就坊英衲

民部卿御房

○徳川綱吉の没年は宝永六年一月十日。
○快意の護国寺在住期間元禄八年十一月より宝永四年二月まで。
○徳川家宣、宝永元年十二月綱吉養子となり西ノ丸へ入る。
○袖書には元禄十六年とある。

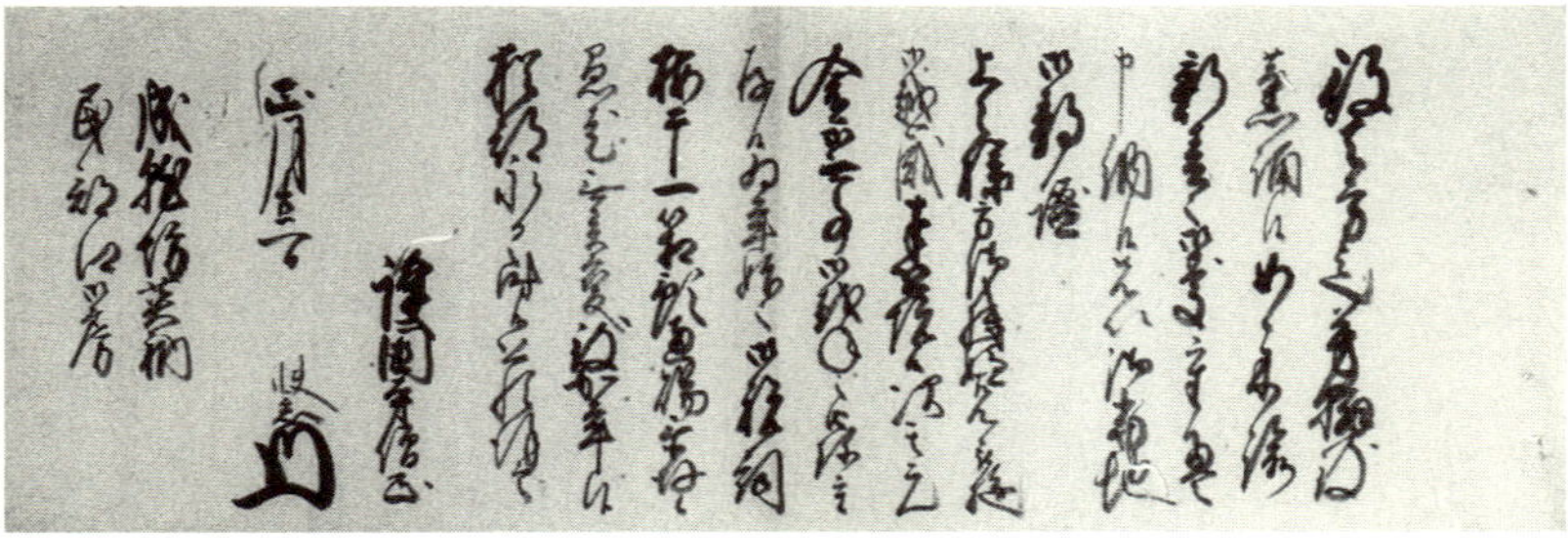

7　護国寺快意書状（折紙）

役者方迄芳翰致／薫誦候、如示諭、／新春之御慶重畳／中
納候、先以御当地／御静謐、／　上々様方（徳川綱吉・家宣）御機嫌克被遊／
御越歳、奉恐悦候、次其元／愈御無事御越年之由珍重／存
候、為年始之御祝詞、／梅干一箱預恵賜忝存候、／愚老無
異変致加年候、／猶期永日之時候、恐惶謹言、／

正月廿二日（宝永二年〜同四年）　　護国寺僧正　快意（花押）

成就坊英衲

民部卿御房

○徳川家宣、宝永元年十二月綱吉養子となり西ノ丸へ入る。
○快意護国寺在住期間は宝永四年二月まで。
○袖書には宝永三年とある。

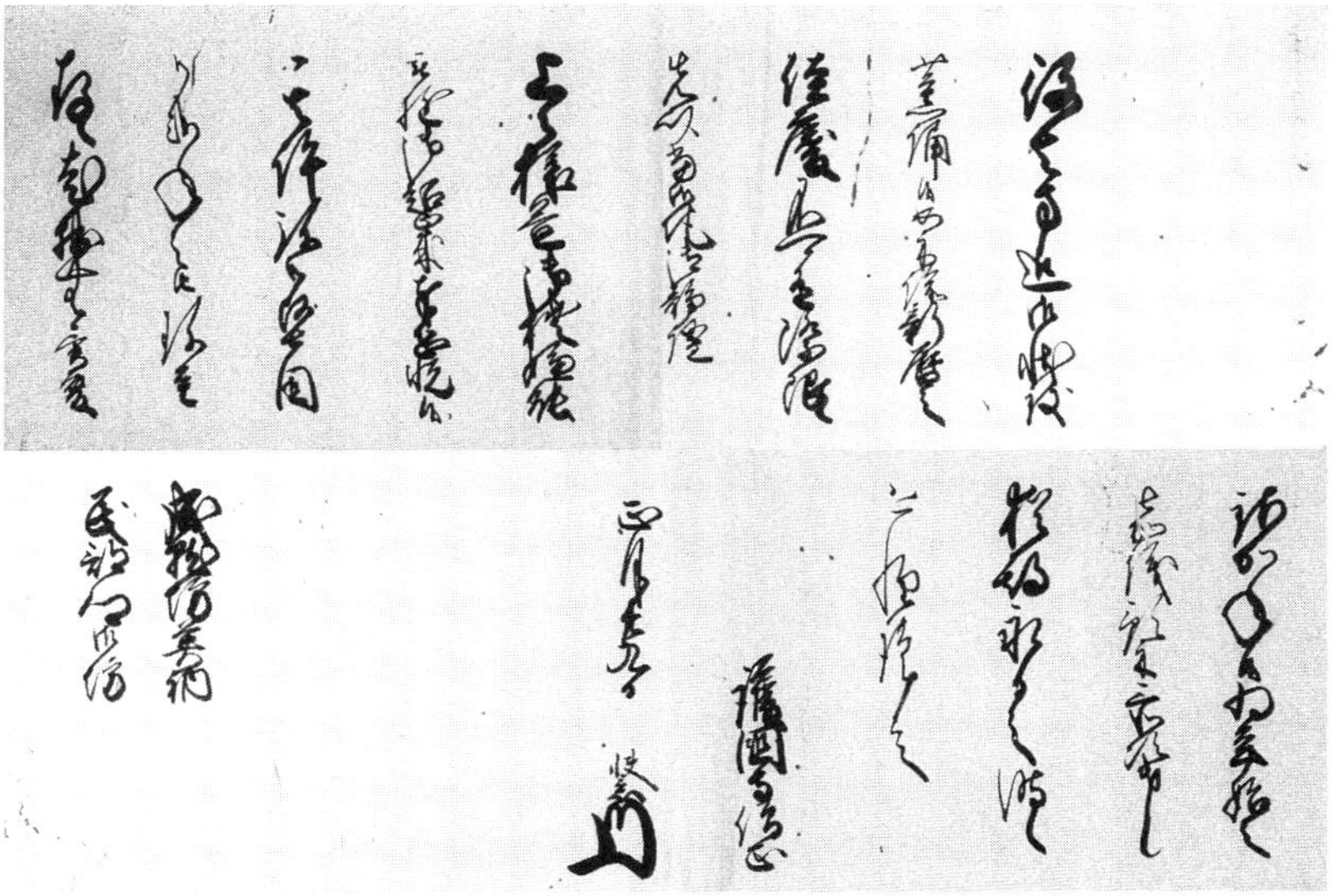

8　護国寺快意書状（折紙）

役者方迄御状致／薫誦候、如示諭、新暦之／佳慶不可有際
限候、／先以当御地御静謐、／上々様（徳川綱吉・家宣）益御機嫌能／被遊
御超歳、奉恐悦候、／其許弥御堅固／御越年之由珍重／存
候、老拙無異変／致加年候、為年始之／嘉儀預示忝次第候
／猶期永日之時候、／恐惶謹言、／
（宝永二年〜同四年）正月廿九日　護国寺僧正　快意（花押）
成就坊英衲
民部卿御坊（房）

○袖書には宝永二年とある。

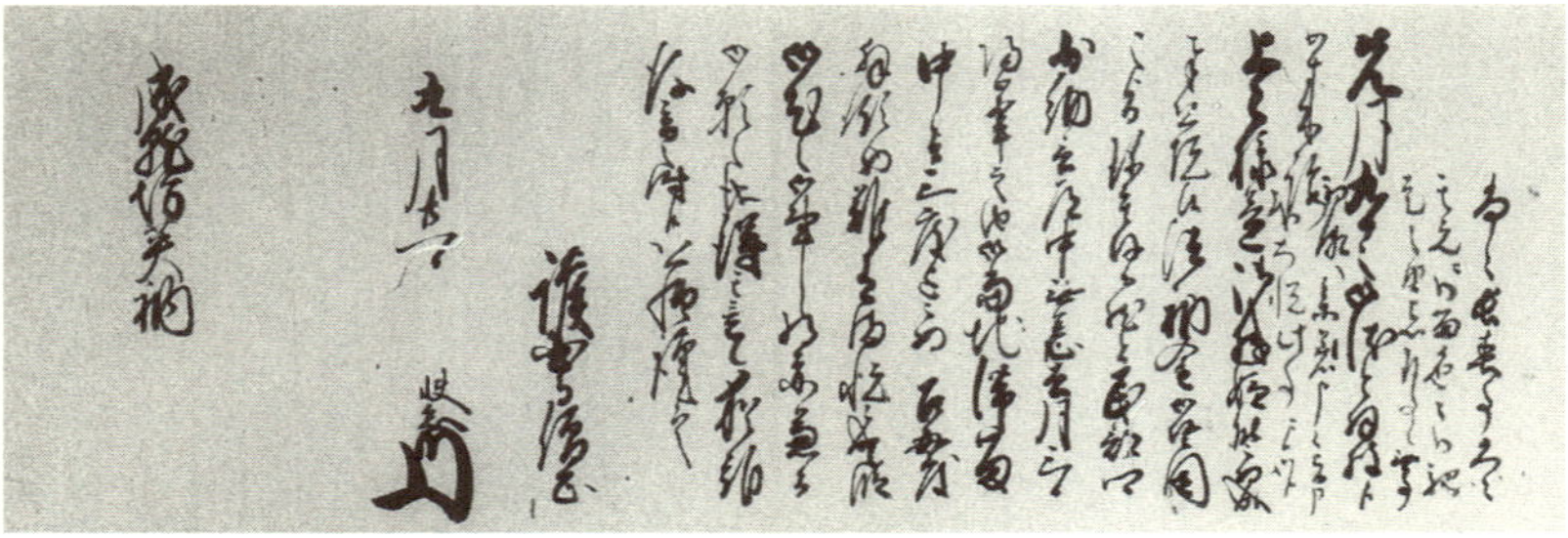

9 護国寺快意書状（折紙）

尚々、長春事久々／其元ニ御留、色々御馳／走之由、忝存事候、無事／初瀬へ参着中之旨申／越、大悦此事ニ候、以上、／

先月九日之御状令拝披候、／如来諭、／ 上々様（徳川綱吉・家宣）益御機嫌能被為成、／奉恐悦候、法衲愈御堅固／之旨珍重存候、然者民部卿・／少納言道中無恙、去月三日／帰峯之由、御当地滞留／中者、三度迄被為 召、毎度／拝領物難有満悦被成候段、／御尤御事候、将亦兼而／御願之儀、得其意候、猶期／後音之時候、恐惶謹言、／

（宝永二・三年）九月廿一日　　護国寺僧正　快意（花押）

成就坊英衲

○徳川家宣、宝永元年十二月綱吉養子となり西ノ丸へ入る。
○快意護国寺在任期間は宝永四年二月まで
○袖書には宝永三年とある。

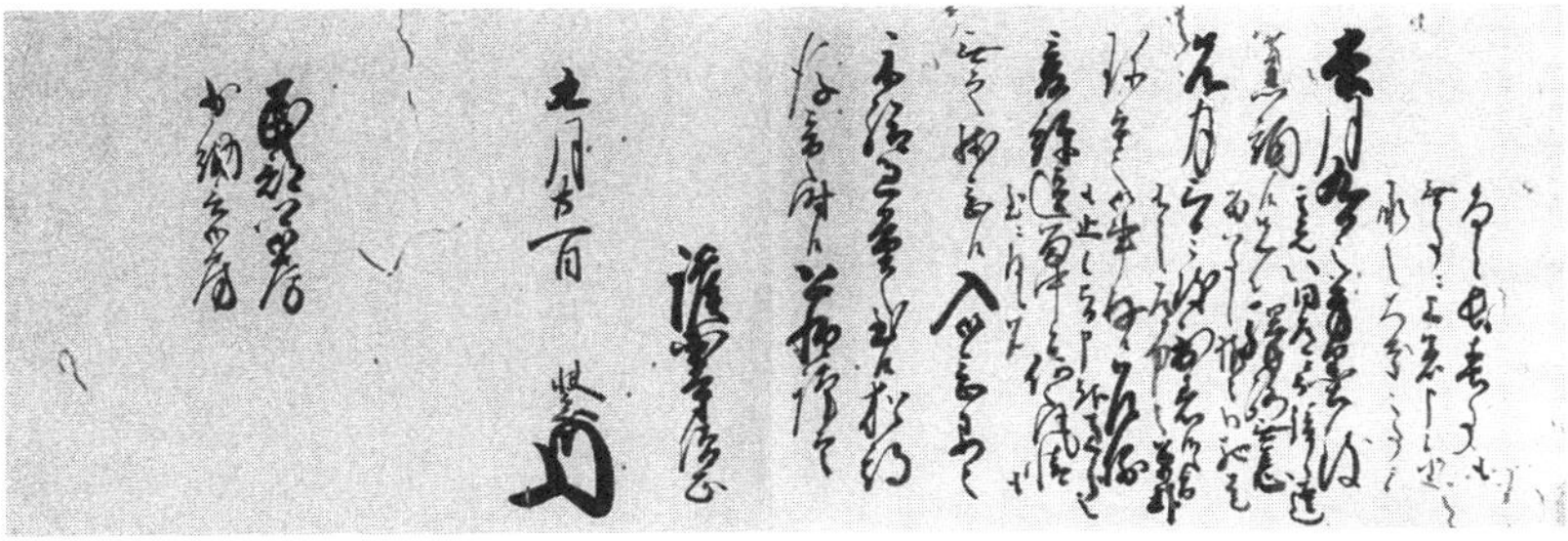

10　護国寺快意書状（折紙）

尚々、長春事も／無事ニ上着申候由／承候、大慶之事
ニ候、／其元へ同道ニ而、緩々逗／留いたし、様々御
馳走／有之、道中之草臥／も止候旨申越、過分之／至
ニ存候、以上、／

去月九日之芳墨致／薫誦候、先以駅路無恙、／先月三日被
致到着候之旨、／珍重之御事存候、乍例／爰許逗留中者、
何之風情も／無之残念候、入御念早々／示給過量之至候、
猶期／後音之時候、恐惶謹言、／

（宝永二、三年）
九月廿一日　　護国寺僧正　快意（花押）

民部卿御房

少納言御房

○袖書には宝永三年とある。

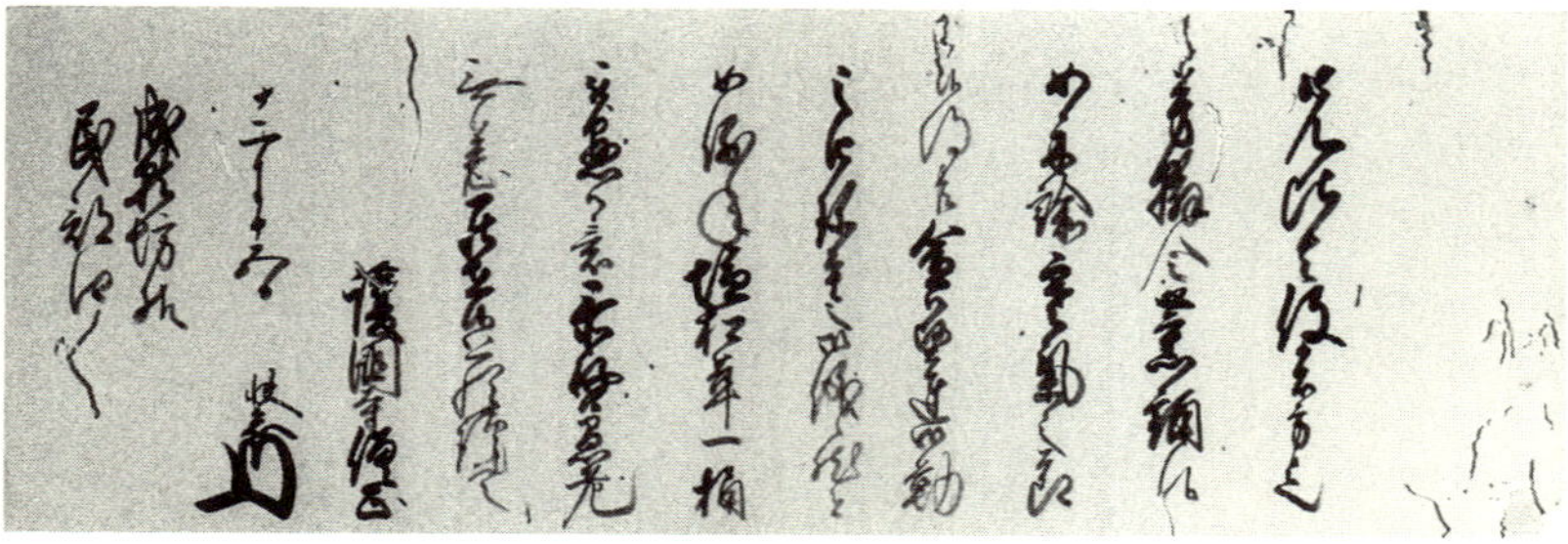

11　護国寺快意書状（折紙）

先頃者役者方迄、／芳翰令薫誦候、／如示諭、寒気之節／候得共、愈御堅達御勤／之由、珍重之御儀候、然者／如例年、塩松茸一桶／被懸御意忝存候、愚老／無恙罷在候、恐惶謹言、／

十二月十五日　　　　　護国寺僧正　快意（花押）

成就坊様

民部卿

○袖書には宝永三年とある。

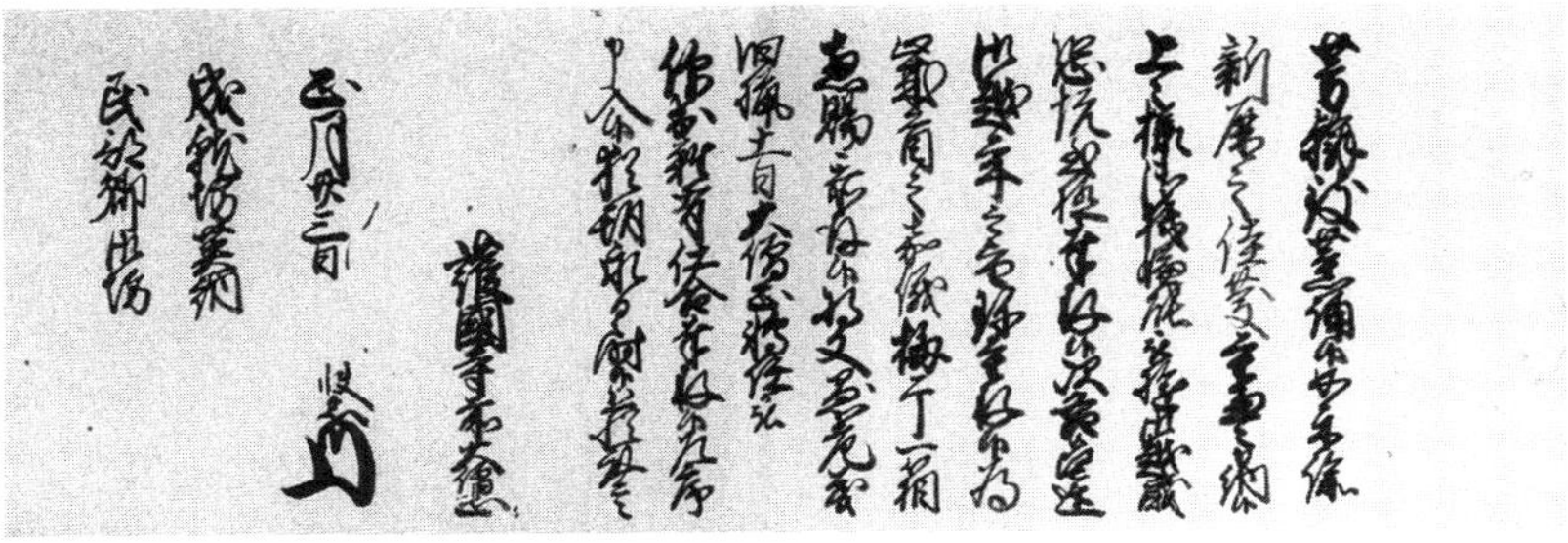

12　護国寺快意書状（折紙）

芳翰致薫誦候、如示諭、／新暦之佳慶重畳申納候、／
上々様（徳川綱吉・家宣）御機嫌能被遊御越歳、／恐悦至極奉存候、次各御堅
達／御越年之旨、珍重存候、為／歳首之嘉儀、梅干一箱／
恵賜忝存候、将又愚老義／旧臘（十二月）十一日（宝永三年）、大僧正転任被／仰
出、難有仕合奉存候、乍序／申入候、猶期永日之時候、恐
惶謹言、／

正月廿三日（宝永四年）　護国寺前大僧正　快意（花押）

成就坊英衲
民部卿御坊（房）

○快意の大僧正昇任は宝永三年十二月十一日。
○袖書には宝永四年とある。

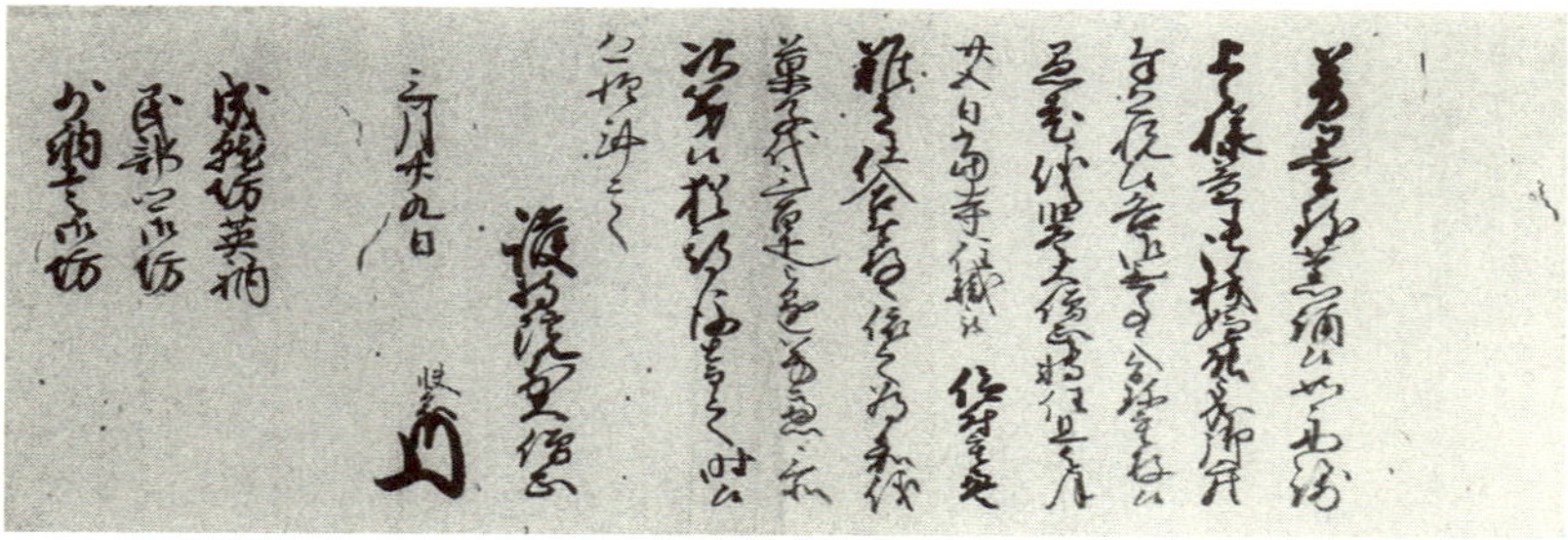

13　護持院快意書状（折紙）

芳墨致薫誦候、如示諭、／　上々様（徳川綱吉・家宣）益御機嫌能被成御
座、／奉恐悦候、各御無事之旨珍重存候、／愚老儀
旧冬（宝永三年十二月十一日）大僧正転任、且去月（二月）／廿五日当寺（護持院）住職被　仰付、　重
畳／難有仕合奉存候、依之為嘉儀、／菓子代三百疋被懸芳
慮、忝／次第候、猶期後音之時候、／恐惶謹言、／
（宝永四年）三月廿九日　　護持院前大僧正　快意（花押）
成就坊（房）英衲
民部卿御坊（房）
少納言御坊

○快意の大僧正昇任は宝永三年十二月十一日。
○快意の護持院就任は宝永四年二月二十五日。

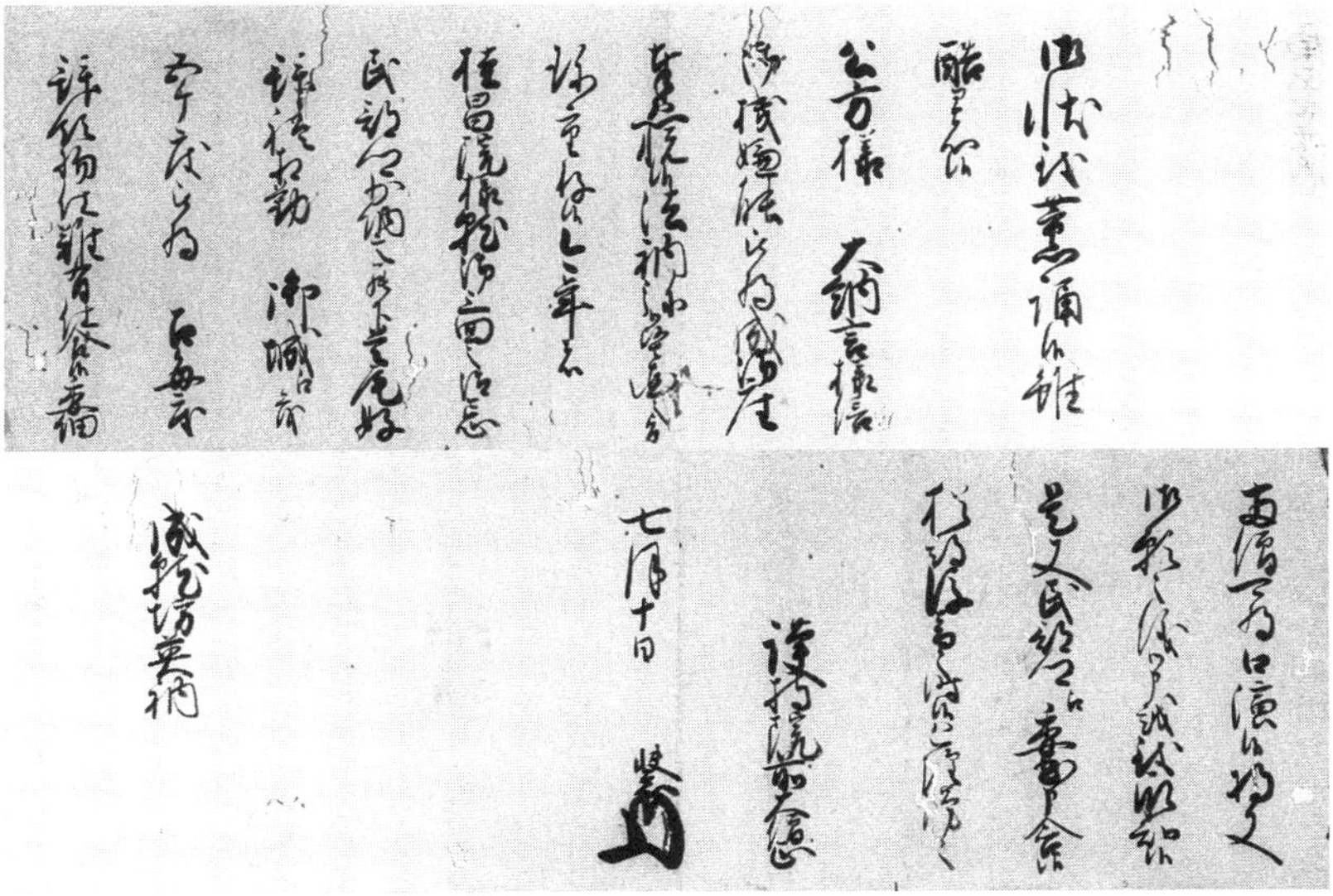

14 護持院快意書状(折紙)

御状致薫誦候、雖／酷暑候、／公方様(徳川綱吉)大納言様(徳川家宣)倍／御機嫌能被為成御座、／奉恐悦候、法納弥御堅固之旨／珍重存候、今年者／桂昌院様(綱吉生母)就御三回(宝永四年)之御忌、／民部卿・少納言罷下、首尾好／拝礼相勤、御城(江戸城)江茂／五ケ度被為召、毎度／拝領物仕難有仕合候、委細／両僧可為口演候、将又／御願之儀御申越致承知候、／是又民部卿江委曲申含候、／猶期後音之時候、恐惶謹言、／

(宝永四年)七月十日　　護持院前大僧正　快意(花押)

成就坊英衲

○桂昌院の死去は宝永二年六月二十二日。
○徳川家宣の権大納言昇任は宝永二年三月五日。
○快意の護持院就任は宝永四年二月。

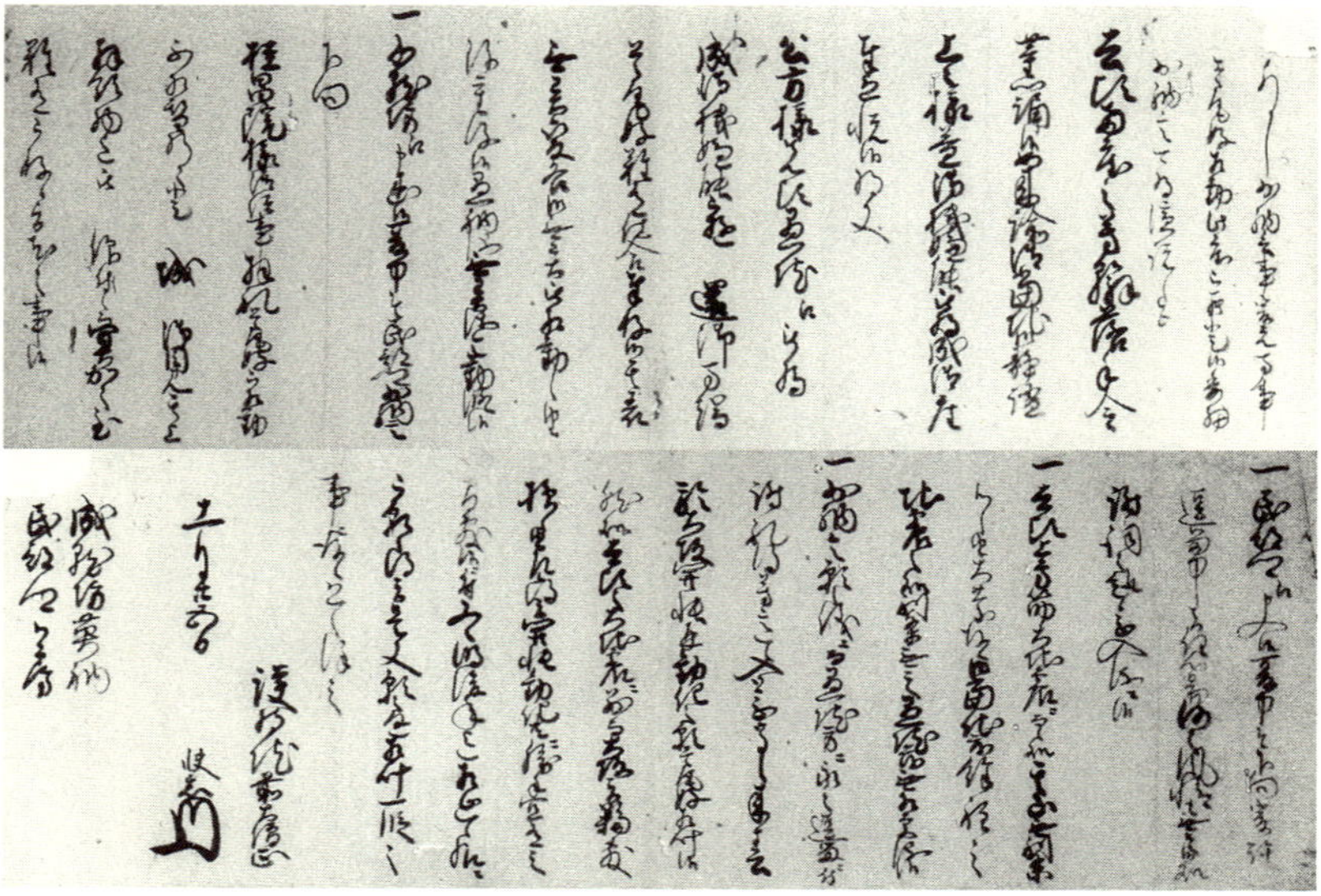

15　護持院快意書状（折紙）

尚々、少納言事、爰元万事／首尾好相勤、此度被罷
登候、委細／少納言可為演説候、以上、／
去頃両度之芳翰落手令／薫誦候、如来諭、御当地御静謐、
上々様（徳川綱吉・家宣）益御機嫌能被為成御座、／奉恐悦候、将又／
公方様（徳川綱吉）、先頃愚院江被為／成、御機嫌能被遊　還御、
万端／首尾好難有仕合奉存候、其表／無異変、各御無異
被相勤候由／珍重存候、愚衲儀無異儀令勤修候、／
一、成就坊江申述候、夏中者民部卿・少納言／下向、／
桂昌院様御法事拝礼首尾好被相勤、／不相替折々登　城
御目見、其上／拝領物迄被　仰付候而、冥加之至／難有
被存候旨、尤之事候、／
一、民部卿江申入候、夏中者下向、爰許／逗留中者任心易、
何之風情も無之候処、／謝詞之趣念入儀ニ候、／
一、去頃上方筋大地震（宝永四年十月）ニ而候処、其山無別条／候之由大慶
存候、御当地茂余程之／地震之処別条無之、愚院茂無相
変儀候、／
一、少納言願之儀ニ而、愚院方ニ永々逗留ニ付、／謝礼得

芳意候、入御念御事候、来春／於大坂開帳幷勧化之願、首尾好相叶候、／然処去頃之大地震ニ、別而大坂者夥敷／損候由、左候得者開帳・勧化共ニ勝手宜有之／間敷候ニ付、又々明後年迄相延候様ニ／被願候得者、是又願之通相叶、一段之／事ニ存候、恐々謹言、／

（宝永四年）十一月廿五日　　護持院前大僧正　快意（花押）

成就坊英衲

民部卿御房

○快意の護持院就任は宝永四年二月。

○上方大地震は宝永四年十月。

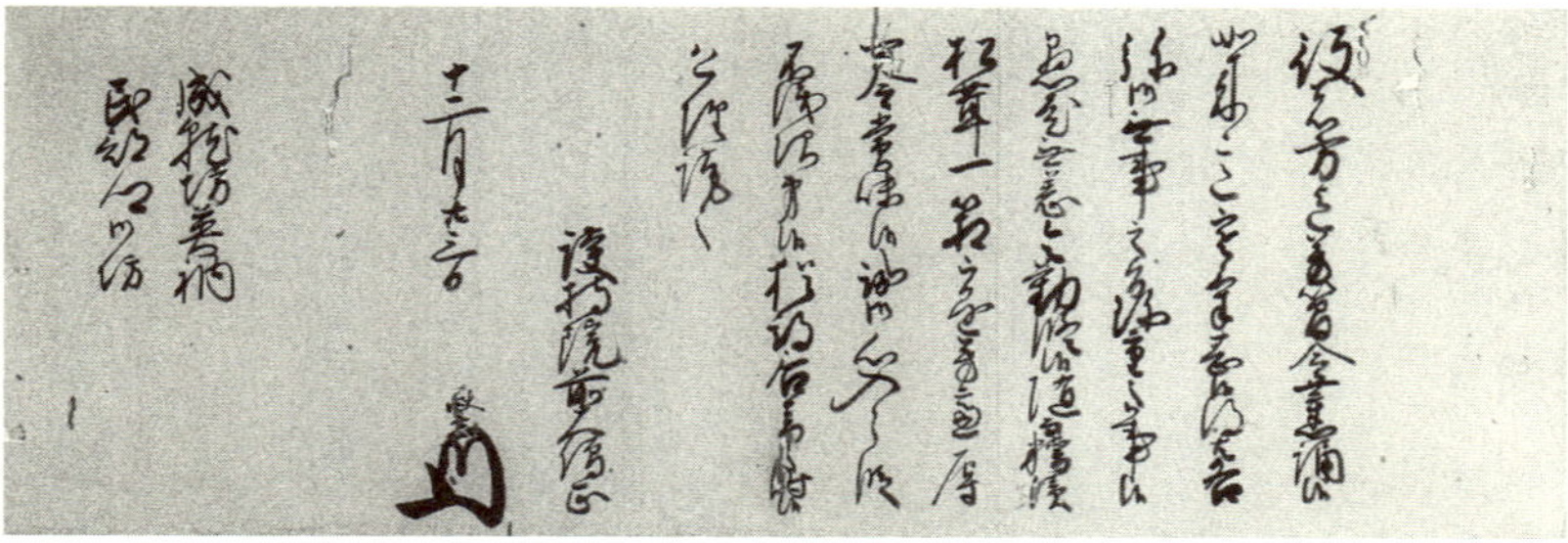

16　護持院快意書状（折紙）

役者方迄芳簡令薫誦候、／如来意、寒気甚候得共、各／弥
御無事之旨珍重之御事候、／愚老無恙令勤修候、随而糟漬
／松茸一箱被懸芳慮、辱／可令賞味候、誠御心入之段／不
浅次第候、猶期后音之時候、／恐惶謹言、／

（宝永四、五年）十二月廿三日　　護持院前大僧正　快意（花押）

成就坊英衲
民部卿御坊（房）

○快意の護持院在住期間は宝永四年二月から宝永六年八月まで。

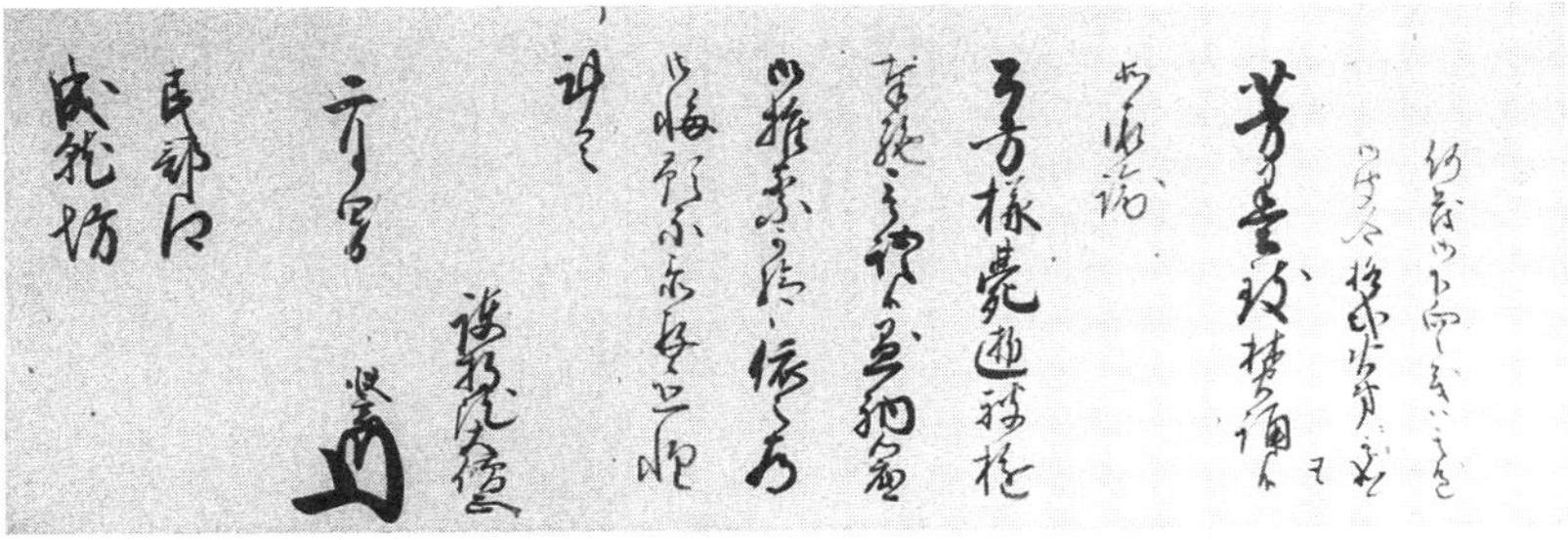

17　護持院快意書状（折紙）

何茂下向之義ハ、其辺／御聞合、格式次第ニ可被成候、
／以上、／
芳墨致焚誦候、／如承諭、／　公方様（徳川綱吉）薨逝被遊、／奉絶言
語候、愚衲心底／御推察可給候、依之為／御悔預示忝存候、
恐惶／謹言、／
（宝永六年）二月四日　　　護持院大僧正（ママ）　快意（花押）
民部卿
成就坊

○徳川綱吉の薨去は宝永六年一月十日。

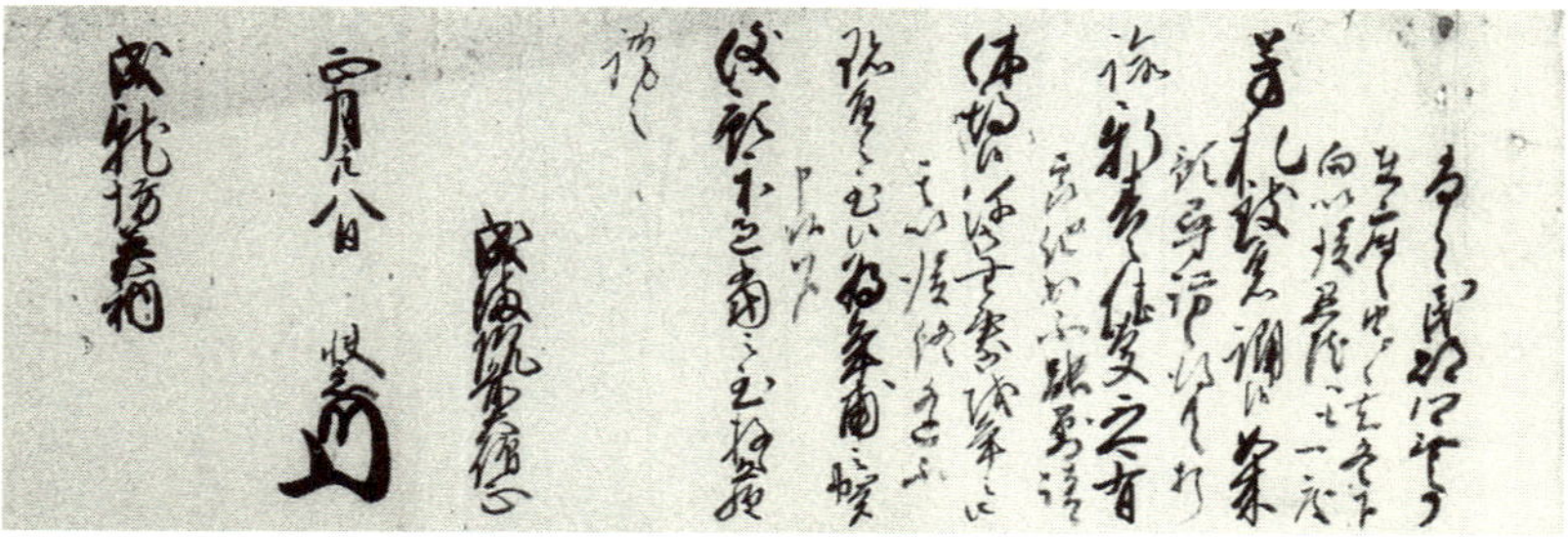

18　成満院快意書状（折紙）

尚々、民部卿無事／在府之由ニ候、去冬下／向以後、愚院へも一度／預尋訪候得共、折／節他出不能対談候、／其以後終逢不／申候、以上、／

芳札致薫誦候、如来／諭、新春之佳慶不可有／休期候、弥御無異御越年之由／珍重之至候、為年甫之賀／儀預示、過当之至存候、恐惶謹言、／

（宝永七年～正徳三年）
正月廿八日　　成満院前大僧正　快意（花押）

成就坊英衲

○快意の成満院在住期間は宝永六年八月から正徳三年春まで。

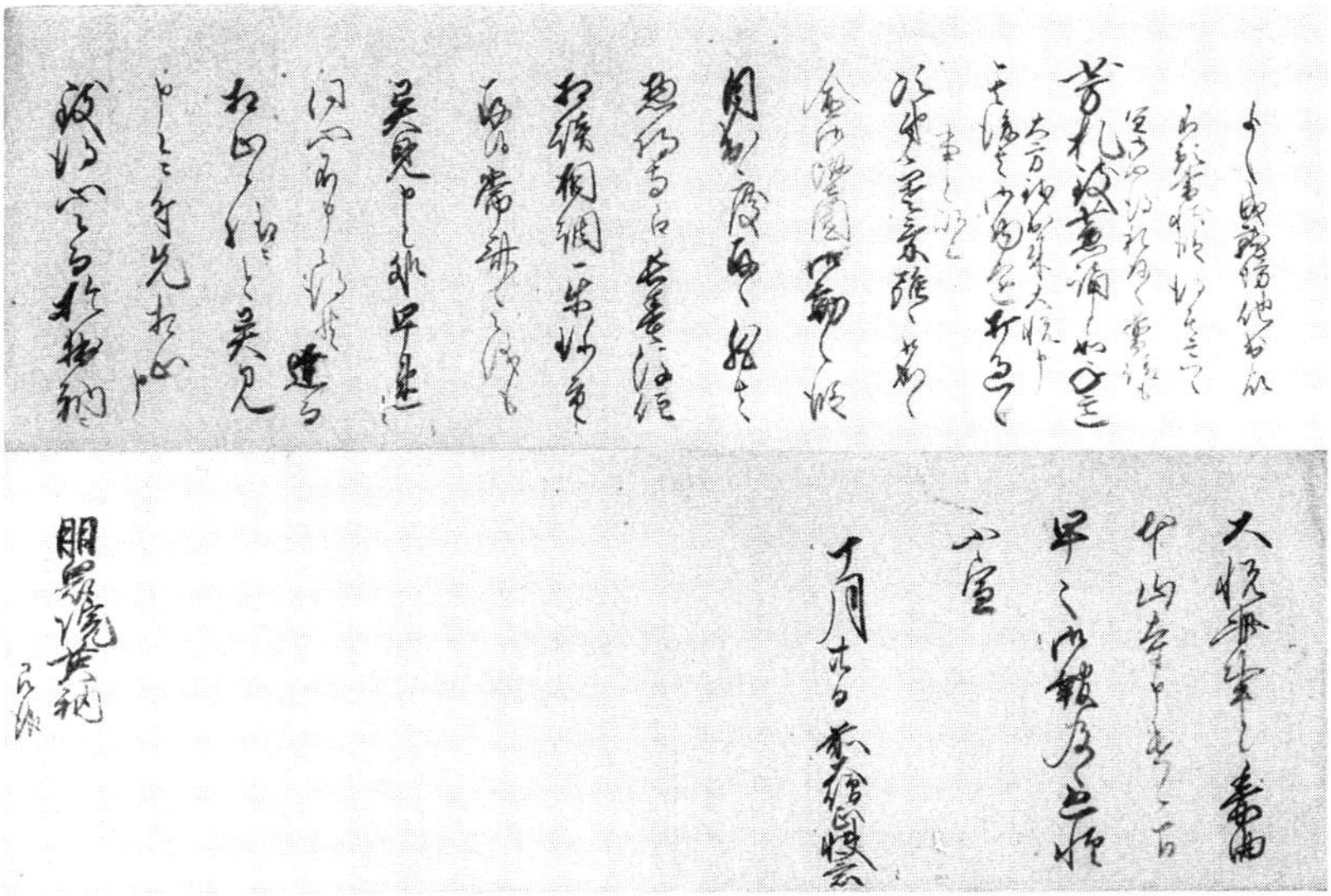

19　前大僧正快意書状（折紙）

尚々、成就坊他出故、／示預書状段、得其意候、／宜
御心得頼存候、普請も／大方致出来、大悦申／事候、
以上、／

芳札致薫誦候、如承意、／其後者御物遠打過候、／次第寒
気強罷成候、／愈御堅固御勤之段／目出度存候、然者／惣
持寺江長春後住／相談相調、互珍重存候、／常斎之儀も／
異見申候処、早速と／同心不申候得共、達而／相止候様ニ
と異見／申候ニ付、先相止申／致得心候而、於拙衲ニ／大
悦此事候、委曲／本山寺申遣候間、／早々御報及候、恐惶
／不宣、／

十月廿日　　前大僧正　快意

朋衆院英衲

即報

○快意の死亡は享保九年七月九日。

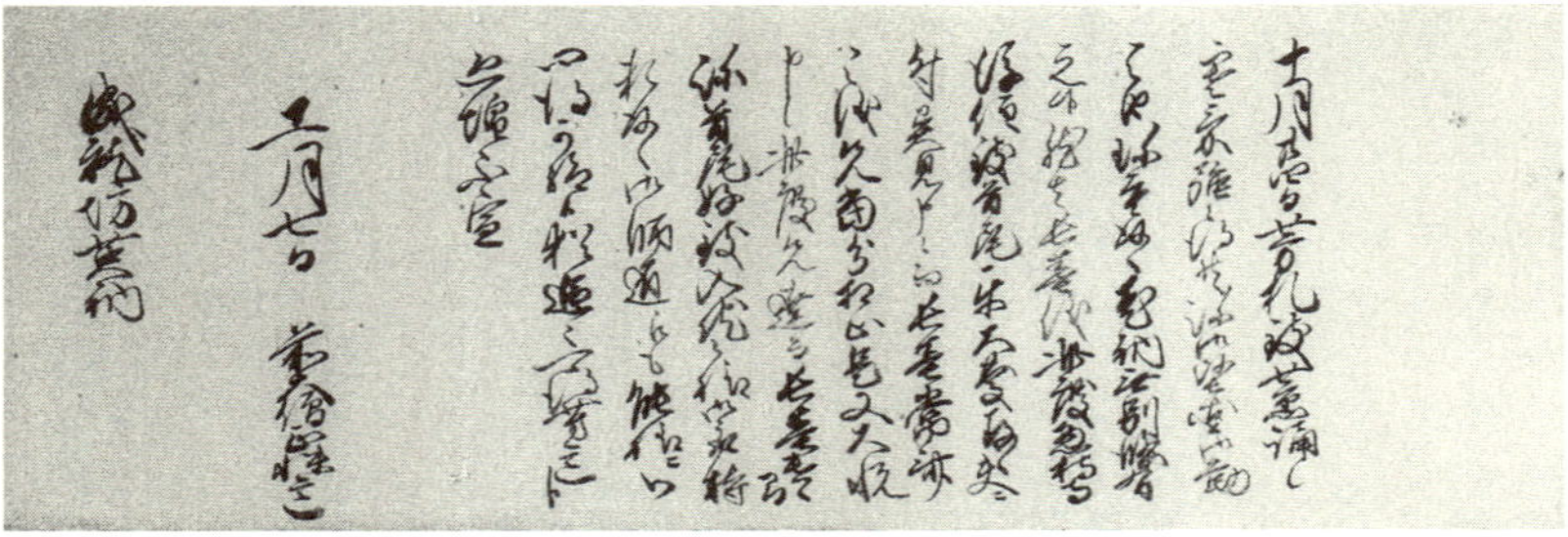

20　前大僧正快意書状（折紙）

十月廿四日芳札致薫誦候、／寒気強候得共、弥御堅固御勤／之由珍重存候、老衲無別条有／之候、然者長春儀此度惣持寺／後住致首尾、互大慶存候、夫ニ／付異見申候而、長春・常斎／之儀、先当分相止、是又大悦／申候、此度先達而長春遣候間、／弥首尾好致入院候様、御取持／頼存候、御師匠江も能様ニ御／心得可給候、猶追々可得芳意候、／恐惶不宣、／

十一月七日　　前大僧正　快意

成就坊英衲

〈附録〉第一章　箱根権現別当金剛王院融山について

はじめに

私は徳川家康が関東に入国して江戸幕府を創設以後、在来の関東の仏教教団がどのような変化をとげたかということについて研究を進めている。今回はその前提として家康の入国以前の後北条政権下における関東真言宗教団の動向について考えてみたい。箱根権現別当金剛王院融山に視点を定めたのは、小笠原長和氏稿「北条氏康と相州箱根権現別当融山僧正」(『古文書研究』第五号、一九七一年十一月刊)を読み、小笠原氏の論文に啓発されるところが多かったためである。小笠原氏の論文は後北条氏、乃至一般政治史的観点に立つもので、主として安房妙本寺所蔵の五月二十五日付僧正融山書状写・五月二十八日付北条氏康書状写・年月日不明僧正融山書状写の三通の文書によって後北条氏の動向について優れた見解を示されている。しかし融山の履歴については不明とされている部分が多い。小笠原氏が不明とされている融山について、仏教史的立場に立つ私としては、東寺宝菩提院所蔵の聖教奥書や古文書の中に融山関係の史料が数点あることを確認しているので、これらの史料を紹介し、あわせて関東真言宗教団における融山と東寺宝菩提院亮恵の関係を明らかにしておきたいと思う。

本章執筆にあたり融山と密接な交渉をもつ宝菩提院の亮恵や亮秀については櫛田良洪博士稿「近世関東東寺教団の成立」(『大正大学研究紀要』第五二号、一九六七年三月刊)より多くの示唆を受けた。また東寺宝菩提院史料の引用を快くご許可下さった櫛田博士には深甚の謝意を表わすものである。

東寺宝菩提院亮恵と融山

小笠原氏は前掲論文の中で、融山に関する説明として、亮恵との関係を次のように述べられている。

この箱根別当金剛王院の文書で、僧亮秀の書状の中に、融山に関する記事がある。

尚々委雖可申候、此仁下懸仁被来候間、不及是非候、兼又、地蔵院方之儀者当寺、（以下欠ク）

去年四月廿三日之御状、七月到来候、委曲披見候、則御報可申之処、彼使者不能来候、又幸便依不存打過候、然者、只今罷下之者候、令啓候、仍西院法流之義付、礼拝加行等之儀承候、尤珍重存候、乍去今度之御状之分にて者無分別候之条、使僧ぉ被差上候て、具様体承、以其上可申下候、聊以不可有如在候、将亦、融山僧正被対亮恵僧正、御寺之法流之儀者、向後可為准西院契約処仁、被先達他流御修行候者、約諾之通相違候、両僧正之一行在之事候、以後者不可過御分別候、旁期後音候之間、不能詳候、恐々謹言

三月十四日　亮秀（花押）

金剛王院御同宿中

融山は亮恵に対して御寺の法流は向後西院に准ずべき旨契約しているのに、他流の修行を先行したのは約諾に相違するとしている。尚々書の文中に「地蔵院方之義云々」とあるが、これに関連して、融山は鎌倉鶴岡の相承院快元僧都のあとをうけて相承院の供僧となった融元に対して地蔵方を授けており、融山という学僧の性格の一端が伺われる。

と述べられているだけで、同論文中においてはこの外に亮恵・亮秀は勿論、東寺宝菩提院と金剛王院の関係は全く触れられていない。この書状の中に見える亮恵・亮秀の関係はすでに櫛田博士が前掲論文の中で説明されているように、東寺宝菩提院所蔵の永禄九年（一五六六）五月二十五日付の亮恵譲状写をみると、

譲与

一　金剛珠院　一宇事

一　本尊聖教等事　附法状幷目録別有之

一　坊領　供僧職十八口之内二口事注文等別在之

右坊者亮恵勤門徒竭辛労令新造処也、為親昵従幼少取立、如形授法流等間、亮秀律師令譲与者也、宝菩提院与聊茂無別儀、成水魚思、不可有不和儀、若違命ニ者、背高祖冥慮、可蒙諸天治罰、為其定置文訖、諸事存此旨、不可令違背者也、仍譲状如件、

永禄九年丙寅五月廿五日　　　僧正亮恵 在判

とあり、永禄九年五月、亮恵は亮秀に金剛珠院と本尊聖教等を譲っている。亮恵は本来東寺宝菩提院の住持であったが、永禄四年頃、新たに東寺金剛珠院を建立して、両院を兼帯していたのである。更に同日付の亮恵の置文をみると、亮恵は亮秀に金剛珠院、信恵に宝菩提院を譲っている。亮恵は後述するように非常に多数の弟子をもっているが、東寺において晩年の亮恵の許で修学していたのはこの二人であったようである。このように亮恵と亮秀は東寺宝菩提院系の師弟であり、親密な関係にあったことがわかる。そして亮恵は永禄九年十一月十八日に八十七歳で、亮秀は慶長十二年(一六〇七)十月二十九日に七十一歳でそれぞれ示寂している。

以上の説明により、小笠原氏が引用されている金剛王院所蔵の三月十四日付の亮秀書状は、永禄九年以降のものであり、東寺金剛珠院亮秀が、箱根金剛王院の融山の後住、亮山か義山に対して、先師亮恵が前住融山との間に結んだ「今後金剛王院の法流は、東寺の法流である西院流に唯ずる」という契約を遵守するようにと申し入れたものであることがわかる。更に後述するが、同書中にある亮恵と融山との間でかわされた契約が東寺宝菩提院史料の中に数点残っていることからもこのことは裏付けられる。

即ち、亮恵自筆の（仮題）「門弟名帳」（東寺宝菩提院聖教百三十一箱の十二番）には亮恵の門弟が多数記されているが、その中の融山の条には、

融山　法印、伊豆国筥根別当金剛王院、始而此寺仁下向之間、小野・広沢共令執行灌頂、可法流相承之由約諸条、尤本望也、仍弘治三年丁巳九月廿一日仁令下着、十一月四日於別当坊、親玄方印可授申畢、此巳前者、先広沢方西院流印可灌頂相承了、其後小野方印可、又被遂之、灌頂必可執行由契約了、雖然、寒天以外之間、先奥方江令下向、前々門徒在所於相尋、授法等遂其節者也、

とある。これによると亮恵は融山の要請によって関東に下向して、小野・広沢の両法流を伝授することを約束していたために、弘治三年（一五五七）九月、六十八歳という高齢をおして、箱根に下向して、十一月まで同地金剛王院に滞在した。そして十一月四日に金剛王院において融山に地蔵院親玄方の法流を許している。亮恵はこれ以前に融山に最初は広沢方の西院流を、その後に小野方を、それぞれ許可しており、今度の地蔵院親玄方をもって皆伝となったわけである。そのため融山自身伝授位の有資格者となり、法流を伝授するために灌頂を執行することになった。しかし亮恵は関東に法流伝授の途中であり、更に箱根山中の寒さが厳しいので、同地に長く留まることができず、後日の再会を約束して、武蔵・下野方面へ出発している。この「門弟名帳」の記載を裏付ける次のような資料がある。「七仏薬師経」巻上の奥書の跋（書林会主催、昭和四十九年「古書と古典籍展示即売会目録」所収図版六写真掲載）に、

弘法大師御筆一巻　七仏薬師経上巻十六紙　雖為累代相伝所奉附属筥根別当融山法印御房如件

弘治三年九月廿八日　　僧正亮恵（花押）

とある。この七仏薬師経がどのような経路で展示会に出品され、どこに落手したかは明白でないが、図版写真によれば、これは亮恵自筆に間違いなく、亮恵が箱根金剛王院滞在中に別当融山に附属した聖教の一部であることがわかる。「門弟名帳」をみると、亮恵は印可の記念に聖教をしばしば附属しており、これもその一例であろう。

また同「門弟名帳」の翌永禄元年閏六月二十八日の条には、

閏六月廿八日鬼（宿）金（曜）於筥根山別当房金剛王院融山法印、為大阿闍梨、地蔵院方灌頂被執行之、色衆十二口、堂上一行列、受者四人、予可令上洛之由、依申之、為暇乞執行之、殊更後朝以下、如本寺、事外厳重之構、定時儀、悉以本式被調了、

とある。これをみると前年の約束にしたがって、亮恵は箱根の金剛王院において融山を伝授者の大阿闍梨として地蔵院方の灌頂執行を指導している。この灌頂は色衆十二人、受者四人で本寺のように格式を調えて厳重に執行したとあり、この頃の金剛王院はかなりの勢力をもっていたようである。「門弟名帳」と重複するので史料の引用は省略するが、同じく亮恵自筆の「灌頂印可記」（東寺宝菩提院聖教百四十箱の二番）によると、弘治三年融山は六十八歳とあり、亮恵と全く同年齢であったことがわかる。このような老齢者同士が箱根の山中で寒さをいとわず、法流の伝授を行った熱意には敬服するものがある。この外に宝菩提院史料の中に見られる融山の法流関係の史料は、「四度加行」（東寺宝菩提院聖教二十四箱の八十四番）の奥書である。同奥書には、

（前略）

永正十五年極月四日於上窪新福寺書写畢、

金剛仏子融山

一校了

天文廿三年甲寅霜月廿一日箱根山金聖（剛王カ）院融山法印憲深方法流申請、一流四度ヨリ別行致畢、彼本申請、於国府津地青寺奥部屋書写畢、

介（金剛）仏子栄伝

とあり、融山は永正十五年（一五一八）、二十八歳の頃、十二月四日に上窪の新福寺において報恩院流の憲深方の四度

加行をうけていることがわかる。そして融山は更に天文二十三年(一五五四)にこの法流を相模の国府津の地青寺の栄伝に授けていることがわかる。地青寺とは国府津の宝金剛寺所蔵の天文二十四年五月二十八日付の北条氏印判状をみると、地青寺と宝金剛寺は同一寺院のようである。この「四度加行」の奥書をみると、融山は亮恵から法流を受ける前に、報恩院流を相承していたようである。密教系の僧侶は多くの法流を受けることが修学の一つであり、同一人が多くの法流を相承していることは珍しいことではない。融山の場合も彼の学識の高さを示すものであろう。

それはともかく、前述の亮恵の「門弟名帳」や三月十四日付の亮秀書状をみると、融山は亮恵から法流を伝授される際に、以後金剛王院の法流は東寺の法流である西院流に従うことを契約していたことがわかる。

更にこの亮恵と融山の法流契約を間接的に裏付ける証文が宝菩提院文書の中にある。これは慶長十一年(一六〇六)に東寺宝菩提院と箱根金剛王院との間で本末争いが起った時に証文の控として書写された一連の文書である。これらの史料は櫛田博士も紹介されているが、弘治二年(一五五六)十一月九日付の亮恵書状写には、

相州小田原西光院事、為筥根山金剛王院融山法印附弟間、於巳後者、為東寺宝菩提院末流諸事不可有疎意者也、仍状如件、

弘治二《(三カ)》年十一月九日　　僧正亮恵

とある。更に霜月九日付の亮恵書状写には、

法流事契約異干他候間、委細以折紙申候、猶金剛王院可有御伝達候、不宣謹言、

霜月九日　　亮恵御判

西光院法印御房

とある。この二通をみると、亮恵は融山との間で金剛王院は東寺の法流、西院流に准すべきことを約束していたことをうかがわせる。更に小田原西光院は住持義山が融山の弟子ということで、東寺宝菩提院の末寺に定められている。

西光院のことは別の機会に詳述するつもりであるが、天正六年（一五七八）八月二日付の三条実澄の西光院宛書状をみると、弘治三年頃、小田原の蓮上院と西光院が本末争いをした際に、亮恵は融山と相談して、西光院を蓮上院同様、東寺宝菩提院の直末寺院にして、両院の争いを調停したことがあることがわかる。亮恵と融山の間の具体的な法流伝授については、すでに前述したが、もともと関東地方、特に伊豆・相模地方には東寺の所領が多く、時代の少し降る史料であるが、寛永十年（一六三三）に作成された「関東真言宗古義本末帳」をみてもわかるように、東寺宝菩提院末の古義真言宗寺院が多い。そのためか亮恵は早くから小田原の北条氏と交渉をもっていたようである。享禄五年（一五三二）五月三日付の宝菩提院所蔵の北条氏綱書状写には、

為弘法大師七百年忌被成　綸旨幷奉書候、分国之内、御門徒中奉加事可在之者也、仍執達如件、

享禄五年五月三日　　氏綱在判

東寺宝菩提院御坊

とある。享禄五年といえば亮恵が法流伝授のために二度目の関東下向を企てた年であるが、この時の亮恵の関東下向の目的は単なる法流伝授だけではなく、弘法大師の七百年の御遠忌を執行するために、門徒中に奉加勧進をも併せて行っていたようである。このようなところから亮恵と融山は早くから接触をもっていたものと思われる。なかでも三度目の関東下向である弘治三年には、亮恵は九月二十一日に箱根に到着して、しばらく滞在している。そして十一月四日には金剛王院で融山に地蔵院方を授け皆伝し、更に翌年には融山の灌頂執行を指導するなど、両者は極めて親密な関係になっている。このような両者の法流上の師弟関係が西光院をも宝菩提院の末寺としていったのであろう。その後の両者の関係は、前述した亮恵の「門弟名帳」によると、

重而上洛以後、以先例鎌倉殿数通書状証拠、極官事被申入間、為三条大納言実澄卿執奏、口宣給畢、眉目至冥伽之人也、禁裏江ハ拙者為申沙汰、御礼旁令参内、公家方御礼等申籠畢、

とあり、その後京都に帰った亮恵は古河公方足利義氏の添書をつけて、融山を僧正位に推挙している。そして三条実澄の斡旋により、融山は正親町天皇から僧正位を勅許されたことがわかる。これは当時としては非常に珍しかったらしく亮恵は融山を「眉目至冥伽之人也」と評しているほどである。勿論経済的な裏付けも必要であろうが、これをみると、融山はある程度の高僧としての評価をもっていたようである。櫛田博士の研究によれば、亮恵は三条家の猶子であり、三条実澄（実世）とは極めて親しい関係にあった。そのため実澄の執奏により正親町天皇に願い出たのであろう。この亮恵の「門弟名帳」の記述は、『御湯殿上日記』の記載と一致しており、非常に信頼できる史料であることがわかる。即ち、『御湯殿上日記』永禄二年（一五五九）三月の条には、

廿四日。東寺ほ（う）んほたい御れいにまいる。御あふき。ひき十てうまいる。申つき八三てうの大納言。さねすみ。なかはしへもほん（う）ほたいれいにまいる。

廿六日。はこねのへつたう僧正の御れい千疋まいる。三てうの大納言。新大すけとのして御申入候也。

とあり、永禄二年三月二十六日、箱根の別当融山が僧正成の御礼に参内していることがわかる。仲介者は三条実澄であり、亮恵の記述の通りである。これによって融山は永禄二年三月、七十歳で僧正位を勅許されたことがわかる。

ここで問題になるのは、小笠原氏が前掲論文の五十七頁で、前にも一部引用したが、

尚々書の文中に「地蔵院方之義云々」とあるが、これに関連して、融山は鎌倉鶴岡の相承院快元僧都のあとをうけて相承院の供僧となった融元に対して地蔵方を授けており、融山という学僧の一端が窺われる。

『鶴岡八幡宮供僧次第』によって快元・融元・空元三代の関係をみると次の通りである。

一頓《（覚）》学坊改相承院（中略）

快元中納言法印

永正弐天九月廿一日俊朝譲与

融元中納言法印俗大草中務□舎弟
天文十年辛丑月日譲状但快元譲状也、随快元法印西院受法畢、随箱根山別当融山僧正地蔵方受法了、
空元中納言法師融元直弟也、九歳ヨリ在院
天正十三年乙酉十二月廿八日譲与云々（下略）

右の相承院供僧職の継承は『鶴岡文書』により裏付けできる。融元は快元・融山の両僧を師とする僧である。とされていることである。前述したように、融山が亮恵から地蔵院方の法流を許可されるのは弘治三年（一五五七）十一月である。さらに融山が僧正になるのは永禄二年（一五五九）三月であり、もし融山僧正が融元に地蔵院方の法流を伝授するとすれば永禄二年以降のことでなければならない。それを『鶴岡八幡宮供僧次第』は無批判に天文十年（一五四一）に融山僧正が融元に地蔵院方の法流を許可したと記しており、これをそのまま信用することができない。好意的に考えれば後から法流を伝授されたのかもしれないが、『鶴岡八幡宮供僧次第』を全面的に信用することは危険である。確かに小笠原氏が指摘される通り、相承院供僧職の継承順位と年月日は、永正二年九月二十一日付の俊朝譲状、天文十年九月日付の快元譲状、天正十三年十二月二十八日付の融元譲状等により『鶴岡八幡宮供僧次第』の記載は裏付けられるが、融山の記載はこのままでは信用できない。しかしすでに小笠原氏も指摘されているように、天文十九年（一五五〇）六月十八日付の北条氏康書状（「相承院文書」所収）によれば、融山は氏康の依頼により、相承院融元を後見するような親密な関係にあったことは確かである。小笠原氏は同文書の説明のあと五十七頁から五十八頁にかけて次のように述べられている。

融山が小田原松原明神の遷宮を執行したのが天文十九年五月十八日で、この氏康書状の一カ月前のことで、その時既に融山は「前別当僧正」と「遷宮記写」に見えているので、前記文書の時に融山は別当を辞していたことになる。しかし融山は別当であるなしにかかわらず、氏綱・氏康から重んぜられていたから、その頃箱根一山にお

ける有力な僧であったと考えられるので、氏康の宛てた「金剛王院」は実質的には「融山」とみてよかろう。

更に六十頁において、

天文十九年五月十八日に箱根芦の湖畔にあった西光院が小田原に移され、松原明神の本地となったが、その時融山はすでに箱根別当を辞していた(後述)。おそらく融山は長綱のあとをうけて天文八年頃から箱根権現の別当となり、天文十年代に在職、同十九年までには辞職していたということであろう。

と述べられ、「松原明神遷宮記」の記載により、天文十九年五月十八日には別当職を融山は辞職していたとされている。問題の「松原明神遷宮記」は六十一頁から六十二頁にかけて全文引用されているが、本章では遷宮記の次第部分は省略して、問題になる部分だけを引用して考えてみたい。同記には、

松原大明神遷宮記

(中略)

正本云
天文十九年庚戌

五月十八日　　前別当僧正融山

(後略)

とある。小笠原氏はこの遷宮記を極め手の史料の一つとして引用されているようであるが、私は融山の僧正成の年月日からみて、天文十九年に僧正にはなっておらず、この史料は信用できないものであると思う。これによって天文十九年に融山が別当職を辞していたと断定するのは早計であろう。私が調べた限りでは、天文十九年以降の弘治三年の亮恵書状、「亮恵印可記」をはじめ、永禄二年の『御湯殿上日記』の記載にも、融山は箱根別当として記されている。融山が箱根の別当であったことを示す最下限の史料は十一月二十一日付の亮恵書状(「金剛王院文書」所収)である。同書状には、

又先度〳〵上給候料物、御返事不委之由候間、只今別紙可申候、

芳簡委細披見申候、仍白小袖壱上給候、祝着至候、遠路芳情不知所謝候、折節見来候間、越前鳥子百枚進之候、祝儀計候、将又、御誂之水旱一具・上下衣・水色衣・生袴・直綴下進之候、巨細従敬祐可申間、不能一二候、就中御尋条々、只今御返事仁可申処、新院家造畢候て、移徙仕候、一向不得寸暇候間、来春早々可申入候、水旱者御児御用候、涯分申付、公家方へ誂申候て進之候、袴者生事外賞翫候間、可被成其御心得候、恐々謹言、

十一月廿一日　　亮恵（花押）

筥根山別当僧正御房

とある。これをみると、これ以前に融山は僧正成を斡旋してくれた亮恵に謝礼の品物を送るとともに、法衣の新調を依頼していたようである。それに対する返事がこの書状である。なお、亮恵在世中に箱根で僧正になったのは融山だけであり、この書状の宛所「別当僧正御房」は融山に間違いない。しかもこの書状は永禄二年以降のものであろう。更に同書中に「新院家造畢候て、移徙仕候」とあるところをみると、永禄九年の亮恵譲状のところで述べたように、亮恵は永禄四年頃に新院家金剛珠院を完成しており、これ以降のものであろう。融山は永禄六年八月に七十四歳で示寂しているので、この十一月二十四日付の亮恵書状は当然永禄四年か五年のものとなる。これをみるとこのころまで融山が箱根別当金剛王院の住持であったことは確実であり、おそらく死ぬまで別当職についていたものと思われ、天文十九年には別当を辞していたとされる小笠原氏の所論には納得できないものがある。

晩年の融山は、永禄六年正月十八日付の小田原蓮上院所蔵の融山置文に、

花木蓮上院雖無縁地候、衆会所之間、大破依嗟敷令譲与候、以慈悲堪忍為本、以嗣法伝授為旨、偏国家安全之精誠不可有退伝（転）者也、

永禄六年癸亥正月十八日　　僧正融山（花押）

　　勝請房

とある。このように融山は小田原の蓮上院を勝請房に譲っている。この間の事情について三月二日付の蓮上院所蔵の北条長綱書状には、

　尚以申候、箱根一坊跡も、御堪忍分なども候所ニて、始末御逗留をも申度候へ共、只今左様之無処之間、不及了簡候、某事もへや住ゐニ候へハ、何事も存絶計候、愈口惜存候、

当年者無登山候間、不能面謁候、仍山中御居住之事、先年頼入候処、于今其分祝着候、無際限可申、如何ニも、僧正蓮上院御相続被仰置候、是又難打置候、及承候者、客殿思召立之由候、尤御大儀察入候、旁自当年花木ニしかと御居住被定、修理被成、無大破様可有之候、箱根へも申遣候、但僧正御よしミも候へハ、節々院家御覧し可被廻候、頼入候、猶口上申含候、恐々謹言、

　三月二日　　　　　宗哲（花押）

「蓮上院同宿中　　幻庵宗哲」

とある。北条長綱は幻庵・宗哲とも号し、早雲の第五子であり、すでに小笠原氏も指摘されているように、菊寿丸といった少年時代に箱根山に入り、俗体のまま融山の前の箱根権現別当金剛王院四十世をつとめている。この書状をみると、融山は長綱の要請によって金剛王院に入ったことがわかる。そして今度の蓮上院の住持交替も長綱の助力があったようである。長綱は花木の蓮上院を修造して、寒さの厳しい山中から町中に下りて生活をされ、時々山中にでかけられたらよかろうといって融山の老齢さを心配している。おそらく七十過ぎの融山にとって山中の冬の寒さは身にこたえたものと思われる。そのため晩年、平生は小田原の蓮上院で生活を送っていたのかもしれない。長綱は更に箱根のこともいろいろ配慮してあげたいが、自分は部屋住で一国の主ではないので、自由にならないとなげいている。この書状は融山と長綱が非常に親密な関係にあったことをよく示している。この外にも北条氏と融山の密接さを示す

史料は多い。すでに小笠原氏が指摘されているように、天文十九年六月十八日付の鎌倉相承院文書所収の北条氏康書状の中で、氏康は融山に相承院融元の後見を依頼している。また安房妙本寺日侃の転写文書中の氏康と融山の往復書簡も両者の親密さをよく示している。このように融山が北条氏から非常に信頼され、護持僧的な役割を果していたことは事実である。

それはともかく、永禄六年二月二十一日付の東寺宝菩提院所蔵の融山置文写には、

宝菩提院御書状并任正嫡御法流相続之筋目、西光院可為末寺之状、所定仍如件、

永禄六年癸亥二月廿一日　　僧正融山在判

西光院後住義山

とあり、融山は再度西光院が宝菩提院の末寺であることを確認している。この頃の融山は金剛王院融山として小田原の蓮上院や西光院を管理していたことがわかる。前述のように蓮上院や西光院は法流の上では宝菩提院の末寺であるが、行政的な支配は相変らず融山からうけている。このような複雑な支配形式が融山没後、天正六年・慶長十一年の再度に亘って本末争いを起す原因となるのである。天正六年・慶長十一年の両寺の本末争いは近世の本末関係の成立過程を端的にあらわしており、大変興味深いが、次章で詳述したい。

以上のように、仏教史的立場にたつ私としては小笠原氏の所論に二、三卑見を加えたところがあるが、融山は小笠原氏がすでに指摘されているように、後北条氏と密接な関係にある東密系の僧である。鶴岡八幡宮等とも交流をもつ箱根権現別当金剛王院住職であり、晩年は僧正位を許されたほどである。そして融山の立場は東寺派の関東進出を考える上で重要な役割を果している。

東寺は伊豆・相模地方に多くの所領をもっていたが、戦国時代になると、戦国大名後北条氏による在地の一円知行化が進み、上方寺院である東寺にとって遠隔の地関東地方の所領管理が困難になってきている。そのため東寺側では

同地方の経済基盤を確保するために大名後北条氏の助力が必要となる。東寺側では後北条氏への仲介役を当時後北条氏の帰依をうけていた東密系の箱根権現別当金剛院融山に求めたようである。それは東寺側では融山に法流を伝授したり、僧正位に斡旋したりして彼の歓心を買うと共に自己の支配下に組み入れる。一方融山もまた上方の有力本寺と本末契約を結ぶことによって関東の真言宗教団内部における自己の地位の確立をはかるという利害が一致したためであろう。東寺宝菩提院亮恵の三度に亘る関東下向も単に西院流の法流伝授という教学的な目的だけでなく、関東側の要請と東寺側の勢力拡大策とが結び付いた結果であろう。

〈附録〉第二章　箱根金剛王院の本末制度

本章では箱根金剛王院を中心として、相模地方の古義真言宗寺院が、どのような経過を辿って本末制度を整備していったかを考察してみたい。これは私達が数年来調査を続けている京都東寺宝菩提院の史料の中に、宝菩提院と相模地方の古義真言宗寺院との間の本末争いを示す往復書翰が数通発見されているので、この史料を中心に述べてみたい。これらの史料は慶長十一年（一六〇六）に箱根の金剛王院が小田原の蓮上院と西光院の帰属化を争った際に、金剛王院側が、それまでの後北条時代の本末関係を示す証文として本寺である宝菩提院に提出したものである。なお、後北条時代の金剛王院については、前章「箱根権現別当金剛王院融山について」を参照していただきたい。

天正六年八月三日付の東寺金剛珠院亮秀書状写（宝菩提院文書）には、

御札委曲令披見候、仍蓮上院与令申事、具ニ承候、随而先年亮恵僧正下国之砌、為直末之旨、対貴院一札被進候、其上融山副状等、厳重之上者、是非不及沙汰儀候、就其二三ケ年以前、金剛頂寺与真福寺本末相論刻、御国之能（化）家衆之由令申、以連判理候間、有様旨従物寺連署之筋於、為当所一札被下候キ、将又御影供等、法事出仕等之儀者、法流一味之寺者、互出頭在事者、於本寺茂其分候、雖然、本末有無立入事無之候、但自先々末寺相定於諸寺者、不及是非候、所詮、様子者先年之連署相見候、其上亮恵僧正下向之砌、被置定一書有之者、任其状可為理運候、猶使僧申渡候之条、不能細筆候、恐々謹言、

（天正六年）八月三日　　亮秀　在判（東寺金剛院珠院）

西光院　回報

とある。この頃小田原の蓮上院と西光院の間で紛争が起っていた。これは蓮上院が西光院を自分の末寺と主張してい

たのである。それに対して東寺金剛珠院の亮秀はこの書状の中で、西光院は弘治二年(一五五六)に先師亮恵が関東に下向したときに、東寺の直末に定めている。その上、永禄六年(一五六三)に西光院義山の師匠融山が、西光院は東寺の法流に従うことを再確認している証文があり、西光院は蓮上院の末寺ではないといっている。このように天正六年頃まで東寺側では一貫して西光院を後押ししていたようである。

この書状写をみると、天正三、四年頃相模の大中郡岡崎の金剛頂寺と真福寺が本末を争ったとき、相模の古義真言宗寺院の能化衆が相談をして、本末関係を整理して西光院は蓮上院の末寺とすることを東寺に申し入れた。それに対して東寺は従来からの契約を楯にとり国元からの申入れを拒否している。亮秀は国元の真言宗寺院が御影供等の法要に相互に出仕しあうことは東寺の場合も同様であり、国元の慣習まで立ち入ることはない。しかし従来からの本末関係については特別であり、西光院の場合は東寺宝菩提院亮恵との本末証文が明白であり、西光院を蓮上院の末寺とすることは認められないと反論している。蓮上院は金剛頂寺等と共に相模七カ寺の一つに数えられる有力寺院である。

更に翌年十月四日付の亮秀・信恵連署書状写(宝菩提院文書)をみると、

小田原西光院事、可為宝菩提院直末之旨、亮恵僧正一札幷融山僧正副状在之上者、向後弥可被守彼掟事専要候、

仍状如件、

天正七
拾月四日　　東寺金剛珠院権大僧都　亮秀　判
　　　　　　宝菩提院大法師　信恵　在判

相州小田原西光院

とあり、東寺側では西光院が東寺宝菩提院の直末であることを再確認しており、蓮上院側の主張は通らなかった。

この蓮上院と西光院の本末争いの背景は複雑であった。経過の詳細は前章を参照願いたいが、蓮上院は金剛王院の融山が晩年に兼帯した寺である。一方、西光院は融山の弟子義山が止住していた寺である。両院共に宝菩提院の直末

である。これは西光院が弘治二年に融山を介して宝菩提院亮恵から法流伝授をうけ、昇格して同格になったのであるが、それ以前から両寺の間で本末争いがあったのである。そのため亮恵と融山の没後、両院の間で本末争いが再熱してきたのである。しかし後北条政権下の天正六年の争いは東寺側の助力によって、西光院側の勝利に帰したのである。

次に徳川政権下の慶長十一年頃と推定される八月十二日付の箱根金剛王院義山書状（宝菩提院文書）には、

態以使僧申達候、仍先年も如申入候、小田原西光院義（儀）、亮恵僧正宝菩提院直末被仰付候間、去乱後迄愚老居住仕候、十七ケ年以前、箱根山へ罷移候ニ付而、弟子分之者申付候処、去春死去申候、然処、当蓮上院末寺之由、拙老不可有綺之由申候、先年も蓮上院前住加様之儀被申出、本寺之御紙面ニ付而閉口被申候キ、再往之公事、以外之悪比丘ト存候へ共、不及了簡候間申上候、亮恵僧正以来之御書出写進上之候、御披見之上急度被仰付候而可被下候、本寺之御意違背之仁ニ候、向後モ大方ニ被仰付候者、可申掠悪僧ニ候、於此方小田原城代衆へ御証文を以申候へ共、本寺へ可申上之由被申候間如此候、大久保相模守（忠隣）所へ御状被遣候而、可被下候（虫損）□奉願候、恐惶謹言、

八月十二日　　　　　　金剛王院　義山（花押）

金剛珠院様人々御中

とある。これをみると義山は天正十八年の豊臣秀吉の小田原攻めの頃まで、小田原の西光院に止住していたが、乱後に箱根の金剛王院に移っている。義山は天正十八年に金剛王院に移住する際、西光院を自分の弟子に譲っていた。それが十七年後の慶長十一年に西光院の弟子分の住職が死んだので、義山が後住を決定しようとしたところ、小田原の蓮上院から西光院は自分の末寺であるから、義山が干渉してもらっては困るといわれている。これに対して義山は東寺金剛珠院亮秀に、蓮上院は以前にも、おそらく天正六年の本末争いを指すものと思われるが、前住が西光院を自分の末寺であると主張して、本寺の証文によって敗れているのに、再び訴訟を起すような悪僧であり、国元では収拾が

つかないので、従来からの由緒の証文を提出するので、本寺の方で宜しく裁許してもらいたいといっている。義山は最初この訴訟を小田原城主大久保相模守忠隣のところへもっていったようであるが、本寺の方へ訴えるようにとの指示なので、東寺金剛珠院亮秀に願い出て、しかるべく処置をして国元の小田原城主に報告してもらいたいといっている。当時の宝菩提院住持は禅源であるが、従来からの由緒によって金剛珠院亮秀に斡旋を頼んだのであろう。一見、義山の訴えはもっともなようであるが、今回の紛争は容易に解決しなかった。慶長十一年と思われる八月十三日付の円光寺元佶書状(蓮上院文書)には、

□□□主殿殿□致談合、済々申候間、可御心安候、以上、

近年筥根之別当、小田原之蓮乗院・西光院両院共ニ末寺之由被申懸候、雖然、不末寺証文出申、其上曖衆御座候而相済候、西光院常住物、従別当御請取候而、蓮乗院へ御渡尤存候、如注文之面、無相違可被仰付候、別当被致一札候間、御披見候而可然存候、於様子者蓮乗院可被申候間不具、恐惶謹言、

八月十三日　円光寺　元佶(花押)

大久保相模守殿(忠隣)

とあり、義山は蓮上院と西光院の両方とも金剛王院の末寺であると主張していた。それに対して蓮上院は自分は宝菩提院の直末であり、西光院は自分の末寺であると主張して、両者は対立していた。義山はすでに西光院は自分の末寺であるといって財産を没収してしまっていた。そのため本末争いの公事になりそうなところを、曖衆(仲介者)、おそらく亮秀と思われる者が出て示談となった。しかし今回の示談により財産を蓮上院に返却することに決められている。更に十二月五日付の東寺宝菩提院禅源書状(蓮上院文書)をみると、禅源は再度小田原城主大久保忠隣に義山から西光院の家財を取り戻してくれるように頼んでいる。これをみると示談とはいいながら、今回の裁許では蓮上院側の主張が通り、実質的には金剛王院義山側が敗れたことになる。

ここで注目されることは、西光院はかつて弘治二年に東寺宝菩提院亮恵と箱根金剛王院融山の契約により、宝菩提院の直末になった寺である。しかも西光院はその後も融山の弟子義山が住職をしていた。更に天正十八年に義山が金剛王院に移るときに自分の弟子を後住に任命しても問題がなかった程、金剛王院融山・義山と密接な寺である。それが慶長十一年頃になると、かつて金剛王院融山が兼帯していた小田原城下の蓮上院の勢力が伸張して、西光院を蓮上院の末寺化している。そして西光院と宝菩提院の本末関係を楯にとり、金剛王院義山の干渉を排除しようとしている。

宝菩提院と西光院の本末関係の成立過程をみると、西光院を金剛王院が支配するのは当然のように思われるが、近世初期になると、西光院と金剛王院の人的な結び付きは否定され、東寺宝菩提院直末という格式だけが優先して、西光院は金剛王院義山の支配下から離れている。十二月五日付の禅源書状の中で述べられているように、西光院と蓮上院は共に宝菩提院の直末であり、原則的には両寺の間に本末関係は存在しないはずである。しかし蓮上院は早くから西光院を自分の支配下寺院と主張している。そして今回の裁許では蓮上院は金剛王院の干渉を排除して実質的に西光院を末寺化することに成功したようである。これは当時の金剛王院が、かつて小田原の後北条氏と密接な関係にあったためか、徳川新政権とはあまり親密でなかったらしく、慶長十七年頃と推定される七月十二日付の本多正純書状(金剛王院文書)をみると、天正十八年四月の豊臣氏と後北条氏の箱根の山中の戦いで戦乱に巻き込まれて焼失した堂舎の再興もままならなかったようである。そのため山中の金剛王院に代り、小田原城下の蓮上院が勢力を伸ばしてきたのであろう。

少し時代の降る史料であるが、寛永十年(一六三三)の「関東真言宗古義本末帳」(『大日本近世史料』「諸宗末寺帳」上)をみると、蓮上院は宝菩提院直末とあるが、西光院は蓮上院の末寺と記されている。一方、金剛王院は仁和寺末とされており、いつの時点からか、金剛王院は宝菩提院との交流を断ち、仁和寺の末寺となっていたのである。これがいつのことであるか明白でないが、寛永十年の本末帳の原型は、すでに慶長十一年の両者の本末争いにもその一端が窺われる。このように近世初期の関東古義真言宗の本末関係は不安定であり、法流伝授を中心とした人間関係や幕府との結び付きの強弱によって本末関係が移動していた。しかし江戸時代になると他の宗派と同様に法流や人間よりも寺格が優先することになっていったのである。

〈附録〉第三章　後北条政権下における関東の本山派修験

はじめに

戦国大名と修験僧侶である山伏との結び付きについては、和歌森太郎氏が『修験道史研究』第四章第二節「修験道に対する政治的規制の優越化」の中で、武田氏や後北条氏と山伏が密接な関係にあった事例を紹介されている。

本章では、これらの研究を参照しながら、関東地方で特異な役割を果した本山派修験が、後北条政権下でどのような活動をしたのか具体的な史料を示しながら考察してみたい。従来の修験道史研究はどちらかといえば、民俗学的な手法の研究が多い。修験道の文献史料はけっして少なくない。私は文献史料を中心に本章を構成したいと考えている。その際に、後北条政権下の本山派修験の活動を明確にするために、それ以前の室町時代の関東本山派修験の活動と、それ以降の徳川家康時代の関東本山派修験の活動とを対比しながら考察してみたいと考えている。

なお、今回は本山派修験を中心として考察し、当山派修験については別の機会に述べたいと思う。

一　室町時代の関東本山派修験

中世の関東修験は『米良文書』の中に関東各地の先達職が散見するが、それぞれの地域の在地性が強く、本山派修験とか当山派修験とかいうような明確な派閥組織はなかったようである。ところが文明十八年(一四八六)関東各地の修験は天台宗に属する本山派修験の聖護院門跡道興准后の来遊をうけ、次第に本山派修験の枠内に組み入れられていった。道興は近衛房嗣の子で、修験の本山である京都聖護院の門跡となり、准后の待遇を得た。修行の志が強く、文明十八年に五十七歳の老齢で、北陸・東国二十カ国を巡行した。聖護院門跡は代々熊野三山検校を兼帯したので、熊野詣の先達や御師との関係が深かった。道興の巡行の目的の一つは、北陸・東国の熊野修験を聖護院を本所として組織化して経済基盤を確立することにあったものと思われる。

この時の道興の紀行文である『廻国雑記』をみると、

上野国大蔵坊といへる山伏の坊に十日あまりとどまりて、同国杉本といふ山伏の所へうつりける。

（中略）

杉もとに十日ばかり逗留し侍りき、八月十五日淡雨茫々として、

とあり、道興は上野国（群馬県）群馬郡国府村の大蔵坊に文明十八年七月下旬から八月上旬頃まで十日間逗留していることがわかる。杉本坊についいては不明であるが、文安四年（一四四七）四月二十日付の太田資清書状には、

定過書事、以前之如御証文、当方成敗之国中事、不可有其煩候、若及違儀方候者、承堅可加下知由候、恐々謹言、

文安四　四月廿日　道真（太田資清）（花押）

上州年行事大蔵坊

とあり、大蔵坊が上野の修験の年行事職をつとめていたことがわかる。大蔵坊については後述するが、これ以前に聖護院から熊野参詣先達職に任じられており、当時の上野を代表する修験寺院であったものと思われる。

その後、道興は武蔵に入り、各地の修験寺院や武士の館を歴訪している。修験寺院としては佐西（狭山市笹井）の観音堂、大塚（川越市南大塚カ）の十玉坊、川越（川越市上寺山カ）の最勝院などを訪ね、なかでも十玉坊には長期間滞在した。武蔵のこれらの寺院について調べてみると、観音堂は天文二十一年（一五五二）三月二十七日付の聖護院門跡御教書には、

武州柚保内并高麗郡年行事職之事、任相伝□（之カ）由緒、弥可令全領知之由、聖護院御門跡所被仰出也、仍執達如件、

天文廿一年三月廿七日　　僧都（花押）

佐々井　　法印（花押）

観音堂

とあり、観音堂は享禄五年（一五三二）五月朔日に乗々院大僧正から安堵された武蔵国の杣保と高麗郡の年行事職を再び安堵されている。

大塚の十玉坊は文明十二年（一四八〇）七月二十七日付の聖護院門跡御教書をみると、

武州入東郡□并清戸年行事職之事、任申請之旨、被仰付畢、然上者彼門徒中、同熊野参詣檀那以下、知行不可有相違之由、乗々院法印御房被仰下所候也、仍執達如件、

文明十二年七月廿七日　　法眼慶乗（花押）

十玉坊御房　　法橋快継（花押）

とあり、聖護院門跡は大塚十玉坊の申請に任せ、同坊を武蔵国の入東郡と多摩郡清戸の年行事職に補任し、熊野参詣檀那職以下を知行させている。また文明十九年正月二十八日付の聖護院門跡御教書には、

（道興）
（花押）

武州崎西郡年行事職之事、十玉坊法印賢承理運之旨被聞召分、已前以奉行之奉書被仰出上者、不可有成敗相違之由、被仰出所候也、仍執達如件、

文明十九年正月廿八日　　法印（花押）

十玉坊法印御房

とあり、文明十九年正月に前述した聖護院門跡道興は十玉坊に崎西郡の年行事職を安堵している。このように十玉坊は武蔵の各地の年行事職を保有していたことがわかる。川越の最勝院については明白でないが、道興が訪ねた観音堂

や十玉坊は、上野国の大蔵坊と同様に、当時の武蔵国を代表する有力な修験寺院であったことがわかる。

十玉坊については、天文二十二年五月二十一日付の聖護院門跡御教書をみると、

武州上足立伊勢熊野先達衆分檀那職等之事、任当知行旨、不可有相違趣、被成奉書訖、宜被存知、爰十玉坊号由緒、違乱之条、被相尋之処、於備上覧証文者不慥、万一明白之文書於致出帯者、重而可被遂御糺明、然者如近年弥全領知、可被抽奉公之忠切《節》旨、聖護院御門跡所被仰出也、仍執達如件、

天文廿二年五月廿一日　法印（花押）

僧都（花押）

大行院

とある。聖護院門跡道増は鴻巣の大行院に対して、上足立の伊勢熊野先達衆分檀那職などを安堵している。同日付、同文で道増は浦和の玉林坊に対して、下足立の伊勢熊野先達衆分檀那職などを安堵している。この二通の御教書をみると、「十玉坊号由緒、違乱之条」とあり、それぞれ十玉坊が足立郡の檀那職などの由緒を主張していたようであるが、聖護院門跡道増は十玉坊の言い分を却下して大行院と玉林坊の支配を認めている。この時に十玉坊の申請は却下されているが、室町時代の武蔵の本山派修験では十玉坊がもっとも勢力があったようである。そのために道興が武蔵国では十玉坊に長期間滞在したのであろう。ただ、十玉坊はこの事件で失脚したのであろうか、この後天正七年（一五七九）二月に再興されるまで、その活動は明白でない。

この外に当時武蔵国で活躍していた本山派修験に毛呂山の山本坊がある。大永八年（一五二八）四月二十八日付の乗々院大僧正奉書をみると、

武州父母《秩父》六十六郷熊野参詣先達職事、証文紛失之段、任請文之旨、被成奉書訖、引導不可有相違候由、乗々院大僧正御房被仰出候也、仍執達如件、

大永八　秀栄（花押）

四月廿八日　　快延（花押）

山本坊御報

とあり、山本坊は乗々院大僧正から秩父六十六郷の熊野参詣先達職を安堵されている。また天文二十三年二月二十三日付の聖護院御教書写をみると、

武州篠場長命寺事、去天文九年対児玉福泉坊、可令再興之趣被仰下之旨、既帯証文上者、重被成奉書者也、爰号先師舎弟、去年令参洛族在之、久依無音、称断絶間、被許容訖、但就之、剰不自由段、奉（達）而懇望申之条、於一跡者源（厳）重相続之、熊野先達職并檀那衆分等、可宜存知之、次彼被召出舎弟事、加憐愍不可致疎意之由、依　聖護院御門跡御気色、執達如件、

天文廿三年二月廿三日　　権大僧都

武州篠場　　律　師

長命寺

とあり、江南町の長命寺はこの時に再興を認められ、熊野先達職と檀那衆分職を安堵されている。

二　後北条政権下の関東本山派修験

室町時代の関東本山派修験寺院は、京都の聖護院門跡からの年行事職の補任や安堵が中心であったようであるが、時代が下ってくると次第に在地の戦国大名の安堵状が目立ってくる。弘治二年（一五五六）三月五日付の太田資正書状をみると、

上足立三十三郷之事、伊勢熊野先達職衆分檀那等之儀、不可有御別条之由、聖護院御奉書并御奉行衆証文明白之上、於資正も不可有相違候、恐々謹言、

弘治二年丙辰三月五日　美濃《（太田）》守資正（花押）

大行院

とある。岩付城主太田資正は鴻巣の大行院に対して上足立三十三郷の伊勢熊野先達衆分檀那職などを安堵している。これは前述の天文二十二年五月二十一日付の聖護院門跡御教書の内容を追認しているものである。さらに永禄八年（一五六五）二月二十日付の太田氏資書状には、

上足立三十三郷之事、伊勢熊野先達衆分檀那等之儀、不可有御別条之由、聖護院御奉書幷御奉行衆証文明白之上、於氏資《（太田）》も不可有相違候、恐々謹言、

永禄八年乙丑二月二十日　源五《（太田）》郎氏資（花押）

大行院

とあり、氏資がさらに資正書状の内容を追認している。同じ事例であるが、丙辰（弘治二年）十一月二十九日付の太田資正書状をみると、太田資正は浦和の玉林坊に対して下足立の伊勢熊野先達衆分檀那職を安堵している。これも前述の天文二十二年五月二十一日付の聖護院門跡御教書の内容を追認しているものである。さらに永禄九年十月二十一日付の太田氏資書状をみると、氏資は資正書状の内容を追認している。

次に永禄二年十月二日付の北条家印判状をみると、

半沢郡之内拾箇村郷名別紙有之、六十年以来任持来筋目、聖護院殿御書出被下上者、無相違可相拘旨、依仰状如件、

永禄二年乙未十月二日　大草左近大夫奉

武州宝積坊

とあり、後北条氏は永禄二年七月二十九日付の聖護院門跡御教書の旨に任せて、美里町の宝積坊に榛沢郡十カ村の年

行事職安堵を追認している。このころになってくると聖護院門跡の補任状や安堵状だけでは不充分であり、在地の戦国大名の承認を必要としたのであろう。

天正七年霜月十六日付の不動院頼長書状をみると、

近年大沼房、宝積房相論之地、今度　御奉書□御申請候、一円於玉滝房・拙者者不存知候、関東之儀候へ者、両人不被存儀者所詮有之間敷候歟、但重而も従京都以御奉書就被為仰付者、可存其意候、富士・三嶋参詣之方有之者、如前々可有之候、為向後一筆相渡申候、以上、

天正七年霜月十六日　　不動院頼長（花押）

金剛寺

大善院

大乗院

とある。これをみると、深谷大沼坊と白石宝積坊の相論に際して、関東の本山派修験は必ず不動院（春日部市小淵）と玉滝坊（小田原市）の支配をうけるべきことを伝達している。そのことを京都聖護院も承認していることがわかる。これらをみると、当時関東本山派修験の中心的な役割を果していたのは、従来の十玉坊に代って不動院と玉滝坊であったようである。

この間の経緯について少し考えてみたい。

天正七年二月三日付の北条氏照判物写をみると、

武州之内前々水子（入間）ニ相定候十玉坊、就及断絶、今般改而芝山（多摩）ニ（為脱カ）十玉坊可有再興之由、尤候、幷入東・新倉之郡氏照領分年行事之儀、聖護院殿任御証文可被申付候、仍後日状如件、

天正七年庚辰二月三日　　氏照（北条）（花押）

十玉坊

とある。この判物は写である。庚辰は天正八年であるが、北条氏照は天正八年六月七日に近在の観音堂の年行事職を安堵している。この判物は後述する天正七年八月七日付の聖護院門跡御教書をうけて出された可能性が高い。内容的にはこれをみると、これまで十玉坊は断絶しており、天正七年にあらためて芝山に再興されたことがわかる。八王子城主北条氏照は十玉坊の再興を許可して、入東郡と新倉郡の氏照領分の年行事職を安堵している。前述したように十玉坊は天文二十二年に足立郡の檀那職を大行院と玉林坊と争い聖護院門跡の裁許で敗れている。おそらくその時に断絶して、天正七年に再興されたようである。十玉坊の再興については、天正七年八月七日付の聖護院門跡御教書をみると、

入東郡并新倉郡年行事職之事、十玉坊由緒無紛之由候処、近年無主之地同前之旨、不可然、所詮彼跡職相続之事、被仰付候上者、自今以後、全領知可抽奉公忠節旨、依　聖護院御門跡仰執達如件、

天正七年八月七日　法印（花押）

僧都（花押）

十玉坊

とあり、聖護院門跡道澄は十玉坊に入東郡と新倉郡の年行事を安堵している。この中で「無主之地同前」といっており、これ以前十玉坊が断絶していたことがわかる。

天正七年には聖護院門跡から関東の本山派修験に多くの御教書が発給されており、変革点となった年のようである。一覧表（次頁参照）で整理すると表6のようである。

なぜこのように天正七年に聖護院門跡御教書が集中して発給されているのであろうか。

表中の6の天正七年八月七日付の聖護院門跡御教書をみると、

上比企郡年行事職之事、数十年当知行無紛之上、三十ケ年以前、御下知頂戴之処、一乱之刻証文紛失之由、既以

誓紙言上之上者、只今被成奉書訖、弥全領知、可抽奉公忠節之由、被仰出候、若出帯明白之証文、所申於有其理者、被遂御糺明、憲法可有御裁許之旨、依　聖護院御門跡御気色、執達如件、

天正七年八月七日　　法印（花押）

長命寺　　僧都（花押）

とある。「一乱之刻証文紛失」とあり、戦乱によって証文を紛失して、混乱した支配関係を、天正七年に聖護院門跡

表6

番号	月日	内容	出典
1	2・3	北条氏照、十玉坊の再興を許可し、入東郡と新倉郡の年行事職を安堵す	北条氏照判物
2	3・11	聖護院門跡、円蔵坊に幡羅郡と崎西郡の熊野参詣以下の先達職を安堵す	聖護院門跡御教書
3	7・26	聖護院門跡、大行院に上足立三十三郷の伊勢熊野先達衆分の檀那職を安堵す	聖護院門跡御教書
4	8・6	後北条氏、大行院に聖護院門跡御教書の内容を追認す	北条家印判状
5	8・7	聖護院門跡、十玉坊に入東郡と新倉郡の年行事職を安堵す	聖護院門跡御教書
6	8・7	聖護院門跡、長命寺に上比企郡の年行事職を安堵す	聖護院門跡御教書
7	8・18	聖護院門跡、長命寺に男衾郡の田中以下の檀那職、富士三嶋の先達職を安堵す	聖護院門跡御教書
8	8・27	聖護院門跡、笹井観音堂に所沢衆分等を安堵す	聖護院門跡御教書
9	8・27	聖護院門跡、笹井観音堂に杣保内と高麗郡の年行事職を安堵す	聖護院門跡御教書
10	8・27	聖護院奉行源要、宝積坊の檀那衆分の榛沢郡十カ村の村名を書き立てる	宝積坊知行村名書立
11	11・16	不動院頼長、大沼坊と宝積坊の相論を裁許し、富士三嶋参詣の檀那衆の取り扱いは前々の如くたるべきことを伝達す	不動院頼長書状

が再度御教書を発給して、従来の支配関係を再確認したのであろう。その際に、従来、武蔵の関東本山派修験の中心的な役割を果していた十玉坊がしばらく断絶しており、天正七年の再編成にあたり、再興されたことがわかる。その間に前述したように十玉坊に代って、不動院と玉滝坊が聖護院の命をうけて関東本山派修験の中心的な役割を勤めていたことがわかる。これは後北条氏の勢力拡大にともない、この天正七年に後北条氏の保護をうけた不動院と玉滝坊が関東本山派修験の支配関係を再編成したように思われる。例えば天正七年と推定される六月晦日付の聖護院門跡の坊官である慶忠書状をみると、

猶以、諸郷境目等之儀、御無案内之事候間、被任　奉書之旨、上下之儀、有様ニ境目被相立候て可被遣候

雖未申通候令啓達候、抑先年当御門跡御廻国之刻、大行院与玉林房相論之儀、被遂御糺明、上足立三十三郷儀、被任先規、即大行院ニ被仰付候、下足立三十三郷之儀者、玉林房被相究候処、于今双方申分不相済旨候、彼上下境目等儀、此方御無案内之儀ニ候間、有様ニ御裁許所仰候、其上申分於不相究者、為此方可被加御成敗候、万々御指南専用候、恐々謹言、

（天正七年）
六月晦日　慶忠（花押）

（上書）
「御奉行衆　慶忠　」

とある。この書状は聖護院門跡の坊官慶忠から後北条氏の奉行衆に宛てられたものである。年号はないが、次の二通の古文書から見て天正七年と判断できる。天正七年七月二十六日付の聖護院門跡御教書には、

（聖護院門跡道澄）
（花押）

武州上足立三十三郷伊勢熊野先達衆分檀那職等之事、如先々不可有相違趣、被成奉書訖、弥全領知可被抽奉公忠功之由、聖護院御門跡所被仰出也、仍執達如件、

天正七年七月廿六日　（源要）法印（花押）

大行院

僧都《慶忠》（花押）

とあり、聖護院門跡道澄は大行院に上足立三十三郷の伊勢熊野先達衆分の檀那職を安堵している。さらにこの御教書をうけて、天正七年八月六日付の北条氏朱印状には、

上足立三十余郷伊勢熊野先達衆分檀那職之事、聖護院御門跡御証文之旨ニ可相任事、尤無異儀候、幷太田《氏資》一札披見畢、仍状如件、

天正七年己卯八月六日

坪和伯耆守奉之

大行院

とある。これは後北条家の奉行衆坪和康忠が、聖護院門跡の御教書に任せて、大行院に上足立三十三郷の伊勢熊野先達衆分の檀那職を承認することを伝達している。これらは前述の慶忠書状の内容をうけたものであり、天正七年のものと考えられる。これらをみると、聖護院側は関東本山派修験の実質的な支配を後北条氏に委任していた様子がよくわかる。

上野国でも同様に年行事職が交替している。かつて大蔵坊が上野国の本山派修験の年行事職をつとめていたことは前述した。天文二十年六月二十一日付の秀栄・長隆連署書状には、

就町田坊儀、御注進之趣、即致披露候、

（中略）

一、聖護院殿よりの奉書の案文とて、御上候文言以下ふしん千万候、其方ニおき御分別なく候哉、

一、御門跡出世の人体より、町田坊方へ謹上と被書候事、言語道断、あるましき子細存候、殊上所へ如件とハ始末相違候、

（後略）

天文廿年六月廿一日　秀栄（花押）

大蔵坊御坊　長隆（花押）

とあり、この時に沼田の町田坊が聖護院文書の案文を偽造した事件が起こり、その措置が不十分であったとして大蔵坊は聖護院から咎められている。それ以後、大蔵坊の勢力が衰えたため箕郷の極楽院が台頭している。

永禄十一年（一五六八）正月二十三日付の武田信玄判物をみると、

西上野年行事職之儀、可為如先規候者也、恐々謹言、

永禄十一年戊辰正月廿三日　（武田）信玄（花押）

極楽院

とあり、極楽院は武田信玄によって西上野の年行事職を承認されている。そのため同年のものと思われる七月十二日付の武田信玄書状をみると、

去比、法輪院上洛之砌令啓達候き、参着候哉、仍就上野国年行事、件之極楽院、大蔵坊相論之儀候、更以私難決是非候之間、為可奉得　門主之御下知、両人罷上候、雖不及申候、憲法之御沙汰肝要候、以此義可致某分国之亀鏡候趣、可被窺　御気色候、恐々謹言、

七月十二日　（武田）信玄（花押）

勝山院進之候

とあり、上野国の年行事職をめぐって大蔵坊と極楽院が争っている。しかし九月五日付の聖護院門跡道澄書状写をみると、

上野国年行事職之儀、任先規、対極楽院可申付之旨、被成御内書、被仰聞候、誠以彼真面目、不可過之候、於証文等之筋目者、委細令分別候訖、雖然既及相論上者、互ニ申分可有之候哉、修験法度、不混自余子細共、殊更信

玄分国中成敗有様之由候間、慥不遂糺明申付候者、可及後難儀候条、一旦亦御理申入、上洛之節、可相究存候へ共、達而上意之通、具示給候間、不残思惟存其旨候、此等之趣、可然之様御取成頼入計也、かしく、

九月五日　御判

曽我兵庫頭殿

朽木弥十郎殿

とあり、結局、極楽院が勝利を収めている。天正四年六月十七日には極楽院は武田勝頼から西上野の年行事職を安堵されている。天正十年三月二十八日付の瀧川一益判物写をみると、

上野国惣山伏中年行事職、如前々不可有異儀候、仍状如件、

天正十年三月廿八日　瀧川一益　判

極楽院

とあり、極楽院は新厩橋城主瀧川一益から上野国全体の年行事職を安堵されている。更に天正十二年三月九日付の北条氏直判物をみると、

上野国年行事職之儀、聖護院御門跡数通之御証文披見之上、尤得其意由、先極楽院へ申合候、自今以後猶不可有異儀状、如件、

天正十二年甲申三月九日　氏直（北条）（花押）

極楽院

とあり、極楽院は新しく上野の支配者となった北条氏直から上野国の年行事を安堵されている。このように極楽院はめまぐるしい戦国大名の変遷の中で、聖護院門跡の御教書を証拠として巧みに対応して生き抜いている。しかし上野国の年行事職は戦国時代には極楽院の完全支配ではなかったようである。天正五年七月三日付の武田家印判状をみる

と、前述の武蔵の小淵の不動院が西上野の年行事職に補任されていることがわかる。更に天正八年正月十九日付の北条氏政判物をみると、

東上州年行事職之事、聖護院御門跡可被相任御証文条、異儀有間敷候、仍状如件、

天正八年庚辰正月十九日　氏政(北条)(花押)

不動院

とあり、北条氏政は不動院の東上野の年行事職を安堵している。前述のように天正十二年三月九日付の北条氏直判物では、極楽院が上野国の年行事職を安堵されているのに、それ以前に父親の北条氏政が不動院の東上野年行事職を安堵しているのは矛盾する。しかし武蔵の年行事職の交替のところで述べたように、天正七年霜月十六日付の不動院頼長書状をみると、関東の本山派修験の支配は小淵の不動院と小田原玉滝坊が任されていることがわかるので、地域的にみて、東上野が不動院の支配下に入っていたことは充分考えられる。上野一国の年行事から、後北条氏の領国単位の年行事へ移行していく過程の矛盾であろう。

それではなぜこのように後北条氏が関東各地の本山派修験と密接な関係を結ぶようになったのであろうか。

寅(永禄九年)八月二十九日付の北条氏邦印判状をみると、

申付使之儀、能々可走廻、成就之上、必可令扶助候間、軽身命可相稼者也、仍如件、

寅八月廿九日　猪俣左衛門尉奉之

法積坊

とある。このように鉢形城主北条氏邦は白石の宝積坊に走廻りを命じている。また天正十六年正月八日付の北条氏照判物をみると、

吉浄坊　円乗寺　辺満寺

以上

右之山伏、観音堂幷杉本坊年行事下ニ候、然者天下之御弓箭ニ候間、触口下之山伏、手堅申付、重而御一左右次第、何方江成共、小田原之御下知次第走参、可走廻、此度年行事之不応下知山伏ニおゐて者、正護院殿江申上、可被行死罪候、誰人之知行ニ候共、山伏者其所々之属年行事首儀ニ候間、大途之御弓箭ニ付而者、観音堂幷杉本坊手前江相集、御下知之所江馳参、可走廻、従小田原御下知ニ付而者、如此申出也、仍如件、

天正十六年戊子正月八日　　氏照（花押）

観音堂

杉本坊

とある。八王子城主北条氏照は戦時体制下で関東の本山派修験に小田原のために走廻りを命じている。戦国時代になると、修験の僧侶は身に刀仗を帯びて深山幽谷を跋渉する能力に優れていたので、戦国大名はしばしば修験道に保護を加えるとともに、軍事目的に僧侶を活用した。関東の本山派修験も後北条氏と結び付き、戦時における敵状偵察等の任務を果たしていたようである。

三　徳川家康と関東本山派修験

戦国時代に小田原の後北条氏と関東本山派修験の結び付きが強かったことは前述した通りである。関東一帯は本山派修験の年行事によってほとんどの地域が霞下として支配されていた。そのため天正十八年八月関東へ入国した徳川家康が諸宗に先駆け、もっとも早く交渉をもったのはこの本山派修験である。天正十九年二月十八日付の聖護院門跡御教書には、

関東八州諸修験中之儀、徳川殿江被得御内意候処、如有来、聊以不可有御別儀之旨、厳重之御内証候間、諸年行

事堅被存其旨、同行中江可有伝達之儀、簡要被思食之由、依　御門跡仰、執達如件、

天正十九年二月十八日　法眼（花押）

不動院　法印（花押）

玉滝坊

とあり、京都の聖護院門跡道澄と関東の新為政者徳川家康との間で、関東の修験については、小田原の後北条氏以来の年行事職をそのまま安堵する旨の約束が出来ていたことがわかる。このことは聖護院の坊官が武蔵の大先達不動院と相模の大先達玉滝坊に伝達している。さらに天正二十年正月二十三日付の徳川家康朱印状写をみると、

修験中年行事職之事

右任聖護院門跡被定置先例、領掌不可有相違者也、仍如件、

天正廿年正月廿三日　御朱印

不動院

とある。このように家康は関東の修験中年行事職について聖護院道澄が定めた前例を遵守することを約束している。この家康朱印状に添えて、家康政権下で初期の寺社行政を担当した全阿弥が関東の所々の代官に宛てた書状がある。全阿弥は次章で後述する祭道や注連祓役の争いでも中心的な役割を果している。同年正月二十二日付の全阿弥添状写には、

急度以折紙申候、修験中年行事職之義（儀）、従聖護院殿以御理、今度御朱印被下置候間、御分国中於所々、如先規可被仰付候、為御心得拙者も如此候、恐々謹言、

天正廿年辰正月廿二日　全阿弥

所々御代官所

とある。このように全阿弥は家康の関東修験中年行事職免許状の発布に先立ち、添状を関東の代官衆に廻達している。後述するように、この後文禄、慶長年間になると全阿弥は家康の意をうけて、関東本山派修験について厳しく統制を加えていくが、入国当初は家康と関東本山派修験は非常に親密であったことが、これらの史料から裏付けられる。

東松山市光福寺所蔵の（文禄四年）二月二日付の全阿弥書状写には、

於御分国引導之所江、従真言宗・天台宗・山伏中祭道之沙汰有之由申事候、縦前代ニ者左様之証候共、於御当代其沙汰有之間敷候、上様之以仰出、聖護院・不動院へ御断之間、於諸門首・諸代官江書付進之候条、於違乱此方へ差諭可有之候、可及其改候、為御心得書付進之置候、

文禄四　二月二日　全阿弥　在判

知足院

とある。この書状の「文禄四」は補筆であり、小沢氏の指摘されるように文禄五年の誤りであろう（小沢正弘稿「江戸初期関東における祭道公事」『埼玉県史研究』第九号参照）。年代はともかくこの書状の中で全阿弥が、前代の後北条氏の時代には真言・天台・山伏などの祈禱の僧侶が葬儀に加わり、祭道をすることが認められていたとしても、御当代、即ち家康の時代になってからは祭道は禁止していると述べている。これをみると後北条氏の時代には修験などの祈禱僧が祭道を行い、不浄な葬礼の道具を受け取ることが容認されていたのである。これは当時の関東の修験僧侶の多くが修験の本拠地たる山岳を離れ、平地の町中や村落に居を構えていた里修験であったことによる。里修験は既成の寺院の職能との重複をさけるために加持・祈禱が中心であり、祭道を執行することは重要な収入源であったはずである。そして後北条氏の時代には里修験の努力により、関東地方の村々ではすでにこの祭道が葬送儀礼として定着していたようである。そのため江戸時代になって幕府がたびたび祭道を禁止しているが、江戸中期まで祭道は根強く残っている。

光福寺所蔵の寛永二十一年（一六四四）九月十九日付の曹洞宗関三箇寺連署触状をみると、禅宗僧侶の引導の場へ祈禱

僧侶が出仕してはいけないこと、引導の道具は一切祈禱僧侶には与えてはいけないこと、死人の地取りをさせてはいけないこと、引導の場は焼香の導師、即ち菩提寺の住持の一円支配のこと、これらは御分国以来徳川家康の定めた法度であることを確認している。

徳川家康の関東入国後、祭道と同時期に、本山派修験が他宗と対立した注連祓役の争論について考えてみたい。『義演准后日記』の慶長二年（一五九七）十月七日の条をみると、

七日、雨、護摩如例、関東注連祓之儀ニ付、演照律師幷経紹上座、内府（徳川家康）江以申状遣之、但全阿弥へ遣之、未及披露云々、

三宝院御門跡雑掌申

一、本山方山伏衆申掠、関東真言宗江注連祓之役、恣相懸処江、去年内府様被聞召披（ママ）、修験衆彼役申懸之儀、永被成御停止云々、誠以御善政之至、諸末寺之輩致安堵事、

一、真言宗、彼祓可相止之旨、被仰出云々、迷惑至極只此儀候、抑注連祓者、我大師御伝来之随一、自宗相承之骨目也、爰去年以来、彼祓御禁制、忽密法退転之基、信徒離寺之愁、不過之事、

一、修験道者、当山・本山両流江相分、其源各別也、然処江当寺末流之真言宗江、為本山方就是非成綺事、甚以不謂事、

右条々、被遂御糺明、如元彼祓致執行様ニ、於御下知者、弥以可抽武運長久之懇祈者也、此旨宜預御披露、仍如件、

慶長二　十月六日　　経紹

全阿弥

とある。真言宗の三宝院門跡義演は、これ以前から関東の本山派修験が真言宗寺院の執行する注連祓について役儀料

を徴収することに異議を申し立て、その解除を願い出ていたことがわかる。その結果、慶長元年に家康は本山派修験が関東の真言宗寺院に対して注連祓役を賦課することを禁止している。さらに家康は宗派に関係なく争いの原因となっている注連祓そのものを否定して、真言宗の注連祓まで禁止してしまった。そのためにこの時に義演は真言宗には本山派修験とは異なる独自の注連祓があるのであり、これは認めてほしいと全阿弥に願い出たようであるが、全阿弥はこの申出を家康に取りつがなかった。この注連祓役の争論は簡単には解決せず、後々まで繰り返されている。『本光国師日記』の慶長十七年十二月二十日の条には、「当山先達真言衆役の儀も、上意を得候へば、シメハライ役之事は、北条家分国にかぎり是あるは私の法度なり、いわれざる由御諚なり」とある。このことについてはすでに和歌森太郎氏が前掲著書の中で、「七五三祓という神明奉仕の呪術的作法は、当時山臥一般が檀那に対して行うべき一重職であったけれども、それがその性質上熊野根拠の山臥によって、すなわち本山派山臥によって正当に伝承さるべきもののとされてきたから、他派の山臥も、七五三祓の役儀料を本山派に納入すべく規定されたところがある。北条氏の分国法に従って、関東の真言宗山臥はそれを守ってきたのである。しかし分国法は私の法度であるからそのままでは新しい政治社会に認容され得ぬとされたのであった」と指摘されている通り、関東の真言系当山派の山伏は後北条氏の分国法に従い注連祓役を天台系本山派の山伏に納めることに不満を持ち、家康に解除を求めたのであろう。『本光国師日記』の慶長十八年五月五日の条をみると、本山派・当山派の両派対決の結果、家康は本山派の年行事が当山派や真言宗寺院から注連祓役を取ることを停止している。

このように家康は祭道と同じように注連祓役も禁止している。関東修験、とくに本山派修験が後北条政権下において認められていた二つの特権は新為政者家康によって否定されてしまったのである。家康は入国当初は、かつて後北条氏の保護のもとに関東地方でもっとも勢力を有していた本山派修験と妥協的な政策をとる。しかし政権安定とともに教団内部の争いを利用して次第に本山派修験に統制を加えていく。これは本山派修験が勢力的にも、教義的にも非常に世俗的な要素が強かった。家康の求めた出世間的な僧侶像と異なったので、とくに家康が嫌ったのであろう。当山派修験は本山派修験を牽制するために利用されたところがあり、あまり統制をうけていない。

関東の本山派修験の変遷をみると、極めて政治と密接な関連がある。戦国武将から珍重されて、後北条政権下では隆盛をきわめたが、江戸時代初期に退潮し、江戸時代中期以降村々で小規模な修験寺院として復活して、両部習合の加持祈禱に専念した。

〈附録〉第四章　徳川家康と関東修験

はじめに

徳川家康は天正十八年（一五九〇）七月に豊臣秀吉の命を受けて、江戸に入国して、新たに関東八カ国を支配することになる。徳川家康は入国後、従来の関東の支配者であった小田原の北条氏の政治機構を徐々に取り除き、新しい支配形態の確立に努めた。家康の宗教政策も同様の経過を辿っているが、本章では家康の関東入国以前に、北条氏の保護のもとに関東地方でもっとも勢力を有していた本山系修験教団に、家康がどのように統制を加え、幕藩体制の枠中に組み入れていったかを考察してみたい。その中で、今回は家康政権下で諸宗と修験が対立をした菩提寺と祈禱寺の葬儀執行権の争いである引導と祭道の争いと、本山系修験の重要な経済基盤であった注連祓役の賦課権をめぐる争いの二点を中心として論述してみたい。

一　徳川家康入国直後の関東修験

小田原の北条氏と関東修験の結びつきについてはすでに先学が指摘されている通り非常に強固なものがある。(1) 関東修験の中でも天台系の聖護院の支配下にある本山系修験が中心であり、関東一帯は本山系修験の年行事によってほとんどの地域が霞下として支配されていた。そのため天正十八年七月入国直後に諸宗に先駆けもっとも早く家康と交渉をもったのはこの本山系修験である。

天正十九年二月十八日付の聖護院門跡御教書（『武州文書』所収不動院文書）（本文は〈附録〉第三章三の三九三頁所収）をみると、

天正十九年二月に本山系修験の本山京都聖護院門跡道澄と関東の新為政者徳川家康の間で、関東の修験については、小田原の北条氏以来の年行事職をそのまま安堵する旨の約束が出来ていたことがわかる。このことを聖護院の坊官は関東の本山系修験の武蔵の大先達不動院と相模の大先達玉滝坊に伝達している。

この聖護院道澄の伝達の内容は天正二十年正月二十三日付の徳川家康朱印状（『武州文書』所収不動院文書）（本文は〈附録〉第三章三の三九四頁所収）をみると、家康は関東の修験中年行事職について聖護院道澄が定めた前例を遵守することを約束している。この家康朱印状に添えて、家康政権下で初期の寺社行政の中心的な役割を果した全阿弥が関東の所々の代官に宛てた書状がある。全阿弥は後述する祭道や注連祓役の争いでも中心的な役割を果しているので参考のためこの時の全阿弥添状（不動院由緒書）（本文は〈附録〉第三章三の三九四頁所収）をみると、全阿弥は家康の関東修験中年行事職免許状の発布に先立ち、同様の趣旨の添状を関東の代官衆に廻達している。後述するように、この後文禄・慶長年間になると全阿弥は家康の意を受けて、関東修験に厳しく統制を加えていくが、入国当初は家康と関東修験は非常に親密であったことが、これらの史料から裏付けられる。[2]

二　祭　道

祭道という言葉は従来あまり知られていない。私は先年「全阿弥考―徳川家康の初期の寺社取次ぎ役―」（『大正大学研究紀要』第六四輯、一九七八年十一月刊）の中で、祭道の問題を取り上げて紹介した。その後萩原竜夫氏が「道興准后の生涯と信仰―中世修験道の輝ける星―」（『駿台史学』第四九号、一九八〇年三月刊）の中で、この祭道を禱葬（祈禱仏教と葬式仏教）分離過程の問題として注目された。更に最近小沢正弘氏が「江戸初期関東における祭道公事」（『埼玉県史研究』第九号、一九八二年三月刊）と題して、江戸初期に関東で起った祭道と引導の争いについて詳細な事例を報告されている。[3]

これらの先行論文によって祭道はある程度解明されつつあるが、私はこの祭道と引導の争いの発端を示す未発表の史料や、祭道そのものの定義と徳川家康政権下における祭道の取り扱い方について私見を加えてみたいことがあるので再度筆をとった次第である。

一応目新しい言葉であるので、これまでの祭道に関する知識を整理しておくことにする。祭道とは修験や密教系の祈禱僧侶が葬儀の際に執行する地取り・日取り・灰寄などの葬送儀礼のことである。これに対して天台・真言・禅・浄土などの諸宗の僧侶が葬儀の際に執行する回向が引導である。別の表現をすれば葬儀の際に死者に成仏の回向をするのが菩提寺の僧侶の引導であり、葬儀の日時や場所の浄・不浄の清めや忌明けを祈るのが祈禱寺の僧侶の祭道である。現在は宗旨に関係なく菩提寺の僧侶が引導・祭道の両方を執行しているが、家康の関東入国以前には両方の執行者が分離していたようである。そのため葬儀には菩提寺と祈禱寺の両方が立ち会っていたようである。現在でも田舎の人々が村の菩提寺の檀家であり、かつ鎮守の氏子であっても全く矛盾を感じないように、当時の人々にとっては死者の成仏を回向することと、その不浄の場を清めることとは共に必須のことであったのであろう。

なお、本章で問題にする引導は菩提寺の僧侶が死者の成仏のために執行する焼香引導・結縁引導のことである。修験で引導という場合には、地方の先達職にある修験僧侶が霞下の講中を引率して、熊野・伊勢・富士・愛宕などの諸社に参詣することをさす場合が多い(4)。しかし本章では祭道に対比される引導であり、前者の意味に用いている。

そこで次に家康政権下においてこれらの祭道がどのように取り扱われることになったかを史料を引用しながら順次紹介してみたい。

『寒松日記』紙背文書所収の八月二十四日付の禅珠書状案には、

雖未申通令啓候、抑昔年老拙(寒松)等結縁引導之時、祭道之衆依被致狼藉、文禄四年乙未之夏大御所様(徳川家康)江訴訟令申之処、夫非引導之師而、祭道之輩横合奪取葬礼之道具事、大為非拠之由、直被遂御裁許、其上自今以後関東中於諸宗之引導而、祭道之輩不可入手之旨被仰定畢、其以来無事各令安堵候、然処近年真如寺末派之僧衆引導之時、貴寺御門徒之衆被成祭道、殊更以多勢被及狼藉之段承候、御国法違背之儀如何、被任文禄御法度之旨、御門徒之衆江被仰付所希候、事々不縷、恐懼敬白、

（元和七年）八月廿四日　学校　禅珠

拝晋　（上総国）長福寺　猊牀下

とある。この書状は元和七年（一六二一）八月のものであり、当時下野の足利学校の第十代庠主であった寒松禅珠が上総国君津の真言宗寺院長福寺に対して、長福寺の門徒が近所の曹洞宗寺院真如寺の引導の場に祭道を仕掛けたことを難詰しているものである。この書状の中で寒松は文禄四年（一五九五）夏に、自分が結縁引導をしている葬儀に祭道衆が葬礼の道具を奪い取ろうとしたので、家康に訴えたところ、家康から諸宗の引導の場に祭道衆が参加することを禁止する裁許を得たことを典拠として申入れをしている。なお、文禄四年に家康から祭道公事に関する裁許が出ていたことは例証がある。

岩付の臨済宗法華寺所蔵の寒松禅珠書状には、

祭道公事之儀、従京都（徳川家康）大納言殿御下向之上、御奉行衆御披露候処、祭道非分之段被遂御裁許候、若於在々不存仁非分之儀致之付而者、右之筋目可有御断候、自然無法之仁異議申ニ付而者、急度可承候、可及其断候、恐々敬白、

（文禄四年）乙未八月廿八日　長徳寺　禅珠（花押）

法華寺侍司

とあり、三保谷の養竹院にも同年九月三日付の全く同趣旨の寒松の書状がある。これらをみると文禄四年夏に祭道の

争いは家康の裁許によって祭道側の非分に決定していたことが裏付けられる。更に家康の裁許の時期であるが、小沢氏は前掲論文の中で、家康の関東下向の時期や『寒松日記』の紙背文書の案文から具体的に文禄四年六月とされている。

次に従来全く未発表であったこの時の寒松禅珠の訴状と全阿弥の裁許状の案文が長徳寺に現存しているので紹介してみたい。

長徳寺所蔵の寒松禅珠訴状案には、

以書付申上候

一、去八月十二日於足立郡内野、拙僧（寒松）檀那焼香之時、中尾玉林院手代之山臥、葬礼之道具皆奪取之、令注文其処之者預置之候、其以後及十余度、其筋目雖相尋候、至于今種々令難渋、剰対預置候者、度々令催促、不相渡者可取質物之由申候事、

一、従前代禅宗引導之時、先達之綺無之候処、此度新儀葬礼之道具相押候、対禅家如此非法初而之事候、宗門之瑕瑾候間無拠申上候、能々被遂御明鏡、為後日候条可蒙御裁断候事、

一、上古以来、於都鄙之禅家、貴人高家之葬礼雖執行之候、他宗之分取其道具作法無之候、拙僧事者偏奉守鎌倉本寺（建長寺）之法度候、為其従本寺以連署被申達候事、

右之条々、猶御尋之上可申上候、

十一月廿七日　　芝郷長徳寺　禅珠

御奉行衆中

とある。この訴状を小沢氏は引用されていないが、私は祭道と引導の争いを考える上でもっとも重要な史料であると考えている。これをみると川口芝の長徳寺住持の寒松禅珠は、自分が近所の足立郡内野の檀家で葬儀を執行した際に、

近在の本山修験の年行事職を勤める中尾の玉林院の手代の山伏衆が、葬礼の道具を奪い取ろうとしたので争いとなり、とりあえず在地の有力者に道具を預けておいた。ところが葬礼の道具について引き渡すように玉林院の山伏衆が度々言い掛りをつけてくるので、その非法を奉行所に訴え出たといっている。この際の寒松禅珠側の言い分は禅宗では前代から葬儀に引導を授与しているが、これまで山伏衆から葬儀に干渉されたことはないといっている。それを今回はじめて山伏衆から干渉をうけ、祭礼の道具を押領されることは大変遺憾である、一宗の存亡に係わることなので理非を明確にしてもらいたい、禅宗では昔から全国で葬儀を執行しているが、他宗から葬礼の道具を奪い取られたことはない、といって奉行所に訴えている。この訴状は祭道とはいっていないが、内容からみて祭道と引導の争いと考えてよかろう。しかも第二条に「此度新儀葬礼之道具相押候」とあり、禅宗と山伏衆の最初の争いであることがわかる。
この寒松の訴状に対する裁許は六月十八日付の全阿弥の書状をもって伝達されている。

長徳寺所蔵の全阿弥書状写には、

急度以折紙申候、仍松本佐渡守はは死去之時、芝長徳寺引導被成候処、山伏衆さうれいの道具おさへ候を、貴殿扱を以、中間ニ預り候由承候、早々あらため長徳寺方へ可進渡候、山伏違乱申候ハヽ、此折紙を先立御断可被申上候、恐々謹言、

六月十八日　　全阿弥

とある。この書状は宛名を欠いているが、内容から考えて足立郡内野辺を支配している在地の代官クラスに宛てたものであろう。私は確証はないが、岩付城主高力清長の代官中村吉右衛門吉照⑤ではないかと推測している。この全阿弥の裁許を見ると、寒松が内野で長徳寺の檀家の松本佐渡守某の母の葬儀を執行した際に、近在の中尾の玉林院手代の山伏衆との間で葬礼の道具の奪合いになったので、在地の有力者、おそらく中村吉照に道具を預けて裁許を待っていたところ、家康の寺社行政の取り次ぎ役である全阿弥から、玉林院の言い分は全面的に否定され、道具を長徳寺に引

き渡すように伝達されている。これは寒松禅珠の言い分が全面的に認められ、修験の山伏が葬儀に干渉することを禁じたものである。この新出の寒松禅珠の訴状と全阿弥の書状は共に年号はないが、前者は寒松がはじめて修験の非法を奉行所に訴えていることと、後者は六月付で祭道禁止の家康の裁許が出されていることから、前述の八月二十四日付の寒松禅珠書状案と合せて考えると、文禄四年六月の祭道禁止の家康の裁許とは、この後者の全阿弥の書状を指しているものと考えてよかろう。とすれば前者の寒松訴状案は文禄三年(一五九四)のものと考えられる。

これらの史料によって祭道と引導の争いの発端は文禄三年八月十二日に内野の松本佐渡守某の母の葬儀で、葬儀の一円執行を主張する長徳寺の寒松と、従来の慣例にもとづき葬祭の場を清め、不浄な道具等を収納しようとした修験の玉林院の争いであることがわかる。この争いの当事者である寒松は前述のように、慶長七年に家康の命により足利学校の庠主となる学僧である。家康入国以前には北条氏の一族である岩付城主太田氏の保護を受けていたようであるが、天正十八年北条氏没後は川口芝の長徳寺の住持を勤めている(6)。

一方の中尾の玉林院は前述した武蔵の本山修験の大先達である幸手不動院の配下であり、足立郡では南下谷の大行院と勢力を二分する有力寺院である。

『武州文書』所収の旧玉林院所蔵の十月二十一日付の太田氏資書状には、

下足立卅三郷年行事職之事、尤聖護院殿如御策媒、於氏資も不可有相違候、恐々謹言、

永禄九年丙寅

十月廿一日

源五郎

氏資(太田)(花押)

玉林坊

とあり、このように玉林院は聖護院や太田氏から下足立三十三郷の年行事職に補任されている。前述の天正二十年正月二十三日付の徳川家康の修験中年行事職を安堵した朱印状や、それに添附された同年正月二十二日付の全阿弥書状

が玉林院宛にも出されており、家康入国後も足立郡を代表する本山修験であったことがわかる。玉林院の霞の受持地域は明確ではないが、明和九年(一七七二)四月日付の玉林院の触下寺院が連署した口上書(大宮土屋家文書)をみると、大宮・与野・浦和・川口などの寺院が見られる。おそらく大宮以南の足立郡が玉林院の霞下であったと思われる。そのため中尾に隣接した足立郡の内野は当然玉林院の支配下にあったはずである。

　このように祭道と引導の争いの当事者はそれぞれ同地方を代表する有力者であったことがわかる。それではなぜこのような有力者同士で紛争が起ってしまったのであろうか。

　東松山光福寺所蔵の(文禄四年)二月二日付の全阿弥書状写には、

於御分国引導之所江、従真言宗・天台宗・山伏中祭道之沙汰有之由申事候、縦前代ニ者左様之証候共、於御当代其沙汰有之間敷候、上様之以仰出、聖護院・不動院へ御断之間、於諸門首・諸代管(官)江書付進之候条、於違乱此方へ差諭可有之候、可及其改候、為御心得書付進之置候、

　文禄四　二月二日　　　　全阿弥　在判

　　知足院

とある。この書状に「文禄四」は後世の補筆であり、小沢氏の指摘されるように文禄五年の誤りであろう(7)。年代はともかくこの書状の中で全阿弥が、前代の北条氏の時代には真言・天台・山伏などの祈禱の僧侶が葬儀に加わり、祭道をすることが認められていたとしても、御当代、即ち家康の時代になってからは祭道は禁止していると述べていることは極めて注目される。これをみると北条氏の時代には修験などの祈禱僧が祭道を行い、不浄な葬礼の道具を受け取ることが容認されていたのである。これは当時の関東修験僧侶の多くが修験の本拠地たる山岳を離れ、平地の町中や村落に居を構えていた里修験であった。里修験は既成の寺院の職能との重複をさけるために加持・祈禱が中心であり、祭道を執行することは重要な収入源であったはずである。そして北条氏の時代には里修験の努力により関東地方の

村々はすでにこの祭道が葬送儀礼として定着していたようである。これは江戸時代になって幕府が度々祭道を禁止しているが、江戸中期まで祭道は根強く残っている[8]。これは修験が強行したというよりも人々の間でそれだけ祭道の要望があったことを物語るものであろう。

次に江戸時代における祭道の争いを簡単に紹介しておきたい。光福寺所蔵の曹洞宗関三箇寺の連署の触状写をみると、

「天下寺社御奉行所ニ而、禅宗永麟寺・真言宗玉泉寺、就引導・祭道之御裁許、其上被　仰付御掟之事、」

一、禅宗引導之場、祈禱之宗旨出申間鋪事、
一、引導之道具、何成共祈禱之坊主へ、一物出申間鋪事、
一、死人之地、祈禱坊主ニ為取申間鋪候事、
一、引導之場、焼香師之可為儘事、
一、此儀者、御分国以来如斯被仰掟(定)事、

右之条々、御奉行所ニ而三ケ寺江被仰出候者也、

寛永廿一年申九月十九日

総寧寺
大中寺
竜穏寺

とある。これは八王子の曹洞宗永麟寺と真言宗玉泉寺が引導と祭道の争いをした時に、曹洞宗の触頭である関三カ寺が幕府の寺社奉行の裁許の結果を宗内寺院に伝達しているものである。祭道をしているのが真言宗であるが、祈禱寺であるということでは修験の場合も同じと考えてよかろう。この触状の内容は禅宗僧侶の引導の場へ祈禱僧侶が出仕してはいけないこと、引導の道具は一切祈禱僧侶には与えてはいけないこと、死人の地取りをさせてはいけないこと、

引導の場は焼香の導師、即ち菩提寺の住持の一円支配のこと、これらは御分国以来徳川家康の定めた法度であることを確認している。これをみても文禄三年八月の長徳寺寒松禅珠と中尾の玉林院の争いの時と同様に、祭道側は死人の地取りをしたり、葬礼の道具を受け取ることを主張していたことがわかる。これに対して禅宗側は葬儀の一円支配を主張して祭道を拒否している。しかしこの引導と祭道の争いは江戸時代を通して何回も繰り返され、問題は複雑に展開する。万治三年(一六六〇)九月十日付の寺社奉行連署の覚写には、

覚

一、葬礼之時引導・祭道、各別之事、
一、引導・祭道共、何方江可相頼モ、可為檀那次第事、
一、引導・祭道道具之儀、檀那思寄次第可遣事、
　万治三庚子年九月十日
　　　　　　　　　　　　板(板倉重郷)　阿波　印
　　　　　　　　　　　　井(井上正利)　河内　印

とあり、葬礼の際に引導と祭道は明確に区別され、引導と祭道をどちらへ頼むかは檀那の考え次第であり、その道具をどちらへ渡すかも檀那の考え次第であるといっている。家康の時代に祭道そのものが否定されていたのとは大分変ってきている。確かに両者は明確に分離されたが、引導とは別に祭道をすることは認められている。これは依然関東各地で葬送儀礼として祭道が行われているという現実を容認したものである。

更に享保九年(一七二四)十二月付で寺社奉行が新義真言宗の触頭江戸四箇寺に伝達した葬礼の定写に、

一、葬礼之道具并釣幕、祈禱所へ被申間敷事、
一、死人之地取并灰寄、祈禱坊主勤申間敷事、
一、葬礼之場へ祈禱所より手入致間敷事、

右之条々、引導・祭道混乱無之様ニ、惣而祈願・滅罪両様之檀那は格別、祈禱一通之分は菩提之事ニ、祈願所より手入間敷旨、遂裁許、若於有違背之出家は、可為曲事者也、

享保九甲辰年十二月

(松平近禎)松　相模

(黒田直邦)黒　豊前

とある。ここでも引導と祭道は明確に区分され、葬礼の道具や死人の地取り・灰寄などを祈禱の僧侶が行うことを禁じている。これ以前宝永六年(一七〇九)六月にもほぼ同様の裁許状が寺社奉行から出されているが、今回目新しいことは祈願・滅罪両様の檀那には祭道を認めるといっていることである。江戸時代の祈禱系の寺院の書上げをみると、祈禱檀家何軒、滅罪檀家何軒と書かれており、(9)寺院には両様の檀家があったことがわかる。この場合両様一寺の檀家は祭道をも執行したようであるが、寺が異なる場合には滅罪の寺の引導の方が優先したようである。この点は前述の萩原竜夫氏の禱葬分離のご指摘通りである。

次に祭道とは祈禱系の僧侶が行う葬送儀礼であり、必ずしも修験の僧侶だけが行うものではなく、天台・真言の僧侶も行ったはずである。江戸初期の祭道の争いは修験が多く、後になると真言宗の例が多い。しかしその相手は確認されている事例は全て禅宗である。江戸時代の諸宗派の中で、天台・真言両宗は祈禱・滅罪両様であり、教義的にも引導・祭道共に執行できるので問題はない。例えば真言宗の江戸時代の引導作法集には灰寄などの作法も記載されている。浄土真宗は江戸時代に関東地方では寺院が少ないのでこれも問題はない。日蓮宗や浄土宗はこの問題にどのように対拠したのであろうか。きわめて興味ある問題であるが、現在までその事例は確認されていない。しかし江戸時代初期に編纂された浄土宗系の引導集にも地取作法が所収されているのであまり両者の区別は明確でなかったようである。それでは何故禅宗との対立が多かったのであろうか。これは私の推測であり断定することはできないが、当時関東地方では真言宗に対抗して禅宗、特に曹洞宗の力が強かったこと、自力宗たる禅宗の教義は加持や祈禱を容認す

ることができなかったこと、更に前述の寒松以来、他宗よりも祭道に対する排他意識が強かったためであろう。このため祭道が禅宗の引導と対立することが多かったのではないかと私は推測している。しかし江戸幕府の目的は引導と祭道を明確に区別することであり、ここでいう諸宗とは小沢正弘氏のご指摘のように禅宗に対してだけ特定しているのではなく、天台・真言・日蓮・浄土などの諸宗を指しているものと考えられる。

祭道の歴史的な経過はさておき、長徳寺寒松と中尾玉林院の争いは、従来北条氏の時代から容認されていた葬送儀礼の一つである修験の祭道が、突然寒松によって否定され、しかも家康の裁許により祭道そのものが禁止されることになったのである。修験側にとっては従来の慣例を否定されるのであり極めて不本意な結果と思われる。

但、関東地方では禅宗のような特定の宗派の葬儀を除いては依然として祭道は葬送儀礼の一つとして続けられていたものと思われる。それが宗門人別にともなう檀家制度の確立によって、次第に菩提寺が引導と祭道を共に執行するようになり、葬儀の一円支配が行われるようになったのである。

三　注連祓役

徳川家康の関東入国後、祭道と時期を同じくして関東修験、特に本山修験が他宗と対立した注連祓役について考えてみたい。

『義演准后日記』慶長二年十月七日の条に、

七日、雨、護摩如例、関東註（注）連祓之儀ニ付、演照律師（金蓮院）幷経紹上座（大蔵卿）、内符（府）（徳川家康）江以申状遣之、但全阿弥へ遣之、未及披露云々、

三宝院（聖護院）御門跡雑掌中

一、本山方山伏衆申掠、関東真言宗江註（注）連祓之役、恣相懸処ニ、去年内符（府）様被聞召披（ママ）、修験衆彼役申懸之儀、永

被成御停止云々、誠以御善政之至、諸末寺之輩致安堵事、
一、真言宗、彼祓可相止之旨、被仰出云々、迷惑至極只此儀候、抑註(注)連祓者、我大師(空海)御伝来之随一、自宗相承之骨目也、爰去年以来、彼祓御禁制、忽密法退転之基、信徒離寺之愁、不過之事、
一、修験道者、当山(三宝院)・本山両流仁相分、其源各別也、然処仁当寺末流之真言宗江、為本山方就是非成綺事、其以不謂事、
右条々、被遂御紀明、如元彼祓致執行様仁、於御下知者、弥以可抽武運長久之懇祈者也、此旨宜預御披露、仍如件、

慶長二
十月六日　　経紹

全阿弥

とあり、真言宗の三宝院門跡義演は、関東の本山修験が真言宗寺院の執行する注連祓について役儀料を徴収することに異議を申し立てて、その解除を願い出ていたことがわかる。その結果、慶長元年(一五九六)家康は本山修験が関東真言宗寺院に対して注連祓役を賦課することを禁止している。更に家康は宗派に関係なく争いとなっている注連祓そのものを否定して、真言宗の注連祓まで禁止してしまった。義演は真言宗には本山修験とは異なる独自の注連祓があるのであり、これは認めてほしいと全阿弥のところまで願い出たようであるが、全阿弥は家康にこの申し出を取り次ぎがなかったようである。これだけでは喧嘩両成敗のように見えるが、注連祓の争いは簡単には解決せず、後々まで繰り返されている。

『本光国師日記』慶長十七年十二月二十日の条をみると、

(前略)当山先達真言衆役之儀も、得　上意候へハ、シメハライ役ノ事ハ、北条家分国ニカキリ是アルハ私ノ法度也、不謂由　御諚也、(後略)

とある。このことについてはすでに和歌森太郎氏が「七五三祓という神明奉仕の咒術的作法は、当時山臥一般が檀那に対し行うべき一重職であったけれども、それがその性質上熊野根拠の山臥によって、すなわち本山派山臥によって正当に伝承さるべきものとされてきたから、他派の山臥も、七五三祓の役儀料を本山派に納入すべく規定されたところがある。北条氏の分国法に従って、関東の真言系山臥などはそれを守って来たのである。しかし分国法は私の法度であるからそのままでは新しい政治社会に認容され得ぬとされたのであった」(10)と指摘されている通り、関東の真言系当山派の山伏は北条氏の分国法に従い注連祓役を天台系本山派の山伏に納めることに不満を持ち、家康に解除を求めたのであろう。そして『本光国師日記』の慶長十八年三月十二日付の崇伝書状には、

（前略）彼しめはらひ之儀ニ付而、些　御機嫌悪、其上山伏当山・本山下々ニ而、むさと出入有之由被　仰出候、明星院なと在府候而、訴訟被申候、然者山伏召寄、急度可相尋由被　仰出候、左様之時分、門跡御下向なと被得御意候事、如何と存知、先令遠慮候、其様子少弐ニ申聞、山伏衆早々参府候様ニ被申越候へと申渡候事ニ候、先日も書中ニ如申候、大穿鑿ニ可罷成と、一段と咲止ニ存候、しめはらひ役之儀者、兎角可被成御停止旨　御内意ニ候、（後略）

とあり、山伏の注連祓役の争いが家康の耳に入り機嫌が悪かった。末端では両派の紛争が多発しており、照高院門跡興意法親王の下向もままならなかったようである。また当山派の武蔵倉田明星院祐長等(11)はこの時関東の当山派を代表して注連祓役解除のため駿府にいたことがわかる。そしてこの書状をみると家康自身注連祓役解除の意向をもっていたようである。『義演准后日記』の同年五月二日の条に、

（前略）御対面已前、一儀於御前評義（儀）之由、金地被申候、明星院来申云、只今御前へ参、一儀被仰出、尺（釈）迦ノ時代ヨリ、妻帯ノ山伏トシテ、真言宗江役義（儀）取付タル歟可相尋由、金地院へ被仰出云々、

とある。この日修験の争いのため呼ばれた義演や興意は駿府に着き、家康に対面している。この対面以前に明星院祐

長は御前評議に参加して、「釈迦の時から妻帯の山伏が真言宗に注連祓役を取っていたかどうか」について諮問されている。そしてこの修験の争いは五月五日駿府城御広間にて裁決されている。『本光国師日記』の同日の条には、

五日、於御城御広間、山伏公事有之、照高院殿・三宝院殿も出仕、（中略）次注連祓役之事、是も本山ノ山伏計ノ役ヲ、本山ノ年行事可取之、真言ヨリ役取事、曲事ト御諚也、真言宗ニモ、仏法ノ注連祓ヲハ可行、山伏ノスルヨリマシナナト行事無用ト御諚也、（後略）

とあり、両派対決の結果、家康は本山派の年行事が当山派や真言寺院から注連祓役を取ることを停止している。

このように家康は祭道と同じように注連祓役も禁止している。関東修験、特に本山修験が北条政権下において認められていた二つの特権が新為政者家康によって否定されてしまったのである。家康は入国当初はかつて北条氏の保護のもとに関東地方でもっとも勢力を有していた本山修験と妥協的な政策をとる。しかし政権安定と共に教団内部の争いを利用して次第に本山修験に統制を加えていく。これは本山修験が勢力的にも、教義的にも非常に世俗的な要素が強かったので、特に家康が嫌ったのであろう。当山修験は本山修験を牽制するために利用されたところがあり、あまり統制をうけていない。これらは後の江戸幕府の宗教政策の原型となるものであり、家康の宗教に対する基本的な政策を考える上で、この祭道と注連祓役の争いは極めて興味ある問題である。

（1）和歌森太郎著『修験道史研究』、萩原竜夫稿「道興准后の生涯と信仰」（『駿台史学』第四九号、一九八〇年三月刊）。
（2）拙著『近世関東仏教教団史の研究』第一章第三節「全阿弥考」参照。
（3）坂本正仁稿「真言宗と祭道」（『豊山教学大会紀要』一九八四年十月刊）。
（4）東大史料編纂所蔵「修験一件」参照。
（5）十二月十二日付中村吉照書状（「玉林院文書」）参照。

(6) 小沢正弘稿「江戸初期関東における祭道公事」(『埼玉県史研究』第九号、一九八二年三月刊)。
(7) 小沢氏前掲論文参照。
(8) 本章所収史料以外に現在確認されている史料は萩原・小沢両氏が指摘されているように延享元年八月二十七日付の武蔵鎌形八幡宮幷大行院文書である。
(9) 仙台仙岳院文書参照。
(10) 和歌森氏前掲著書参照。
(11) 本書第三章「倉田明星院祐長について」参照。

〈附録〉第五章　近世における修験僧の自身引導問題について

――特に武蔵の事例を中心に――

はじめに

神職の自身葬祭問題については、岡田荘司氏が「神道葬祭成立考」(『神道学』一二八所収)で解説されているように、辻善之助・市村其三郎・朝山皓・西田長男氏らの研究が多数ある。しかし修験僧の自身引導問題については、管見では、辻善之助氏が『日本仏教史』近世編之三(一一八頁)に、「ついで文政九年に、天領の代官伊那半左衛門から、武州の新大滝村の熊野権現の神主が神葬祭を致したいといふので伺出た。この時にも本人及び跡相続の者は宜しいが、妻その他家内の者は判を受けなければならぬと言渡してゐる。(徳川禁令考)幕府は一般にこの方針を以て通して来たのである。唯茲に一の例外として、修験には特例が許されてゐたと見える。即ち文政十年に但馬石橋村の修験より、家内一同自ら修験の法によって引導して葬式をしたいと願出た。之に対して、家内一統自身引導は容易に許さざることであるけれども、菩提寺と納得づくで、且つ村方に於て故障なければ許すといふ指令が出てゐる。修験は普通の神職と異るに依つて、特例を設けたものであらうか。尚一つ修験の例として、年号欠、寅の四月に、同じく家内まで許された例がある。それの注に、神主にも下総国猿島郡猫実村松崎播磨といへる者の家内残らず自身葬祭を許るされた例があると記してある。これは極めて異聞に属することである。(徳川禁令考)」と記されているが、修験を神職の特例として扱っているのは、後述するように江戸幕府の宗教政策の実体に即していない。また『国史大辞典』(吉川弘文館)の「自葬」の項で、五来重氏は「自葬は修験道では従来から行って来たが、江戸時代の寺檀制度の確立によって、山伏自身だけの自葬しか認められなくなった。その後、江戸時代末期には山伏の家族まで自葬が認められることになっていた」と述べられている。五来氏の説の方が実体に即している。また後述するように羽塚孝和氏が山本坊の問題のなかで修験の自身引導を取り上げられているが、意外に修験僧の自身引導に関する本格的な研究は少ないようである。

私は近年埼玉県の宗教関係史料の整理にあたっている。『埼玉県寺院聖教文書遺品調査報告書』『埼玉県神社関係古文書調査報告書』（埼玉県教育委員会）の両報告書を基本に、県内の宗教関係の重要史料を『埼玉県史』資料編18〈宗教〉に所収した。また本章の中核をなす武蔵の本山派修験の先達越生山本坊の史料については、単独で近世寺院史料叢書4『武蔵越生山本坊文書』（東洋文化出版）として刊行した。本章では自身引導問題を中心としているので、史料の引用が限定されている。全容についてはこれらの史料を参照していただきたい。史料の整理過程で、私は秩父の修験僧の自身引導問題について、興味ある一連の史料を確認することができた。そこで従来未開拓であったこの問題について、史料紹介を兼ねながら私見を述べてみたい。江戸時代武蔵の修験は本山派と当山派が代表的なものであるが、本章で主として取り扱うのは本山派修験の事例である。なお、当山派修験については的確な史料の裏付けを見出し得ないが、全体的な流れは当山派修験も本山派修験とほぼ同様なものであったであろうと推測している。

一　秩父地方の修験僧の宗旨請合証文の発給について

延享元年（一七四四）八月の秩父地方の宗門人別改めの際に、修験僧の宗旨請合証文の発給をめぐって曹洞宗の菩提寺八カ寺と、武蔵の本山派修験の先達山本坊との間で、修験僧とその妻子の取り扱い方について訴訟となっている。秩父の曹洞宗の本寺広見寺には、このときの訴訟の証文類の控が残っている。延享元年八月付の願書控をみると、

乍恐書付を以奉願上候事

一、拙寺共檀那之内山伏妻子等迄、代々宗旨受合来候処ニ、此度入間郡越生村山本坊ヨリ一円通事無之、宗旨受

合手形之儀、去ル六月中忍表ニテ受取候と、宗旨奉行当八月秩父御改之定日ニ被仰渡、驚入申候、依之拙寺共受合手形、御受取不被成候、左候得ハ請合来候檀那無所以離檀仕候、依テ細（再）度奉願候得共、決テ受取候儀不罷成と被仰候、左様ニテハ宗門之請合猥ニ罷成、各寺寺役相立不申ニ付、前々之通リ拙寺請合印形仕、寺格相立申候様ニ奉願上候、右之筋ニ依テ請合印形一件之儀、無是非御訴訟申上候、御吟味之上、寺社御奉行様迄奉願上度奉存候、何分ニも御慈愛を以、各寺願之通リ被為仰付被下候ハヽ、難有可奉存候、以上、

延享元甲子八月　　満光寺

浄光寺

宝雲寺

光明寺

法長寺

福蔵寺　鑑司

常雲寺

上　　正光寺

とある。広見寺の末寺満光寺以下八カ寺は、自己の檀家である修験の山伏と妻子の宗旨請合証文の発給をめぐって、武蔵の本山派修験の先達越生山本坊と争っている。この八カ寺側の願書控をみると、延享元年以前は、これらの八カ寺が山伏と妻子の宗旨請合証文を発給してきた。この慣例に従い、同年八月にこれらの宗旨請合証文を発給しようとしたところ、領主阿部豊後守正喬の忍奉行所より、同年三月にすでに山本坊から山伏と妻子の宗旨請合証文が奉行所に提出されているので、今回は不要であるといわれている。八カ寺側はこれは納得がいかないといって奉行所に訴えている。この願書控だけでは山本坊側の言い分が明白でないが、同月付の広見寺添簡控をみると次のごとくである。

差上申添簡之事

拙寺末当国秩父郡大宮郷満光寺・同郡日野村浄光寺、右両寺檀那ニ本山派之山伏有之候、古来ヨリ宗旨之儀妻子共ニ請合来候処ニ、此度越生山本坊ヨリ自身引導申立、領主阿部豊後守殿御役人中へ宗旨請合証文差出申候間、離檀之筋罷成、代々請合来候宗旨請文印形相済不申、迷惑仕候段相願、登山仕候間、御吟味之上、御取上被遊被下候ハヽ、難有可奉存候、為其添簡如此御座候、

延享元甲子年八月　武州秩父郡大宮郷　広見寺

竜穏寺　御役者中

これは秩父の曹洞宗本寺広見寺が、末寺の満光寺と浄光寺が本山派修験先達山本坊と山伏の宗旨請合証文の発給について訴訟となったので、曹洞宗の関三箇寺であり、僧録所である越生の竜穏寺によろしく斡旋してもらうように出した添簡控である。これをみると山本坊側は修験は自身引導の法度があることを主張して、忍領主阿部豊後守正喬の奉行所へ宗旨請合証文を差し出していることがわかる。これに対して広見寺側は旧来の慣例に背き迷惑であると異議を申し立てている。この訴訟は曹洞宗の菩提寺側の主張が認められたようである。延享元甲子年九月十二日付の請状控をみると、

差上申御請一札之事

一、拙寺共義、山伏檀那宗旨請合証文、去年迄指出シ来候処ニ、当御改より越生山本坊一派引導之由ニテ、請合差出シ候旨奉行衆被仰聞候、依之三録所へ相達、江戸御上屋敷へ罷出、右之段申上候所ニ、只今迄之通リ寺請合ニ可仕旨、於御会所ニ被仰渡之旨承知仕候、江戸御上屋敷ニテも、右之通リ松原佐太夫殿被仰渡候間、前々之通拙寺ヨリ山伏檀那宗旨請合証文差出可申候、請印如此御座候、以上、

延享元甲子年九月十二日　八ケ寺

三代官宛

とある。この秩父八カ寺の訴訟は曹洞宗の関三箇寺越生竜穏寺の仲介を経て、ついに忍領主阿部家の江戸上屋敷での裁許となり、阿部家用人松原佐太夫は、前例どおり山伏の宗旨請合証文は曹洞宗八カ寺が発給することを伝達している。その上、日時は前後するが、九月五日付の阿部家用人松原佐太夫の申渡書控をみると次の如くである。

一、例年之通宗旨改有之節、秩父山伏十六人宗旨請合之儀ニ付、判形付相済由、今般申来候ニ付、何れニも宗旨請合替リ候事ハ、此方より難申付儀ニ候、只今迄之通可改旨被申付候、

一、先達テ山本坊ヨリ忍へ被指出候帳面ハ、互ニ宗旨請合之帳面ニ候、兼テ願届等之趣も無之事ニ候間、留置候帳面、此度差戻し候様ニ、在所へ申越候、

一、此上請合替リ候事ニ候ハヽ、願等も出シ、其趣を以吟味有之、前々相極事候、已上、

九月五日　　　　　　　　　阿部豊後守内　松原佐太夫

右之通、八ケ寺へ渡候也、

すなわち阿部家用人松原佐太夫の申渡書控をみると、秩父山伏十六人の宗旨請合証文の発給は、前例どおり曹洞宗八カ寺からとなり、同年五月に修験の先達山本坊から提出された宗旨請合証文の帳面は差し戻しとなっている。前述の九月十二日付の請状は、江戸の阿部家用人松原佐太夫の申し渡しを請けて、八カ寺が在所の忍奉行所の三代官に結果を伝達したものであろう。

このように延享元年八月から九月にかけて、宗旨請合証文の発給権をめぐって争われた訴訟は曹洞宗八カ寺側の勝利となったのであるが、山伏の自身引導の問題は依然残っていたようである。翌年九月と推定される無年月日の八カ寺請書の案文は次のごとくである。

差上申御請書之事

一　秩父地方の修験僧の宗旨請合証文の発給について

一、山伏本山ヨリ一派引導之義、又々被申渡候由、今宮坊ヨリ願出候ニ付、寺社御奉行月番大岡越前守様へ御聞合之上、山伏当人ト相続共ニ二人ハ一派引導ニ被仰付候、其外家内ハ菩提所を相頼候テ、寺請合ニ可仕候、不残一派引導ニハ不被仰付候、此段左様ニ可被相心得之旨、御書付を以被仰渡候、

右之趣、八箇寺一同ニ委細奉畏候、御請書、仍テ如件、

年号月日　　八箇寺

斎藤重左衛門殿

延享二年丑ノ九月十八日ニ相済申由、領主之代官山伏之儀被申渡候趣、弐通也、

これは延享二年(一七四五)九月に曹洞宗八カ寺から忍の代官斎藤重左衛門に宛てた請書である。これをみると前年宗旨請合証文の訴訟では勝利を収めた八カ寺側であるが、再度、秩父大宮郷の本山派修験年行事今宮坊から山伏の自身引導の件について訴えられ、江戸の寺社奉行大岡越前守忠相の裁許によって、今度は山伏の場合、本人と相続者の二人は自派の自身引導、それ以外の家族は菩提寺の引導で、宗旨請合証文も菩提寺の発給となったことがわかる。本人と相続者の宗旨請合証文は当然修験側で発給することになったものと思われる。寺社奉行大岡忠相は当時詳細な日記を書いており、大岡家文書刊行会から『大岡越前守忠相日記』として刊行されているが、この一連の訴訟に関しては全く記載がみられない。特筆するほどの訴訟ではなかったのであろう。慣例どおり裁許したものと思われる。

この秩父の修験の宗旨請合証文の発給権の争いはさまざまな問題を含んでいるので、まず江戸幕府の修験の自身引導に関する基本的立場を整理しておきたい。梅田義彦著『日本宗教制度史』〈近世篇〉五〇九頁所収の岡山藩の藩法のなかの元禄六年(一六九三)正月朔日付の山伏宗門改前書をみると、山伏の自身引導と宗旨請合証文について次のように想定されている。

一、本山方山伏は本寺聖護院御門跡末流児嶋五流之霞下にて御座候、自分は不及申、弟子共迄一等に天台宗、妻

子共は諸宗何にても勝手次第に檀那寺を頼申候間、寺請判可被仰付候、山伏死去之節は他之出家を頼不申、自己に滅罪取行候事、毎年大峯修行仕候付、右之通之由、聖護院御門跡之坊官衆より証文状取候て、寺社御奉行へ指上申に付、其通御免被成候事、

一、当山方山伏は、本寺京都醍醐三宝院御門跡末流、御領分にては岡山野田屋町快長院支配にて御座候、宗旨之儀、自分は不及申、弟子共迄一等に真言宗、妻子共は諸宗何にても勝手次第檀那寺を頼申候間、寺請判可被仰付候、山伏死去之節は他の出家を頼不申、自己に滅罪取行候事、毎年大峯修行仕候付、右之通之由、三宝院御門跡より証文状取候て、寺社御奉行へ指上申に付、其通御免被成候事、

これをみると、岡山藩では元禄六年の時点で、本山派山伏は聖護院門跡方に属したので、自分と弟子は天台宗、妻子は諸宗勝手次第に檀那寺を頼み、寺請証文をもらうことになっている。山伏死去のときは他の出家を頼まず、自己にて滅罪を執り行うとあり、山伏は自身引導が認められていたことがわかる。当山派山伏は三宝院門跡方に属したので自分と弟子は真言宗、その他は本山派山伏と同様ということになっている。この法度は岡山藩のものであるが、各藩ほぼ同様であったものと思われる。

たとえば『三峯神社史料集』一所収の安永三年(一七七四)六月付の三峯本山派修験連署の宗門人別一札をみると、

差上申一札之事

拙僧共毎年宗門帳差出候節之儀、御尋ニ御座候、依之左ニ申上候、

一、拙僧共幷世継之者一人之儀者、天台宗本山修験ニ而自身引導相守候旨書之申候、且妻子等の儀者、面々菩提寺有之、宗旨請合印形菩提寺ヨリ差出申候、

一、天台宗本山修験　　　　武州秩父郡古大滝村　百姓山伏　吉祥(印)

百姓妻帯ニ付、御代官前沢藤十郎・名主武右衛門、妻子菩提所之儀者、先祖代々武州秩父郡下飯田村光

源院末同郡古大滝村禅宗峯向寺檀那

一、同　　　　　　　　　　　同　村　　　長泉坊（印）

右吉祥同断

一、同　　　　　　　　　　　同　村　　　教蔵院（印）

百姓妻帯ニ付、御代官前沢藤十郎・名主角右衛門組下、妻子等之儀者、武州秩父郡下飯田村光源院末禅宗当村石永寺檀那

（以下九名省略）

安永三年午六月　　　　　　　　　　　　　吉祥（印）

御本山　御役所　　　　　　　　　　　（以下十一名連署省略）

とあり、武蔵の三峯修験は本山派に属しているが、岡山藩の藩法どおり、本人と世継は天台宗で、自身引導である。妻子は他宗の菩提寺から引導を請け、宗旨請合証文も発給されていることがわかる。

つぎに修験道では享保七年（一七二二）に両派ともに法度を制定している。武蔵羽尾の旧金剛院所蔵の享保七年七月付の聖護院法度にはつぎのごとく記されている。

一、修験道自身引導勿論、近来末々に至テハ、猥に他宗之僧徒を雇、血脈を続、引導を請候徒も在之候様ニ相聞候、失其道、自他之法系混雑之至リ也、自今ハ従其先達々々相改、古来之通可相守事、

これをみると、享保七年頃修験道では自身引導が原則であったが、この原則が守られず、他宗の僧徒から引導を請けていたものが多かったようである。そのため、このときに再度修験道の自身引導を確認していることがわかる。

つぎに『祠曹雑識』巻七十二所収の武州忍石原村長寿院長円の「当山修験記録」所収の享保七年寅七月付の当山派修験法度案をみると、

一、修験一派ニテ滅罪取納候処、法事等有之節ハ、斎非時一汁三菜・禁酒タルヘシ、且又一派之内一派引導幷宗旨請合証文等指出来候所も有之、又は他家之引導請之、宗門請合他寺へ相頼候処も有之由、粗相聞候、何レ之所トモ難計候、一派引導幷宗旨請合差出来所ハ格別、他宗之引導幷宗旨請合之儀不都合ニ候間、連々其処之御支配方へモ申達、他宗へ不入組様可為尤事、

とあり、当山派修験でも一派で自身引導と宗旨請合証文を実施していたところもあり、他宗の引導や宗旨請合証文を請けていたところもあったことがわかる。そこで、このときに再度、今後は必ず自派で両者を実施するようにと定めている。両派ともにこのように改めて法度を出して再確認しているところをみると、かなり他宗から引導と宗旨請合証文を請けていたものが多かったことが推測される。

二 武蔵の本山派修験先達山本坊と年行事今宮坊の争論

武蔵の本山派修験では享保七年(一七二二)に自身引導と宗旨請合証文の実施を再確認していたにもかかわらず、前述の通り秩父地方の本山派修験では、あいかわらず延享元年(一七四四)に至ってもなお、曹洞宗寺院から引導と宗旨請合証文を請けていたことがわかる。

それではなぜこのような状況のなかで、秩父地方では延享元年から急に山本坊が他宗の引導や宗旨請合証文の発給に干渉することになったのであろうか。この理由を調べてみたい。

山本坊には延享三年九月付の山本坊と今宮坊の詳細な裁許状が現存している。なお、山本坊の史料は現在埼玉県立文書館の所蔵となっている。この訴訟は両者が修験の支配地域である霞の支配権をめぐる争いである。しかしこの紛争の根幹となったのは、今宮坊の自身引導の問題である。この裁許状の分量は膨大なので、本章では自身引導に関する部分だけを引用する。裁許状の全体像については、前掲の拙編『武蔵越生山本坊文書』を参照していただきたい。

また羽塚孝和氏が「武州本山派大先達・山本坊について」(『日光山と関東の修験道』山岳宗教史研究叢書8所収)のなかでこの裁許状を引用して山本坊と今宮坊の争論を解説されているので、そちらも参照していただきたい。延享三年八月付の秩父年行事今宮坊裁許覚写をみると、まず山本坊側の申立ては次のとおりである。

一、当二十五年以前享保七寅年、従　宮様被　仰出候御掟書之内、自身引導之御作法、今宮坊初幷触下同行迄、于今相守不申候事、

一、御掟書之内、同行相果申候節ハ、其先達へ早速相届申候御定法ニ御座候処、触下同行相果申候テモ、一切相届不申候事、

(中略)

一、今宮坊初諸同行迄、不残他宗ヨリ菩提判仕候、当正月十六日、同行大寿院相果候節モ、死去之届モ不仕、禅宗満光寺引導仕候事、

(中略)

右ケ条之趣、少モ相違無御座候、以上、

延享三寅年八月　　山本坊　判

森　御殿　御役人衆中

これをみると、二十五年以前の享保七年の聖護院法度で再度本山派修験の自身引導が規定されているにもかかわらず、秩父の年行事今宮坊をはじめ触下同行は実施していない。また配下の同行が死亡した際には、先達山本坊に届け出なければいけないのに、これも一切届け出ていない。さらに今宮坊はじめ同行まで、すべて他宗から宗旨請合証文を請けている。同行大寿院が死去した際には曹洞宗の満光寺から引導を請けている。この満光寺が最初の広見寺文書に出てくる八カ寺の一つであり、満光寺などが秩父の修験の引導や宗旨請合証文を実施していたことが裏付けられる。

山本坊はこれらのすべてが本山派修験の法度に違反しているといって今宮坊を難詰している。
この山本坊の申立てに対する今宮坊二代兵部の返答書控は次のごとくである。

乍恐御吟味ニ付以書付申上候

一、二十五年以前、自身引導之儀被　仰出候処、只今ニ至相守リ不申候事、
此儀先年被　仰出候節、御請申上置、只今迄御法式相守リ不申延引仕候段ハ、秩父郡同行之儀ハ、山作・農業計リ仕、殊ニ檀家モ無御座同行多御座候ニ付、只今迄延引仕候、従先達段々吟味御座候ニ付、去ル丑(延享二年)ノ秋中、阿部豊後守(忍領主・正喬)殿領内之儀ハ、自身引導之儀申立相済申候、未御代官伊奈半左衛門(忠達)殿御支配所相残候、

（中略）

一、同行相果候節、早速先達へ相届候事、
此儀ハ相果候テモ、先年ヨリ先達方へ早速相届候儀ハ無御座候、改等之節、相届来候先格ニ御座候、

（中略）

一、今宮坊初(始)同行不残他宗ヨリ菩提判仕、去ル亥(享保三年)ノ正月、大寿院相果候ニモ、禅宗満光寺引導仕候事、
此儀、右自身引導之箇条ニ申上候通、領主阿部豊後守殿方へ、去秋相済候儀ニ御座候、大寿院相果候ハ、先年之儀ニ御座候故、満光寺引導請申候、

（中略）

延享三寅年八月　　秩父今宮坊名代　二代　兵部　判

聖護院宮様　御役人中様

今宮坊二代兵部の返答は、秩父の山伏同行は山作や農業ばかりで、檀家もなく、経済的に大変なので、享保七年の

法度を承知しながらそのままになってしまった、しかし先達山本坊から吟味があったので、延享二年（一七四五）の秋から忍藩主阿部豊後守正喬に願い出て、忍藩内では山伏は自身引導となった、といっている。これらの主張は前述の広見寺文書の内容と一致している。

今宮坊兵部の返答書控に対して、山本坊は再度つぎのように反駁している。

秩父年行事今宮坊二代兵部返答書指上申候ニ付、拙僧方へ御吟味被　仰付候、依之逐一言上仕候趣、左之通御座候、

一、自身引導之事、

兵部申上候ハ、先年被　仰出候節御請申上置、只今迄御法式相守不申延引仕候段、秩父郡同行之儀ハ、山作・農業計仕、殊ニ檀家モ無御座同行多御座候ニ付、只今迄延引仕候ト申上候、

右之返答曽テ難相立奉存候、自身引導之御作法ニ、山作・農業幷檀家之有無ニ拘リ可申儀無御座候、左候ハ、右之趣前度ニ拙僧方へ相達、了簡請候ハ、御法式相立候様ニ可仕品モ可有御座処ニ、子ノ年・午ノ年、（享保十七年）（元文三年）七年め七年めニ自身引導相守リ候、偽リ之証文差出、今更右之段言上仕候儀、年来奉掠御上、此節ニ至リ猶更虚偽を以言上仕候儀、甚以職分不相応之儀ト奉存候、（中略）同六月宗旨請合証文差出、宗旨奉行安食彦兵衛へ相渡申候テ、事相済申候処ニ、右拙僧方ヨリ差出申候請合証文、忍ヨリ江戸へ差越候儀、役人少々延引仕候内、豊後守殿領内之修験ハ、十六ケ寺之菩提仕候寺方之内八ケ寺、豊後守殿江戸上屋敷へ罷出、殊之外六ケ敷申候由、上屋敷ヨリ領分忍へ申来、拙僧方ヨリ差越候請合証文江戸へ遣候儀、延引ニ罷成、宗旨奉行・代官不調法ニ罷成、難儀仕候間、右寺方之訳相立候迄ハ、右之請合証文御預リ可給候、（中略）

一、同行相果候節、早速先達へ相届候事、

兵部申上候ハ、相果候テモ、先年ヨリ先達方へ相届候儀ハ無御座、改之節相届来候先格ニ御座候由申上候、享保十五庚戌年八月被　仰出候年行事御掟書第三之御箇条ニ、修験者相果候ハ、死去之届早速其先達へ可申事ト被　仰出候、年行事御掟之儀ニ御座候へハ、手前へ写所持仕罷在、右之段申上候ハ、難心得奉存候、

（中略）

一、今宮坊初同行迄、他宗ヨリ引導仕、大寿院儀相可申候節、禅宗満光寺引導仕候事、

兵部申上候ハ、去秋地頭阿部豊後守《（正喬）》殿へ相済候由申上候、

此ヶ条之儀ハ、委細申上候通ニ御座候間、別テ言上不仕候、大寿院相果候儀ハ、先年之儀ニ御座候ト申上候、大寿院相果候儀ハ、四年以前寛保三亥年正月十六日之儀ニ御座候、自身引導之御法式相改申最中之儀ニテ、去ル元文五申年、御下知書頂戴以後之儀ヲ、何となく先年と申上候儀、弥以所存難心得奉存候、

（中略）

延享三寅年九月

山本坊　判

森　御殿　御役人中

山本坊は山伏の自身引導に山作・農業や檀家の有無は関係ないといい、さらに年行事今宮坊は享保十七年（一七三二）・元文三年（一七三八）の七年目の改めごとに、先達山本坊に自身引導を守っているという偽証文を提出していたことを難詰されている。さらに山本坊の主張をみると、前述の延享元年から二年にかけての忍藩への働きかけも、山本坊が行ったものであり、今宮坊は積極的ではなかったようである。今宮坊側には経済的事情があったとはいえ、このようにその他の箇条でもことごとく山本坊に論破されている。その結果、延享三年十月付の聖護院坊宮衆達書には、

大宮年行事今宮坊自身引導之儀、不届在之ニ付、今宮坊唯今迄致支配来候場所之内、従荒川西此度被　召上候処、其方依為由緒之場所、今段新規為御取立、支配之儀被　仰出候間、此旨可有存知者也、

延享三年寅十月

藤木志摩守(印)

岩坊法印　(印)

今大路帥　(印)

越生先達　山本坊

とあり、この訴訟は山本坊側の勝利となったことがわかる。史料の引用は省略したが、今宮坊への申し渡しと併せて考えると、今宮坊は自身引導を守らなかったため、本来年行事を追放されるところであるが、年行事に留め置く代わりに、荒川西の霞を没収され、同地域は新たに山本坊の支配となったことがわかる。この訴訟に関連して秩父の本山派修験ではさまざまな問題が発生していたのである。

つぎに文化元年(一八〇四)三月付の榛沢の花園村の旧万光寺所蔵の薬王寺快春証文をみると、

一、貴寺女子之儀、是迄拙寺方ニテ致宗判候処、先年御触モ御座候ニ付、当年ヨリ修験道一流ニテ宗旨印形被成候、御断之趣致承知候、依之当寺方宗判相除申候、然上ハ於当寺構一切無御座候、為念一札差出申候所如件、

文化元甲子年三月日

薬王寺快春(印)

万光寺様

長徳院様

前書之通、少モ相違無御座候、以上、

名主　利助

とあり、文化元年以降、御触により本山派修験の妻子も宗旨請合証文は修験寺院より発給することが可能になったことがわかる。さらに辻善之助氏が紹介されているが、『徳川禁令考』所収の文政十年(一八二七)七月付伺状には、

但州石橋村修験大乗院家内共一統引導之儀伺

書面、当山修験大乗院親妻子家内不残一統引導之儀、容易ニ難成筋ニ候へ共、菩提寺示談納得之上、於村方モ一同故障之筋無之上ハ、願之通承届、証文取之、可被差出候、右ハ寺社奉行中へ掛合之上申達候、以上、

亥七月

とある。これは当山派修験の史料であるが、これをみると修験は本人と後継者の二人だけに許されていた自身引導の権利が家族まで拡大されていたことがわかる。辻善之助氏は『日本仏教史』近世編之三のなかで、修験の自身引導を特例としているが、五来重氏がいわれているように、文化元年以降は町方・村方・菩提寺側に異論がなければ、修験の家族まで宗旨請合証文の発給と自身引導の執行が、修験寺院によって可能になっていたようである。

おわりに

このほかに拙編『武蔵越生山本坊文書』所収の233、234、268、269、270、271番の史料をみると、江戸時代後期の秩父や入間の本山派修験寺院は、葬儀の際に、先達山本坊に届け出て、院代から焼香を請けること、具体的には葬儀を執行してもらうことが原則であったが、貧地の寺院が多く、経済的理由により末寺五十余院で一時金として回向料二十両を前もって差し出す代わりに、以後隣寺同士で焼香することを山本坊から許可されている。この修験の隣寺焼香制度は自身引導の変則的な形として注目されるものであるが、紙数の都合上別の機会に詳述して補完したい。

初出一覧

第一章　近世初期の智積院と長谷寺
——後継能化選出問題を中心に——
『仏教文化学会紀要』第一一号（二〇〇二年八月）

第二章　近世初期の新義真言宗教団　〔A・B〕
——特に正純房日誉を中心として——
『大正大学研究紀要』第六〇輯（一九七五年三月）

第三章　倉田明星院祐長　〔A・B〕
『埼玉地方史』一一（一九八一年六月）

第四章　天台宗南光坊天海と真言宗知足院光誉　〔A・D〕
——特に肥前国一宮争論を中心に——
『仏教文化の展開　大久保良順先生傘寿記念論文集』（一九九四年十一月）

第五章　近江長浜惣持寺の本末制度　〔A・C〕
『仏教史研究』第七号（一九七三年三月）

第六章　武蔵吉見息障院の本末制度　〔A・C〕
『近世仏教』第一七号（一九八二年八月）

第七章　武蔵松伏静栖寺の本末制度　〔A〕

第八章　本末整備と法流相承
『八潮市史研究』第一〇号（一九九一年一二月）〔A・C〕

第九章　仙台藩における天台・真言両宗の本末改め
『埼玉史談』第三一巻第四号（一九八五年一月）〔A〕

第十章　真言宗の触頭
『印度学仏教学研究』第三二巻第一号（一九八三年十二月）〔A・C〕

第十一章　新義真言宗江戸四箇寺の確立
「諸宗触頭成立年次考」『大正大学研究紀要』第六八輯（一九八三年二月）〔A・C〕

第十二章　江戸幕府の寺社朱印状の再給付手続きについて
『埼玉地方史』第四号（一九七七年十一月）

講演録　江戸時代の触頭制度について
——武蔵松伏宝珠院の事例を中心に——
圭室文雄編『日本人の宗教と庶民信仰』（二〇〇六年四月、吉川弘文館刊）
——特に真言、天台、浄土宗を中心に——
智山勧学会編『近世の仏教——新義真言を中心として——』（二〇一四年七月、青史出版刊）

〈史料紹介〉護国寺快意書状

〈付録〉
第一章　箱根権現別当金剛王院融山について
『空海の思想と文化——小野塚幾澄博士古希記念論文集』（二〇〇四年一月）

『大正大学研究紀要』第六一輯（一九九三年十一月）

第二章　箱根金剛王院の本末制度　〔A・C〕

『印度学仏教学研究』第二五巻第二号（一九七七年三月）

第三章　後北条政権下の関東の本山修験

『三康文化研究所年報』第三〇号（一九九九年三月）

第四章　徳川家康と関東修験　〔A・B〕

『宗教文化の諸相――竹中信常先生頌寿記念論文集』（一九八四年四月、山喜房佛書林刊）

第五章　近世における修験僧の自身引導問題について

――特に武蔵の事例を中心に――

伊藤唯真編『日本仏教の形成と展開』（二〇〇二年十月、法蔵館刊）

※既刊拙著に収載の論考は、次の通りである。

A…『近世関東仏教教団史の研究』（文化書院）

B…『徳川家康と関東仏教教団』（東洋文化出版）

C…『江戸幕府の仏教教団統制』（東洋文化出版）

D…『南光坊天海の研究』（青史出版）

あとがき

私が最初に本格的な歴史学の勉強をさせていただいたのは、大正大学一年生の夏休みに、新義真言宗史研究の第一人者である櫛田良洪博士の御指導のもとに、京都の真言宗本山の東寺宝菩提院の聖教文書調査の合宿に参加させていただいたことであった。博士から直接指導をうけ、原物史料の取り扱い方や解読力を身に付けさせていただいた。その後も博士のお手伝いとして、大和長谷寺・長浜惣持寺・青梅金剛寺・雨引楽法寺・五日市大悲願寺などの新義真言宗寺院の調査にも同行させていただいた。私はこれらの経験を生かして、その後も独自で従来等閑視されてきた各寺院に現存する近世史料の調査と整理を継続してきた。そして幸いなことに私は各寺院で未発表の重要な史料に遭遇することができた。それらの重要な史料を紹介しておくことが、調査したものの責任であると考えて、調査の折々に論文としてまとめて発表してきた。

私は浄土宗の僧侶であるが、近世仏教史の研究者として、自身の特定の立場に拘泥することなく、できるだけ客観的な立場で、関東仏教教団をテーマとしながら、特定の宗派、人物にこだわることなく、諸宗（主として浄土宗、天台宗、真言宗、修験宗が中心であるが）の動向の研究を個別に積み重ねて、江戸幕府の政治の流れと対応させながら追究してきた。

私事にわたって恐縮であるが、昨年三月に私は直腸癌の手術をうけ、その後も抗癌剤の治療中である。本年正月の検査では抗癌剤の効果があり小康状態にあるが、いささか体力に自信を無くしている。そのためこれまでに個別に発表してきた近世の新義真言宗史関係の論文を年代順に整理して、一冊の本にまとめておきたいと考えたのが本書である。

本書は「初出一覧」に明示したように、これまでに私が折々に雑誌、論文集、既刊の拙著などに発表してきた新義真言宗史関係の論文と、これらと関係の深い関東修験の論文を付録として加えて、本書の趣旨にそって再編成したものである。

本書の刊行にあたり、既発表の論文類を本書の趣旨にそってある程度の調整を加えたが、内容が重複しているところや、史料の重複した引用も多く、全体として論旨の体系づけに欠けるところがあることをご容赦いただきたい。不充分な本書であるが、新出史料や図表を中心に論述した論文が多いので、私の拙い論文が後学の研究者に資・史料として少しでもお役に立てば幸いである。少なくとも私の近世新義真言宗史関係の論文はすべて所収されている。

最後に、本書の刊行にあたり青史出版の渡辺清氏には編集全体にあたり、大変ご尽力をいただいた。記して厚く感謝する次第である。

また今日に至るまでご指導をいただいた先生方、数々の調査にご協力いただいた多くの仲間達、永年にわたり私を支えてくれた家族などに、厚く感謝の意を表して、お礼とする次第である。

平成二十九年正月

宇高良哲

索　　　引

① 人　　名

あ　行

か　　行

さ　行

た　　行

な　行

は　行

ら　行

わ　行

②　寺社名

あ　行

か　行

さ　行

た　　行

な　行

は　行

ま　行

や　行

ら　行

③　地　　名

か　行

さ　行

た　行

な　行

は　行

ま　行

④　史料・文献

さ　行

た　行

⑤　事　　項

か　行

た　行

な　　行

は　　行

ま　行

や～わ行

著者略歴

昭和十七年　埼玉県生まれ
昭和三十九年　大正大学文学部卒業
昭和四十四年　同大学院博士課程修了
大正大学教授・三康文化研究所研究員
などを経て、
現　在　大正大学名誉教授　文学博士

□　□

〔主要編著書〕
『江戸浄土宗寺院寺誌史料集成』（大東出版社）
『関東浄土宗檀林古文書選』（東洋文化出版）
『喜多院日鑑』（全一七巻、文化書院）
『近世関東仏教教団史の研究』（文化書院）
『近世浄土宗史の研究』（青史出版）
『南光坊天海発給文書集』（吉川弘文館）
『南光坊天海の研究』（青史出版）
『南光坊天海関係文書集』（青史出版）

近世《きんせい》新義《しんぎ》真言《しんごん》宗史《しゅうし》の研究

平成二十九年（二〇一七）二月二十日　第一刷発行

著　者　宇《う》高《だか》良《よし》哲《あき》
発行者　渡　辺　清
発行所
青史出版株式会社
郵便番号一六二―〇八二五
東京都新宿区神楽坂二丁目十六番地
MSビル二〇三
電　話　〇三-五二二七-八九一九
FAX　〇三-五二二七-八九二六

印刷所　株式会社三陽社
製本所　誠製本株式会社

ISBN978-4-921145-58-3 C3015

南光坊天海の研究

宇高良哲著

Ａ５判・四三四頁／一〇、〇〇〇円（税別）

比叡山の復興に努め、日光輪王寺や上野寛永寺の建立に尽力するなど、天台僧としての活躍とともに、徳川家康の知遇を得て江戸幕府の政務にも関わり、また家康の臨終に立ち会った天海の全貌を明らかにする。特に、現在に多数伝わる発給古文書の真偽を検討して真筆を見極め、その成果をもとに一〇八歳という長寿を全うしたと伝わる謎多い天海の実像と多彩な活動を明らかにする。

宇高良哲著

近世浄土宗史の研究

Ａ５判・七一〇頁／一三、〇〇〇円（税別）

戦国期から江戸時代にかけての関東仏教教団の宗教政策の解明を目指してきた著者が、これまで著してきた浄土宗史にかかわる論考を集成。檀林制度、本末関係、触頭、日蓮宗との宗論、観智国師と南光坊天海など、多岐にわたる諸問題を史料に基づいて究明する。書き下ろし新稿も含めた近世浄土宗史研究の決定版。